新编21世纪金融学系列教材

投资学

Investments

许 荣 李 勇 邱嘉平 主编

中国人民大学出版社
·北京·

前言

写作本教材缘起于我们多年执教投资学课程的经验和困惑，所谓“教然后知困”，投资学教材主要受困于两点。第一，受困于目前教材市场少有成体系的以中国金融市场为直接教学内容和研究对象的投资学教材。目前流行的经典投资学教材普遍是从西方教育界引进的，尽管这些经典教材多数都具有较为严密的结构和精巧的推理，然而这些教材中的数据示例与推导多数是基于美国金融市场展开的。这导致我们在课堂中常常使用美国教材中的理论部分结合中国金融投资实践来展示中国数据。由于美国的理论与中国的实践有偏差，因此我们不仅要添加中国的金融投资实践案例，还要补充解释中国金融市场的独特性。第二，受困于投资学教学理论和实践脱节的困难。我们在教学过程中常常发现，在投资学课程结束后，同学们似乎掌握了很多具体的概念和抽象的理论，对于均值-方差模型和资本资产定价模型都能说出一些想法，但是对于怎么开户买卖股票、如何制定个人乃至家庭的长远投资规划，似乎仍然不知从何入手。

通过和同行们交流教学经验，我们发现这些困惑并不仅仅是我们的个别体验，而是在某种程度上反映了当前投资学课程教学中较为普遍的现象。一个重要原因可能是中国金融市场的发展日新月异，不仅可投资的金融产品的数量急速增加，其结构也日益复杂。如果继续像过去那样单纯学习国外的经典投资学教材，显然对同学们未来参与中国金融市场的投资实践帮助有限。另一个重要原因则和中国经济实力的日益强大直接相关：家庭可投资资产大幅增加。不同于作者们接受投资学教育的年代，那时我们对“有价证券”的经验局限在食堂打饭用的饭票和菜票上，当前投资学课堂里的同学们面临的选择丰富多彩，经济宽裕的同学可能需要选择是把零钱存入“余额宝”还是用来购买银行理财产品，而手头暂时不宽裕的同学可能面临对银行助学贷款和网络借贷等不同金融产品的取舍。

因此，我们尝试写作本教材，期望本教材能够实现下列目标。第一，力求实现经典投资学理论与中国金融市场实践数据的结合，因为股票、债券、期货和其他金融衍生工具市场在中国已经发展得相当成熟，因此我们在经典投资学理论的基础上分析了大量中国金融市场的实例和数据；第二，力求实现理论模型推导与 Excel 等软件运算的结合，我们期望同学们通过运用 Excel 软件获得本书教授的多数理论模型的具体运算体验；第三，力求本教材的出版能够服务具有不同需求的读者，帮助他们学以致用。因此本书既提供掌管千亿元资产的金融机构进行投资管理所需的数量模型，也提供个人投资者管理家庭财富所需的直观的知识架构。我们期望本书的读者能够把投资理论运用于个人、家庭以及机构的财富管理中并获得真实的益处。

动笔写作的过程，既是作者自我教育、为自己答疑解惑的过程，也是一个不断产生新的困难抉择的过程。由于本教材的体例限制，我们期望针对本教材的教学计划能够在一个学期内完成，因此，我们不得不在理论推导的严谨性与教学实践需要的简洁性和趣味性中做出取舍。最终，本教材选择提供一个更倾向于简洁明了、具有可操作性的投资学分析框架。本教材大体可以分为三个部分，第一部分由前六章组成，重点讲授基础的投资学知识和主要投资品种的估值分析；第二部分由第七至第十章组成，重点讲授投资组合管理的理论和实践知识；第三部分由第十一至第十三章组成，既可作为投资学的单独的专题介绍，也可作为学有余力的同学自学探讨的引导。本科生或者硕士研究生阶段的投资学课程可以主要覆盖前十章内容，并根据教学需要灵活地选择后三章的专题部分。

我们的目的是提供一本清晰、简洁、阅读流畅的投资学入门教材。本教材能够最终付印，要感谢很多人的努力。其中博士生助教进行了重要的资料收集工作，他们是：潘登、赵昶、张铭志，张乔森、娄著盛。中国人民大学出版社经济分社社长崔惠玲老师和本书的责任编辑具有极强的专业素养和敬业精神，他们在疫情期间仍然保持专业、高效的工作，极大地加快了本教材的出版进程。

为了向教授投资学课程的老师们提供便利，同时也帮助更多的同学自学本课程，深入探索更多投资学相关课题，作者也把多年积累的相关教学讲义、讲课视频、音频、练习题以及相关研究论文上传至中国人民大学出版社提供配套教辅资料的网站上（获取方式见本书封底），期望和读者们进行更多教学和研究上的互动，教学相长。

本教材既适合于经济、金融类专业高年级本科生，也适合于经济、金融类专业硕士研究生与MBA层面的教学和自学需要。最后还要感谢家人在我们写书期间给予的支持和鼓励。

编者

作者简介

许荣，中国人民大学财政金融学院教授、博士生导师，特许金融分析师（CFA），中国人民大学杰出学者（首届获聘），国家开发银行特聘专家，同时担任多家公司与公募基金的独立董事。研究成果曾发表于经济学国际顶尖期刊《政治经济学期刊》（*Journal of Political Economy*）以及其他国内外核心学术期刊。主持国家自然科学基金、国家社会科学基金与教育部基金等多个项目，研究成果曾获北京市哲学社会科学优秀成果一等奖与二等奖等多项奖励。

李勇，中国人民大学经济学院副院长、教授、博士生导师、青年长江学者、教育部新世纪人才、北京市青年优秀人才，香港中文大学博士，新加坡管理大学金融学博士后。同时担任中国人民大学量化投资研究中心主任、金融专硕项目主任以及中国量化投资协会资产管理分会会长。他的研究领域为宏观金融、量化投资、资产管理。他在《计量经济学杂志》（*Journal of Econometrics*）（5 篇）、《期货市场杂志》（*Journal of Future Market*）、《计量金融》（*Quantitative Finance*）、《经济研究》、《管理世界》等国内外优秀刊物上发表了近 30 篇学术论文，被 SSCI/SCI 收录 18 篇，主持多项国家自然科学基金、省部级基金项目。

邱嘉平，上海财经大学长江学者特聘教授，加拿大麦克马斯特大学商学院金融系教授，曾获多伦多大学经济学博士，是投资学领域的国际知名学者。在《金融经济学杂志》（*Journal of Financial Economics*）、《金融研究评论》（*The Review of Financial Studies*）、《管理科学》（*Management Science*）、《会计评论》（*Accounting Review*）等财务、会计和管理领域的国际顶级期刊上发表了多篇论文，在金融学领域有着巨大的国际影响力，他的学术造诣以及研究成果的社会影响得到了广泛的国际认可。

目录

第一章

投资选择过程概览

【本章要点】

- 投资学课程学习的重要性
- 投资收益率目标规划
- 金融市场实际提供的投资收益率
- 投资风险的事前评估

第一节　学习投资学为何重要

随着金融体系特别是其中的证券投资市场在现代经济体系中的重要性日益增加，学好投资学、掌握投资市场的运行规律至少具有如下四个方面的重要性。

第一，帮助国家在国际竞争中获取优势地位；第二，帮助国民经济中至关重要的金融机构迅速成长并控制风险；第三，帮助公司开展高效的资金筹集和运营管理；第四，帮助个人获得证券投资职业上的成功以及个人及家庭的财富管理。

下面我们对这四个方面的重要性进行逐一论述。

一、构筑国家竞争优势

在古代历史上，中国的统一与分裂、元朝在欧亚两洲的急剧扩张、伯罗奔尼撒战争中斯巴达击败雅典等重大战争事件中的胜利无一例外都是主要依靠军事力量获得的。然而近代特别是现代社会的国家竞争越来越多地依赖于证券投资市场的发达程度。

首先，我们简要回顾证券市场对近现代国家崛起的重要作用。

典型史实 1：全球第一家证券交易所的建立与荷兰霸权。

世界上第一家证券交易所于 1602 年由荷兰东印度公司创建于荷兰的阿姆斯特丹。17 世纪初期的荷兰证券投资市场，不仅发行和交易包括股票、债券在内的极为丰富的证券交易品种，甚至还出现了郁金香等投机品种的期货交易。正是由于荷兰拥有发达的证券发行市场与证券交易市场，荷兰政府才有强大的融资能力，最终使其在相对较短的时间里建立了一支世界上最强的海军。强大的证券发行与交易市场促使荷兰在与西班牙的霸权之争中胜出，并且直接支持荷兰于1624年远渡重洋侵占中国台湾，直到1662年台湾才被郑成功收复。

值得一提的是创立世界上第一家证券交易所的荷兰东印度公司也是世界上第一家公开发行股票并开展股票交易的公众公司，该公司的股票公开发行结束于1602年9月1日，获得了538名投资者的认购，认购结束后开始了该股票的公开交易。

典型史实2：为何中国输掉第一次鸦片战争和中日甲午战争？

1820年，也就是清朝道光年间，中国的GDP曾5倍于英国、5倍于法国。实际上，当时中国的GDP超过了西欧、美国、俄国和日本的总和，占全世界GDP的比例达1/3之多。但是在20年后的第一次鸦片战争中，中国却不幸失利，被迫签署了《南京条约》。在1870年和1913年，中国的GDP同样也数倍于日本，但是在中日甲午战争中，清军同样失利，签署了丧权辱国的《马关条约》。

为什么我们有数倍于英国和日本的GDP却惨败给英国和日本？除了清朝政治腐败、科技落后等原因外，一个容易被忽视的原因是当时中国没有发达的资本市场，中央政府缺乏短期内整合资源的能力，无法在很短的时间内从老百姓手上集中足够的财力、物力进行战争。当时，清政府获取经济资源的方法就是收税，但那时的税收体系效率非常低，据统计，中央政府收一两银子的税，老百姓的负担大约是3两银子。在这样低效率的税收体系下，如果要在短时期里集聚大量的财力，政府一定会盘剥老百姓，不可避免会对经济的总量产生负面的影响，老百姓的税收负担就会加重，因此就会产生恶性循环。

当时英国和日本的证券市场拥有相对发达的国债市场，英国政府能够通过发行国债，用很低的成本在很短的时间内集聚大量的财力、物力来和中国进行战争。19世纪末期，国债占整个出口的比例，英国是7.9%，而中国仅仅是0.2%。因此，中国当时资本市场发展的程度远比西方列强低，甚至也比日本低。①

我们再来考察拥有华尔街这一世界最强证券交易场所对于美国“从一个殖民地成为世界超级大国这一转变”② 的重大作用。在美国经济的发展过程中，华尔街在不同的历史时期承担了不同的历史使命，它支撑了美国联邦政府在南北战争中的战争融资，推动了美国由铁路带来的第一次重工业化浪潮，也实现了美国20世纪80年代后向新经济成功转轨的进程。回顾美国350多年的历史，尤其是最近100年的历史，华尔街的作用在不断丰富和深化，投资人在华尔街追逐自身利益的同时，“看不见的手”帮助他们实现了社会资源的优化配置。尤其是在知识经济时代，资本市场将知识和资本紧密地结合起来，推动着美国高科技产业的飞速发展，使美国在当今激烈的国际竞争中，在具有战略意义的科技领域保持着领先地位。

① 梅建平．从历史视野看国家竞争力．新财富，2006-09-27．
② 尚福林．以史为鉴积极探索中国资本市场发展路径．中国证券报，2011-01-14．

二、大力发展金融投资机构需要学习投资学

顾名思义，金融投资机构的主要活动就是在金融市场中直接运用投资规律开展投资活动。这些金融投资机构包括：主权财富基金、养老金、社保基金、保险基金、风险投资公司、证券投资基金以及私募基金。

我们首先考察全球最主要的主权财富基金的排名。主权财富基金是指由主权国家政府所建立并拥有，用于长期投资的金融资产或基金，主要来源于国家财政盈余、外汇储备、自然资源出口盈余等，一般由专门的政府投资机构管理。其中，美国的社会保障信托基金位列第一，2017 年 6 月其资产管理规模已经接近 3 万亿美元，而中国的中国投资有限公司位列第五，其资产管理规模也超过了 8 000 亿美元。全球主要主权财富基金排名见表 1-1。

表 1-1　全球主要主权财富基金排名　　单位：10 亿美元

排名	基金名称	国家	2017 年 6 月	2016 年 6 月	2015 年 6 月
1	社会保障信托基金	美国	2 911.4	2 865.3	2 837.6
2	政府养老投资基金	日本	1 328.0	1 264.4	1 149.7
3	政府全球养老基金	挪威	922.1	850.0	873.0
4	阿联酋阿布扎比投资局	阿拉伯联合酋长国	828	792	773
5	中国投资有限公司（CIC）	中国	813.5	813.8	746.7
6	科威特投资局（KIA）	科威特	524	511	473
7	SAMA Foreign Holdings	沙特阿拉伯	515.9	582.4	685.6
8	大韩民国国家养老金服务	韩国	507.5	408.7	439.3
9	香港金融管理局投资组合	中国	500.3	456.6	427.7
10	联邦退休储蓄	美国	483.3	456.9	441.2

资料来源：主权财富基金研究所网站统计资料。

我们再来考察金融市场中公开发行的证券投资基金的规模。截至 2018 年年底，全球证券投资基金规模已经达到 46.7 万亿美元，其中北美市场占据市场份额的一半，达到 21.1 万亿美元，欧洲市场规模达到 16.5 万亿美元，亚太地区市场合计占有 6.4 万亿美元。

在我国证券投资基金规模的排名中，排名第一的基金为天弘余额宝基金，2016 年年底其规模已经超过了 8 100 亿元，几乎是排名第二到第十的九个证券投资基金资产规模之和。2017 年 6 月底，该基金规模突破 1.43 万亿元，2018 年 4 月其规模达到 1.58 万亿元，不仅是中国，同时也是世界上规模最大的货币市场基金。天弘余额宝基金其实就是很多人经常使用的支付宝的余额宝基金，是人们可以随时存入、随时提取并可用于各类支付的金融工具。但是我们可能不知道的是余额宝实际上是一款货币市场基金产品①，如果没有成熟发达的证券市场，我们就不可能拥有这么方便的集储蓄、支付和投资于一身的金融工

① 关于货币市场基金的概念，后文将做详细讲解。

具。2018 年 4 月 23 日中国证券投资基金资产规模排名见表 1-2。

表 1-2　2018 年 4 月 23 日中国证券投资基金资产规模排名

排名	代码	名称	管理公司	最新规模（亿元）
1	000198.OF	天弘余额宝货币	天弘基金管理有限公司	15 798.32
2	482002.OF	工银货币	工银瑞信基金管理有限公司	2 761.18
3	000693.OF	建信现金添利货币 A	建信基金管理有限责任公司	2 702.92
4	001529.OF	天弘云商宝	天弘基金管理有限公司	1 675.02
5	000379.OF	平安大华日增利货币	平安大华基金管理有限公司	1 516.73
6	000359.OF	易方达易理财货币 A	易方达基金管理有限公司	1 179.22
7	000848.OF	工银添益快线货币	工银瑞信基金管理有限公司	1 114.10
8	37001B.OF	上投摩根货币 B	上投摩根基金管理有限公司	994.69
9	000607.OF	招商招钱宝货币 B	招商基金管理有限公司	974.52

资料来源：Wind 资讯金融终端。

三、公司进行财务管理需要学习投资学

公司进行财务管理至关重要的三大关键环节是：筹资管理、投资管理和流动性管理。公司的筹资管理就是公司可以通过在证券市场发行股票进行股本资金的筹集，也可以通过发行公司债券筹集长期债务资金。公司的投资管理则可以把公司的闲置资金投资于基金、股票、债券等证券市场中的各类品种，以获得投资收益。公司的流动性管理更需要利用证券市场对公司的流动资产和流动负债在证券市场中进行合理配置，随时发行新的短期融资券以补充流动资金或者及时进行闲置的流动资产管理（见图 1-1）。

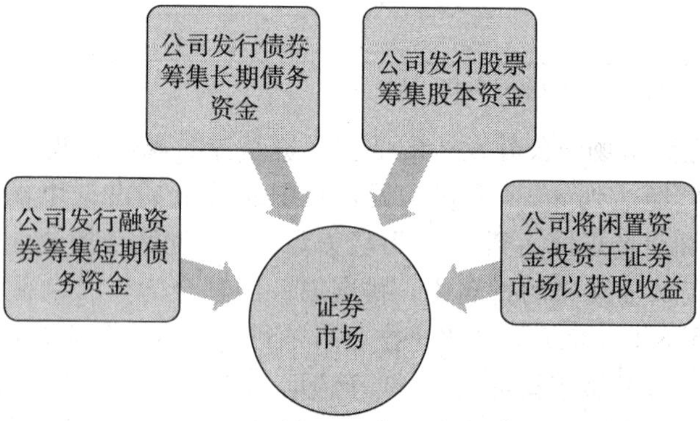

图 1-1　证券市场对公司财务管理的重要性

证券市场是公司财务管理的重要场所。证券市场上各类证券的交易价格及证券投资分析师们提供的各类信息都对公司战略制定以及公司高管的业绩评估具有重要意义。一方面，很多公司的重大经营决策公告后，证券市场的投资者通过证券交易影响了这些公司的股票交易价格的波动，这些价格波动使得公司能够充分了解投资者们对这些重大经营决策

的判断。另一方面，很多公司高管获得的薪酬合同包含了公司股票或者股票的认购权，因此，公司高管在公司中付出的努力会直接影响公司股票价格的涨跌，而证券市场上的公司股票价格的涨跌也直接影响了公司高管们获得的薪酬。

四、证券市场的重要性：个人视角

首先，从个人职业选择的角度来看，证券投资的相关行业是过去几十年里规模增长最快、收入最高的行业之一。2015 年 A 股上市公司年报披露的数据显示证券行业人均薪酬为 74.99 万元。东方证券以 102.45 万元的人均年薪高居行业第一。广发证券和招商证券的人均年薪分别获得第二名与第三名。排名第十六位的国元证券的人均年薪也有 41.8 万元。在金融业各家公司的人均年薪中，证券业的人均年薪为 74.99 万元，保险业的人均年薪为 17.32 万元，银行业的人均年薪为 15.90 万元。证券业年薪水平以绝对优势领跑金融圈。① 事实上，金融行业的平均薪酬已经大幅超过了国民经济中各行业的平均薪酬水平。

即使不直接从事与金融投资相关的行业，从个人职业发展角度来看，在公司内部从事战略管理、人事管理、营销管理都需要基本的金融投资专业知识，从而更好地对相关工作进行规划和管理。

另外，掌握金融投资专业知识不仅有助于个人职业发展，对于个人家庭财富管理，拥有一定水平的投资专业知识也可以使个人在奔向人生幸福的目标上如虎添翼。专业投资知识不仅可以更好地投资管理个人资产，实现保值增值，同时也能帮助个人更好地管理个人债务和财务风险。

我们第二节的投资规划和收益风险目标设置正是从个人财富管理的视角展开的。

第二节　投资规划——收益率目标的理想与现实

一、不同生活规划下的预期投资收益率

人生怎样才能过得更美好？不同学科给出了不同的答案。体育课教育大家锻炼好身体，有好身体才能更幸福；音乐课教育大家欣赏音乐，听闻美妙的音乐才能享受美好的生活，昔孔子在齐国韶地，听闻当地最著名的韶乐之后，发出“子在齐闻《韶》，三月不知肉味”的感慨，幸福感如斯之盛；文学课教育大家欣赏文学作品，读书破万卷、吟诗作赋便能幸福满满。

经济学科把人生的美好程度简化成一个可以量化，因而相对简单的指标，那就是如果某件事物带给你更大的效用，那么这个事物就能给你带来更大的满足感和幸福感。对于每一个普通人，实现自己的想法或者梦想能够使自己的生活更加美好。金融学中的个人财务管理进一步把我们的想法或者梦想简化为支撑想法或者实现梦想的现金流匹配，而投资学则可以帮助我们明确如何通过恰当的投资收益与风险管理实现我们的想法或者梦想。现在

---

① 人均薪资 74.99 万！为你揭秘证券行业的潜规则．新浪财经，2016－11－28.

来看一下，我们的想法和梦想都有哪些？

案例 1：工作以后买房买车的需求

以即将毕业工作的张兴为例，他的幸福梦想是在工作后第 3 年买一辆价值 15 万元的汽车（本章案例都假设货币购买力保持不变，也就是忽略通货膨胀的影响），工作后第 8 年付出首付 120 万元购买一套公寓房。假设他现在手头拥有家族给予的 30 万元可投资资金，未来工作每年收入 12 万元，消费 6 万元，储蓄 6 万元，那么张兴的资金获得一个怎样的投资收益率就能使他实现他的梦想呢？张兴的幸福生活需要的投资收益率计算见图 1－2。

	A	B	C
1	计算投资收益率		
2	年份	现金流入与支出（万元）	
3	0	30	
4	1	6	
5	2	6	
6	3	-9	
7	4	6	
8	5	6	
9	6	6	
10	7	6	
11	8	-114	
12			
13	投资收益率	12%	<— =IRR(B3:B11)

图 1－2　张兴的幸福生活需要的投资收益率计算

案例 2：约束条件变动情况下的需求

我们再假设张兴可能面临的另外一种情况，他的幸福梦想仍然没变，工作后第 3 年买一辆价值 15 万元的汽车，工作后第 8 年付出首付 120 万元购买一套公寓房。但是他现在手头不仅没有家族给予的可投资资金，反而因为多年的助学贷款欠了银行无息贷款 3 万元，需要未来每年偿还 1 万元直至清偿。未来工作每年收入不是 12 万元而是 8 万元，他消费 4 万元，储蓄 4 万元。那么需要多高的投资收益率才能使他实现他的梦想呢？更改约束条件后张兴的幸福生活需要的投资收益率计算见图 1－3。

案例 3：修正梦想后的需求

案例 2 中为了实现张兴的幸福梦想需要得到的投资收益率有点脱离现实，毕竟即使是由被誉为股神的巴菲特领导的投资资金在其长达 50 年（1965 至 2015）的投资生涯中的年平均投资收益率也只在 20%左右。也许张兴需要修正他的梦想。比如不是工作后第 3 年买一辆价值 15 万元的汽车，而是工作后第 10 年买一辆价值 10 万元的汽车，工作后第 15 年付出首付 80 万元购买一套公寓房。修正梦想后张兴的生活需求投资收益率见图 1－4。

通过以上案例，我们可以发现，实现每个人的幸福生活梦想，需要有一个恰当的投资收益率，如果这个投资收益率能够帮助你实现最理想的生活梦想，我们可以称这个投资收益率为个人理想投资收益率（personal desired rate of return），如果这个投资收益率能够

	A	B	C
1	计算投资收益率		
2	年份	现金流入与支出（万元）	
3	0	0	
4	1	4	
5	2	4	
6	3	-11	
7	4	4	
8	5	4	
9	6	4	
10	7	4	
11	8	-116	
12			
13	投资收益率	59%	<-- =IRR(B3:B11)

图1-3　更改约束条件后张兴的幸福生活需要的投资收益率计算

	A	B	C
1	计算投资收益率		
2	年份	现金流入与支出（万元）	
3	0	0	
4	1	4	
5	2	4	
6	3	4	
7	4	4	
8	5	4	
9	6	4	
10	7	4	
11	8	4	
12	9	4	
13	10	-6	
14	11	4	
15	12	4	
16	13	4	
17	14	4	
18	15	-76	
19			
20	投资收益率	6%	<-- =IRR(B3:B18)

图1-4　修正梦想后张兴的生活需求投资收益率

帮助你实现相对较低标准的生活质量，我们可以称之为个人最低必要投资收益率（personal minimum desired rate of return）。以上面张兴的案例为例，第一种情形下的12%和第二种情形下的59%都属于个人理想投资收益率，虽然12%较为现实可行，而59%较为不切实际。第三种情形下的6%在一定程度上属于个人最低必要投资收益率，可以看作是张兴已经面对生活压力做了较大程度的妥协，按照妥协后确定的生活方式规划的收益率。

二、金融市场提供的可能收益率

1. 不同金融资产的历史投资收益率

现在我们已经明确了我们自己对投资收益率的要求或需求，接下来我们需要讨论的是我们所面对的金融市场能够给我们提供什么样的投资收益率。

以我们最常面对的中国股票市场为例，我们可以通过中国股票市场获得什么样的投资收益率呢？假设我们既不想花费时间和精力去选择股票，也不想选择买卖时机，我们只是在每年年底买入沪深300指数①，再在下一年年底卖出沪深300指数，暂时不考虑交易费用，那么我们在过去十年里每年可能获得的投资收益率如图1-5所示，最高年化投资收益率是2009年的96.71%，最低年化投资收益率是2018年的−25.31%，平均下来的年化投资收益率是10.15%。

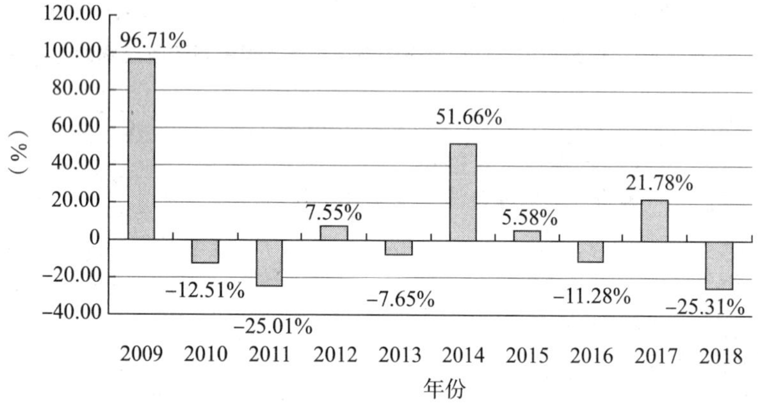

图1-5 沪深300指数年化投资收益率

如果我们购买的是中国债券指数呢？上证国债年化投资收益率如图1-6所示。

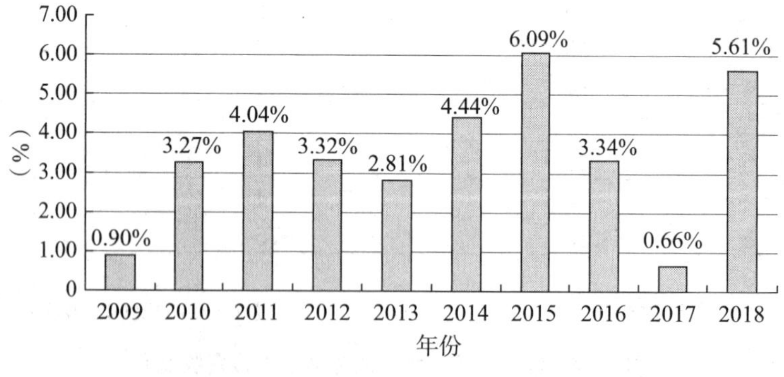

图1-6 上证国债年化投资收益率

如果我们只是简单地将资金存放在银行，并且是以一年期定期存款的形式呢？② 依据图1-7可以看出一年期定期存款投资收益率最高为3.28%，是在2011年；最低为

① 比如我们可以通过购买完全跟踪复制沪深300指数的指数基金实现这一目的。具体可以参见本书的第三章第三节。

② 此处我们对一年期定期存款在年内的变动进行了几何平均处理。

1.50%，是在2016年、2017年、2018年这三年。算数平均的一年期定期存款投资收益率为2.35%。如果将全部储蓄放在银行存为一年期定期存款的话，那么连张兴的必需投资收益率都实现不了。

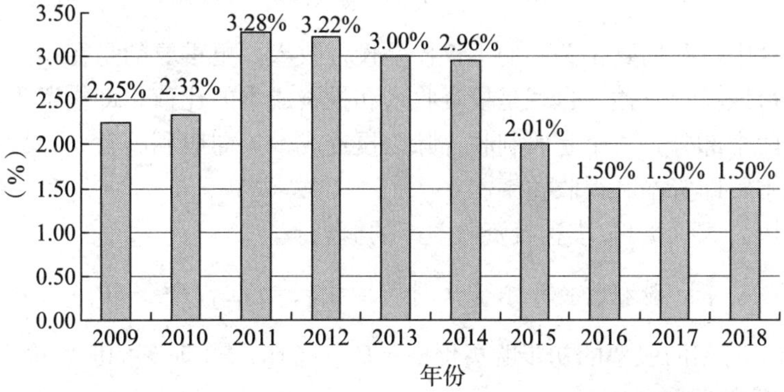

图1-7 存放于中国商业银行的一年期定期存款投资收益率

2. 股利收入和资本利得

假设我们在2012年12月31日以收盘价购买了“青岛啤酒”股票（600600）1 000股，购买价格是每股33.06元，在2013年7月22日获得分红每股0.40元，2013年12月31日该股的收盘价格是每股48.95元。如果我们继续持有该股到2014年12月31日，当时的收盘价格是每股41.78元，而在2014年7月28日获得分红每股0.45元。

如表1-3所示，该投资者在2013年和2014年分别获得的股利收入为：

2013年股利收入＝0.40×1 000＝400（元）

2014年股利收入＝0.45×1 000＝450（元）

该投资者在2013年和2014年的资本利得为：

2013年资本利得＝(48.95－33.06)×1 000＝15 890（元）

2014年资本利得＝(41.78－48.95)×1 000＝－7 170（元）

表1-3 投资股票的股利收入与资本利得

证券代码	时间	收盘价（元）	股利收入（元）	资本利得（元）	总投资收入（元）
600600	2012-12-31	33.06			
600600	2013-07-22		400		
600600	2013-12-31	48.95		15 890	16 290
600600	2014-07-28		450		
600600	2014-12-31	41.78		－7 170	－6 720

也就是说，该投资者在2013年的投资获得的资本利得是15 890元。如果该投资者在2013年12月31日以收盘价卖出该股票，那么我们称15 890元的资本利得为实现的资本利得；如果该投资者一直持有该股票，我们称15 890元的资本利得为未实现的资本利得。

该投资者每年的总投资收益等于他所获得的股利收入和资本利得之和。

2013 年的总投资收益＝2013 年股利收入＋2013 年资本利得
＝400＋15 890＝16 290（元）
2014 年的总投资收益＝2014 年股利收入＋2014 年资本利得
＝450＋(－7 170)＝－6 720（元）

在投资活动中，我们真正关心的不仅仅是投资收入，更重要的是在投入了多少投资成本的基础上获得该投资收益，也就是投资收入和投资成本的比值，即投资收益率。总的投资收益率分为两个部分，一个是股利收入除以投资成本，即股利收益率；另一个是资本利得除以投资成本，即资本利得收益率。

我们可以用公式（1.1）表达投资收益率的概念。

$$投资收益率＝股利收益率＋资本利得收益率＝D_{t+1}/P_t+(P_{t+1}-P_t)/P_t \quad (1.1)$$

其中，P_t 指在 t 时刻的股票的初步购买价格；P_{t+1} 指在 $t+1$ 时刻的股票价格；D_{t+1} 指在 t 到 $t+1$ 时段获得的股利收入。

如表 1－4 所示，每年的股利收益率等于该年的股利收入除以上年年底的股票价格与股数的乘积，因此该股票 2013 年的股利收益率是 1.21%，2014 年的股利收益率是 0.92%。

2013 年的资本利得收益率＝2013 年资本利得/(2012年年底收盘价×股数)
＝48.06%
2014 年的资本利得收益率＝2014 年资本利得/(2013年年底收盘价×股数)
＝－14.65%

因此，2013 年该股票的股票投资收益率等于当年股利收益率加上资本利得收益率，即为 49.27%；2014 年的股票投资收益率也为两者之和，为－13.73%。

表 1－4 投资收益率计算

证券代码	时间	收盘价（元）	股利收益率（%）	资本利得收益率（%）	投资收益率（%）
600600	2012－12－31	33.06			
600600	2013－07－22		1.21		
600600	2013－12－31	48.95		48.06	49.27
600600	2014－07－28		0.92		
600600	2014－12－31	41.78		－14.65	－13.73

3. 年化投资收益率

在上面的投资收益率计算中，我们的投资期限正好是一整年，因此计算出来的投资收益率也正好是年投资收益率。但是在日常的投资活动中，我们的投资期限很少有正好等于一年时间的，既有可能长于一年，也有可能短于一年，因此需要我们把实际得到的投资收益率转化为“年化投资收益率”（简称年化收益率）。

仍然以我们上面投资购买的股票“青岛啤酒”（600600）为例，我们在 2012 年 12 月 31 日以每股 33.06 元的价格购买了 1 000 股，到 2013 年 3 月底其价格是 36.87 元，在此期间没有红利发放。那么我们的期间投资收益率是（36.87－33.06)/33.06＝11.52%。

将其转换为年化投资收益率的公式是：

$$1+年化收益率=(1+期间投资收益率)^m \tag{1.2}$$

其中，m 表示一年中有多少个这样的投资期间，比如在本例中期间为 3 个月，所以 $m=12/3=4$。因此，1＋年化收益率＝$(1+11.52\%)^4$＝154.70%，从而，年化收益率＝54.70%。

我们在 Excel 中的计算过程如图 1－8 所示。

	A	B	C	D	E	F	G
1	证券代码	时间	收盘价(元)	期间投资收益率	计算公式	年化收益率	计算公式
2	600600	2012-12-31	33.06				
3	600600	2013-03-29	36.87	11.52%	<-- =(C3-C2)/C2	54.70%	<-- =(1+D3)^4-1

图 1－8　Excel 中计算过程演示

例题 1－1： 假设你于 2016 年 2 月 29 日以收盘价每股 10.01 元购买了"东方电气"股票（600875）1 000 股，持有至 2016 年 5 月 31 日，当天的收盘价为每股 10.07 元。在此期间东方电气公司没有任何股利支付。试计算你在此期间的期间投资收益率与年化收益率。

解： 我们在 Excel 中的计算过程如图 1－9 所示。

	A	B	C	D	E	F	G
1	证券代码	时间	收盘价(元)	期间投资收益率	计算公式	年化收益率	计算公式
2	600875	2016-02-29	10.01				
3	600875	2016-05-31	10.07	0.60%	<-- =(C3-C2)/C2	2.42%	<-- =(1+D3)^4-1

图 1－9　例题 1－1 的 Excel 计算过程演示

例题 1－2： 假设你于 2011 年 12 月 30 日以收盘价每股 4.69 元买入"中国远洋"股票（601919）1 000 股，持有至 2016 年 6 月 30 日，其收盘价为每股 5.09 元。在此期间中国远洋公司没有任何股利支付。试计算你在此期间的期间投资收益率与年化收益率。

解： 我们在 Excel 中的计算过程如图 1－10 所示。

	A	B	C	D	E	F
1	时间	收盘价(元)	期间投资收益率	计算公式	年化收益率	计算公式
2	2011-12-30	4.69				
3	2016-06-30	5.09	8.53%	<-- =(B3-B2)/B2	1.84%	<-- =(1+C3)^(1/4.5)-1

图 1－10　例题 1－2 的 Excel 计算过程演示

要特别注意的是，从 2011 年年底至 2016 年 6 月底持有"中国远洋"股票，共经历了 4.5 年，因此在计算年化收益率时指数 m 是 1 年除以 4.5 年，当然我们也可以用 12 个月除以 54 个月，其结果是一样的。

例题 1－3： 如果购买"腾讯控股"（00700.HK）股票，我们能够获得多少投资收益率？

解： 第一步，下载"腾讯控股"（00700.HK）股票的所有历史股价数据。进入雅虎财经主页，选择最长时间段（Jun 16，2004—Jan 11，2018）的日度数据。

第二步，在 Excel 表格中计算从上市首日开始的持有期间收益率。

第三步，在 Excel 表格中计算从上市首日开始的持有年化收益率。

计算结果显示，如果我们从上市首日 2004 年 6 月 16 日开始持有"腾讯控股"（00700.HK）股票至 2018 年 1 月 10 日，我们的持有期间收益率是 58 200%，年化收益率达到60%。也就是说，如果你在上市首日投入了1万元，那么经过4 956天（13.6年）的持有期，你当前的账面资产是582万元。

4. 五类金融资产的投资收益率

接下来让我们进一步考察五类不同的金融资产在过去十年的投资收益率。

（1）上证50指数，是指由上海证券市场规模大、流动性好的最具代表性的50只股票组成样本股，以便综合反映上海证券市场最具市场影响力的一批龙头企业的整体状况。它可以被看成是上海证券交易所的大盘股①指数。

（2）沪深300指数，是由沪深A股中规模大、流动性好的最具代表性的300只股票组成的，于2005年4月8日正式发布，以综合反映沪深A股市场的整体表现。它可以被看作是中国A股市场的大盘股指数。

（3）中证500指数，是扣除沪深300指数样本股及最近一年日均总市值排名前300名的股票，将剩余股票按照最近一年（新股为上市以来）的日均成交金额由高到低排名，剔除排名后20%的股票，然后对剩余股票按照日均总市值由高到低进行排名，选取排名在前500名的股票作为中证500指数样本股。中证500指数综合反映沪深证券市场内小市值公司的整体状况。

（4）一年定存，指把资金以一年期定期存款的形式存放于商业银行。

（5）上证国债指数，是指反映我国国债投资收益率的指数。

图1-11的横坐标是时间，起点为2005年1月，纵坐标是金额，在2005年1月的起点处为1元，即表示在2005年1月，投资者分别投资1元于这五类金融资产。图1-11中的曲线分别代表这些不同投资类别从初始时间到2016年5月的投资收益表现。

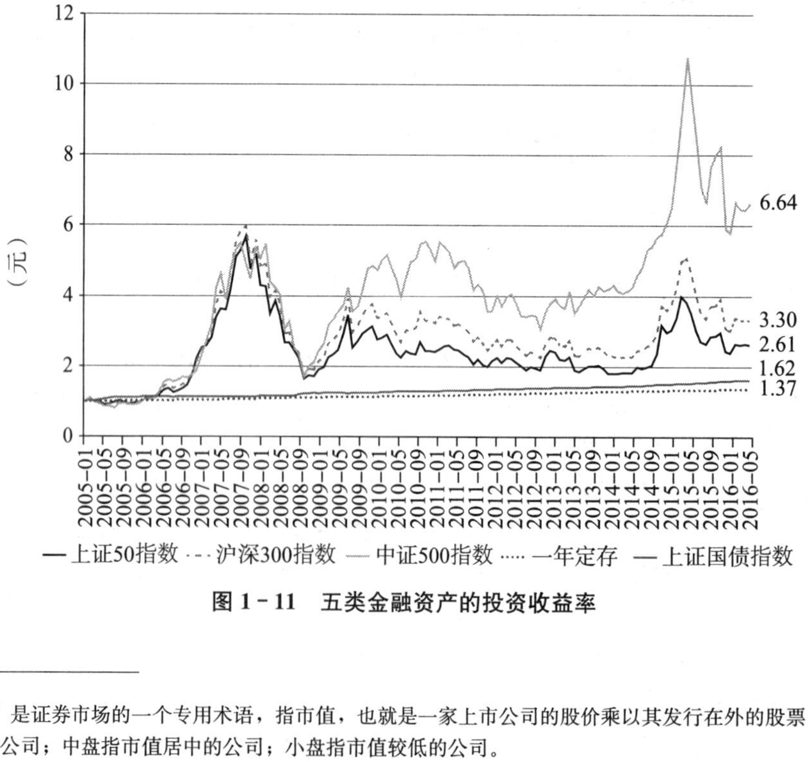

图1-11　五类金融资产的投资收益率

① “盘”是证券市场的一个专用术语，指市值，也就是一家上市公司的股价乘以其发行在外的股票总数量。大盘指市值较高的公司；中盘指市值居中的公司；小盘指市值较低的公司。

我们的第一个发现是投资收益率最高的是中证500指数，也就是中国的小盘股指数。如果我们在2005年1月投资了1元购买中证500指数，那么到2016年5月我们的投资就变成了6.64元。投资收益率排第二的是沪深300指数，也就是中国的大盘股指数。如果我们在2005年1月投资了1元购买沪深300指数，那么到2016年5月我们的投资就变成了3.30元。接下来依次是上证50指数、上证国债指数和一年定存，到2016年5月我们的投资分别变成了2.61元、1.62元和1.37元。

回顾一下我们在前面学习过的期间收益率和年化收益率的概念，现在我们已经知道了这五类资产在长达11年又5个月的时间里的期间收益率，如果我们现在需要知道这五类金融资产的准确的年化收益率，应该如何计算呢？五类金融资产年化收益率的计算见表1-5。

表1-5　五类金融资产的年化收益率计算

	上证50指数	沪深300指数	中证500指数	一年定存	上证国债指数
2005年1月 期初投资额	1元	1元	1元	1元	
2016年5月 期末投资额	2.61元	3.30元	6.64元	1.37元	
期间收益率	160.85%	230.29%	563.69%	36.82%	62.08%
年化收益率	8.69%	10.95%	17.89%	2.76%	4.29%

我们现在进一步地观察这五类金融资产从2005年年初到2015年年底这11个年份的年化收益率，见图1-12、图1-13、图1-14、图1-15和图1-16。

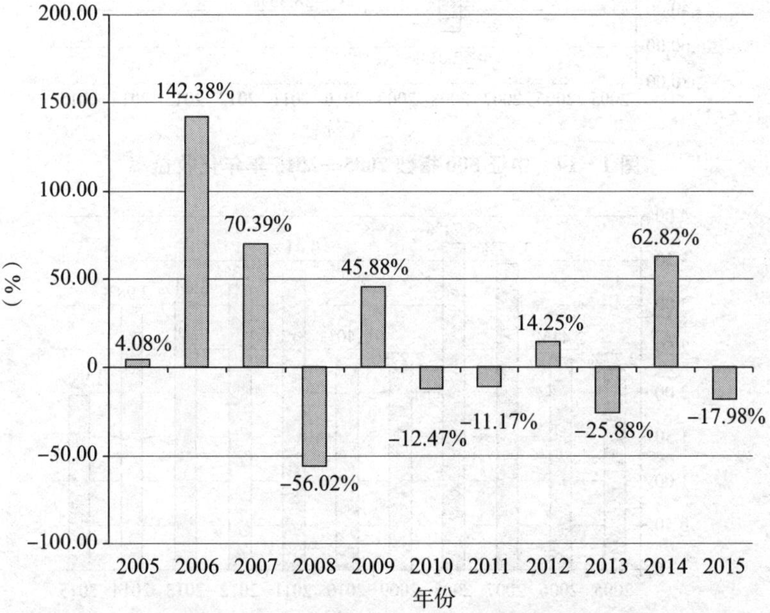

图1-12　上证50指数2005—2015年年化收益率

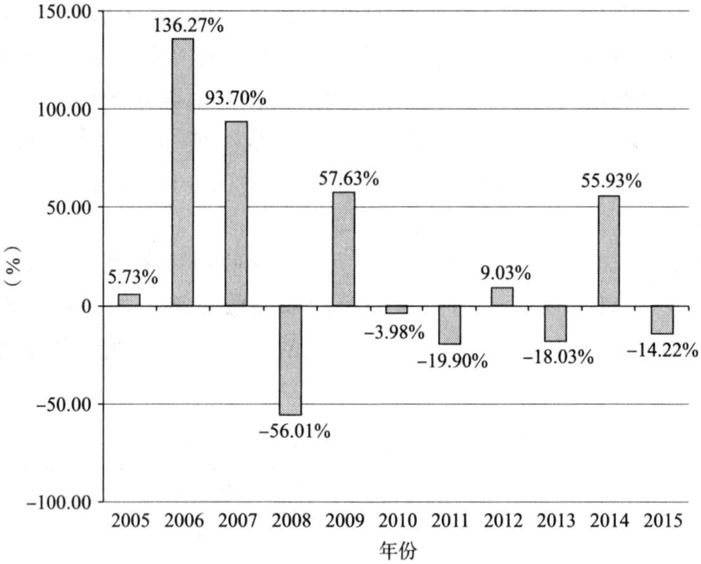

图 1-13　沪深 300 指数 2005—2015 年年化收益率

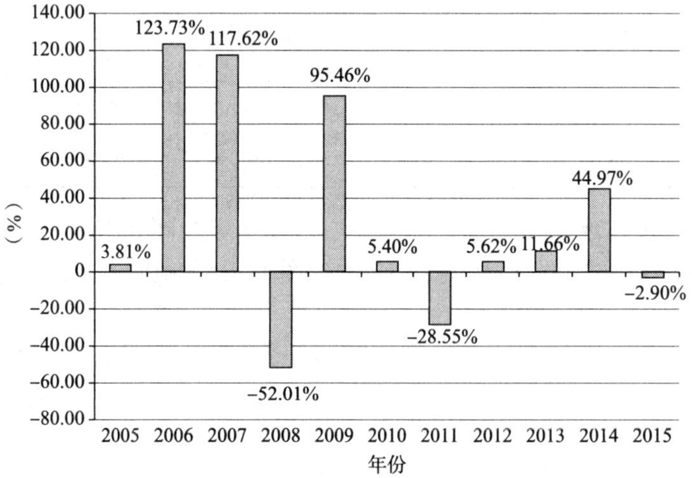

图 1-14　中证 500 指数 2005—2015 年年化收益率

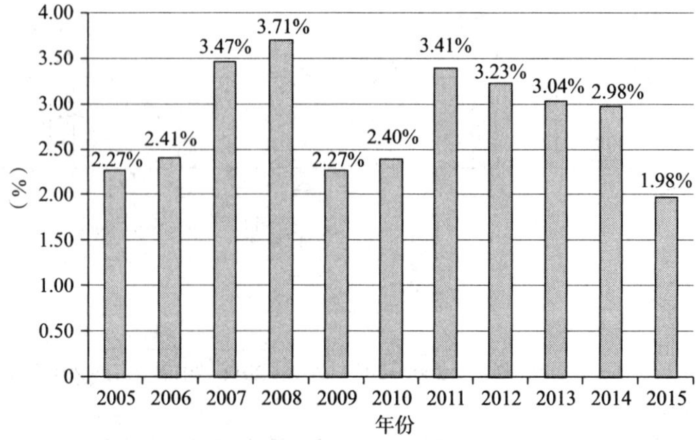

图 1-15　一年期定期存款 2005—2015 年年化收益率

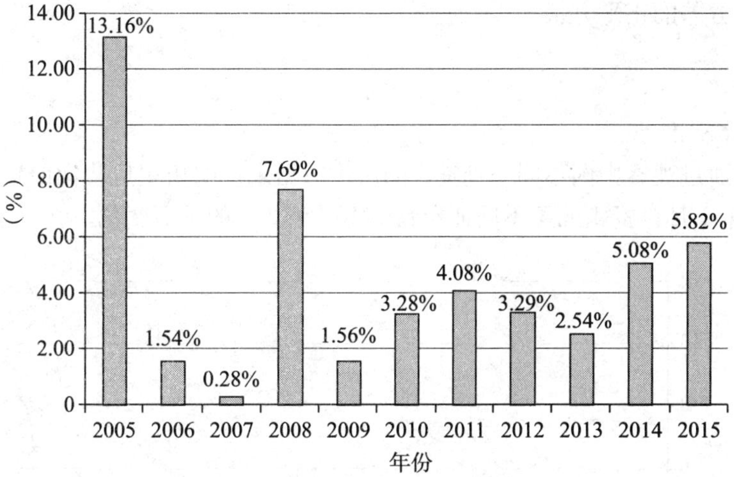

图 1-16　上证国债指数 2005—2015 年年化收益率

第三节　投资规划——风险水平的事后回顾与事前选择

一、回顾投资历史上的风险

风险和可能的回报是投资者首先会关注的主要投资特征。在逻辑上，投资者倾向于在最大限度降低风险的同时最大化收益。事实上，历史记录清楚地表明，平均而言，风险更大的投资能获得更高的回报。

在回顾历史数据之前，先复习下如何计算平均回报和风险。在这方面，重要的是要清楚你是想“后视”还是“前瞻”。“后视”意味着历史或事后，而“前瞻”意味着预测或事前。虽然计算事前值很困难，但计算事后值却很简单。

如果你有一个随机变量（如某些资产的回报，以 x 表示）的历史数据，你就有了样本。计算样本均值只需把所有观测值相加，然后除以样本容量，如公式（1.3）所示：

$$\bar{x}=\frac{\sum_{i=1}^{n}x_i}{n} \tag{1.3}$$

其中，$\bar{x}$ 是样本均值，n 是样本容量（观测值个数）。

计算风险或变化性的常规技术是确定随机变量的方差和标准差。因为标准差是方差的正平方根，所以其中一个值确定后另一个值也唯一地确定了。样本方差的计算公式如公式（1.4）所示：

$$s^2=\frac{\sum_{i=1}^{n}(x_i-\bar{x})^2}{n-1} \tag{1.4}$$

其中，s^2 是样本方差。首先计算样本均值，然后用每个观测值减去样本均值并将差值平方，最后将所有这些平方项相加，并除以观测值的数量减 1 后的差额。

标准差是方差的正平方根：

$$s=\sqrt{s^2} \tag{1.5}$$

其中，s 是样本标准差。

下面我们通过观察中国不同类别资产的历史数据来说明历史风险和回报。图 1－17 显示了从 2005 年 1 月投资 1 元于不同证券到 2015 年 12 月的价值变化。

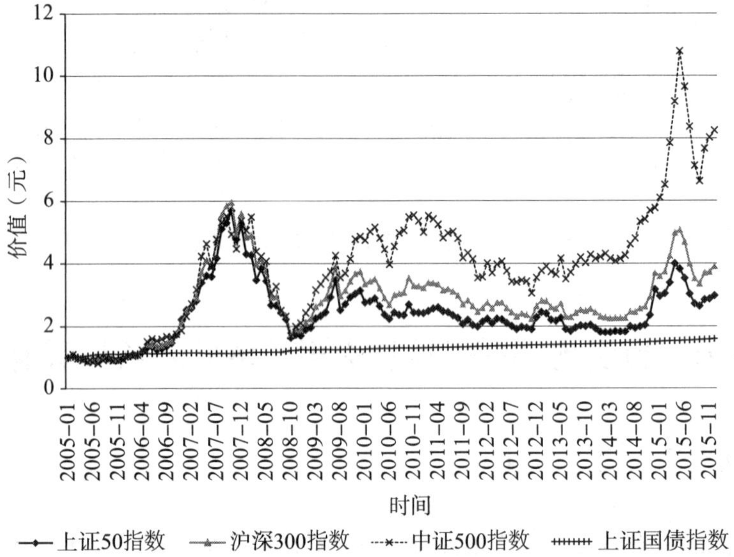

图 1－17　2005—2015 年中国不同类别资产的价值变化

上证 50 指数是反映最具市场影响力的一批龙头企业的整体状况的一种样本指数。沪深 300 指数是从上海和深圳证券市场中选取 300 只 A 股作为样本编制而成的成份股指数。中证 500 指数综合反映沪深证券市场内小市值公司的整体状况。上证国债指数全称为"上海证券交易所国债指数"，是以上海证券交易所上市的所有固定利率国债为样本计算的加权指数。在此期间，这些资产除上证国债指数外的收益都出现了明显的波动，表 1－6 显示中证 500 指数、沪深 300 指数和上证 50 指数的年平均收益率（方差）分别为 26.1%（37.1%），18%（33.3%）和 15.8%（33.9%）。上证国债指数的平均收益率（方差）为 4.3%（1.8%）。图 1－17 和表 1－6 大致表明股票比债券回报更高但风险更大，小股票比大股票回报更高但风险更大。

表 1－6　2005—2015 年中国不同类别资产的风险与回报

	上证国债指数	上证 50 指数	沪深 300 指数	中证 500 指数
年平均收益率	0.043	0.158	0.180	0.261
年收益率方差	0.018	0.339	0.333	0.371

正如理论所预测的，较高的风险水平通常伴随着较高的回报。但需要注意的是，这在短期内并不一定成立，因为可能会出现意外情况。但现有证据清楚地表明，从长期来看风

险和回报是正相关的，此时短期波动通过平均化被剔除了。

二、投资开始前的风险预测

虽然历史数据具有指导意义，但投资者真正关心的是未来。换句话说，如果我现在买股票，我真正关心的是它未来的表现，而不是它过去的表现。这意味着我需要关注事前回报和风险。我们需要提醒的第一件事是，已经发生的事情未来不一定发生，也可能不是过去曾预期要发生的事情。

沪深 300 指数过去 10 年的平均收益率为 18%，我们能预期这是未来的收益率吗？事实上，许多专家预期 2016 年后的股市的未来回报率更低。这些回报是不是过去所预期的？也许回到样本的起始点，人们可能预期平均回报率为 9%，或者为 13%。关键在于，预期可能不会实现，历史在未来也可能不会重复。但了解历史数据显然是投资分析的好的起点。

现在我们来看如何计算事前回报和风险。为此，我们需要考虑概率分布，即变量未来可能出现的所有值以及这些值发生的相应概率。更精确地讲，我们需要知道随机变量 x 可能实现的每个值 x_i 及其概率 prob_i①。然后，我们可以计算相关的分布参数，例如事前平均值（也称期望值或总体平均值）以及事前方差和事前标准差，它们也分别被称为方差或总体方差和总体标准差。

期望值通常被写成 $E(x)$，定义为：

$$E(x)=\sum_{i=1}^{m}\text{prob}_i\times x_i \tag{1.6}$$

其中，m 是 x 的不同取值的个数。换句话说，$E(x)$ 等于所有可能的取值都乘以它们发生的相应概率，然后求和。

要计算这一概率分布的方差 $\sigma^2(x)$，请使用以下公式［其中希腊字母“σ”（sigma）的平方表示分布的方差］：

$$\sigma^2(x)=\sum_{i=1}^{m}\text{prob}_i(x_i-E(x))^2 \tag{1.7}$$

换句话说，$\sigma^2(x)$ 是把每个可能的值减去期望值再平方，将平方项乘以发生的相应概率，然后将它们相加。

和样本标准差的计算一样，总体标准差（$\sigma(x)$）是总体方差的正算术平方根：

$$\sigma(x)=\sqrt{\sigma^2(x)} \tag{1.8}$$

我们将通过表 1－7 来说明上述计算。在查看历史数据并认为未来会有所不同后，我们可以得出未来股市回报的概率分布。相关数值见表 1－7 的前两列，分别为可能的收益率与相应的概率。

① 这里的 x_i 是可能的取值，而之前它们是样本观察值。

表 1-7 计算市场回报的分布参数（%）

(1) 可能的收益率	(2) 概率	(3) [=(1)×(2)]	(4) {=[(1)−E(R)]²}	(5) [=(4)×(2)]
−10	20	−2.00	3.71	0.74
0	20	0.00	0.86	0.17
15	45	6.75	0.33	0.15
30	15	4.50	4.31	0.65

使用这些数值和上述公式，我们可以轻易地计算出期望值与分布的方差。第 3 列是第 1 列与第 2 列的乘积。将第 3 列的数值加总得到收益率的期望值 9.25%。把第 1 列中的每个数值减去 9.25%，对得到的差值求平方，就得到第 4 列的数值。用第 2 列中的概率值乘以第 4 列中的数值便得到第 5 列的数值。把第 5 列中的数值加总便得到分布的方差 1.71%，将其取平方根可得分布的标准差 13.08%。所以根据我们假设的分布，未来的收益与风险会比过去低。

有几点需要强调一下。[①] 首先，这样的概率分布从何而来？这样的事前计算总是带有主观的判断——基于个人的看法。虽然实际中事前期望收益率和方差的估计会基于过去的数据，但是通常还要进行主观的调整。

三、风险承受能力评估

投资者对风险承受能力的评估事实上既需要评估其客观的风险承受能力，还需要评估其主观的风险承受意愿。显然，客观的风险承受能力受到投资者的资产规模大小、投资期限长短等客观因素的影响；而主观的风险承受意愿则在很大程度上受到投资者个人的风险态度以及个人性格特征的影响，比如面对同样程度的损失，可能有些投资者安之若素，而有些投资者则寝食难安。

首先，投资者的风险承受能力受到通过何种方式赚取其财富的影响。正如我们可以把投资风格区分为积极进取和消极保守两种，投资者的财富也有可能是通过积极进取或者消极保守的方式获得的。积极进取的财富获取方式是指通过类似于创业努力来主动承担风险以获得财富，由于这类投资者在获取财富的过程中已经熟悉风险承担的过程，因此这类投资者的风险承受能力相对较强。反过来，如果投资者的财富主要通过被动的继承或者长期稳定的工作以及节俭的生活方式获得，那么其风险承受能力相对较弱。

其次，投资者的风险承受能力显然还受到投资者的财富数量的影响，一般而言，风险承受能力和财富数量呈现正相关关系，财富数量越多，风险承受能力越强，财富数量越少，风险承受能力越弱。

---

① 在金融学中，大部分时候感兴趣的分布都是连续的而非离散的，即变量实际上有无穷个取值。一个离散型分布的例子是投骰子的结果，而人们身高的分布是连续型分布（尽管有界）的例子。最为人们熟知的连续型分布是正态分布。用以下两个参数就可以完全描述正态分布的特征：均值与方差（或标准差）。知道这两个参数后就可以计算随机变量的某一取值落在任意区间的概率。

最后，投资者的风险承受能力还会受到个人所处的不同人生阶段的影响。一般而言，投资者越处于人生的早期阶段，其风险承受能力就越强，而当投资者处于人生的中后期阶段时，其风险承受能力也相应地下降。

专栏 1-1：华夏基金投资人投资风险承受能力测试

1. 您目前的个人及家庭财务状况属于以下哪一种？

1）有较大数额未到期负债

2）收支相抵

3）有一定积蓄

4）有较为丰厚的积蓄并有一定的投资

5）比较富裕且有相当多的投资

2. 您个人目前已经或者准备投资的基金金额占您或者您的家庭所拥有总资产的比重是多少？（备注：总资产包括存款、证券投资、房地产及实业等。）

1）80％～100％

2）50％～80％

3）20％～50％

4）0～20％

5）0

3. 您的年收入是多少？

1）2 万元以下

2）2 万元至 5 万元

3）5 万元至 15 万元

4）15 万元至 50 万元

5）50 万元以上

4. 您计划中的基金投资期限是多长？

1）少于 1 年

2）1～3 年

3）3～5 年

4）5～8 年

5）8 年以上

5. 您是否有过股票与基金的投资经历？如有，投资时间是多长？

1）没有

2）有，少于 3 年

3）有，在 3～5 年之间

4）有，在 5～10 年之间

5）有，长于 10 年

6. 您投资基金主要用于什么目的？

1）平时的生活保障

2）养老

3）子女教育

4）资产增值

5）置业

7. 您希望获得的年收益率是多少?

1）相当于储蓄存款收益率

2）相当于通货膨胀率

3）高于通货膨胀率，只要保值并略有增值即可

4）接近或相当于股票市场平均收益率

5）大大超过股票市场平均收益率

8. 以下几种投资模式，您更偏好哪种模式?

1）最高收益是5%，不亏损

2）可能的最高收益是15%，可能的最高亏损是5%

3）可能的最高收益是30%，可能的最高亏损是15%

4）可能的最高收益是100%，可能的最高亏损是60%

5）可能的最高收益是100%，可能的最高亏损是90%

9. 如果您的股票型基金投资暂时亏损了30%，您怎么办?

1）无法承受风险，准备赎回或卖掉

2）3个月到6个月内如果还是亏损30%，就准备赎回或卖掉

3）1年之内还是亏损30%，就准备赎回或卖掉

4）2～3年之内都可以持有，等待机会

5）没关系，可以长期持有，等待机会

10. 您的家人或朋友认为您在基金投资中是什么样的风险承担者?

1）无法承受风险

2）虽然厌恶风险但愿意承担一定的风险

3）在深思熟虑后愿意承担相当的风险

4）敢冒风险，比较激进

5）爱好风险，相当激进

以下是对上述投资风险承受能力测试赋予的分值，读者可以根据自己对各个问题的回答加总分数，再根据总分值落入的区间估算自己的投资风险承受能力。

1. 您目前的个人及家庭财务状况属于以下哪一种?

1）有较大数额未到期负债（0.2分）

2）收支相抵（0.4分）

3）有一定积蓄（0.6分）

4）有较为丰厚的积蓄并有一定的投资（0.8分）

5）比较富裕且有相当多的投资（1分）

2. 您个人目前已经或者准备投资的基金金额占您或者您的家庭所拥有总资产的比重是多少?（备注：总资产包括存款、证券投资、房地产及实业等。）

1）80%～100%（0.2分）

2）50%～80%（0.4分）

3）20%～50%（0.6分）

4）0～20%（0.8分）

5）0（1分）

3. 您的年收入是多少？

1）2万元以下（0.2分）

2）2万元至5万元（0.4分）

3）5万元至15万元（0.6分）

4）15万元至50万元（0.8分）

5）50万元以上（1分）

4. 您计划中的基金投资期限是多长？

1）少于1年（0.2分）

2）1～3年（0.4分）

3）3～5年（0.6分）

4）5～8年（0.8分）

5）8年以上（1分）

5. 您是否有过股票与基金的投资经历？如有，投资时间是多长？

1）没有（0.2分）

2）有，少于3年（0.4分）

3）有，在3～5年之间（0.6分）

4）有，在5～10年之间（0.8分）

5）有，长于10年（1分）

6. 您投资基金主要用于什么目的：

1）平时的生活保障（0.2分）

2）养老（0.4分）

3）子女教育（0.6分）

4）资产增值（0.8分）

5）置业（1分）

7. 您希望获得的年收益率是多少？

1）相当于储蓄存款收益率（0.2分）

2）相当于通货膨胀率（0.4分）

3）高于通货膨胀率，只要保值并略有增值即可（0.6分）

4）接近或相当于股票市场平均收益率（0.8分）

5）大大超过股票市场平均收益率（1分）

8. 以下几种投资模式，您更偏好哪种模式？

1）最高收益是5%，不亏损（0.2分）

2）可能的最高收益是15%，可能的最高亏损是5%（0.4分）

3）可能的最高收益是30%，可能的最高亏损是15%（0.6分）

4）可能的最高收益是100%，可能的最高亏损是60%（0.8分）

5）可能的最高收益是100%，可能的最高亏损是90%（1分）

9. 如果您的股票型基金投资暂时亏损了30%，您怎么办？
1）无法承受风险，准备赎回或卖掉（0.2分）
2）3个月到6个月内如果还是亏损30%，就准备赎回或卖掉（0.4分）
3）1年之内还是亏损30%，就准备赎回或卖掉（0.6分）
4）2～3年之内都可以持有，等待机会（0.8分）
5）没关系，可以长期持有，等待机会（1分）
10. 您的家人或朋友认为您在基金投资中是什么样的风险承担者？
1）无法承受风险（0.2分）
2）虽然厌恶风险但愿意承担一定的风险（0.4分）
3）深思熟虑后愿意承担相当的风险（0.6分）
4）敢冒风险，比较激进（0.8分）
5）爱好风险，相当激进（1分）
得分区间及类型见表1-8。

表1-8　得分区间及类型

类型	保守型	稳健型	积极型
得分区间	2～4.6分	4.7～7.6分	7.7～10分

第四节　投资过程概要与交易规则

一、投资目标设置

（一）个人投资选择过程中的收益目标与风险权衡

正如我们在本章开头对张兴的预期收益率的案例说明，不同的投资者甚至同一投资者在不同时期对于投资活动希望获得的投资收益率目标和风险承受能力存在显著差异。因此投资决策的第一个步骤就是制定投资收益率目标和风险承受目标。

合适的投资收益率目标取决于个人对未来生活消费水平的规划以及个人所有掌握或者拥有的资源，例如个人已经积累的财富水平、当前收入、预期的未来收入、预期的未来支出。本章第二节张兴的案例展示了根据个人不同的生活规划可以选取的不同的投资收益率水平。

我们在本章第三节展示了金融市场投资机会的风险和收益往往是相伴而生的，更高的投资收益率也伴随着更高的投资风险，因此投资者必须在期盼获得更高投资收益率的同时控制其承担的投资风险水平。所以，和预期收益率选择同等重要的是对投资者投资风险承受能力的评估。

（二）开展投资规划时必须考虑到的其他因素

第一，个人计划的投资期限长短。通常来说，个人计划的投资期限长短和个人所处的人生阶段直接相关。越是处于人生的早期阶段，其投资期限越长，因而能够承受的风险水平也就越高。越是处于人生的中后期阶段，其投资期限越短，因而能够承受的风险水平也就越低。

第二，个人可预见到的流动性需求。这些流动性需求可能包括计划在未来的某个时点买房、买车或出国旅游或给子女提供一定数额的教育支出。显而易见的是，这些流动性需求将影响未来的现金流出，因而也将影响个人在制订投资规划时需要考虑的投资产品以及这些投资产品自身的流动性特征。比如说，如果确定在未来一年后或者两年后有一笔现金支出，那么固定收益产品也许是比股权类产品更合适的投资选择。

如图 1-18 所示，当投资者处于人生的不同阶段时，其收益率目标和风险承受能力以及计划的投资期限及流动性需求均有显著差异。人生阶段可以粗略地分为退休前和退休后，而退休前又可以分为单身、结婚、拥有家庭和孩子以及临近退休四个阶段。因此，人生阶段可以细致地分为单身、结婚、拥有家庭和孩子、临近退休、退休后五个阶段。总体而言，在前四个阶段中，个人积累的财富处于上升阶段，而在退休后个人积累的财富则处于下降阶段。因此，这五个阶段的总体投资目标可以概括为：抵御风险、储备未来所需、获取并维持期望的生活标准、供给退休后理想的生活方式以及未来财产（遗产）规划。

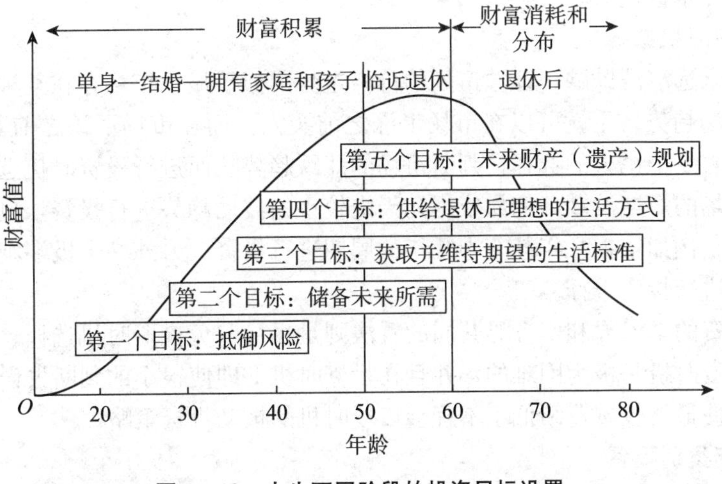

图 1-18　人生不同阶段的投资目标设置

二、投资策略选择

投资者在设置了明确的投资目标后，接下来就是选择恰当的投资策略去实现投资目标。投资策略大体分为四类，分别是投资管理机制、投资时机选择、资产类别配置和证券品种选择。

（一）投资管理机制

投资管理机制帮助投资者明确由谁来进行投资管理，一种可能的机制是完全由投资者自己决定所有的买入与卖出，另一种可能的机制是完全不做任何投资决定，而委托专业的投资管理人做出投资决定。

更普遍的情形介于上述极端的完全管理和完全不管理两种情形之间，例如，投资者把其资金分配于三只投资基金上。尽管具体的投资管理决定是由三位投资基金经理做出的，但是选择哪三只投资基金以及在每只基金上分别投入多大规模的资金的投资决定仍然需要投资者自己完成。

决定投资者是自己管理投资还是委托专业投资管理人进行管理的主要因素仍然是成本和收益两方面。

从成本角度来看，一方面，自己管理投资表面上看不用付出任何额外的费用，但是不要忘记投资人为了开展投资进行的必要的投资研究都需要耗费时间和精力，除了一部分以投资分析为乐的投资者，多数投资者都需要考虑自己亲力亲为和支付投资管理费用委托专业投资人管理哪种方式更为划算。另一方面，投资人还需要考虑自己直接投资所付出的交易佣金和委托专业投资人管理所付出的交易佣金哪种更为划算。一般而言，专业投资人因为管理的资产规模巨大因而通常都能在交易佣金上得到更大的折扣。此外，某些品种的投资，例如房地产信托投资基金，通常可以使资金规模有限的投资人也能够通过委托投资的方式参与房地产品种的投资。

从收益角度来看，似乎专业投资人应该能够取得比普通（业余）投资者更高的投资收益，然而至今为止的学术研究尚未发现证据支持这一说法。这也是一个复杂而有趣的问题，我们留待专章讨论。

（二）投资时机选择

证券市场永远涨涨跌跌，证券市场的价格走势图似乎显示市场存在某种趋势，如果我们能够把握市场趋势，不就可以在市场上涨之前买入，而在市场下跌之前卖出吗？因此，投资者们面临着一个诱人的选择，判断市场的涨跌趋势从而进行投资时机选择，这个判断可以是基于市场的短期波动，例如依据几天内较小的波动趋势进行投资，也可以是基于市场的长期趋势，例如依据几年甚至十几年的周期进行投资。另外一个极端则是完全不理会市场的涨跌而进行投资选择。

然而，投资的学术界和实务界共同的看法则是尽量避免投资时机选择。原因是根据市场趋势判断投资时机是极为困难的，并且在投资时机上即使很小的判断失误也会造成较大的损失，从而使最终投资业绩低于不理会市场时机的被动投资策略。

（三）资产类别配置

正如我们在本章第二节中所看到的，不同的资产类别，例如代表大盘股的股票指数、代表小盘股的股票指数以及债券指数，其风险和收益特征存在显著的差异。因此投资者需要做出的一个重要投资战略决定是其投资资产在不同资产类别上的配置比例。

资产类别配置中最基础、最重要的配置决策是股权类资产与固定收益类资产的配置比重。有一个简单且有广泛影响的配置决策是在股权类资产上的配置比重为 100 减去投资者的年龄。例如如果投资者现在 30 岁，那么其在股权类资产上的投资比重应该为 70%，而在固定收益类资产上的配置比重应该为 30%。如果投资者现在 60 岁，则其在股权类资产上的投资比重应该为 40%，而在固定收益类资产上的配置比重应该为 60%。显然，这一配置策略重点考虑了投资者在人生阶段中所处的位置与其风险承受能力的关系。

（四）证券品种选择

当我们完成了资产类别配置的决策后，比如我们已经决定将 70%的资产投资于股权类资产，下一步就是决定具体投资于哪些股票，这就是证券品种选择。

我们在证券品种选择上同样面临着是积极投资还是消极投资的战略选择。采取积极投资战略，意味着投资者将要通过证券投资分析选出在将来有可能收益率最高的股票。而采取消极投资战略，则意味着投资者只是买入并持有一个股票组合，例如指数基金。

如表 1-9 所示，根据投资者在资产类别配置和证券品种选择上的战略选择是积极投资战略还是消极投资战略，我们可以形成如下四种组合。A 组合是积极的资产类别配置与积极的证券品种选择，这一类组合的投资者通常根据对不同资产类别的预期收益率的判断而选择不同时机改变固定收益类和股权类资产的配置比重，并且根据对不同证券品种的预期收益率的判断而开展积极的证券交易。D 组合则是消极的资产类别配置与消极的证券品种选择，这一类组合的投资者将长期坚持其既定的在不同类别资产上的配置比重，并将长期持有具体资产类别的指数基金。B 组合和 C 组合则介于两者之间。

表 1-9 资产类别配置与证券品种选择组合示意

	证券品种选择	
资产类别配置	积极	消极
积极	A	B
消极	C	D

三、投资账户开设与交易过程

在证券投资过程中，投资者需要在证券市场上购买和出售证券，而购买和出售证券需要按照一定的程序进行。我们把投资者在证券市场上买进或卖出已上市证券所应遵循的规定的过程分为开户、委托、成交、结算这四个步骤加以介绍。证券交易全过程如图 1-19 所示。

图 1-19 证券交易全过程图示

（一）开户

投资者在证券市场开户包括两个方面，即开立证券账户和开立资金账户。证券账户用来记载投资者所持有的证券种类、数量和相应的变动情况，资金账户则用来记载和反映投资者买卖证券的货币收付情况和结存数额。

开立证券账户和资金账户后，投资者买卖证券所涉及的证券、资金变化就会在相应的账户中得到反映。例如，某投资者买入“建投能源”（000600）股票 10 000 股，按照 2017 年 8 月 9 日收盘价每股 12.93 元计算，需要支付的股票购买资金为 129 300 元，另外投资者还需要支付股票交易费用，即投资者在委托买卖证券时应支付的各种税收和费用的总和。我们在此处将其简化为印花税和佣金两项，印花税的税率为成交金额的 0.1%，佣金的费率为成交金额的 0.15%，因此总的股票买入费用为 323.25 元。交易完成后，投资者的证券账户就会增加“建投能源”（000600）股票 10 000 股，资金账户则会相应减少 129 623.25 元。

（二）委托

在证券交易所市场，投资者是不能直接进入交易所买卖证券的，投资者必须通过证券交易所的会员来进行。换言之，投资者需要通过证券经纪商的代理才能在证券交易所买卖证券。

投资者向证券经纪商下达买进或卖出证券的指令，被称为“委托”。委托指令有多种形式，可以按照不同的依据来分类。例如，根据委托订单的数量，有整数委托和零数委托；根据买卖证券的方向，有买进委托和卖出委托；根据委托价格的限制，有市价委托和限价委托；根据委托时效的限制，有当日委托、当周委托、无期限委托、开市委托和收市委托；等等。

证券经纪商接到投资者的委托指令后，首先要对投资者身份的真实性和合法性进行审查。审查合格后，经纪商要将投资者委托指令的内容传送到证券交易所进行撮合。这一过程被称为“委托的执行”，也称“申报”或“报盘”。目前我国的证券交易均采用电脑报价方式，电脑报价是指证券公司通过计算机交易系统进行证券买卖申报。其做法是证券公司将买卖指令通过计算机系统传给证券交易所的交易系统，交易系统接收后即进行配对处理。若买卖双方有合适的价格和数量，交易系统便自动撮合成交。

（三）成交

证券交易所交易系统接受申报后，要根据订单的成交规则进行撮合配对。符合成交条件的予以成交，不符合成交条件的继续等待成交，超过委托时效的订单则失效。

在确定成交价格方面，我国证券交易所规定交易价格通过买卖双方直接竞价形成并采用价格优先和时间优先原则。

图 1－20 为格力电器（000651）2017 年 8 月 9 日收盘时的股票交易五档盘口数据截图。其中的“卖一”价格 39.19 元是当时已经进入交易，等待成交的最低的卖出指令价格，在这一价位上共有 935 手①股票等待成交。同样，“卖二”价格 39.20 元是当时已经进入交易，等待成交的次低的卖出指令价格，在这一价位上共有 1 281 手股票等待成交。“买一”价格 39.18 元则是当时进入交易，等待成交的最高的买入指令价格，在这一价位

① “手”是股票交易中的数量单位，100 股为 1 手。

上共有相当于 1 130 手股票的资金等待买入成交。我们按照完全相同的逻辑就可以理解其余的“卖三”到“卖五”以及“买二”到“买五”的指令。

卖五	39.23 元	501手
卖四	39.22 元	499手
卖三	39.21 元	314手
卖二	39.20 元	1 281手
卖一	39.19 元	935手
买一	39.18 元	1 130手
买二	39.17 元	2 255手
买三	39.16 元	801手
买四	39.15 元	1 235手
买五	39.14 元	413手

图 1－20　股票交易五档盘口

资料来源：2017 年 8 月 9 日格力电器在同花顺财经网站上的个股交易数据。

（四）结算

证券交易成交后，首先需要对买方在资金方面的应付额和在证券方面的应收种类及数量进行计算，同时也要对卖方在资金方面的应收额和在证券方面的应付种类及数量进行计算。这一过程属于清算，包括资金清算和证券清算。清算结束后，需要完成证券由卖方向买方的转移和对应的资金由买方向卖方的转移。这一过程属于交收。清算和交收是证券结算的两个方面。对于记名证券，完成清算和交收后，还有一个登记过户环节。完成了登记过户，证券交易过程才结束。

关键术语

股利收益率　　资本利得　　期间投资收益率　　年化投资收益率

习　题

1. 根据你自身的情况，计算你自己的理想收益率与必要收益率。这些收益率是有可能实现的吗？你觉得选择本章中讲到的哪些金融工具有可能帮助你实现这些收益率？

2. 试讨论你对自己风险态度的认识，并询问一下你的家庭成员或者你身边的朋友的风险态度。尝试对这些人（包括你自己）做一个风险排序。

3. 本章分析了积极配置资产类别并积极选择证券品种的投资者以及消极配置资产类别并消极选择证券品种的投资者，他们分别对应表1-9中的A组合和D组合。试问选择B组合和C组合的投资者会怎样具体地选择资产配置方案和证券投资品种?

4. 从长期来看，投资的风险和回报是正相关的，为什么短期而言并不一定如此?

5. 假设你于2017年1月3日以收盘价每股9.16元购买了“平安银行”(000001)股票1 000股。

(1) 若将其持有至2018年1月2日，当天的收盘价是每股13.70元。在此期间“平安银行”没有任何股利支付。试计算你在此期间的年化投资收益率。

(2) 若将其持有至2017年9月4日，当天的收盘价是每股11.72元。在此期间“平安银行”没有任何股利支付。试计算你在此期间的年化投资收益率。

(3) 若将其持有至2017年9月4日，当天的收盘价是每股11.72元，且在2017年7月获得每股0.45元的分红。试计算在此期间的股利收益率、资本利得收益率、期间投资收益率及年化收益率。

第二章

投资品种分类

【本章要点】

- 固定收益证券、权益性证券和衍生工具
- 投资基金的基本特征
- 银行理财产品、私募基金、保险投资产品、互联网金融投资产品和艺术品等另类投资

开展投资选择的前提条件是知道证券市场提供给我们的主要资产类别。例如我们选取的投资标的可以是“青岛啤酒”(600600)、“东方电气”(600875)和“中国远洋”(601919)。这三只股票虽然股票品种有差异，但是这三只股票都属于权益性证券，除了权益性证券，还有类似于国债或者公司债等的固定收益证券，以及在合同中约定有权利以特定价格购买其他证券的衍生工具。进一步地，投资者开展证券投资既可以直接买卖股票、债券或者衍生工具，也可以通过投资基金甚至保险产品等投资工具来实现投资目的。

因此，我们将在本章中对最为主要的资产类别进行分类描述，并讨论这些具体的资产类别的投资属性以及投资成本。

在介绍这些投资工具的过程中，我们重点讨论三个问题：一是各个品种的金融属性和特征是什么，二是投资各个品种的潜在收益和亏损有哪些，三是如何查找阅读各个品种的报价。

第一节　证券市场的主要资产类别

证券市场的主要资产大致分为三类，即固定收益证券、权益性证券和衍生工具。固定收益证券包括我们常见的国债、公司债等细分品种，权益性证券主要包括普通股和优先股①，衍生工具则包括期货、期权、远期、互换等。证券市场的主要资产类别和证券品种

① 由于优先股这一证券品种的股息率一般是事先约定的，因而在证券分类中也经常被归为固定收益证券。此处，我们着重考察优先股的权益属性而不是未来现金流。

如表 2-1 所示。

表 2-1　证券市场的主要资产类别和证券品种

资产类别	细分品种
固定收益证券	银行大额存单、国债、公司债、可转债，等等
权益性证券	普通股、优先股
衍生工具	期货、期权、远期、互换，等等

一、固定收益证券

固定收益证券是能为投资者带来“固定收益”的证券品种，也就是承诺投资者未来获得的现金流量是固定不变的。国债是其典型代表，我们以中国工商银行网上银行销售的“2016 年记账式附息（二十五期）国债”为例，介绍固定收益证券的一些基本特征。

我们打开中国工商银行的网上银行，点击“理财、债券”栏目中的柜台记账式债券，然后点击进入“2016 年记账式附息（二十五期）国债”，页面就会显示出这只国债的基本资料，见表 2-2。

表 2-2　2016 年记账式附息（二十五期）国债简要信息

债券名称	2016 年记账式附息（二十五期）国债	债券代码	160025
债券简称	16 附息国债 25	债券类型	记账式国债
币种	人民币	面值	100 元
票面利率	2.79%	发行价格	100 元
发行起始日	2016-11-17	发行截止日	2016-11-17
起息日	2016-11-17	到期日	2023-11-17
上市流通日	2016-11-21	付息频率	一年付息一次
付息方式	附息（固定利率）	兑付支付本金	100.00 元/百份

我们可以在表 2-2 中获取这只债券的一些重要信息，在这些信息中，最为关键的是以下几项：

（1）面值，即债券的票面价值。该债券的相关资料显示这只国债的面值是 100 元，这就意味着，发行人（也就是国家）将在债券到期时向每份国债的持有人支付 100 元的本金。

（2）票面利率。这只国债会定期向持有人支付利息，而利息的金额就是用债券面值 100 元乘以这里注明的票面利率 2.79%，计算结果为 2.79 元。这说明在债券到期之前，每份国债的持有人每年都会得到 2.79 元的利息收入。

（3）起息日。开始计算利息的时间。

（4）到期日。归还本金和支付最后一期利息的时间。

（5）付息频率，即支付利息的频率。此处为年付，也有债券为半年付甚至月付。

（6）发行价格。这只债券是按照面值发行的，债券发行价格等于其面值，这说明是平价发行。

以上信息确定之后，我们很容易就可以列出一个 Excel 表格来展示这只国债将带给我们的未来现金流，2016 年记账式附息（二十五期）国债的现金流如表 2-3 所示。

表 2-3　2016 年记账式附息（二十五期）国债现金流简表

时间	利息收入（元）	本金收入（元）	合计（元）
2017-11-17	2.79		2.79
2018-11-17	2.79		2.79
2019-11-17	2.79		2.79
2020-11-17	2.79		2.79
2021-11-17	2.79		2.79
2022-11-17	2.79		2.79
2023-11-17	2.79	100.00	102.79

我们发现，这只债券承诺的未来现金流是完全确定的。国债是由国家信用担保的债券，一般被视为没有信用风险，这就使得其未来现金流的“固定程度”更加可信。因此，我们将其分类为固定收益证券。

但需要强调的是，“固定收益”只是说明收益相对固定，并不意味着收益是“恒定的”，因为国债和政策性金融债券由国家信用做担保，基本可以认为其收益恒定，而其他类型的固定收益证券，比如公司债、金融债等，可能存在一定的信用风险，即借款人无法按照约定支付利息甚至本金。固定收益证券类别里的浮动利率债券的收益会随着利率水平的浮动而波动。我们之所以称这类资产为固定收益证券，一个主要的原因是其未来现金流相对固定，尤其是与下文讲述的权益性证券和衍生工具相比，其收益的波动程度很小。

为什么我们通常称债券为固定收益证券而不叫债券类产品呢？这是因为随着金融创新的发展，越来越多的新型金融工具被开发出来，有些金融工具虽然能够为投资者带来“固定”的收益，但是其债务色彩越来越淡，因此，为了准确反映这一类投资产品的特征，我们用“固定收益”来界定。关于目前固定收益证券的主要品种，我们将专栏 2-1 中进行介绍。

目前，中国固定收益证券市场交易规模巨大，但遗憾的是，大部分固定收益证券的投资门槛较高，基本上只对机构投资者开放，普通投资者很难达到投资门槛。而普通投资者可以接触到的固定收益证券（比如国债），其提供的收益水平并不高。

固定收益证券能够给投资者带来怎样的收益呢？对于购买国债的普通投资者来说，收益主要就是每年定期收到的利息，如表 2-3 所列明的，投资者每年收到 2.79 元利息，国债到期后收回 100 元本金。而对于能够买卖一些流动性相对较高的债券的投资者来说，收益则由两方面组成。一方面是利息收益，这与国债投资者的收益一样；第二种是债券本身价格波动的收益（或亏损），因为债券本身的价格会因为市场利率以及供求关系的变动而变动。① 例如“16 富力 01”（136140）这只债券在 2017 年 5 月 2 日的开盘价格为 99.27 元，

① 市场利率对债券价格的影响表现为：市场利率水平升高导致债券价格下降，利率水平降低导致债券价格上升。我们将在后续章节中深入学习其中的原理。

而收盘价格为 100.39 元，也就是说投资者当天开盘时持有该债券到收盘时的收益率为 (100.39－99.27)/99.27＝1.13%。

我们看到，固定收益证券给投资者带来收益的途径主要有两条：未来现金流的持续兑现和证券本身价格的上升。同样，固定收益证券也可以通过这两条途径给投资者带来损失：证券的发行人没有能力或者不愿兑现承诺的现金流，以及因为市场利率的上升，债券价格下跌。对于普通的国债持有者来说，如果确定是持有到期的话，那么这两类风险一般不用考虑，因为国债由国家信用支持，不会出现利息或本金的兑付问题。普通投资者持有国债至到期日，一般也不用考虑债券本身价格的涨跌。

对于普通投资者来说，能够购买的固定收益证券主要是国债，投资者可以在各商业银行的营业网点看到当前正在发行的国债的情况，也可以登录其官方网站直接查询并认购。除此之外，固定收益证券的交易市场主要为交易所债券市场和银行间债券市场。其中银行间债券市场最大，债券品种最丰富，交易也最为活跃，不过该市场不对个人投资者开放，只对机构开放。交易所债券市场小，品种少，主要是公司债、中小企业私募债和跨市场的企业债，交易所市场对个人投资者开放，不过有一定的门槛要求。

专栏 2－1：中国固定收益证券市场发展概况

图 2－1 描述了 2001 年至 2016 年我国固定收益证券市场的基本情况和发行总量的变化。2014 年以前，中国固定收益证券市场基本呈现为缓慢平稳发展的状态，2014 年以后，固定收益证券发行量大幅增加，固定收益证券市场的规模出现较大增长。截至 2016 年 12 月 31 日，固定收益证券市场发行总量已经高达人民币 366 147.81 亿元，对比 2013 年年末的发行总量 90 545.42 亿元，短短 3 年间固定收益证券发行量增长了 3 倍。

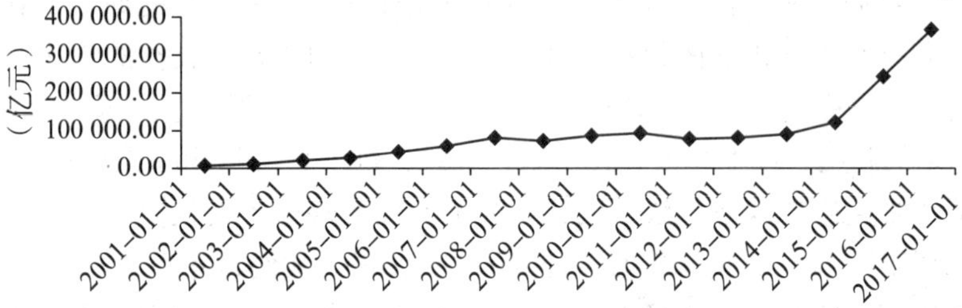

图 2－1　我国近年固定收益证券发行总量（2001—2016 年）

资料来源：Wind 资讯。

图 2－2 反映了我国固定收益证券市场的主要发行品种、结构和余额情况。以 2017 年年初的数据来看，同业存单是发行数量最多的固定收益证券，总量达 4 500 只；金融债和国债则是余额最多的固定收益证券，余额分别为 14 万亿元和 11 万亿元左右。相对于金融债和国债的较大规模，企业债、公司债、资产支持证券等一些创新型的固定收益证券工具规模都普遍较小。以企业债为例，其余额不足 4 万亿元，数量不足 2 500 只。这表明政府及金融机构是固定收益证券一级市场的发行主体，而企业等主体并不活跃。

我国的固定收益证券交易市场主要可以分为两大市场——银行间债券市场和交易所债券市场，前者是供商业银行、农村信用联社、保险公司、证券公司等金融机构进行固定收益证券买卖和回购的市场，后者则是以证券公司、基金管理公司、保险公司等非银行金融机构和个人为主体的场内市场。

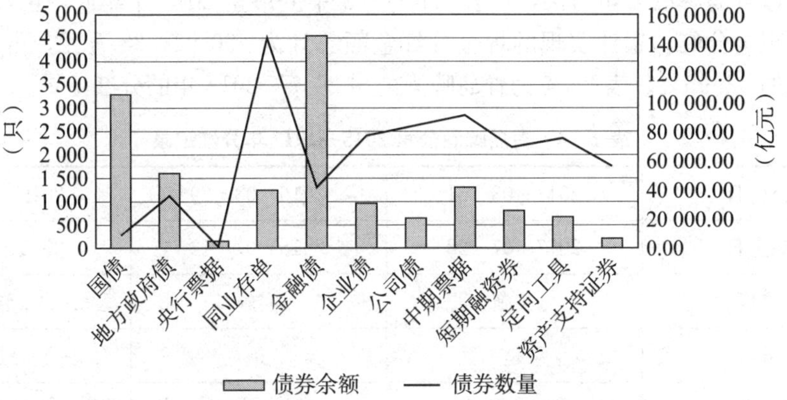

图 2－2　2017 年年初中国固定收益证券各品种余额

资料来源：Wind 资讯。

图 2－3 按市场类型分析两大市场 2001—2016 年的交易情况。不难发现，银行间债券市场的活跃度远远大于交易所债券市场，这也反映了我国固定收益证券二级市场以金融机构投资者为主而企业以及非金融机构投资者较少的现实情况。

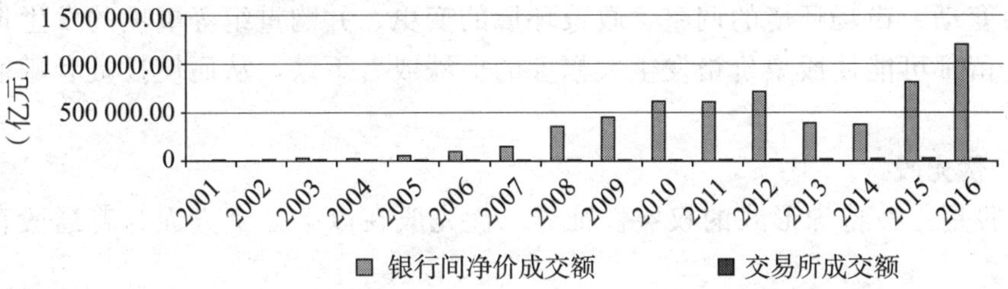

图 2－3　中国固定收益证券市场成交额（2001—2016 年）

资料来源：Wind 资讯。

二、权益性证券

权益性证券代表证券持有者对证券发行公司净资产的所有权。一般而言，权益性证券有普通股和优先股两种形式。其中，普通股是我们在本教材中最主要讨论的证券品种，因此我们首先讨论普通股。

（一）普通股

假设我们在 2017 年 3 月购买了青岛啤酒 10 000 股普通股，经查阅公司财务报表以及公告我们得知，2017 年 3 月青岛啤酒的股份总数为 1 350 982 795 股，这意味着我们对青岛啤酒净资产的 0.000 74%拥有所有权。这种所有权包含了两个权利：投票权（voting right），如参加青岛啤酒的股东大会，查阅相关资料，参加投票表决，参与公司重大决策；分红权（cash flow right），如获得股利或者分红等。

购买股票会给我们带来两种潜在的收益，但同时也带来风险。

第一种潜在收益是分红。上市公司可能会以现金的形式向股东分配自己的一部分利润。我们还以青岛啤酒公司为例，该公司自 1993 年上市至 2017 年年底，已经 21 次向公司股东进行现金分红，累计实现的现金分红金额总计为 590 921.38 万元，占该公司累计实现净利润的 32.95%。表 2-4 为青岛啤酒公司 2015—2017 年的分红记录。

表 2-4 青岛啤酒公司 2015—2017 年分红记录

预案公告日	2017-03-31	2016-03-29	2015-03-31
除权除息日	2017-07-28	2016-07-12	2015-07-31
方案进度	实施	实施	实施
是否分红	是	是	是
分红对象	普通股股东	普通股股东	普通股股东
每股股利（税前）	0.35 元	0.39 元	0.45 元
每股股利（税后）	0.332 5 元	0.370 5 元	0.427 5 元

资料来源：Wind 数据库。

第二种潜在收益是股票价格的上涨。股票价格变动受到多重因素的复杂影响，经营业绩的变动、市场环境的调整、政策环境的变更、并购重组等事项的发生抑或投机资金的去留都可能使股票价格发生大幅度的上涨或者下跌，从而使投资者赚取收益或遭受损失。

（二）优先股

优先股是一种特殊形式的权益性证券。优先股在以下三个方面与普通股存在显著差异。

一是优先股相对于普通股可优先获得股息。如果企业在年度内没有足够的现金派发优先股股息，普通股是不能分发股息的。企业发行优先股时，一般都会确定一个票面股息率，但当企业获得优厚利润时，优先股也不会获得超额收益。

二是剩余财产优先分配权。当企业宣布破产并变卖企业资产后，只有在全面偿还优先股股东后，剩下的资产才由普通股股东分享。

三是投票权。优先股虽然是权益性证券的一种，但优先股股东没有参与企业决策的投票权。在企业长期无法派发优先股股息时，优先股股东才有权派代表加入董事会，以寻求改善企业财务状况。

优先股有一个固定的票面股息率，而且一些机构投资者也将自己持有的优先股资产划分为固定收益证券来进行管理。那为什么我们在本书中将其划分为权益性证券呢？首先，从法律关系上讲，优先股体现了一种权益性关系，而并非债权债务关系。其次，从会计准则和税收上讲，优先股也被视为一种权益。最后，优先股未来现金流的“固定性”并不像纯粹的固定收益证券那么强。

目前我国国内的优先股市场尚处于起步阶段，大部分优先股都是由银行发行的，且均采用非公开发行和协议转让方式。

专栏 2－2：浦发银行优先股二期股息发放实施公告（公告日期：2017 年 3 月 3 日）

根据浦发银行公告，该优先股二期（优先股代码：360008；优先股简称：浦发优 2）股息发放的计息起始日为 2016 年 3 月 11 日，按照浦发优 2 票面股息率 5.50%计算，每股发放现金股息 5.50 元（含税），合计 8.25 亿元（含税）。

该优先股股息发放对象为：截至 2017 年 3 月 10 日上海证券交易所收市后，在中国证券登记结算有限责任公司上海分公司登记在册的公司的全体浦发优 2 股东。

可见该优先股品种的票面股息率是事先约定的 5.50%。

专栏 2－3：我国股票市场的演进历史

我国最早的证券交易市场是创立于光绪末年，由上海的外商组织的“上海股份公所”和“上海众业公所”。在这两个交易所买卖的证券，主要是外国企业股票、公司债券、南洋一带的橡胶股票、中国政府的金币公债以及外国设在上海的行政机构发行的债券，等等。特别是其中的外国企业股票和橡胶股票交易占了很大的份额。1919 年，北京成立了证券交易所，这是全国第一家专营证券业务的交易所，上海则成立了上海华商证券交易所。

新中国成立后，证券交易所被取消。1990 年 12 月 1 日，深圳证券交易所开始试营业。1990 年 12 月 19 日，上海证券交易所正式开业。1991 年 7 月 3 日，在试营业 7 个月后，深圳证券交易所正式营业。1998 年 12 月 29 日第九届全国人民代表大会常务委员会第六次会议通过了《中华人民共和国证券法》（简称《证券法》），并于 1999 年 7 月 1 日正式施行。这标志着维系证券交易市场运作的法规体系趋向完善。2005 年 10 月 27 日新修订的《证券法》和《中华人民共和国公司法》（简称《公司法》）获得通过，并自 2006 年 1 月 1 日起施行。

2009 年 10 月 30 日，创业板在深圳证券交易所开市，成为中国多层次资本市场建设的又一重要里程碑。2009 年年末中国证券监督管理委员会（简称中国证监会）又适时启动了以沪深 300 股指期货和融资融券制度为代表的重大创新，对中国证券市场的完善和发展具有深远影响。2010 年 3 月 18 日，中国证监会批准第一批 6 家证券公司开始融资融券业务试点工作。2010 年 3 月 31 日，上海证券交易所和深圳证券交易所开始接受融资融券交易的申报。2010 年 4 月 16 日，我国股指期货开始上市交易。

截至 2016 年 12 月底，沪、深证券交易所上市公司达 3 052 家，沪、深市场总值达 50.8 万亿元。表 2－5 显示了 1990—2016 年中国证券市场的上市公司数量及总股本、总市值的变动。

表 2－5　1990—2016 年中国证券市场的规模变动

年度	上市公司总数（家）	总股本（亿股）	总市值（亿元）
2016	3 052	48 750.294	507 685.885
2015	2 827	43 014.819	531 304.196
2014	2 613	36 795.098	372 546.956

续表

年度	上市公司总数（家）	总股本（亿股）	总市值（亿元）
2013	2 489	33 822.044	239 077.194
2012	2 494	38 487.682	267 848.812
2011	2 342	36 194.879	250 115.896
2010	2 063	33 281.668	305 214.865
2009	1 718	26 207.327	290 727.179
2008	1 625	24 378.224	148 383.091
2007	1 550	22 312.417	401 296.955
2006	1 434	14 847.462	103 524.918
2005	1 381	7 638.926	34 952.963
2004	1 377	7 163.586	39 897.630
2003	1 287	6 436.725	45 646.375
2002	1 224	5 877.367	40 964.698
2001	1 160	5 220.116	46 326.733
2000	1 088	3 802.109	50 752.315
1999	949	3 095.381	28 153.554
1998	852	2 536.160	20 916.877
1997	745	1 951.414	18 993.575
1996	530	1 218.492	10 902.880
1995	323	851.158	3 938.393
1994	291	684.578	4 051.503
1993	183	382.688	3 655.139
1992	53	67.990	1 060.050
1991	13	5.458	120.316
1990	8	0.973	23.822

资料来源：Wind 资讯。

三、衍生工具

不论是固定收益证券还是权益性证券，都属于金融资产中的基础证券（primary asset），这些基础证券都由企业或者政府部门直接向投资者发行以筹集资金，而投资者持有这些基础证券则代表其拥有相应的证券发行人所持有的实际资产（real assets）的债权或者所有权。我们此处研究的衍生工具（衍生品）（除此处介绍的衍生工具外，更广泛意义上的衍生工具还可以建立在商品等其他基础资产上）是指建立在基础证券上的由基础证券衍生而来的证券，因此这些衍生证券不直接对应基础证券发行人所持有的实际资产的债权或者所有权。中国目前经批准设立的衍生工具交易所有中国金融期货交易所（简称中金所）、上海期货交易所（简称上期所）、大连商品交易所（简称大商所）和郑州商品交易所（简称郑商所），其中中金所为金融衍生工具交易所，上期所、大商所、郑商所为商品衍生工具交易所。在本教材中我们主要关注金融衍生工具，而在金融衍生工具中，我们主要关注期货和期权这两个基本的衍生品种。

（一）期货

期货是一种跨越时间的交易合约。买卖双方通过签订这种合约，同意按指定的时间、价格与其他交易条件交收指定数量的现货。我们在交易所购入 100 股“青岛啤酒”的股票时，我们买卖的是“现货”，因为买卖成交后我们就会交割股票并进行登记。假设我们与另一位交易者协商一致，同意在未来某天（比如三个月后），以某个确定的价格从他的手中买下这只股票，现在我们进行的这种交易就是“期货”交易，因为我们并不立刻交割股票，而是在未来的某一时间交割。

当然，我国目前并不存在上述这种以某只个股为交易对象的金融期货品种。我国的金融期货主要在中国金融期货交易所进行交易，品种有沪深 300 指数期货、上证 50 指数期货、中证 500 指数期货、5 年期国债期货和 10 年期国债期货五种。

期货市场对于各类投资者的投资具有很重要的意义。在此我们将以沪深 300 指数期货为例做简单的讨论，详细的论述见第十章。

沪深 300 指数期货是以沪深 300 指数作为标的资产的期货合约。假设我们在某一时点购买了一手沪深 300 指数期货，这就建立了多头仓位，当指数上涨时，我们可以以上涨后的价格卖出（又叫平仓），从而获得收益，但当指数下跌时，我们在平仓时则必须以较低的价格出售合约，从而造成了亏损。而如果我们将合约持有至交割日，则应当交割现金而不是股票，这是股指期货与商品期货不同的一点。

股指期货的主要目的是避免股票交易中的系统性风险，而这种目的如何达成呢？

假设我们对一些公司的经营状况特别看好，我们坚信，在同等情况下，这些公司的股价表现一定会好于其他公司。同时，这些“好公司”分处不同的行业、地域，持有这样一个组合时，非系统性风险已经被广泛地分散了。任意一家“好公司”的黑天鹅事件都不会导致投资组合市值的大幅下跌。

但是目前我们面临一个尚未解决的问题，即如果出现了系统性风险，整个市场的股票都会下跌，我们该怎么办？这时我们持有的投资组合仍然会亏损，尽管由于优秀的经营业绩，这些“好公司”的股票下跌幅度比较小。这时候，我们选择在沪深 300 指数期货建立空头头寸进行风险对冲。这样，当出现系统性风险，整个市场都下跌时，我们持有的投资组合亏损了，但是在沪深 300 指数期货市场却盈利了。而且期货市场的盈利一定会比投资组合的亏损高。如果市场上涨，投资组合盈利，这时我们的期货市场会亏损，但是亏损一定小于投资组合的盈利。这就是风险对冲的原理。我们用沪深 300 指数期货这一工具“过滤”掉了系统性风险。

期货交易具有不同于固定收益证券及权益性证券的特殊交易机制。

第一，期货可以双向交易，价格上涨时可以低买高卖，价格下跌时可以高卖低补。

第二，期货市场里的交易无须支付全部资金，目前国内沪深 300 指数期货交易只需支付 8%的保证金即可获得未来交易的权利。由于保证金的运用，实际的投资收益率或者风险也就得以成倍放大。

第三，期货是零和市场，在某一时段内，不考虑资金的进出和提取的交易费用，期货市场的总资金量是不变的，市场中一个参与者的盈利来自另一个参与者的亏损。

我们可以通过券商的交易软件或是相关财经网站查询到金融期货的交易状况。金融期货的交易门槛比较高，一般要求投资者至少具有 50 万元的保证金资产，并具有相关知识和模拟交易记录。

（二）期权

期权的买方向卖方支付一定数量的金额（期权费）后，即拥有在未来一段时间内（美式期权）或未来某一特定日期（欧式期权）以事先规定好的价格（执行价格）向卖方购买或出售一定数量特定标的物的权利，但不负有必须买进或卖出的义务。

期权主要有如下几个构成因素：

（1）执行价格。执行价格是期权的买方行使权利时支付的事先规定好的标的物的买卖价格。

（2）期权费。期权费是期权的买方支付的期权价格，即期权买方为获得期权而付给期权卖方的费用。

（3）履约保证金。履约保证金是期权卖方必须存入交易所用于履约的财力担保。

（4）看涨期权和看跌期权。看涨期权是指在期权合约有效期内按执行价格买进一定数量标的物的权利；看跌期权是指卖出标的物的权利。当期权买方预期标的物的价格会超出执行价格时，他就会买进看涨期权；相反，他就会买进看跌期权。

按执行时间的不同，期权主要可以分为两种，即欧式期权和美式期权。欧式期权是指只有在合约到期日才被允许执行的期权，它在大部分场外交易中被采用。美式期权是指可以在合约有效期内的任意一天被执行的期权，多为场内交易所采用。

目前，我国金融市场中交易的期权品种只有一种，即上证 50ETF 期权。① 我们可以在券商提供的交易软件或各大财经网站上查询到它的交易情况。与金融期货一样，金融期权的投资门槛也相对较高，需要至少 50 万元的资金，同时投资者也必须拥有一定时间的投资经验和模拟交易经历。

第二节　投资基金介绍与基金品种选择

当你持有少量的资金（比如 2 000 元）并计划到证券市场直接“拼杀”时，可能会遇到一些比较棘手的问题。一是不容易分散化。比如在股票投资中，我们总是倾向于将资金分散配置到多只股票上②，因为在这样的情况下，即使某只股票的价格发生大幅下跌，也不会对我们持有的股票总价值产生毁灭性的影响。但是，由于你的投资金额较小，只能投资于一到两只股票，这就限制了你分散风险的能力。③ 二是得不到理想的优惠的交易费率，因为交易规模太小，因而会导致相对较高的交易费用。在选择固定收益证券或者衍生

---

① 目前我国上市交易的期权品种较少，仅有金融期权中的 50ETF 期权，及商品期权中的豆粕期权、白糖期权。

② 在后面的章节中我们将学到，持有多样化的投资组合有助于降低投资风险。

③ 以沪市 A 股为例，每次交易的最低数量为一手，一手有 100 股，在购买一只股票的情况下，1 000 元只能购买 10 元及以下的股票，在分散投资中，如果计划购买两只股票，那就只能购买 5 元及以下的股票了。

工具进行投资时，情况则更加不利——我们持有的资金还远远达不到交易门槛。三是因为精力和经验有限，因而不知道如何进行具体的证券品种选择。而解决上述三个问题恰是证券投资基金这一投资品种的优势。在本节中，我们将对证券投资基金进行详细的考察。我们将会发现，证券投资基金凭借自身的特性向拥有小额资金的投资者提供了极佳的投资渠道，同时也凭借自身的优势获得了大投资者的青睐。

一、投资基金介绍

证券投资基金是一种实行组合投资、专业管理、利益共享、风险共担的集合投资方式。与权益性证券和固定收益证券不同，证券投资基金是一种间接投资工具，基金投资者、基金管理人和基金托管人是基金运作中的主要当事人。

证券投资基金通过发行基金份额的方式募集资金，个人投资者或机构投资者通过购买一定数量的基金份额参与基金投资。基金所募集的资金在法律上具有独立性，由选定的基金托管人保管，并委托基金管理人进行股票、债券的分散化组合投资。基金投资者是基金的所有者。基金投资收益扣除由基金管理人和基金托管人所承担的费用后的盈余全部归基金投资者所有，并依据各个投资者所购买的基金份额的多少在投资者之间进行分配。基金管理人、基金投资者和基金托管人之间的相互关系以及各自的职责见图 2-4。

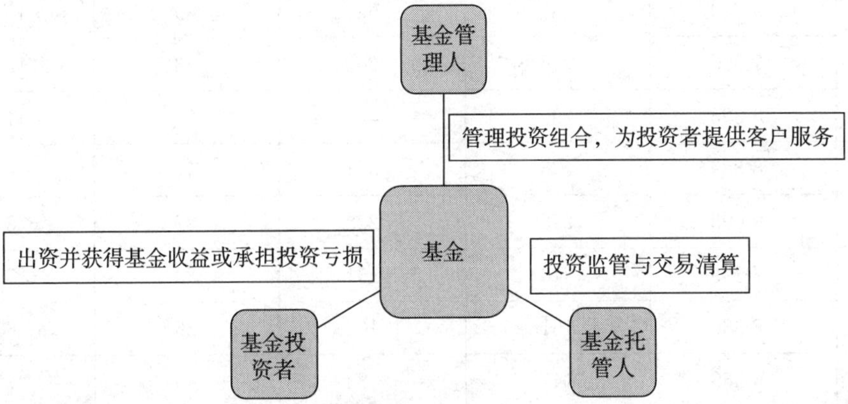

图 2-4　基金投资的当事人及其相互关系

与直接投资股票或债券不同，证券投资基金是一种间接投资工具。一方面，证券投资基金以股票、债券等金融有价证券为投资对象；另一方面，基金投资者通过购买基金份额的方式间接地进行证券投资。

证券投资基金在世界各国的投资市场中都扮演着举足轻重的角色。我们首先以金融市场最为发达的美国为例进行说明。

美国的证券投资基金主要分为共同基金（mutual fund）、封闭式基金（closed-end fund）、交易型开放式指数基金（exchange traded funds，ETF）和单位投资信托（unit investmest trust，UIT）四种。[①] 2015 年年末，这四类基金管理的净资产规模已经达到

① 我们将在稍后讨论基金的种类。

18.1万亿美元之多，甚至超过了美国2014年的国内生产总值（17.42万亿美元）。① 通过表2-6，我们可以看到1999—2018年美国证券投资基金管理的净资产的增长趋势。

表2-6 美国证券投资基金1999—2018年的规模变动 单位：10亿美元

年份	共同基金	封闭式基金	ETF	UIT	总计
2018	17 707	250	3 371	70	21 398
2017	18 764	277	3 401	85	22 527
2016	16 353	265	2 524	85	19 227
2015	15 658	263	2 101	94	18 116
2014	15 877	292	1 975	101	18 245
2013	15 049	282	1 675	87	17 093
2012	13 054	265	1 337	72	14 728
2011	11 630	244	1 048	60	12 982
2010	11 831	239	992	51	13 113
2009	11 109	224	777	38	12 148
2008	9 619	185	531	29	10 364
2007	11 995	316	608	53	12 972
2006	10 395	299	423	50	11 167
2005	8 889	276	301	41	9 507
2004	8 093	255	228	37	8 613
2003	7 399	216	151	36	7 802
2002	6 380	161	102	36	6 679
2001	6 969	145	83	49	7 246
2000	6 956	150	66	74	7 246
1999	6 834	157	34	92	7 117

资料来源：https://www.icifactbook.org/ch2/19_fb_ch2。

个人投资者是美国证券投资基金最主要的客户群体，美国的个人投资者也将证券投资基金作为其主要投资渠道之一。2015年年末，在美国个人和家庭持有的金融资产中，有22%是由基金公司进行管理的，而在1980年这一数字仅为2%，如图2-5所示。

同时，证券投资基金也是美国各类金融市场中最主要的投资者之一。据统计，2015年年末，美国各类基金在美国股票市场、公司债券市场、国债市场、市政债券市场和商业票据市场中占据的份额分别为31%、19%、11%、26%和40%。可以说，证券投资基金

① 资料来源：世界银行。

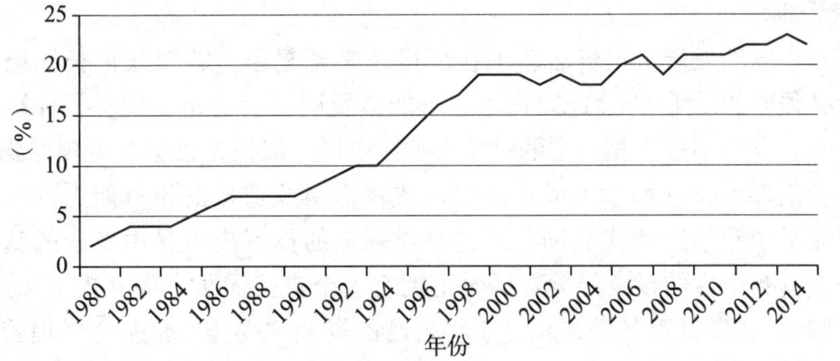

图 2-5　美国证券投资基金管理的个人金融资产份额

在美国金融市场占据着极其重要的地位。

在中国的金融市场中，证券投资基金同样扮演着重要角色。图 2-6 显示了 2000—2017 年中国基金的资产净值、发行份额以及基金个数的增长。截至 2018 年 1 月底，中国全部基金数量为 4 737 只，管理的总资产规模为 117 240 亿元。

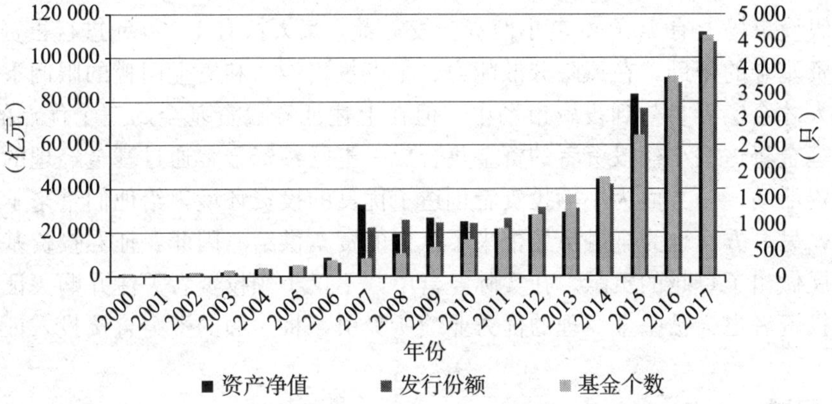

图 2-6　中国基金规模的增长（2000—2017 年）

资料来源：Wind 资讯。

二、证券投资基金的优势及问题

（一）优势

一般认为“分散化”、“专家管理”和“起点规模小”是证券投资基金最核心的三个优点。

1. 分散化

当仅仅投资一只股票时，我们的投资收益完全依赖于这只股票股价的表现，但当我们将自己的资金分散投资于很多只股票和债券时，某只股票或债券价格的大幅变动则不会对总的投资收益产生重大影响，这说明多样化投资可以降低投资风险。一般情况下，证券投资基金的投资都被比较合理地分散了。我们购买证券投资基金，就相当于将自己的资金分散配置到了相关的资产上，从而使投资更加稳健。

2. 专家管理

随着证券市场的发展，投资活动正在变得越来越复杂。若想获得长期稳定的超额收益，投资者必须掌握大量的投资知识，这可能涉及财务、经济、数学、计算机等诸多学科；同时投资者也必须投入相当多的时间来关注市场，以捕捉机会或是规避陷阱。普通的非职业投资者很难承受这种学习成本和时间成本，由此造成的投资能力的欠缺使得“散户”几乎变成了“亏损”的代名词。证券投资基金的投资决策是由专业的基金经理完成的，基金经理具有丰富的投资经验，同时也拥有一个支持团队来为其投资决策提供服务。“散户”通过购买证券投资基金，相当于将自己的资金“委托”给基金经理管理，借助其专业投资能力使自己的投资更合理。

3. 起点规模较小

大部分固定收益证券和金融衍生工具的投资门槛比较高，投资途径比较复杂，需要专业的机构来协助。而股票的投资门槛虽然比较低，但是如想达到合理的分散化投资，也需要相当多的资金。证券投资基金为持有小额资金的投资者解决了这一问题。虽然一般的证券投资基金的起投额度都比较低，几千元即可，但是很多小额投资者的资金汇总起来，再通过基金公司提供的专门渠道，就可以参与绝大多数的证券投资交易了。

我们假设市场上有 10 000 名小额资金投资者，每人持有 1 000 元进行投资。如果没有证券投资基金的帮助，在风险分散能力、个人投资能力和资金门槛的限制下，可能只有极少数人才会实际参与到投资市场中。但在上述证券投资基金的三个优点的帮助下，证券投资基金将这些小额投资者的资金集合成一笔巨额资金，通过基金经理的指导进行合理的投资活动，一方面为小额投资者创造了优良的投资环境，给他们带来了一定的财产性收入，另一方面也为金融市场带来了巨额的资本供给。因此，证券投资基金为金融市场的发展做出了卓越的贡献。在实际经营中，不仅小额投资者关注并购买证券投资基金，大额投资者也会被基金经理的优秀业绩所吸引，将大额的资金直接投入证券投资基金中。

（二）问题

1. 交易费用

在直接买卖股票时，我们需要支付一些交易费用，如交易佣金、过户费、印花税，等等。但是在购买证券投资基金时，我们支付的费用要远高于此。以华夏领先股票（001042）这一股票型基金为例，如果我们对其投资 2 000 元并持有 365 天，则交易费用与投资金额的比率可以近似计算为 3.25%。① 一般情况下，这一比率远远高于直接买卖股票时的交易费用率。

为什么对证券投资基金的投资会产生如此高的交易费用呢？这实际上就是我们为了购买上文中提到的三个“优点”所支付的成本。

2. 风险

在基金经理的帮助下，证券投资基金开展的投资活动一般来说都是比较合理的。但这并不意味着对证券投资基金的投资没有风险。2015 年“股灾”期间，绝大多数股票型基

---

① 申购费率 1.5%＋赎回费率 0＋基金管理费 1.5%＋基金托管费 0.25%随后我们将学习在购买公募基金时如何计算交易费用。

金的净值都发生了较大幅度的下跌。这是因为虽然基金经理将其投资广泛分散化，避免了某只股票大幅下跌带来的风险（非系统性风险），但是在面对绝大多数股票价格都下跌的情况（系统性风险）时，这样的投资策略也不能保证资金的绝对安全。

三、主要的基金种类

证券投资基金种类繁多，从不同的角度出发，我们可以将其分成不同的类别。基金市场正处于不断发展的过程之中，一些种类的基金已经趋于消亡，另一些种类的基金正在迅速成长。本部分介绍的是目前我国基金市场中主要的基金种类。

（一）按照基金是否公开募集分类

依据基金是否公开募集以及投资者限制、信息披露和监管要求的区别，基金分为公募基金与非公募基金。

（1）公募基金是面向社会公众公开发售的一类基金，募集对象不固定，适合中小投资者参与，各类信息披露及监管要求相对比较严格。

（2）非公募基金又称私募基金，是一种只能采取非公开方式发行，投资金额要求较高，面向特定投资者发行的基金产品。我们将在后续的部分对私募基金的特点进行详细讨论，本节只讨论公募基金。

依据基金单位是否可以增减，基金可以被分为开放式基金和封闭式基金。

（3）封闭式基金是指在基金设立之初，就确定了基金的发行总数并规定了一个明确的封闭期，在封闭期内基金单位保持不变。封闭期结束后，可以视情况选择不同的后续运作，如清盘结束、继续封闭运营或转换为开放式基金。在基金封闭期内，如果投资者希望撤出投资，则只能向其他投资者出售自己的份额，而不能向基金要求赎回。

（4）开放式基金指基金单位可以增减的一类基金。投资者可以根据报价随时申购或赎回。开放式基金一般没有存续期的规定。如果投资者决定申购，则基金可以用这一部分新筹集的资金进行投资，如果投资者决定赎回，则基金必须将投资组合中的现金或者将非现金资产变现用于支付。

（二）按照投资对象分类

根据投资对象的不同，我们又可以将基金分为股票型基金、债券型基金、混合型基金和货币市场基金。各类基金还有更细致的分类，如图 2-7 所示。

（1）股票型基金是指将 60%以上的资产投资到股票上的基金。

a. 一般普通股票基金分散投资于各类股票。

b. 专门股票基金把资金投资于某个部门、地区、行业或者具有某种其他特殊性的股票。

（2）债券型基金是指将 80%以上的资产投资于债券的基金。

普通债券基金与中短债基金的差异在于所投资债券资产组合的久期①，中短债基金的投资组合久期一般小于三年。

（3）混合型基金指同时以股票、债券、货币市场工具为投资对象，且各投资比例都未

① 久期概括来说是指债券各期现金流支付所需时间的加权平均值，我们会在后文详细介绍。

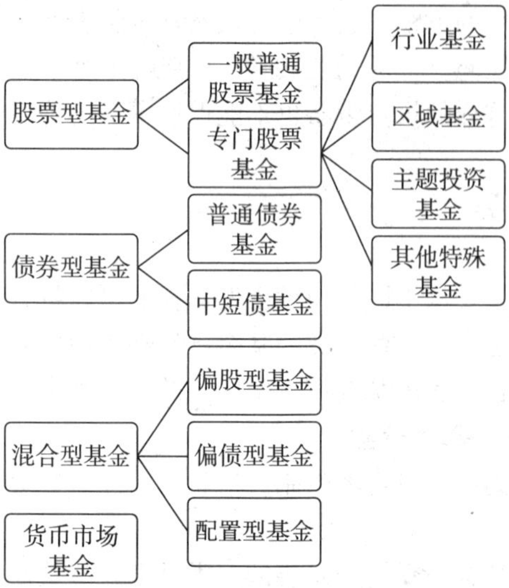

图 2-7　基金分类图示

达到监管机构划分股票型基金、债券型基金和货币市场基金的划分标准的基金。

a. 偏股型基金：股票资产的比例比债券资产的比例高 10%以上的基金。

b. 偏债型基金：债券资产的比例比股票资产的比例高 10%以上的基金。

c. 配置型基金：又称灵活配置型基金，其特点在于基金可以根据证券市场的状况显著改变资产配置比例，从而进行积极主动的择时交易。

（4）货币市场基金是指投资于货币市场上的短期（一年以内）有价证券的基金。其资产主要投资于如国库券、商业票据、银行定期存单、政府短期债券、企业债券等短期有价证券。

（三）按照资金来源和运用渠道分类

按照资金来源和运用渠道，我们可以将基金分成国内基金、国际基金、离岸基金和海外基金。

（1）国内基金是指资金来源于国内并投资于国内金融市场的投资基金。

（2）国际基金是指资金来源于国内，但是投资于境外金融市场的基金，如 QDII 基金。

（3）离岸基金的基金资本从境外筹集并投资于境外金融市场。

（4）海外基金是指基金的发行对象为境外投资者，投资方向是境内的证券市场，如 QFII 基金。

（四）按照组织形式分类

按照组织形式划分，证券投资基金可以分为契约型基金和公司型基金。

（1）契约型基金是指以信托法为基础，根据当事人各方之间订立的信托契约，由基金发起人发起设立的基金，基金发起人向投资者发行基金单位以筹集资金。

（2）公司型基金是指以公司法为基础设立、通过发行基金单位筹集资金并投资于各类证券的基金。公司型基金的认购人和持有人是基金的股东，股东选举产生的董事会代表股东负责基金运作的相关事宜。

中国基金分类统计数据如表 2-7 所示。

表 2-7　中国基金分类统计数据（2018 年 1 月底）

	全部基金	股票型基金	混合型基金	债券型基金	货币市场基金	另类投资基金	QDII 基金
数量（只）	4 737	757	2 231	1 193	394	29	133
规模（亿元）	117 240	7 315	21 530	15 980	71 315	256	843

此外，还有一些特殊的基金形式，如指数基金、ETF、伞形结构基金、生命周期基金、基金的基金、分级基金，等等，鉴于篇幅的原因，本书不再加以详细介绍。

四、购买基金的渠道、费率与报价

（一）渠道

我们可以通过三种渠道购买基金，分别是直销渠道、银行或券商代销渠道以及第三方独立基金销售机构渠道。

1. 直销渠道

顾名思义，基金直销就是投资者直接向基金公司购买基金。与银行和券商一样，基金公司也有自己的实体交易柜台，投资者可以到基金公司的柜台直接进行认购、申购或者赎回操作。由于这种“面对面”交易模式的维护成本比较高，所以直销渠道主要依赖于互联网。我们可以到基金公司的网站上直接查询各类基金的情况，并直接购买。一般来说，通过网上银行到基金公司网站直接购买基金时，投资者会在交易费用上获得最大额度的优惠。

2. 银行或券商代销渠道

银行和券商作为金融体系的重要组成部分，拥有庞大的客户资源和分布广泛的营业网点。基金公司会借助银行和券商的这些优势来扩大自己基金的销售规模。在这一模式下，银行和券商实际上是作为桥梁连接了投资者和基金公司。

与直销渠道一样，我们一方面可以到银行或券商的柜台进行购买，另一方面可以通过其网上银行购买。通常情况下，代销渠道的手续费会高于直销渠道，这是因为银行和券商从中收取了一定的服务费用。

3. 第三方独立基金销售机构渠道

第三方独立基金销售机构渠道是最近新兴的基金销售渠道，一般都是借助互联网的方式开展经营。这些第三方独立基金销售机构的网站上提供了当前在市场上进行交易的几乎所有基金的详细信息，从而可以使投资者很方便地进行对比和选择。与代销渠道类似，通过这一渠道购买基金的交易费用相对也较高。

（二）费率

在购买和持有基金时，我们需要向基金公司缴纳一定的费用。在常见的开放式基金中，这些费用可以分为认购费用、申购费用、赎回费用、基金管理费和基金托管费。

认购费用是基金首次募资时，投资者为购买一定份额的基金所需缴纳的费用。而申购费用是在基金的存续期内，投资者购买一定份额的基金所需缴纳的费用。一般来说，认购费用要比申购费用低，这是因为基金公司鼓励投资者参与到新的基金产品中来。赎回费用是指投资者将自己所持有的基金份额赎回即卖回给基金公司时需要支出的费用。上述三类费用在发生时直接扣除。基金管理费是向基金管理人支付的报酬，基金托管费则是向基金托管人支付的费用。基金管理费和基金托管费都是按照基金净值的一定比例进行定期提取和支付的。

我们将以华夏领先股票（001042）这一股票型基金为例，详细说明上述各项费用是如何计算并支付的。

首先，我们到华夏基金官方网站上找到华夏领先股票（001042）这一股票型基金的网页，该网页的费率结构栏目对费率做出了明确说明，如表 2-8 所示。

表 2-8　基金费率说明

费用类别	费率	
申购费用	申购金额≥500.00 万元	每笔 1 000 元
	200.00 万元≤申购金额<500.00 万元	0.80%
	50.00 万元≤申购金额<200.00 万元	1.20%
	申购金额<50.00 万元	1.50%
赎回费用	持有期限≥365 天	0.00%
	30 天≤持有期限<365 天	0.50%
	7 天≤持有期限<30 天	0.75%
	持有期限<7 天	1.50%
基金管理费费率	1.50%	
基金托管费费率	0.25%	

图 2-8 展示了 2016 年 11 月 21—2016 年 11 月 30 日基金费率的计算。我们决定将持有的 1 000 元全部用于买入该基金，根据上面的费率表，我们应支付 1 000×1.5%=15 元的申购费用。在扣除申购费用后，我们的投资本金还剩 985 元。这 985 元将转换为 985/0.779=1 264.441 6 份基金份额。我们在该网页上查询到该基金的最新净值为 0.779 元。

	A	B	C	D	E	F	G	H	I
1	日期	我们持有的现金	操作	净值	向基金公司支付的费用		持有的基金份额	申购费率	
2					费用类别	费用金额		申购金额 ≥ 500.00 万元	每笔1 000元
3	2016-11-21	1 000	买入	1	申购费用	15	985	200.00 万元 ≤ 申购金额 < 500.00 万元	0.80%
4	2016-11-22	0	持有	1	-			50.00 万元 ≤ 申购金额 < 200.00 万元	1.20%
5	2016-11-23	0	持有	1				申购金额 < 50.00 万元	1.50%
6	2016-11-24	0	持有	1					
7	2016-11-25	0	持有	1				基金赎回费率	
8	2016-11-26	0	持有	-				持有期限 ≥ 365 天	0
9	2016-11-27	0	持有	-				30 天 ≤ 持有期限 < 365 天	0.005
10	2016-11-28	0	卖出	1	赎回费用	7.5		7 天 ≤ 持有期限 < 30 天	0.007 5
11	2016-11-29			1				持有期限 < 7 天	0.015
12	2016-11-30								
13								基金管理费	0.015
14								基金托管费	0.002 5
15									
16									

图 2-8　基金费率的计算

（三）报价

我们可以从很多渠道获得基金的当日报价和历史业绩，比如基金公司网站、代销渠道（银行的网站和券商的交易软件），以及第三方基金销售公司的网站。在查询历史业绩时，我们可能会遇到两个名词：当前净值和累计净值。当前净值是指当前每份额基金的价值，而累计净值是指当前每份额基金的价值加上历史分红后的总值。

第三节 其他投资品种选择

除了上述主要证券投资品种外，还有很多其他投资品种可以选择，本节我们将分别介绍银行理财产品、私募基金、保险投资产品、互联网金融投资产品和艺术品等另类投资。

一、银行理财产品

银行理财产品是我们在日常生活中最容易接触到的投资品种之一。目前，各个商业银行都开发了形式多样的银行理财产品，预期收益相对存款来说较高，出于对银行体系的信赖，很多家庭也将自己的一部分存款投资于银行理财产品。

相较于其他投资品种，银行理财产品的风险较低、操作简便——只需要通过网上银行申购，然后等待到期就好了。但是封闭型理财产品几乎不具有流动性，在购买之后，我们必须将其持有至到期。

投资者可以到各家商业银行的网站上查询理财产品的报价，以中国银行发行的“2018年中银智荟18091期理财产品（理财级客户专属）AMZYZH18091”为例，该产品投资收益的起止日期分别为2018年2月5日和2019年1月21日，共计350天，该款产品的收益类型为浮动型，其预期年化收益率为5.10%，并要求起始投资金额为50 000元。①

产品类型有定期开放型、每日型、封闭型、收益型、净值型五种。

定期开放型指的是投资者可以定期对持有的理财产品的额度进行赎回，如果投资者未在指定的时间内赎回，则其额度将自动滚入下一理财期限内。进入下一理财期限后，商业银行仍会设置一个赎回期，由此循环滚动，直至整个理财产品到期。每日型是定期开放型的特殊品种，即每天都可以进行赎回。封闭型是指投资者一旦购买理财产品，就必须持有至到期之后才能赎回。收益型又根据是否保障本金安全分为保本浮动收益型和非保本浮动收益型，两类产品的收益率都跟随市场情况变动，并不能事先确定。净值型并不会给出预期收益率，投资者可以根据净值的变动获取收益。

银行对各理财产品也规定了投资期限，从1天到无固定期限不等，同时也规定了不同的投资起点金额。细心的同学可以发现，投资期限越长、投资起点金额越高的理财产品，相应的预期收益率越高。

二、私募基金

私募基金是相对于公募基金而言的，两者最本质的区别在于资金募集方式不同。公募基金可以向不特定投资者公开募集资金，而私募基金只能通过非公开发行方式，面向少数

---

① 资料来源：Wind数据库。

机构投资者或者个人投资者募集资金。不同的资金募集方式使私募基金在其他方面也与公募基金存在很大的不同。

首先是投资门槛。由于公募基金可以公开发行，所以其投资门槛很低（一般为 1 000 元），但是也能够聚集起大量资本进行投资。而私募基金的投资门槛远远高于公募基金，这是因为私募基金只能以非公开方式向少数特定的投资者募集资金，这就导致只能将主要的精力放在高净值人群或者机构投资者身上。

其次是投资对象。由于公募基金的募集对象是广大社会公众，因此监管机构对公募基金的监管极为严格，在投资品种、投资比例等方面有着严格的限制。而对私募基金的限制则宽泛得多，根据中国证券投资基金业协会发布的分类方法，按照投资对象的不同，我国的私募基金共分为以下四类。

1. 私募证券

（1）私募证券投资基金。其主要投资于公开交易的股份有限公司的股票、债券、期货、期权、基金份额以及中国证监会规定的其他证券及其衍生品种。

（2）私募证券类 FOF 基金。其主要投资于证券类私募基金、信托计划、券商资管、基金专户等资产管理计划。

2. 私募股权

（1）私募股权投资基金。其除创业投资基金以外主要投资于非公开交易的企业股权，定增基金则被划入股权投资基金。

（2）私募股权投资类 FOF 基金。其主要投资于私募基金、信托计划、券商资管、基金专户等资产管理计划。

3. 创业投资基金

（1）创业投资基金。它是主要向处于创业各阶段的未上市成长性企业进行股权投资的基金（新三板挂牌企业被视为未上市企业）。对于市场所称“成长基金”，如果不涉及沪深交易所上市公司定向增发股票投资，按照创业投资基金备案；如果涉及上市公司定向增发，按照私募股权投资基金中的“上市公司定增基金”备案。

（2）创业投资类 FOF 基金。其主要投资于创投类私募基金、信托计划、券商资管、基金专户等资产管理计划。

4. 其他基金

（1）其他私募投资基金。其投资于除证券及其衍生工具和股权以外的其他领域的基金。

（2）其他私募投资基金类 FOF。其主要投资于其他类私募基金、信托计划、券商资管、基金专户等资产管理计划。

我们发现，私募基金的投资对象极其广泛，不仅包括流动性比较高的证券，还涉及一些未上市公司的股权、红酒、艺术品等领域。这是因为私募基金的投资范围是以基金管理者和投资者的协议来约束的，监管机构并不对此做出直接的规定。

公募基金的管理者会收取固定的管理费，同时也会在基金的申购赎回环节收取手续费。而私募基金一般都会收取一个浮动的业绩报酬费，投资者与管理者在投资协议中会约定基金目标收益率和达成基金目标收益率后管理者可以提取的相应报酬。这种安排可以极大地激励私募基金管理人尽最大努力实现基金目标收益率。

公募基金的信息披露制度非常严格，需要定期地向社会公众披露其投资的详细信息。而私募基金的信息披露要求较低，甚至具有严格的保密性。

相对于公募基金来说，私募基金面临的监管环境较为宽松，同时对基金管理人也具有良好的激励机制，一般来说能够给投资者带来较高的收益率，但同时也使投资者面临着更大的风险。例如，私募股权投资基金的一个主要盈利途径是在其持有股权的公司上市后退出，从而赚取巨额的资本增值，如果由于各种原因公司无法上市也无法通过其他方式退出，这可能直接导致该私募基金无法实现预期收益甚至发生巨额亏损。

2016 年 10 月底，我国的私募基金规模超过了公募基金规模，这代表着经过不断的发展，我国私募基金行业真正地被投资者，特别是高净值人士和机构投资者所认可，这也预示着私募基金将在未来相当长的一段时间内在中国投资市场上扮演重要角色。

三、保险投资产品

传统意义上的保险是人们用来管理人身或者财产所面临的风险的一种手段，随着金融市场的发展，保险业又发展出了具有投资功能的保险产品。万能保险是其中的典型代表。

在万能保险中，保险公司为每一保单设立个人账户，单独确定个人账户的结算利率、风险保障费和各项费用支出，定期结算个人账户价值。以中国人寿保险股份有限公司提供的国寿鑫 E 两全保险（万能型）为例。假设小王在与保险公司签订保单之后一次性向保险账户支付了 100 000 元，保险公司首先会扣除 0.8%的初始费用，余额（99 200 元）进入小王的个人账户。接下来，在整个保险期间（国寿鑫 E 两全保险的保险期间为五年），保险公司将小王个人账户中的金额用于投资，小王将享受如下三个权益：

（1）身故保险金。被保险人在保险期间身故，保险公司按被保险人身故时本合同个人账户价值的 120%给付身故保险金。

（2）客运交通工具意外伤害身故保险金。被保险人于保险合同生效之日起持有效客票搭乘保险合同约定的客运交通工具时遭受意外伤害，并自该意外伤害发生之日起 180 日内因该意外伤害而身故，保险合同终止，保险公司按“身故保险金”的条款给付身故保险金，同时再按被保险人身故时个人账户价值的 80%给付客运交通工具意外伤害身故保险金。

（3）自驾车意外伤害身故保险金。被保险人于保险合同生效之日起以驾驶员身份驾驶或以乘客身份乘坐私家车期间遭受意外伤害，并自该意外伤害发生之日起 180 日内因该意外伤害而身故，保险合同终止，保险公司按“身故保险金”的条款给付身故保险金，同时再按被保险人身故时个人账户价值的 80%给付自驾车意外伤害身故保险金。

而如果小王生存至保险期间届满的年生效对应日，则保险公司按保险期间届满的年生效对应日的个人账户价值给付满期保险金。

不同的万能险产品有着不同的条款，但综合起来，其条款中均包含保障和投资两部分。在上文的案例中，保障部分是身故保险金、客运交通工具意外伤害身故保险金和自驾车意外伤害身故保险金。而投资部分即为生存至保险期间届满后，小王能够获得其个人账户的价值。购买一种产品，既能够享受到保障，又能够享受到投资，这就是我们称之为万能的原因。

我们可以在保险代理、银行和保险公司官方网站上查询到相关保险产品的条款、报价并购买。

四、互联网金融投资产品

随着网络的不断普及，我们的生活与互联网越来越紧密地连接在了一起。2013 年，余额宝的推出被认为是开创了中国互联网理财的元年，也被称作我国互联网金融投资产品的起源。但是，余额宝本质上仍是一只货币基金，它只是将基金销售渠道进行互联网化。而后续的以 P2P 为代表的互联网金融产品投资的出现，引领了互联网金融投资产品的发展浪潮。

P2P，即“peer to peer”，意思是“个人对个人”，即在一般情况下，互联网网贷平台充当中介，借款人在平台上发布借款需求，投资人向借款人借款，借款人到期还本付息，投资人从而获得收益。

从根本上看，P2P 是民间借贷与互联网相结合的金融服务，但是，借助于信息技术的发展，过去分散的、面对面的民间借贷聚集到互联网平台中，迅速地形成了巨大的规模，创造了互联网金融快速崛起的奇迹，同时也带来了相当大的问题，引发了社会的广泛关注与思考。

在 P2P 模式中，由于资金供求双方可以通过网络平台自行完成信息的甄别、匹配、定价和交易，因此，可以大幅度降低交易成本。同时，在互联网的帮助下，资金供求双方可以突破时间和地域的限制，使一些难以在传统金融业获得融资的群体，如小微企业等，也可以到平台上进行融资。与传统投资产品相比，P2P 提供给投资者的收益高，投资起点却很低，投资期限多样化，在平台信誉和借款人信用有保障的情况下，非常适合小投资者投入小额资金赚取收益。

但是，在 P2P 模式发展短短几年后，社会上迅速出现了一大批以“e 租宝”为代表的问题平台。究其原因，一是互联网平台缺乏监管，野蛮生长，平台良莠不齐，诈骗、跑路事件层出不穷；二是借款人信誉不佳，编造项目骗取投资者的资金，由此出现坏账现象。我们在投资互联网金融产品时，一定要注意防范此类问题。

五、艺术品等另类投资

除上述投资品种外，投资市场向我们提供了很多“另类”投资品种，如艺术品等。

在艺术品发展的早期，其功能只限于供人欣赏。但由于商品经济的发展，艺术品也演变成了可供交换的特殊商品，随着社会受教育水平的普遍提高，艺术品逐渐被视为社会地位、品味和财富的象征。在欣赏功能、商品功能和收藏功能的支撑下，艺术品被赋予了投资功能，成为人们资产配置的对象。

针对艺术品，较为传统的投资方式是通过拍卖市场购入，持有升值后再卖出，以赚取差价。这种传统模式的优势在于投资者能够切实持有艺术品，但其缺点也是显而易见的：首先，艺术品不仅价格不菲，同时还需要投资者具有一定的艺术鉴赏能力，这就带来了较高的投资门槛，也就限制了市场需求；其次，艺术品的升值时间相对较长，流动性差，长时间持有会占用大量的资金；最后，艺术品往往需要较好的保存条件，否则极易损坏从而发生减值，这推升了艺术品的持有成本。

为了克服传统投资模式的缺点，金融市场开发出了新型的投资工具。与投资者关系最为紧密的有两种，即艺术品投资基金（或信托）和艺术品份额化交易。

艺术品投资基金通过发行基金份额，把艺术品投资者的资金汇集起来，在利益共享、风险共担的原则下，由基金管理人将资金投资于艺术品。首先，这种模式降低了资金门槛，使中小投资者也可以参与到基金中，从而扩大了需求。其次，由于投资者委托基金管理人进行艺术品的选择，因此并不需要投资者具备较高的鉴定能力。最后，艺术品基金的现金资产和艺术品资产由基金托管人保管，降低了投资者的持有成本。如果计划购买艺术品投资基金，我们可以关注各大银行或信托公司的网站了解相关信息。

艺术品份额化交易是另一种重要的金融创新。艺术品投资基金虽然大幅降低了艺术品投资的门槛，但仍需要投资者具有一定的资金水平，因为大部分基金或者信托都会对投资者做出最小认购金额或者最小持仓金额的限制。艺术品份额化交易将这两方面的弊端降到了最小。2010 年以后，在相关政策的支持下，全国先后有 10 多个省市批准设立了文化产权交易所，影响较大的有天津、深圳、上海、成都、郑州等地的交易所。文化产权交易所的交易对象主要是文化物权、债权、股权、知识产权及国家管理部门允许流通的文化艺术品。操作方式是对文化艺术品进行鉴定、评估、托管和投保后，进行份额化发行并上市交易。投资者可以分享艺术品价格变动所带来的收益。这与普通股股票市场有着很大的相似之处。如果计划参加这类投资，我们可以到各大文化产权交易所的官方网站查询相关信息，依照其规定开户，下载客户端获得相关报价。

关键术语

固定收益证券	股票	普通股	期货
期权	公募基金	私募基金	万能险
P2P	艺术品份额化交易		

习　题

1. 两种银行理财产品的起息时间一样，但是时间长短不一样，假设两者都能达到预期收益率，计算并比较两者年化收益率的大小。

2. 债券贴现发行时，其票面利率与年收益率之间有何关系？

3. 普通股股东和优先股股东享有权利的区别是什么？

4. 优先股与长期债务的相似点和不同点是什么？其与普通股的相似点和不同点又是什么？

5. 股指期货和期权是如何发挥其对冲投资风险的作用的？

6. 某人于 2015 年 1 月 1 日以 105 元的价格购买了一张面值为 100 元，利率为 5%，每年 1 月 1 日支付一次利息的 2013 年发行的 10 年期国债，并在 2017 年 1 月 1 日以 110 元的价格卖出，问该投资者的收益率是多少？

7. 某人持有票面利率为 9%的债券。该债券最初的价格为面值的 100%，持有期结束后的价格为面值的 97%，则持有一年的债券收益率是多少？

8. 优先股的收益率经常低于债券的收益率，其原因是什么？在优先股收益率低于债券收益率的情况下，投资者偏好优先股的原因可能是什么？

第三章

股票市场运行

【本章要点】

- 股票市场结构
- 首次公开发行
- 一级市场和二级市场
- 新股申购
- 集合竞价与连续竞价
- 股票价格指数

第一节　股票市场结构与主要参与者

一、首次公开发行股票并上市

首次公开发行股票之前的公司股权融资行为都可以被称为“私募融资”（private placement finance）。

例如，你和几位朋友迸发出一个创业想法。你们认为凭借自己的努力和专业知识，这个项目可以创造出巨大的产值和丰厚的利润。你和你的朋友们立即注册成立了一家公司，准备大干一场以实现这个目标。但是，在实际开展工作后，你们很快发现，租用办公场所、购买设备、雇用员工、进行广告宣传、搭建销售渠道等，都需要消耗大量的资金。同时你们也明白，对于一个初创公司来说，银行贷款是很难获得的，而熟人、朋友之间的融资也很难满足你们的胃口。在这种情况下，你们可以寻求风险投资（venture capital，VC）的帮助。风险投资基金专门寻找具有高成长性的公司进行股权投资，在公司的估值上升后或者上市后，再转让自身所持有的股权以获取巨额的资本增值。

你们向风险投资者详细地介绍自己的项目，努力使他们相信这个创业想法拥有巨大的潜力。一旦风险投资者被说服，你们之间将会签署协议，你们向风险投资让出一部分公司股权，作为回报，风险投资将向公司注入巨额的资金以供公司后续的发展。一般情况下，风险投资还会以某种形式介入公司的运营和管理。这次融资过程，我们一般称之为天使轮融资，而这家风险投资机构就是所谓的天使投资人，之所以用“天使”这个名字，是因为他们在项目前景十分不明朗时（毕竟作为创业者的你们，仅仅有一个“想法”）就冒着巨大的风险投入了巨额的资金。

天使轮融资之后，公司又先后进行了A轮、B轮、C轮融资。[①] 每一次融资和融资后的快速发展都会使公司的前景展望更为明确。在天使轮融资中，你们可能为100万元的资金让出20%的股份，而在C轮融资中，用更少的股份就能够获得上亿元的资金。

随着公司的不断发展，上市的念头终于清晰地出现在了你们的头脑中。

什么叫上市呢？准确来讲，是首次公开发行股票并上市。我国法律规定，关于公司申请首次公开发行股票，由中国证监会设发行审核委员会，依法审核股票发行申请。当首次公开发行股票得到核准并依法发行后，发行公司可以申请股票上市交易，发行公司应当向证券交易所提出申请，由证券交易所依法审核同意，并由双方签订上市协议。

上市有什么好处？首先，对于公司来说，上市能够筹集巨额的资本并使公司的知名度大增，有利于业务的继续拓展，同时也丰富了公司的融资渠道。其次，对于风险投资者来说，上市是他们实现投资收益的最重要途径之一。最后，对于创业者团队来说，上市不但能够通过降低持股比例向其他投资者转移企业经营风险，更能够通过股票价格把公司未来的盈利折现，进而实现个人资产的快速增值。

当然，上市也会带来一些问题。比如公司上市后需要接受严格的监管，强制披露义务也会使公司产生很多财务和法律上的成本。管理层将面临巨大的经营业绩压力，因为业绩不佳将直接影响公司的股票价格。上市会使公司被收购的可能性大增，创业者团队可能很难把握住公司的控制权，等等。但是相对来说，公司上市带来的好处要远远大于其成本，因此上市也成为诸多公司的奋斗目标。

作为股票市场监管机构的中国证监会在《首次公开发行股票并上市管理办法》[②] 这一法规性文件中使用了一整章的篇幅对发行条件做出界定。而且，即使公司满足了上述要求，也需要在证券公司（投资银行）、会计师事务所和律师事务所等机构的帮助下逐步通过发审程序并排队上市，这个过程相当曲折且漫长。一旦公司获得证监会的核准文件，就意味着公司股票可以公开发行并上市流通，公司的股权凭证——股票即将进入股票市场进行交易。

二、股票市场结构

在首次公开发行的过程中，公司股票是新发行出来被投资者认购的，我们称这个新股发行市场为一级市场（primary market）。股票上市后的交易市场则被称为二级市场（secondary market）。

1. 一级市场

一级市场即股票的发行市场，前面介绍的首次公开发行股票并上市就是典型的一级市场业务。一级市场主要特征是资金直接从投资者流向上市公司。

---

① 还有种子轮、Pre-IPO轮等。

② 2018年中国证监会修改了该办法，详见《关于修改〈首次公开发行股票并上市管理办法〉的决定》。

对于普通投资者而言，参与一级市场的方式主要是“打新股”，即参与新股申购。

首先要检查你是否有资格参与新股申购，根据《上海市场首次公开发行股票网上发行实施细则》（上证发［2016］2号）①，“持有上海市场非限售A股股份市值（以下简称“市值”）1万元以上（含1万元）的投资者方可参与网上发行”，“根据投资者持有的市值确定其网上可申购额度，每1万元市值可申购一个申购单位，不足1万元的部分不计入申购额度”。

假设你拥有100万元符合条件的市值，你就拥有10万股（100个1 000股）的申购额度。比如你现在参与“华能水电”（600025.SH）股票的申购，根据上海证券交易所提供的数据，参与“华能水电”（600025.SH）股票发行的像你一样的有效申购户数为14 583 743户，有效申购股数为31 555 961.4万股。而“华能水电”（600025.SH）最终决定向网上投资者提供的发行数量为162 000万股，因此，对于你和像你一样的申购投资者而言，网上发行最终中签率为0.513 373 68%，发行价格为每股2.17元，认购缴款时间为2017年12月7日。

理论上说，你拥有100个申购1 000股的额度，但是中签率只有大约0.5%，你申购成功的概率不大，但是也许你申购成功了呢？你中了1签，成功申购了1 000股“华能水电”（600025.SH）股票。你的投资收益率是多少呢？如表3-1所示，从你申购开始算起，股票第一天上市交易，按照收盘价计算，你的收益已经达到了惊人的43.78%，最高价出现在按照2017年12月27日收盘价计算的182.03%处。申购新股的收益率计算如表3-1所示。

表3-1　新股申购的收益率计算

时间	开盘价（元）	最高价（元）	最低价（元）	收盘价（元）	复权收盘价（元）	持有天数	持有期间收益率
2018-02-02	4.56	4.74	4.36	4.62	4.62	57	112.90%
2018-02-01	4.73	4.74	4.52	4.57	4.57	56	112.90%
2018-01-31	4.86	4.89	4.65	4.71	4.71	55	117.05%
2018-01-30	4.93	4.95	4.85	4.91	4.91	54	126.27%
2018-01-29	4.86	4.95	4.83	4.87	4.87	53	124.42%
2018-01-26	4.83	4.89	4.82	4.83	4.83	50	122.58%
2018-01-25	4.89	4.95	4.83	4.87	4.87	49	124.42%
2018-01-24	4.95	5.07	4.86	4.93	4.93	48	127.19%
2018-01-23	4.84	4.94	4.84	4.92	4.92	47	126.73%
2018-01-22	4.95	4.95	4.81	4.89	4.89	46	125.35%
2018-01-19	4.98	5.18	4.92	5.00	5.00	43	130.41%
2018-01-18	5.03	5.18	4.86	5.05	5.05	42	132.72%

① 上海市场首次公开发行股票网上发行实施细则. 上海证券交易所网站，2016-01-05.

续表

时间	开盘价（元）	最高价（元）	最低价（元）	收盘价（元）	复权收盘价（元）	持有天数	持有期间收益率
2018－01－17	5.28	5.45	5.10	5.16	5.16	41	137.79%
2018－01－16	4.57	4.57	4.57	4.57	4.57	40	110.60%
2018－01－15	4.76	4.76	4.53	4.57	4.57	39	110.60%
2018－01－12	4.96	4.97	4.81	4.82	4.82	36	122.12%
2018－01－11	4.92	5.09	4.81	4.97	4.97	35	129.03%
2018－01－10	5.07	5.10	4.91	4.96	4.96	34	128.57%
2018－01－09	5.18	5.24	5.10	5.12	5.12	33	135.94%
2018－01－08	5.13	5.23	5.10	5.18	5.18	32	138.71%
2018－01－05	5.27	5.39	5.20	5.22	5.22	29	140.55%
2018－01－04	5.17	5.42	5.02	5.35	5.35	28	142.86%
2018－01－03	5.25	5.33	5.13	5.27	5.27	27	142.86%
2018－01－02	5.21	5.49	5.17	5.34	5.34	26	146.08%
2017－12－29	5.60	5.67	5.29	5.30	5.30	22	144.24%
2017－12－28	6.11	6.11	5.75	5.88	5.88	21	170.97%
2017－12－27	5.79	6.12	5.71	6.12	6.12	20	182.03%
2017－12－26	5.14	5.56	5.01	5.56	5.56	19	156.22%
2017－12－25	5.47	5.53	5.01	5.05	5.05	18	132.72%
2017－12－22	4.60	5.03	4.57	5.03	5.03	15	131.80%
2017－12－21	4.57	4.57	4.28	4.57	4.57	14	110.60%
2017－12－20	4.15	4.15	4.15	4.15	4.15	13	92.24%
2017－12－19	3.77	3.77	3.77	3.77	3.77	12	73.73%
2017－12－18	3.43	3.43	3.43	3.43	3.43	11	58.06%
2017－12－15	2.60	3.12	2.60	3.12	3.12	8	43.78%

2. 二级市场①

一级市场是新股票的发行市场，二级市场则是已经发行股票的交易市场，其特征是资金和股票在投资者们之间相互买卖转移。我们又把二级市场分为场内市场和场外市场。本书中，我们把上海证券交易所（简称上交所）、深圳证券交易所（简称深交所）、期货交易所和全国中小企业股份转让系统四个交易市场归为场内市场，将其他市场归为场外市场。2016 年全球前十大交易所统计数据如表 3－2 所示。

① 本节内容主要来自《上海证券交易所交易规则（2015 年修订）》。深交所交易规则在原则上与上交所大体相同，细节上略有差异。

表 3-2　2016 年全球前十大交易所统计数据

交易所	场内市值（百万美元）	上市公司总数（家）			当年新上市公司数（家）			当年退市公司数（家）			换手率
		总数	国内	国外	总数	国内	国外	总数	国内	国外	
纽约证券交易所	19 573 074	2 307	1 822	485	76	54	22	181	140	41	68%
纳斯达克证券交易所	7 779 127	2 897	2 509	388	71	71	0	244	209	35	94.7%
日本交易所集团	4 955 300	3 541	3 535	6	96	96	0	68	65	3	116.8%
上海证券交易所	4 098 789	1 182	1 182	0	451	451	0	4	4	0	192.4%
泛欧证券交易所	3 459 874	1 051	936	115	31	27	4	45	34	11	52.5%
深圳证券交易所	3 212 671	1 870	1 870	0	124	124	0	0	0	0	374.2%
香港交易所	3 193 236	1 973	1 872	101	126	115	11	19	17	2	42.2%
TMX Group	1 993 523	3 419	3 368	51	30	30	0	213	211	2	63.1%
德国证券交易所	1 716 042	592	531	61	0	0	0	45	36	9	74.9%
孟灵证券交易所	1 566 681	5 821	5 820	1	70	70	0	284	284	0	7.1%

资料来源：世界交易所联合网站。

三、股票市场竞价与成交

(一) 交易规则

(1) 交易时间和形式。

上交所规定："债券质押式回购交易采用竞价交易方式，每个交易日的 9：15 至 9：25 为开盘集合竞价时间，9：30 至 11：30、13：00 至 15：00 为连续竞价时间。"深交所的规定在收盘交易上略有差异，规定"14：57 至 15：00 为收盘集合竞价时间"。

(2) 交易委托。

上交所规定，投资者买卖证券，应当开立证券账户和资金账户，并与会员（即提供证券经纪业务并在交易所取得会员资格的证券公司）签订证券交易委托协议。协议生效后，投资者即成为该会员经纪业务的客户。客户的委托指令主要包括：证券账户号码；证券代码；买卖方向；委托数量；委托价格。

客户可以采用限价委托或市价委托的方式委托会员买卖证券。限价委托是指客户委托会员按其限定的价格买卖证券，会员必须按限定的价格或低于限定的价格申报买入证券；按限定的价格或高于限定的价格申报卖出证券。市价委托是指客户委托会员按市场价格买卖证券。

通过竞价交易买入股票、基金、权证时，申报数量应当为 100 股（份）或其整数倍。卖出股票、基金、权证时，余额不足 100 股（份）的部分，应当一次性申报卖出。

（二）竞价与成交

证券竞价交易采用集合竞价和连续竞价两种方式。集合竞价是指将在规定时间内接收的买卖申报一次性集中撮合的竞价方式。连续竞价是指对买卖申报逐笔连续撮合的竞价方式。集合竞价交易期间未成交的买卖申报，自动进入连续竞价交易。

证券竞价交易按价格优先、时间优先的原则撮合成交。成交时价格优先的原则为：较高价格的买入申报优先于较低价格的买入申报，较低价格的卖出申报优先于较高价格的卖出申报。成交时时间优先的原则为：买卖方向、价格相同的，先申报者优先于后申报者。先后顺序按交易主机接收申报的时间确定。

在进行集合竞价时，成交价格的确定原则为：

（1）可实现最大成交量的价格。

（2）高于该价格的买入申报与低于该价格的卖出申报全部成交的价格。

（3）与该价格相同的买方或卖方至少有一方全部成交的价格。

两个以上申报价格符合上述条件的，使未成交量最小的申报价格为成交价格；仍有两个以上使未成交量最小的申报价格符合上述条件的，其中间价为成交价格。集合竞价的所有交易以同一价格成交。

在进行连续竞价时，成交价格的确定原则为：

（1）最高买入申报价格与最低卖出申报价格相同的，以该价格为成交价格。

（2）买入申报价格高于即时揭示的最低卖出申报价格的，以即时揭示的最低卖出申报价格为成交价格。

（3）卖出申报价格低于即时揭示的最高买入申报价格的，以即时揭示的最高买入申报价格为成交价格。

例题 3-1：计算集合竞价价格。

如表 3-3 所示，集合竞价中可能出现的最大成交量为 400 手，成交价格为每股 9.90 元，因此该集合竞价确定为每股 9.90 元。报入买价为每股 9.90 元的 200 手买入指令和每股 10.00 元的 200 手买入指令以及每股 10.10 元的 100 手买入指令都最终以每股 9.90 元的价格成交。报入卖价为每股 9.90 元的 200 手卖出指令和每股 9.80 元的 100 手卖出指令以及每股 9.70 元的 100 手卖出指令也都最终以每股 9.90 元的价格成交。

表 3-3　集合竞价价格的确定

累计买入量（手）	买入量（手）	价格（元）	卖出量（手）	累计卖出量（手）	可能成交量（手）
0	0	10.20	100	1 200	0
100	100	10.10	400	1 100	100
300	200	10.00	300	700	300
500	200	9.90	200	400	400
800	300	9.80	100	200	200
1 100	300	9.70	100	100	100

用公式来表达集合竞价产生过程，则如表 3-4 所示。

表 3-4　集合竞价申报排列公式

累计买入量	买入量	价格	卖出量	累计卖出量	可能最大成交量
$\sum_1 = B_1$	B_1	高　P_1	S_n	$\sum_n = \sum_{n-1} + S_n$	$\text{Min}(\sum_1, \sum_n)$
$\sum_2 = \sum_1 + B_2$	B_2	P_2	S_{n-1}	$\sum_{n-1} = \sum_{n-2} + S_{n-1}$	$\text{Min}(\sum_2, \sum_{n-1})$
$\sum_3 = \sum_2 + B_3$	B_3	P_3	S_3	$\sum_3 = \sum_2 + S_3$	$\text{Min}(\sum_3, \sum_{n-2})$
$\sum_{n-1} = \sum_{n-2} + B_{n-1}$	B_{n-1}	P_{n-1}	S_2	$\sum_2 = \sum_1 + S_2$	$\text{Min}(\sum_{n-1}, \sum_2)$
$\sum_n = \sum_{n-1} + B_n$	B_n	低　P_n	S_1	$\sum_1 = S_1$	$\text{Min}(\sum_n, \sum_1)$

例题 3-2：某股票即时揭示的卖出申报价和数量分别为每股 18.60 元和 1 000 手、每股 18.50 元和 800 手、每股 18.35 元和 100 手，即时揭示的买入申报价和数量分别为每股 18.25 元和 500 手、每股 18.20 元和 1 000 手、每股 18.15 元和 800 手。若此时该股票有一笔买入申报进入交易系统，价格为每股 18.50 元，数量为 600 手，则按照价格优先、时间优先的成交原则，应以每股 18.35 元成交 100 手、以每股 18.50 元成交 500 手。连续竞价申报样例如表 3-5 所示。

表 3-5　连续竞价申报样例

	申报价格（元/股）	申报数量（手）
卖 3	18.60	1 000
卖 2	18.50	800
卖 1	18.35	100
买 1	18.25	500
买 2	18.20	1 000
买 3	18.15	800

（三）交易成本

股票交易手续费主要包含印花税、过户费、经手费、证券交易监管费和券商交易佣金。

(1) 印花税是国家收取的一种税，按照成交金额的 1‰收取。印花税目前为对出让方单边征收，即只对卖出方（或继承、赠与 A 股、B 股股权的出让方）征收证券（股票）交易印花税，对买入方（受让方）不再征税。印花税是由国家强制收取，与券商无关，此税收由证券经纪公司代扣后由交易所统一代缴。

(2) 过户费是委托买卖股票的双方变更股权登记所支付的费用，按照成交金额的 0.02‰向买卖双方投资者分别收取。上海收取，深圳不收。不足 1 元的按 1 元收取。

(3) 经手费是在证券交易所的场内交易成交后向证券交易所交纳的交易费用。上交所和深交所对股票买卖双方（双向）均按成交金额的 0.048 7‰收取。

(4) 证券交易监管费按股票买卖时成交金额的 0.02‰收取。该项费用由券商代扣后由交易所代中国证监会收取。

(5) 券商交易佣金是客户通过证券经纪公司买卖股票支付给券商的交易费用，最高不超过成交金额的3‰，最低5元起，单笔交易佣金不满5元的按5元收取。

例题3-3：假设某投资者在上海证券交易所以每股20元的价格买入某A股股票20 000股，那么该投资者最低需要以什么价格全部卖出该股票才能保本？如果按照此价格卖出，其一次完整的交易总共需要多少手续费（券商交易佣金按0.5‰计算，印花税和过户费按当前规定计收）？

解：假设该投资者最低需要以P元全部卖出该股票才能保本，则有

$$\begin{aligned}\text{卖出收入}&=P\times 20\,000(\text{卖出金额})-P\times 20\,000\times 0.000\,5(\text{卖出佣金})\\&\quad -P\times 20\,000\times 0.000\,02(\text{过户费})-P\times 20\,000\times 0.001(\text{印花税})\\&\quad -P\times 20\,000\times 0.000\,048\,7(\text{经手费})\\&\quad -P\times 20\,000\times 0.000\,02(\text{证券交易监管费})\\&=P\times 20\,000\times(1-0.000\,5-0.000\,02-0.001-0.000\,048\,7-0.000\,02)\\&=P\times 19\,968.226\end{aligned}$$

$$\begin{aligned}\text{买入支出}&=20\times 20\,000(\text{买入金额})+20\times 20\,000\times 0.000\,5(\text{买入佣金})\\&\quad +20\times 20\,000\times 0.000\,02(\text{过户费})+20\times 20\,000\times 0.000\,048\,7(\text{经手费})\\&\quad +20\times 20\,000\times 0.000\,02(\text{证券交易监管费})\\&=20\times 20\,000\times(1+0.000\,5+0.000\,02+0.000\,048\,7+0.000\,02)\\&=400\,235.48\end{aligned}$$

为了保本，必须满足卖出收入≥买入支出，即$P\times 19\,968.226\geq 400\,235.48$，$P\geq 20.04$。

假如按照每股20.04元的价格卖出，则其买和卖形成的完整交易共需要支付交易费用235.48元加上636.75元，即872.23元。

值得注意的是，我们在此计算案例中对所有交易费用进行了细化分解，而在实际操作中，券商交易佣金即由券商统一收取的部分往往包括了如下三个部分：券商的经纪佣金（属于券商自己的那部分佣金收入）；证券交易所经手费（券商交给交易所的手续费，0.048 7‰，双向收取）；证券交易监管费（证监会收取的费用，0.02‰，双向收取）。因此，券商向投资者提供的佣金报价有可能是包括了这三项费用的报价。当然，这三项具体是否包含在券商报价佣金之内还要看券商的具体说明。

（四）融资融券的交易成本计算

融资融券是指投资者向具有沪深证券交易所会员资格的证券公司提供担保物，借入资金买入证券或借入证券并卖出的行为。融资融券最基本的投资策略之一就是利用融资融券的杠杆作用，投资者可以建立超出自有资金规模的多头（融资）或者空头（融券）头寸，通过承担更多的风险，放大自己的投资收益。

按照沪深证券交易所的规定，投资者进行融资融券交易，其融资保证金的最低比例已由50%提高到100%（2015年11月23日），融券保证金比例不得低于50%，因此投资者倘若拥有现金100万元作为保证金，在2015年11月23日以前，按照50%的保证金比例可以从证券公司融得的资金金额或者证券市值为100万元/50%=200万元，即投资者可以获得2倍的杠杆比例。然后在2015年11月23日以后，投资者虽然可以从证券公司融得的证券市值仍然为200万元，但是融得的资金金额只能为100万元，即融资杠杆比例为1倍。

如果投资者拥有可充抵保证金的证券并以此作为保证金，在计算其保证金金额时需要乘以一个折算率，由于融资和融券交易不同，以及可充抵保证金的现金或证券的折算率各不相同。融资和融券交易中实际可以达到的最大杠杆比例也有所不同。融资融券杠杆倍数计算示例如表 3-6 所示。

表 3-6　融资融券杠杆倍数计算示例

股票代码	股票简称	折算率	融资保证金比例	融券保证金比例	融资杠杆计算		融券杠杆计算	
					计算结果	计算公式	计算结果	计算公式
000001	平安银行	0.7	1	0.9	1.7	[1+(1×0.7)/1]/1	2.111 111	[1+(1/0.9)]/1
000006	深振业 A	0.65	1	0.95	1.65	[1+(1×0.65)/1]/1	2.052 632	[1+(1/0.95)]/1

例题 3-4：投资者甲拥有资金 100 万元，计划参与融资交易，该投资者若以此作为保证金，最高可以获得的授信额度为 100 万元/50%=200 万元（假设此处的融资保证金比例为 0.5）。倘若投资者先利用这部分资金购买预期上涨的股票 A，并用购得的该股票充抵保证金，假设该股票的折算率为 65%，则最大可融资买入市值为（100 万元×65%）/50%=130 万元的股票 A，实际持有市值为 100 万元+130 万元=230 万元的股票 A 的多头头寸，融资杠杆比例为 2.3。投资者甲的投资资产负债表如表 3-7 所示。

表 3-7　投资者甲的投资资产负债表

资产		负债和权益	
股票价值（万元）	230	融资负债（万元）	130
		自有资金（万元）	100

维持担保比例指投资者的担保物价值与其融资融券债务之间的比例，其计算公式为：

$$维持担保比例=\frac{现金+信用证券账户内证券市值}{融资买入金额+融券卖出证券数量\times 市价+利息及费用}$$

在本例题中，维持担保比例为：230 万元/130 万元=177%。

假设股票 A 价格下跌导致投资者甲持有的市值下降为 150 万元，则目前的维持担保比例为：150 万元/130 万元=115%。

此时 115%的维持担保比例低于规定的最低维持担保比例 130%，因此证券公司将通知该投资者补仓至维持担保比例达到 150%。如果客户未在规定时间内补仓，则将被强制平仓。

我们也可以根据 130%的最低维持担保比例计算股票 A 价格波动导致可能出现的要求补仓的市值边界，即 130 万元×130%=169 万元，也即当股票 A 的市值最多下跌到 169 万元时投资者甲将面临证券公司要求补仓的要求。

例题 3-5：投资者乙用 100 万元资金冲抵保证金，保证金比例以 50%计算，最高可融券卖空市值为 200 万元的相关证券，则杠杆比例为 200 万元/100 万元=200%。如果以市值为 100 万元的证券 B 冲抵保证金，证券 B 的折算率为 70%，则最高可融券卖空市值为（100 万元×70%）/50%=140 万元的相关证券，此时杠杆比例只有 140 万元/100 万元=140%。

这两种情况下的投资资产负债表以及保证金比例计算方式如表3-8、表3-9所示。

表3-8 投资者乙的投资资产负债表（第一种情况）

资产		负债和权益	
股票价值（万元）	0	融资负债（万元）	200
现金（万元）	300	自有资金（万元）	100

如表3-8所示，在第一种情况下，保证金比例＝300万元/200万元＝150%。

表3-9 投资者乙的投资资产负债表（第二种情况）

资产		负债和权益	
股票价值（万元）	100	融资负债（万元）	140
现金（万元）	140	自有资金（万元）	100

如表3-9所示，在第二种情况下，保证金比例＝240万元/140万元＝171%。

第二节 公司重大事项及其对股价的影响

一、信息披露相关规定

在股票市场上，上市公司是资金的需求方，投资者是资金的供给方，资金的供给和需求在股票市场中进行直接匹配。因此，我们将股票市场视为直接融资市场。对于投资者来说，两个问题是至关重要的。第一个问题是：上市公司进行经营活动能否获利？第二个问题是：上市公司获利后，是否将利润与投资者合理分享？在信息不对称的情况下，达成直接融资的交易困难重重，这是因为投资者没有足够的信息对这两个问题进行研判。为了解决或者减轻信息不对称带来的负面效果，股票市场发展出了严格的信息披露制度。

我国的《公司法》和《证券法》对拟上市公司和上市公司的信息披露做出了明确规定。同时，中国证监会还制定并颁布了一系列信息披露准则。综合来看，信息披露义务主要体现在首次信息披露和持续信息披露上。

首次信息披露也称发行信息披露，是首次公开发行股票时进行的信息披露，首次信息披露主要包括招股说明书和上市公告书，等等。

股票上市后，信息披露义务人承担持续信息披露义务。持续信息披露的形式主要有定期报告和临时报告。

定期报告是上市公司进行持续信息披露的主要形式之一，包括年度报告、中期报告和季度报告。

年度报告中的财务会计报告应当由有证券相关业务资格的会计师事务所审定。定期报告中的财务会计报告被出具非标准审计报告的，上市公司董事会应当针对该审计意见涉及的事项做出专项说明。定期报告中的财务会计报告被出具非标准审计报告，证券交易所认定涉嫌违法的，应当提请中国证监会立案调查。

临时报告是指在定期报告之外临时发布的报告。凡发生可能对上市公司股票交易价格产生较大影响的投资者尚未得知的重大事件时，上市公司应当立即发布临时报告，披露事件内容，说明事件起因、目前的状态和可能产生的影响。

上市公司披露重大事件后，已披露的重大事件出现可能对上市公司股票产生较大影响的进展或者变化的，应当及时披露进展或者变化情况可能产生的影响。上市公司控股子公司发生重大事件可能对上市公司股票交易价格产生较大影响的，上市公司应当履行信息披露义务。

信息披露是股票市场的重要行为之一，但我们必须清楚，信息披露制度只是试图解决信息不对称问题，它仍然要求投资者在获得充分信息的情况下，自行承担投资风险。

二、分红派息

分红派息是指上市公司向其股东派发红利和股息的过程，也是股东实现自己权益的过程。分红派息的形式主要有现金股利和股票股利两种。

分红派息公告时间为股权登记日 3 个工作日前。其内容有：分红派息比例、股权登记日、除权除息日、红利发放日、分红派息对象及其他事宜。

由于每个交易日都有众多投资者在股票市场上买进或卖出，公司的股票不断易手。这就意味着股东也在不断变化。因此，公司董事会在决定分红派息时，必须明确公布股权登记日，派发股息以股权登记日这一天的股东名册为准。凡是被这一天的股东名册记录在案的投资者，公司承认其为股东，其有权享受本期派发的股息与红利。如果股票持有者在股权登记日之前没有登记过户，那么其股票出售者的姓名仍保留在股东名册上，这样公司仍承认出售者为股东，当期股息仍会按照规定分派给股票的出售者而不是现在的持有者。由此可见，购买了股票并不一定就能得到股息红利，投资者只有在股权登记日以前到登记公司办理了登记过户手续，才能获取正常的股息红利收入。

分红派息对股价的影响见公式（3.1）。

$$\text{除息报价}=\text{除权前一日收盘价}-\text{每股红利} \tag{3.1}$$

如表 3－10 所示，五粮液（000858）2017 年 5 月 5 日发布公告针对 2016 年的公司利润进行分红，每股分得红利 0.9 元，股权登记日为 2017 年 5 月 11 日，当天收盘价为每股 44.33 元，除权除息日为 2017 年 5 月 12 日，因此理论上的除息报价为 44.33 元－0.9 元＝43.43 元，除权除息日的实际开盘价为每股 43.55 元。

表 3－10　五粮液（000858）分红派息记录（2017 年）

公告日期	2017－05－05	分红截止日期	2016－12－31
分红对象	全体股东	派息股本基数	3 795 966 720 股
每 10 股现金（含税）	9.000 0 元	每 10 股现金（税后）	9.000 0 元
股权登记日	2017－05－11	除权除息日	2017－05－12
股息到账日	2017－05－12		

资料来源：Wind 数据库。

三、送股与转增股

送股也称股票股利，是指上市公司对原有股东无偿派发股票的行为。送股时，上市公司将其留存收益，主要是其中的未分配利润转入股本账户。

转增股是指上市公司将资本公积金以股本的方式赠送给股东。转增股和送股的区别在于转增股是从公积金里取出钱分给投资者，送股是从未分配利润里取出钱分给投资者。送股和转增股都是无偿获得上市公司的股票，只是上市公司对财务核算的账务处理不一样。

送股或转增股对股价的影响见公式（3.2）。

$$除权报价=除权前一日收盘价/(1+送股或转增股比例) \tag{3.2}$$

表 3-11 所示为三一重工（600031）2010 年的分红、送股与转增股记录。其送股比例为 0.2，转增股比例为 0.3，每股红利为 0.16 元。三一重工（600031）在股权登记日 2010 年 6 月 23 日的收盘价为每股 28.76 元，除权除息日为 2010 年 6 月 24 日，因此理论上的除权除息报价为（28.76－0.16)/(1＋0.2＋0.3)＝19.07 元。除权除息日的实际开盘价为 19.09 元。

表 3-11　三一重工（600031）分红、送股与转增股记录（2010 年）

公告日期	2010-06-18	分红截止日期	2010-01-26
分红对象	全体股东	派息股本基数	1 607 133 574 股
每 10 股现金（含税）	1.600 0 元	每 10 股现金（税后）	1.240 0 元
每 10 股送红股	2.000 0 股	每 10 股转增股本	3.000 0 股
股权登记日	2010-06-23	除权除息日	2010-06-24
最后交易日		股息到账日	2010-06-30
红股上市日	2010-06-25	转增股本上市日	2010-06-25

资料来源：Wind 数据库。

四、配股与增发股票

公司上市后，可以选择增发股票使自己的股本扩大。增发股票时，既可以选择公开发行，也可以选择非公开发行。公开发行时，可以向原股东配售股份（配股），也可以向不特定对象公开募集股份（一般被称为增发）。

配股是指向原股票股东按其持股比例、以低于市价的某一特定价格配售一定数量的新发行股票的融资行为。配股权是指当股份公司为增加公司股本而决定发行新股票时，原普通股股东享有的按其持股数量、以低于市价的某一特定价格优先认购一定数量新发行股票的权利。配股权实际上是一种短期的看涨期权。配股价格一般由主承销商和发行人协商确定。投资者在配股的股权登记日当天收市清算后仍持有该只股票，则自动享有配股权，无须办理登记手续。上市公司原股东享有配股优先权，可自由选择是否参与配股。若选择参与，则必须在上市公司发布的配股公告所规定的配股缴款期内参与配股，若过期不操作，即视其为放弃配股权，不能补缴配股款参与配股。

配股除权价公式为：

$$配股除权价=(除权登记日收盘价+配股价\times每股配股比例)/(1+每股配股比例) \quad (3.3)$$

我们以表 3-12 所示的中国银行（601988）配股方案为例，2010 年 11 月 2 日为股权登记日，其收盘价为每股 3.60 元，计算得到配股除权价为：(3.60+2.36×0.1)/(1+0.1)=3.49 元。股权登记日后实际开盘价为每股 3.51 元。

表 3-12　中国银行（601988）配股方案（2010 年）

公告日期	配股方案	配股价	配股对象	实际配股数	配股前总股本	实际配股比例	配股上市日
2010-10-29	10 股配 1.00 股	2.36 元	全体股东	1 770 597.56 万股	17 781 891.07 万元	1.00%	2010-11-18

五、暂停上市、终止上市和恢复上市

一家公司成功上市意味着这家公司的股权将永久性地在市场上进行交易吗？答案是否定的。我国的股票管理制度就上市公司的暂停上市、终止上市和恢复上市都做出了详细的规定。

1. 主动退市

前面我们学习到，根据相关的法律法规，上市公司需要接受极为严格的监管，同时财务、审计、法律方面的支出也远远高于非上市公司。那么，如果一家上市公司认为上市所带来的收益低于维持上市带来的成本，或者它认为到别的股票交易市场上市要优于目前的状态，该公司就可以思考是否要主动退市。

主动退市有三种：

第一种是上市公司主动申请退市或者转市。在这种情况下，上市公司应当召开股东大会做出决议，须经出席会议的股东所持表决权的 2/3 以上通过，且经出席会议的除上市公司的董事、监事、高级管理人员以及单独或合计持有上市公司 5%以上股份的股东外的其他股东所持表决权的 2/3 以上通过。

第二种是由上市公司、上市公司股东或者其他收购人通过向所有股东发出收购全部股份或者部分股份的要约，导致公司由于股本总额、股权分布等发生变化，不再具备上市条件。

第三种是上市公司因新设或吸收合并，不再具有独立主体资格并被注销，或者上市公司股东大会决议解散。

目前我国股票市场中尚未出现过主动退市的案例。

2. 因重大违法行为而被强制退市

如果一家上市公司在发行股票时有欺诈行为（即“欺诈发行公司”），或者在信息披露中有重大的违法行为（即“重大信息披露违法公司”），则可能导致其因重大违法行为被强制退市。

首先，监管机构对欺诈发行公司和重大信息披露违法公司实施暂停上市的措施。上市公司因首次公开发行股票的申请或者信息披露文件存在虚假记载、误导性陈述或者重大遗漏，致使不符合发行条件的发行人骗取了发行核准的；或者对新股发行定价产生了实质性影响，受到证监会行政处罚的；或者因信息披露文件存在虚假记载、误导性陈述或者重大遗漏，受到证监会行政处罚，并且因违法行为性质恶劣、情节严重、市场影响重大，在行政处罚决定书中被认定构成重大违法行为的；或者因涉嫌欺诈发行罪及违规披露、不披露重要信息罪被依法移送公安机关的，证券交易所应当依法做出暂停其股票上市交易的决定。

其次，在1年内应当对上述上市公司采取终止上市的措施。对于上述因受到证监会行政处罚，或者因涉嫌犯罪被依法移送公安机关而暂停上市的公司，在证监会做出行政处罚决定或者移送决定之日起1年内，证券交易所应当做出终止其股票上市交易的决定。

但在证券交易所做出终止公司股票上市交易的决定前，如果该行政处罚决定被依法撤销，且证监会不能重新做出相应行政处罚决定的，或者因对违法行为性质的认定发生根本性变化，被依法变更的，公司可以向证券交易所申请恢复上市。对于因涉嫌犯罪被依法移送公安机关而暂停上市的公司，在证券交易所做出终止公司股票上市交易的决定前，公安机关决定不予立案或者撤销案件，或者人民检察院做出不予起诉决定，或者司法机关做出无罪判决或者免于刑事处罚，而证监会不能依法做出相应行政处罚的决定的，公司可以向证券交易所申请恢复上市。在证券交易所做出终止公司股票上市交易的决定后，出现上述规定情形的，公司可以向证券交易所申请重新上市。

对于上述因信息披露违法被暂停上市的公司，在证券交易所做出终止公司股票上市交易的决定前，全面纠正违法行为、及时撤换有关责任人员、对民事赔偿责任承担做出妥善安排的，公司可以向证券交易所申请恢复上市。证券交易所应当在规定期限内做出同意其股票恢复上市的决定。

3. 不能满足交易标准被要求强制退市

当上市公司的各项交易指标，诸如财务状况、股票交易情况、股权分布等，不能满足证券交易所的要求时，证券交易所出于维护公开交易股票的总体质量与市场信心的目的，也会依据各证券交易所发布的股票上市规则，要求其终止交易。

六、停牌、复牌、停市

停牌是指由于发生法律规定的事件，上市公司的股票被暂停交易。复牌是指停牌的上市公司股票被恢复交易。上市公司的股票停复牌，应当由上市公司向证券交易所申请并说明理由和计划停牌复牌时间。

当有突发事件而影响证券交易的正常进行时，证券交易所也可以采取技术性停牌的措施。或者为维护证券交易的正常秩序，证券交易所可以决定临时停市。证券交易所采用技术性停牌或决定临时停市时，必须及时报告中国证监会。

七、收购和重组

股票是一家公司的股权凭证，如果我们在证券交易所持续买入同一家公司的股票，当持有股份数量足够多时（比如持有这家公司的股票达到总股数的一定比例），我们就可能获得这家公司的实际控制权。这就是对上市公司的收购。在实践中，获得上市公司的控制权并不一定必须要通过证券交易所的股份转让活动，也可以通过其他的合法方式。比如投资关系、协议，等等。

我们这里所指的实际控制是指以下情况之一：

（1）投资者为上市公司持股50%以上的控股股东。

（2）投资者可以实际支配的上市公司股份表决权超过30%。

（3）投资者通过实际支配上市公司股份表决权能够决定公司董事会半数以上成员的选任。

（4）投资者依其可实际支配的上市公司股份表决权足以对公司股东大会的决议产生重大影响。

（5）中国证监会认定的其他情形。①

对上市公司的收购中，收购人需要履行三个义务：报告义务、禁售义务和锁定义务。报告义务是指实施要约收购的收购人必须事先向中国证监会报送上市公司收购报告书；收购完成后，收购人应在15日内将收购情况报告中国证监会和证券交易所。禁售业务是指收购人在要约收购期间不得卖出被收购公司的股票。锁定义务是指收购人持有的被收购的上市公司的股票，在收购行为完成后的12个月内不得转让。

通过证券交易所的证券交易，投资者单独持有或者通过协议、其他安排与他人共同持有一个上市公司已发行的股份达到5%时，应当在该事实发生之日起三日内，向国务院证券监督管理机构和证券交易所做出书面报告。通知该上市公司并予以公告。在上述期限内，不得再买卖该上市公司的股票。

投资者单独持有或者通过协议、其他安排与他人共同持有一个上市公司已发行的股份达到5%后，其所持该上市公司已发行的股份比例，每增加或减少5%，应当进行报告和公告。在报告期限内和做出报告公告后两日内，不得再买卖该上市公司的股票。

第三节　股票价格指数

构建市场指数的目的是为了告诉投资者股票市场整体的变化情况。尽管有一些指数不是股票市场指数（比如债券市场指数），但在本节，我们主要分析股票市场指数。通常来说，一个好的股票市场指数应该尽可能地包含多只股票的信息，从而可以较为真实地反映整个市场的变化情况。

为什么我们如此重视市场指数及其变化情况呢？通常来讲，在一只股票每天的波动中，总有一部分可以用市场大环境的变化（比如央行宣布降低利率，或者某项政策的不确定性上升）来解释，而另一部分则可以用公司层面的信息来解释（比如，公司业绩达不到

① 以上五条判断准则来源于《上市公司收购管理办法》，在实践中，需结合《上市公司收购管理办法》、两个交易所的《股票上市规则》和《中小企业板上市公司控股股东、实际控制人行为指引》等文件，及企业的实际情况加以分析判断。

预期或者公告称公司正在筹划一个极具前景的投资项目)。在一个充分分散化的投资组合中，由公司层面信息导致的股价波动被抹平了（因为有些公司有利好消息而另一些公司有利空消息），大部分的波动都是由重大事件和市场环境引起的。因此，聪明的投资者会充分分散化他的投资组合，而市场的情况（由市场指数表现）能够反映这些聪明的投资者的投资情况。因此，从这一角度而言，关注市场指数非常重要。

一、价格指数与全收益指数

股票价格指数（简称股价指数）是衡量股票市场上股价综合变动方向和幅度的一种动态相对数，其基本功能是用平均值的变化来描述股票市场股价的动态。股价指数可以分为两类，一类是价格指数，另一类是全收益指数。价格指数主要反映的是一篮子股票的价格变化情况，而全收益指数除了反映股价波动外，还假定篮子内所有股票的现金分红被用于再投资以产生收益。简言之，价格指数与全收益指数的主要区别就是对样本股分红派息的处理方式不同，当有样本股分红派息时，价格指数在除息日不予修正，任其自然回落，而全收益指数的计算中考虑了样本股现金红利的再投资收益，该指数需在样本股除息日前按照除息参考价予以修正。

由于考虑了红利再投资收益，全收益指数的表现通常要好于价格指数。例如 2007 年至 2013 年，沪深 300 价格指数累计上涨 14.16%，而全收益指数累计上涨 25.52%，涨幅相差接近 12 个百分点。2007 年至 2013 年沪深 300 价格指数与全收益指数收益对比见表 3－13。

表 3－13　2007 年至 2013 年沪深 300 价格指数与全收益指数收益对比

年度	沪深 300 全收益指数的收益（%）	沪深 300 价格指数的收益（%）	差别（%）
2007	163.28	161.55	1.73
2008	−65.61	−65.95	0.34
2009	98.58	96.71	1.87
2010	−11.58	−12.51	0.93
2011	−24.05	−25.01	0.96
2012	9.80	7.55	2.25
2013	−5.33	−7.65	2.32
2007—2013	25.52	14.16	11.36

资料来源：中证指数网站。

二、指数构建

（一）目标市场与证券选择

指数构建的第一个步骤是确认该指数反映哪个地区哪个市场的哪类资产。例如根据反映地区的不同有中国市场指数、美国市场指数和加拿大市场指数，等等。根据反映交易所的差异我国有上海证券交易所指数、深圳证券交易所指数以及香港交易所指数。根据反映股票类别的差异有大盘股指数和小盘股指数，等等。

一旦目标市场确定下来，下一步就是选择指数构建所要包含的股票数量，这个数量可以包括目标市场的所有股票，也可以只包括代表性的股票。例如上证指数，既可以是包括上交所所有股票的上证综合指数，也可以只是上证成份指数，例如上证 180 指数，其样本股是在所有上交所上市交易的 A 股股票中抽取的最具市场代表性的 180 种样本股票，自 2002 年 7 月 1 日起正式发布。根据上交所的编制说明，“作为上证指数系列核心的上证 180 指数的编制方案，目的在于建立一个反映上海证券市场的概貌和运行状况、具有可操作性和投资性、能够作为投资评价尺度及金融衍生产品基础的基准指数。”

（二）指数加权

指数加权的方法选择直接决定了入选指数中每只证券纳入指数的程度的大小。具体而言有以下几种加权方法。

（1）价格加权指数。

在价格加权指数（如道琼斯工业股票平均价格指数）中，成份股权重仅由该指数中的成份股价格决定。已发行股份在整个指数中设为统一数值。对于任何影响成份股价格的企业行动，使用该计算方法的指数将调整指数除数。这些行动包括价格调整、特别股息、股份分拆及配售。如有公司被纳入或剔除，指数除数也将随之调整价格加权指数，具体计算过程如下（计算数据见表 3-14）。

基期也就是 2016 年 12 月 31 日的价格加权指数是：(30＋20＋80)/3＝43.33。考察期也就是 2017 年 12 月 31 日的价格加权指数是：(45＋50＋136)/3＝77。因此，价格加权指数一年的涨幅是：77/43.33－1＝77.71%。

表 3-14 价格加权指数计算

	2016 年 12 月 31 日			2017 年 12 月 31 日		
	股价	股本	市值	股价	股本	市值
股票 A	30 元	100 股	3 000 元	45 元	100 股	4 500 元
股票 B	20 元	100 股	2 000 元	50 元	100 股	5 000 元
股票 C	80 元	100 股	8 000 元	136 元	100 股	13 600 元
合计	130 元			231 元		

（2）等权重指数。

等权重指数是指数中每只股票的基期权重都相同的指数，而且追踪该指数的投资组合将以同等金额投资每一只股票。随着股票价格的变动，权重将会改变以致不再完全相等。因此，等权重指数必须不时地重新调整，以重新建立适当权重。例如上证 180 等权重指数（000051）中的每一只股票的基期权重都是 1/180。

等权重指数的详细计算过程如表 3-15 所示。等权重指数的设计相当于对指数中的每一只股票投资了相同市值，因此，当股票价格出现变动时，指数的总市值也出现了变动，并且在计算期的指数权重已经不再是等权重而是出现了变动，因而需要重新平衡。以表 3-15 为例，等权重指数的持有期收益率为：1 104/1 000－1＝10.4%。

表 3-15 等权重指数计算样例

股票	股份数量（股）	基期价格（元）	基期市值（元）	基期权重（%）	计算期价格（元）	计算期市值（元）	计算期权重（%）
A	40	50	2 000	20.00	55	2 200	19.93
B	80	25	2 000	20.00	22	1 760	15.94
C	160	12.5	2 000	20.00	8	1 280	11.59
D	200	10	2 000	20.00	14	2 800	25.36
E	500	4	2 000	20.00	6	3 000	27.17
加总			10 000	100.00		11 040	100.00
指数价值（元）			1 000			1 104	

（3）市值加权指数。

市值加权指数是一种以每只成份股的股份数量乘上每只股票的价格为基础确定数值的股票指数，因此是以股票市值作为权重计算出来的指数。

市值加权通常包括总市值加权和自由流通市值加权。总市值和自由流通市值的差别在于前者是公司所有发行在外的股票总市值，而后者只包括可以在二级市场自由流通的那部分股票市值。总市值加权指数的好处是可以反映一家公司完整的市场价值，这对经济研究很有用处。但最大的坏处是由于部分股份不能上市交易，所以根据这种指数设立的指数基金不能精准地反映标的特征，将其用于衡量基金经理的业绩时也有失偏颇。自由流通市值只包括那些可以在二级市场上自由出售的股份。通过这一处理，自由流通市值调整过的指数可以更好地衡量可投资股票的市值。这样指数基金也能更加容易地跟踪标的指数，同时也是衡量所有可投资股票的业绩表现和投资机会的更好指标。同理，评判一个基金经理的投资业绩，自由流通市值指数也提供了一个更好的业绩基准。

（三）上证指数的计算方法

（1）加权方法。

上证指数系列均采用派许加权综合价格指数公式计算。具体计算公式如下：

$$\text{报告期指数}=\frac{\text{报告期成份股的调整市值}}{\text{基日成份股的调整市值}}\times\text{基期指数} \tag{3.4}$$

其中，报告期成份股的调整市值＝∑(市价×调整股本数)，基日成份股的调整市值亦称除数，调整股本数采用分级靠档的方法对成份股股本进行调整。例如，某股票流通比例为35%，落在区间（30，40）内，对应的加权比例为40%，则将总股本的40%作为权数。上交所调整股本权数表见表3-16。

表 3-16 上交所调整股本权数表

流通比例（%）	≤15	(15，20]	(20，30]	(30，40]	(40，50]	(50，60]	(60，70]	(70，80]	>80
加权比例（%）	上调至最接近的整数值	20	30	40	50	60	70	80	100

资料来源：上交所网站。

(2) 指数修正。

为保证指数的连续性，当样本股名单发生变化，或样本股的股本结构发生变化，或样本股的市值出现非交易因素的变动时，上证系列指数根据样本股股本维护规则，采用“除数修正法”修正原除数。

修正公式为：

$$\frac{\text{修正前的市值}}{\text{原除数}}=\frac{\text{修正后的市值}}{\text{新除数}} \tag{3.5}$$

其中：修正后的调整市值=修正前的调整市值+新增（减）的调整市值。

由此公式得出新除数，并据此计算以后的指数。

需要修正的主要情况为样本公司除权，凡有样本股送股、配股、拆股或缩股时，在样本股的除权基准日前修正指数，按照新的股本与价格计算样本股的调整市值：

$$\begin{aligned}\text{修正后的调整市值}=&\text{除权报价}\times\text{除权后的调整股本数}\\&+\text{修正前的调整市值（不含除权股票）}\end{aligned} \tag{3.6}$$

凡有样本股除息（分红派息）的，指数不予修正，任其自然回落，全收益指数在样本股除息日前按照除息参考价予以修正。

(四) 指数计算举例

最有名的市场指数（真正用“平均”的方法计算）莫过于道琼斯工业平均指数（Dow Jones Industrial Average）①。从技术角度来说，它是一种比较弱的指数，因为它涵盖的股票太少，只有30只蓝筹股（其中，因为2008年次贷危机，美国国际集团的股票差点被移出这个名单）。

虽然道琼斯工业平均指数用股价加权，但是多数指数都用市值加权②。比如，大多数投资者都关注的美国标准普尔500指数（Standard and Poor's 500 Index，简称S&P500）。接下来我们学习构建指数的原理。表3-17里面是一些我们假设的股票信息。

表3-17　指数计算中假设的股票

股票名	股份数（百万）	初始股价（元）	一年后的股价（元）	一年内的分红（元）
A	1	80.00	100.00	3.00
B	3	40.00	50.00	1.00
C	2	160.00	140.00	5.00
D	4	50.00	55.00	0.00

市值加权指数的计算方法是把指数中包含的股票的市值累加后除以这些股票在基期的市值之和。③ 大公司的股票比小公司的股票更具有影响力的说法是符合逻辑的，所以我们

① 道琼斯工业平均指数最原始的计算方式非常简单，就是求所有股票价格的简单算术平均值。举个例子，假如道琼斯工业平均指数涵盖30只股票，那么简单算数平均就是把这30只股票的价格加起来，然后除以30即可。

② 在一个价格加权的指数中，一只股票的权重就是它的股价。

③ 通常这个比率会乘以任意一个数值，比如1 000。人们只关心指数的百分比变动情况，指数的具体大小并没有实质影响。

要关注股票的市值（股份乘以股价）。假设基期正好是一年之前，我们把那个时候的指数初始值设定为 1。那么根据市值加权计算出来的指数现在就变成了：

$$\frac{100\times1+50\times3+140\times2+55\times4}{80\times1+40\times3+160\times2+50\times4}=1.042$$

分母是基期指数包含的所有股票的市值之和（720 百万元），分子是它们现在的市值之和（750 百万元）。因为指数的初始值是 1（=720 百万元/720 百万元），所以指数的资本利得是 4.2%（=1.042/1−1）。

值得注意的是，新闻中报道的指数都有一个共同的不足，那就是它们只反映了资本利得的变化情况。但大部分指数都有相关的"总收益"指数。为了弄清这些指数的原理，让我们再次回到表 3-17。根据观察我们发现 4 只股票中有 3 只都在年末进行了分红。如果我们把公司的分红加回到每股的股价中，然后再计算它们在年末的市值，那么我们就能得到年末的"总收益"指数：

$$\frac{(100+3)\times1+(50+1)\times3+(140+5)\times2+55\times4}{80\times1+40\times3+160\times2+50\times4}=1.064$$

结果告诉我们包含分红的市场回报率是 6.4%。

现在全世界有成千上万的指数代表着不同的市场（或某个市场中的一部分）。在表 3-18 中我们可以看到其他许多重要的市场指数。表 3-19 给出了中国股市的主要指数。

表 3-18　全球主要股票市场指数

国家或地区	指数	详情
美国	纽约证交所综合指数（NYSE Composite Index）	包含纽约证券交易所的所有股票
美国	纳斯达克 100 指数（NASDAQ 100 Index）	包含纳斯达克市场中市值排前 100 名的股票
美国	威尔希尔 5000 指数（Wilshire 5000 Index）	美国股票市场的全市场指数
美国	罗素 2000 指数（Russell 2000 Index）	代表美国小市值的公司
英国	伦敦金融时报 100 指数（FTSE 100 Index）	伦敦股票市场
德国	德国 DAX 指数（DAX Index）	法兰克福股票市场
法国	法国 CAC 指数（CAC Index）	巴黎股票市场
日本	日经 225 指数（Nikkei 225 Index）	东京股票市场
中国香港	中国香港恒生指数（Hang Seng Index）	中国香港股票市场
除美国以外的其他地区	欧澳远东指数（MSCI-EAFE Index）	欧洲、澳大利亚和远东市场成份指数，全球股票基准指数

表 3-19　中国股票市场主要指数

机构	指数名称	详情
中证指数有限公司	沪深 300 指数	挑选能够代表沪深两市的 300 只股票，每半年调整一次，指数基日为 2004 年 12 月 31 日，基点为 100 点

续表

机构	指数名称	详情
上海证券交易所	上证 50 指数	挑选上海证券市场中规模大、流动性好的最具代表性的 50 只股票组成样本股
	上证 180 指数	挑选上海证券市场中最具市场代表性的 180 种样本股票
	上证综合指数	样本包括上海证券交易所的全部上市股票，包括 A 股和 B 股
深圳证券交易所	深证成份股指数	按一定标准在深圳证券交易所上市的公司中选出 40 家有代表性的上市公司的股票作为成份股，以成份股的可流通股数为权数进行加权平均
	深证 100 指数	以流通市值和成交金额为标准，选取深圳证券交易所上市的 100 只 A 股作为成份股
	行业分类指数	以在深圳证券交易所主板、中小板、创业板上市的股票为样本。依据《上市公司行业分类指引》中的门类划分，编制 13 个门类指数；依据制造业门类下的大类划分，编制 9 个大类指数，共有 22 个行业分类指数
深圳证券交易所	中小板综合指数	以在深圳证券交易所中小企事业板上市的全部股票为样本。以可流通股本数为权数加权计算。中小板综合指数以 2005 年 6 月 7 日为基日，基日指数为 1 000 点，2005 年 12 月 1 日开始发布
	创业板综合指数	以在深圳证券交易所创业板上市的全部股票为样本。以可流通股本数为权数加权计算。创业板综合指数以 2010 年 5 月 31 日为基日，基日指数为 1 000 点，2010 年 8 月 20 日开始发布
	深证新指数	以在深圳证券交易所主板、中小板、创业板上市的正常交易的且已完成股改的 A 股为样本股。深证新指数以可流通股本数为权数加权计算

例题 3-6：简单算术平均的指数和市值加权的指数相比，它的优点和缺点是什么？

解：简单算术平均的指数的主要优点是便于计算。其缺点是，和工业巨头相比并没有那么重要的小公司的股票获得了和大公司的股票一样的权重。进一步，市值加权的指数不容易“投资”，因为想要构建一个投资组合来复制它的收益是很麻烦的工作，需要不断地再平衡资产（当各个资产收益率发生变动后，要重新调整资产权重，使得它们在投资组合中的权重保持相同）。

三、我国主要的股票价格指数

1. 上证综合指数

上证综合指数是上海证券交易所股票价格综合指数的简称。该指数的前身为上海静安指数，是由中国工商银行上海市分行信托投资公司静安证券业务部于 1987 年 11 月 2 日开始编制的。上证综合指数是上海证券交易所于 1991 年 7 月 15 日开始编制和公布的，以 1990 年 12 月 19 日为基期，基期值为 100，以全部的上市股票为样本，以股票发行量为权数进行编制。

随着上市品种的不断丰富，上海证券交易所在这一综合指数的基础上，从 1992 年 2 月起分别公布 A 股指数和 B 股指数；从 1993 年 5 月 3 日起正式公布工业、商业、地产业、公用事业和综合五大类分类股价指数。

2. 深圳成份股指数

由于在实际运作和反映股市实际运行状态方面，深圳综合指数存在着较明显的缺陷，深圳证券交易所自 1995 年 1 月 3 日开始编制深圳成份股指数，并于同年 2 月 20 日实时对外发布。

成份股指数是通过对所有上市公司进行考察，按一定标准选出一定数量具有代表性的公司编制成份股指数，采用成份股的可流通股数作为权数，实施综合法进行编制。成份股指数按照股票种类分 A 股指数和 B 股指数。成份股指数及其分类指数的基日为 1994 年 7 月 20 日。成份股指数的基日指数被指定为 1 000 点。该指数的发布内容包括前日收市、今日开市、最高指数、最低指数和当前指数。

3. 沪深 300 指数

这一指数是沪、深证券交易所第一次联合发布的反映 A 股市场整体走势的指数。沪深 300 指数样本覆盖了沪、深市场六成左右的市值，具有良好的市场代表性。目前，在 300 只样本股中，深市 121 只样本股中有 92 只来自深证 100 指数，沪市 141 只样本股来自上证 180 指数，入选率分别为 92%和 78.3%。

沪深 300 指数覆盖了银行、钢铁、石油、电力、煤炭、水泥、家电、机械、纺织、食品、酿酒、化纤、有色金属、交通运输、电子器件、商业百货、生物制药、酒店旅游、房地产等数十个主要行业的龙头企业。沪深 300 指数以 2004 年 12 月 31 日为基日，以该日 300 只成份股的调整市值为基期，基期指数被定为 1 000 点，自 2005 年 4 月 8 日起正式发布。

4. 恒生股票价格指数

恒生股票价格指数是由香港恒生银行编制以反映香港股票市场股票价格变动的指数，也是香港股票市场上历史最为悠久、影响最大的一种股价指数。它从 1969 年 11 月 24 日开始发布，其基期为 1964 年 7 月 31 日，基期指数为 100，恒生股票价格指数挑选了 33 只具有代表性的上市股票作为成份股，其计算方法为修正加权法。

第四节　国外主要的股票价格指数

一、道琼斯指数

道琼斯指数是世界上历史最为悠久的股票指数，它的全称为道琼斯股票价格平均指数。通常人们所说的道琼斯指数有可能是指道琼斯指数中的道琼斯工业平均指数。

道琼斯指数最早是在1884年由道琼斯公司的创始人查理斯·道开始编制的。最初的道琼斯股票价格平均指数是根据11种具有代表性的铁路公司的股票，采用算术平均法进行计算编制而成的，发表在查理斯·道自己编辑出版的《每日通讯》上。其计算公式为：

$$股票价格平均数=\frac{入选股票的价格之和}{入选股票的数量} \tag{3.7}$$

道琼斯指数以在纽约证券交易所挂牌上市的一部分具有代表性的公司股票作为编制对象，由四种股价平均指数构成，分别如下：

第一种是工业股票价格平均指数。它由30种具有代表性的大工商业公司的股票组成，且随经济发展而变大，大致可以反映美国整个工商业股票的价格水平，这也就是人们通常所引用的道琼斯工业平均指数。

第二种是运输业股票价格平均指数。它包括20种具有代表性的运输业公司的股票，即8家铁路运输公司、8家航空公司和4家公路货运公司。

第三种是公用事业股票价格平均指数，由代表美国公用事业的15家煤气公司和电力公司的股票所组成。

第四种是平均价格综合指数。它是综合前三种股票价格平均指数而得出的综合指数。

在四种道琼斯股票价格平均指数中，以道琼斯工业平均指数最为著名，它被大众传媒广泛地报道，并作为道琼斯指数的代表加以引用。

现在的道琼斯股票价格平均指数是以1928年10月1日为基准日，因为这一天收盘时的道琼斯股票价格平均数约为100美元，所以就将其定为基准日。而以后股票价格同基准日相比计算出的百分数，就成为各期的股票价格指数，所以现在的股票价格指数普遍用点来做单位，而股票价格指数每一点的涨跌就是相对于基准日的涨跌百分数。

二、标准普尔股票价格指数

标准普尔股票价格指数（Standard and Poor's Composite Index）是由美国最大的证券研究机构标准普尔公司编制并发布的用以反映美国股票市场行情变化的股价指数。标准普尔股票价格指数于1932年开始编制，最初采样股票共233种。1957年采样股票扩大到500种，其中工业股票425种，铁路股票15种，公用事业股票60种。1976年又进行了改动，采样股票仍为500种，但其构成变为工业股票400种，运输业股票20种，公用事业股票40种，金融股票40种。

标准普尔股票价格指数采用加权平均法，以1941—1943年间的平均市价总额为基期值，基期指数为100，以上市股票市值为权数计算得出。

三、金融时报指数

金融时报指数全称为伦敦股市金融时报指数，最初由英国最著名的报纸——《金融时报》编制并公布，用以反映英国伦敦证券交易所的行情变动。当前较为著名的金融时报指数分三种：一是根据在伦敦证券交易所上市的最大的100家公司的表现而制作的股价指数，被称为伦敦金融时报 100 指数，该指数是英国经济的晴雨表，也是欧洲最重要的股价指数之一。二是除了 100 家最大的公司以外接下来的 250 家最大的公司的股价指数，被称为伦敦金融时报 250 指数；三是由前两者组合而成的金融时报 350 指数。通常所讲的金融时报指数指的是第一种，即伦敦金融时报 100 指数。

四、日经平均股价指数

日经平均股价指数原先被称为“日本经济新闻社道琼斯股票平均价格指数”，是由日本经济新闻社编制并公布的反映日本东京证券交易所股票价格变动的股票价格平均指数。该指数的前身为 1950 年 9 月开始编制的“东证修正平均股价”。1975 年 5 月 1 日，日本经济新闻社向美国道琼斯公司买进商标，采用修正的美国道琼斯公司股票价格平均指数的计算方法计算，并将其所编制的股票价格指数定为“日本经济新闻社道琼斯股票平均价格指数”。1985 年 5 月 1 日在合同满十年时，经两家协商，将其名称改为“日经平均股价指数”（简称日经指数）。日经指数按其计算对象的采样数目不同，现分为两种：一是日经 225 平均股价指数，它是从 1950 年 9 月开始编制的；二是日经 500 平均股价指数，它是从 1982 年 1 月开始编制的。前一种指数因延续时间较长，具有很好的可比性，成为考察日本股票市场股价长期演变及最新变动的最常用和最可靠的指标，传媒常引用的日经指数就是指这种指数。

五、纳斯达克指数

纳斯达克（national association of securities dealers automated quotations）是美国全国证券交易商协会于 1968 年着手创建的自动报价系统的英文简称。纳斯达克的特点是收集和发布在场外交易的非上市股票的证券商报价，它现已成为全球最大的证券交易市场，目前包括上市公司 5 200 多家。纳斯达克是全世界第一个采用电子交易的股市，它在 55 个国家和地区设有 26 万多个计算机销售终端。纳斯达克指数是反映纳斯达克证券市场行情变化的股票价格平均指数，基本指数为 100。纳斯达克的上市公司涵盖所有新技术行业，包括软件和计算机、电信、生物技术、零售和批发贸易，等等。

关键术语

一级市场	二级市场	集合竞价	连续竞价
配股	转增股	价格加权指数	等权重指数
市值加权指数			

习　　题

1. 某公司拟进行上市，若上市成功，将带来的好处和问题分别是什么？

2. 上市公司分红派息的形式主要有哪些？它们分别有什么特点？

3. 股票价格指数有哪些编制方法？它们各有何特点？

4. 表 3－20 为某股票的最新成交簿，其显示了该股票的申报价格和申报数量。

表 3－20　某股票的最新成交簿

	申报价格（元）	申报数量（手）
卖 3	25.75	900
卖 2	25.60	700
卖 1	25.50	200
买 1	25.35	500
买 2	25.25	600
买 3	25.20	1 000

（1）若以 25.50 元的价格、500 手的委托数量进行限价买入委托，则最终成交的执行情况如何？

（2）若以 25.60 元的价格、500 手的委托数量进行限价买入委托，则最终成交的执行情况如何？

（3）若以 25.80 元的价格、500 手的委托数量进行限价买入委托，则最终成交的执行情况如何？

（4）若想以最低的价格和全部立刻成交为条件，买入 1 000 手该股票，怎样进行委托是最合适的？

5. 在收购和重组中，对于上市公司实际控制权的认定是较为复杂的。不仅有《上市公司收购管理办法》这样的部门规章，也有证监会发布的监管文件，还有交易所拟定的上市规则。在实务中需要结合实际进行分析。请查阅相关案例，思考在实务中，通过“投资者依其自身或可实际支配的上市公司股份表决权足以对公司股东大会的决议产生重大影响”认定实际控制权的标准是什么？

第四章

普通股估值

【本章要点】

- 股利贴现模型及其多种类型
- 剩余收益模型及其计算
- 自由现金流模型
- 价格比率分析模型

在进行股票投资时，我们似乎可以选择这样一种方式，即以某一个我们认为的较低的价格买入某只股票，然后在持有一段时间后以我们认为的较高的价格卖出。如果卖出的价格高于买入的价格，我们就可以获得盈利。

然而股票价格总是不断波动，我们判断股票价格较低或者较高是因为我们认为有一个“合理”的价格存在。对股票进行估值的目的就是试图寻找股票的“合理”价位从而帮助我们进行判断。当股票价格低于这个“合理”价位时，一般认为这只股票的价值被市场低估了，当股票价格高于这个“合理”价位时，则认为这只股票的价值被市场高估了。同时，我们认为市场迟早会修复自己的“错误”，被低估股票的价格会上升，被高估股票的价格会下降，因此我们买入被低估的股票，卖出被高估的股票，从而赚取收益或者规避风险。

本章我们将主要讨论四种股票估值方法：股利贴现模型、剩余收益模型、自由现金流模型和价格比率分析模型。需要强调的是，虽然估值理论为我们描述了一幅美妙的图景，但是在实际的投资过程中，我们还面临着一系列挑战，如估值是否能准确地反映股票的价值（即这个“合理”是否真的合理），市场是否会如我们预料的修复“错误”，等等。

第一节　股利贴现模型

从逻辑上看，今天的股票价值（V_0）是你期望在下一期收到的现金，也就是预期股利（D_1）加上你期望在下一期卖出股票而获得的收入（P_1）。由于这些是未来金额，所以它们必须按照该股票的必要回报率折现为现值，我们指定贴现率为 R。当然，贴现率必须反映风险程度，可以用本教材后文讲到的 CAPM 等模型来估算。这是市场认为承担风险的“公允回报”。使用持有期收益率的表达式，则股票价值为：

$$V_0=\frac{D_1+P_1}{1+R} \tag{4.1}$$

值得注意的是，第 1 期的变量（D_1、P_1）均为期望值。

通过只考虑下一期的股利和价格，我们似乎已经避免了估计潜在无限期未来现金流的问题。但是当我们考虑到下一期的预期价格时，这显而易见是一种错觉。从公式（4.1）开始，并假设下一期的预期价格（P_1）与下一期的预期股价（V_1）相同。结果如下①：

$$P_1=V_1=\frac{D_2+P_2}{1+R} \tag{4.2}$$

对第 1 期的预期价格（P_1）进行替换：

$$V_0=\frac{D_1}{1+R}+\frac{D_2+P_2}{(1+R)^2} \tag{4.3}$$

对第 2 期的预期价格（P_2）怎么办呢？重复上面的步骤，我们可以先假设它等于第 2 期的预期股价（V_2），然后进行替换：

$$V_0=\frac{D_1}{1+R}+\frac{D_2}{(1+R)^2}+\frac{D_3+P_3}{(1+R)^3} \tag{4.4}$$

这样的模式变得清晰。随着我们加入越来越多的加项，价格进一步被推导到更远的未来，一直到某个时点上，由于折扣，价格可以被忽略，于是有：

$$V_0=\frac{D_1}{1+R}+\frac{D_2}{(1+R)^2}+\frac{D_3}{(1+R)^3}+\cdots \tag{4.5}$$

这被称为股利贴现模型（dividend discount model，DDM）。这个模型表明股票的价值是股东以现金形式收到的，用贴现率对未来的支付贴现所得到的现值。②

例题 4-1：你期望 ABC 公司将在一年后支付股利 1 元，两年后支付股利 2 元，三年后支付股利 3 元。第三年股利支付时，你认为股票将以 25 元交易。如果股票的必要回报率是 12%，那么股票今天的价格是多少？

解：将数值（股利以及未来交易价格）代入公式（4.4）得到股票今天的价格为 22.42 元。

一、固定永续增长模型

在上文中我们讨论到如何对未来（尤其是遥远的未来）的股利进行估计。为了解决这

---

① 公式左侧和右侧的变量都是期望值。

② 即使你计划在未来某个日期出售股票，这也成立，因为下一个所有者将收到这些现金流（因此他们愿意在交易时支付其现值）。

一问题，固定永续增长模型提出了一个假设：公司股利保持永续的稳定增长。这个假设用数学表达式进行描述即：

$$D_t=D_0(1+g)^t \tag{4.6}$$

其中，D_t 表示从现在起第 t 年的股息，R 表示一个合理的贴现率，g 为永续增长的股利的增长率（简称永续增长率）。将公式（4.6）代入公式（4.5）中，再运用等比数列求和公式，我们就可以求出一个更为简洁的表达式：

$$P_0=\frac{D_1}{R-g} \tag{4.7}$$

由于固定永续增长模型的假设比较严格，因此其表达式也比较简洁，在计算时，我们只需要知道第一期的股利 D_1、增长率 g 和贴现率 R 就可以了。

例题 4－2： 假设某家公司每年年末支付股利，第 1 期股利为 10 元，永续增长率为 5%，贴现率为 10%，利用固定永续增长模型求该公司股票目前的股价。

解： 我们可以将数据代入式（4.7）中，得到：

$$P_0=\frac{10}{10\%-5\%}=200$$

我们也可以在 Excel 的协助下进行计算，如图 4－1 中的第 4 行。

	A	B	C	D	E
1	运用Excel计算固定永续增长模型				
2					
3	第一期股利	永续增长率	贴现率	P_0	
4	10.00元	5%	10%	200元	<--=A4/(C4-B4)
5	10.00元	8%	10%	500元	
6	50.00元	5%	10%	1 000元	
7	50.00元	8%	10%	2 500元	
8					

图 4－1　运用 Excel 计算固定永续增长模型

图 4－1 还列举了另外三个假设下的计算结果。我们可以发现，永续增长率具有极强的威力，永续增长率从 5%上升到 8%就可以使股票的估值从 200 元上升到 500 元（增长了 150%）。

在实践中，固定永续增长模型适用于对收益较为稳定的公司进行估值，如电力行业、公共服务行业的公司。

固定永续增长模型引入了一个新的因子：股利的永续增长率 g。我们如何估计这个增长率 g 呢？一般有三种方法，即分别计算历史平均股利增长率、可持续增长率和行业平均增长率。

1. 历史平均股利增长率

我们经常使用一个公司的“历史平均股利增长率”来估计固定永续增长模型中的股利增长率 g。历史平均股利增长率又有两种，一种是几何平均股利增长率，另一种是算术平均股利增长率。接下来我们通过一个例题来演示如何利用历史数据进行平均股利增长率的计算。

例题 4-3：假设某公司的股利支付历史如下：

2010 年：5.20 元；

2011 年：5.27 元；

2012 年：6.10 元；

2013 年：5.98 元；

2014 年：6.24 元；

2015 年：6.63 元。

求其几何平均股利增长率和算术平均股利增长率。

解：几何平均股利增长率相当于一个使得股利在 5 年的时间内从 2010 年的 5.20 元增长到 2015 年的 6.63 元的稳定的增长率，设几何平均股利增长率为 g，则：

$$6.63=5.20\times(1+g)^5$$

求解得：

$$g=5\%$$

这只股票所提供的几何平均股利增长率就是 5%。如果用一个更一般的数学公式来描述几何平均股利增长率，我们可以列出如下式子：

$$D_t=D_1\times(1+g)^{t-1} \tag{4.8}$$

变形后得：

$$g=\left(\frac{D_t}{D_1}\right)^{\frac{1}{t-1}}-1 \tag{4.9}$$

其中，$t-1$ 是间隔年数，D_t 是第 t 年的股利，D_1 是当年股利。

有了这个式子，我们就可以在 Excel 中编辑相应的公式，从而进行大量的“同质”计算了，如图 4-2 所示。

	A	B	C	D	E
1	运用Excel计算几何平均股利增长率				
2					
3	首期股利（元）	末期股利（元）	间隔年数	几何平均股利增长率	
4	5.2	6.63	5	0.049 789 046	<--=(B4/A4)^(1/C4)-1
5	4.2	6.2	10	0.039 714 833	
6	1	5	15	0.113 263 577	
7					
8					
9					

图 4-2　运用 Excel 计算几何平均股利增长率

算术平均股利增长率如何计算呢？相对来说，算术平均股利增长率的计算要更烦琐一些。我们需要先计算出每年的股利增长率，然后再计算这些股利增长率的平均数。当然，在 Excel 的协助下，计算也可以很方便地完成，如图 4-3 所示。

	A	B	C	D	E
1	运用Excel计算算术平均股利增长率				
2					
3	年份	股利(元)	较上年的增长率		
4	2010年	5.20	-		
5	2011年	5.27	1.35%	<--=(B5-B4)/B4	
6	2012年	6.10	15.75%		
7	2013年	5.98	-1.97%		
8	2014年	6.24	4.35%		
9	2015年	6.63	6.25%		
10					
11		算术平均股利增长率	5.15%	<--=AVERAGE(C5:C9)	
12					
13					

图 4-3 运用 Excel 计算算术平均股利增长率

在例题 4-3 中，两个平均数的数值相差得并不是很多。需要注意的是，如果是度量历史平均股利增长率的话，那么几何平均更为准确，但是如果目的是为了预测未来平均股利增长率，则算术平均更为准确。

2. 可持续增长率

前面我们讨论了如何计算公司股利的历史平均增长率（可以根据情况选择几何平均股利增长率或算术平均股利增长率），并用其来估计固定永续增长模型中的股利增长率 g。现在我们学习另一种方法：计算可持续增长率。

首先我们假设上市公司没有发行股票或者债券来筹集新的资本。在这种情况下，公司会计净利润的分配有两个方向，一个方向是将盈利作为现金股利发放给投资者，资金从公司流出，被分配给投资者；另一个方向是将盈利留存在公司内部（也就是“留存收益”），并在下一年的生产经营中加以利用。更为常见的是上市公司对利润进行分配，将一部分作为现金股利发放给股东，将剩下的部分当作留存收益。这时，我们可以对公司下一年的盈利状况进行分解：

$$\text{下一年的盈利}=\text{本年盈利}+\text{新增的盈利} \tag{4.10}$$

为什么做如此的分解呢？我们注意到公司并没有发行股票或者债券来筹集新的资本，但是将留存收益投入了下一年的生产经营中，也就是说，“原来的”的资本将正常运转并赚取与今年相同的收益（即“本年盈利”），而“新的”资本（即留存收益）将投入运营，从而赚取“新增的盈利”。

我们继续考察“新增的盈利”，根据上面的论述，盈利的增长动力主要来源于对留存收益的运用，即：

$$\text{新增的盈利}=\text{留存收益}\times\text{留存收益回报率} \tag{4.11}$$

对上面两个式子进行整理，得到：

$$\text{下一年的盈利}=\text{本年盈利}+\text{留存收益}\times\text{留存收益回报率} \tag{4.12}$$

等号两边同时除以本年盈利，得到：

$$\frac{\text{下一年的盈利}}{\text{本年盈利}}=1+\frac{\text{留存收益}}{\text{本年盈利}}\times\text{留存收益回报率} \tag{4.13}$$

将式（4.10）代入式（4.13）中，得到：

$$1+\frac{\text{新增的盈利}}{\text{本年盈利}}=1+\frac{\text{留存收益}}{\text{本年盈利}}\times\text{留存收益回报率} \tag{4.14}$$

$\frac{\text{新增的盈利}}{\text{本年盈利}}$即盈利增长率，我们假设这家公司的股利支付政策不变，因此，盈利增长率就是我们要寻找的股利增长率 g。

$\frac{\text{留存收益}}{\text{本年盈利}}$被称作留存比率，请注意，留存比率和留存收益回报率是完全不同的概念，前者描述的是留存收益占本年盈利的比例，后者描述的是将留存收益投入生产中所能带来的回报率。

留存收益回报率一般来说是很难估计的，因为公司对留存收益的运用情况并不是公开信息。我们经常采用公司的净资产收益率（return on equity，ROE）来衡量留存收益回报率，ROE 是公司总体权益的收益率，且数据非常容易获得，用 ROE 代替留存收益回报率具有一定的代表性。

这样的话，我们可以对式（4.14）进行进一步整理，得到：

$$g=\text{留存比率}\times \text{ROE} \tag{4.15}$$

一般来说上市公司经常披露的是股利支付率而非留存比率，但因为：

$$\text{留存比率}+\text{股利支付率}=1$$

所以式（4.15）一般被写为：

$$g=(1-\text{股利支付率})\times \text{ROE} \tag{4.16}$$

式（4.16）就是可持续增长率的计算公式。比起前面介绍的历史平均股利增长率，它的计算依赖于公司自身的盈利能力和股利政策，因此我们称之为“可持续”增长率。

例题 4－4：假设某公司的净资产收益率为 15％，每股收益是 5 元，每股的当前现金股利是 3 元，下一期股利将在一年后发放，贴现率为 20％。请计算该公司的股利支付率、留存比率、股利的可持续增长率，并运用固定永续增长模型对其股票进行估值。

解：该公司的股利支付率$=\frac{3}{5}=60\%$

该公司的留存比率$=1-60\%=40\%$

该公司股利的可持续增长率$=15\%\times 40\%=6\%$

运用固定永续增长模型，首先可计算出下一期股利：

$$D_1=D_0\times(1+g)=3\times 1.06=3.18$$

则公司股票估值为：

$$P=\frac{D_1}{R-g}=\frac{3.18}{20\%-6\%}=22.71$$

3. 行业平均增长率

一般来讲，处于同一行业的公司的运营模式、经营效率、股利支付政策等具有一定的可比性，且面临相同的经营环境。因此，在对某公司的股票进行估值时，我们还可以使用该公司所在行业的平均（或者中位）股利增长率来估计固定永续增长模型中的股利增长率 g。

二、两阶段股利增长模型

在前面对固定永续增长模型的讨论中，我们仅使用唯一的增长率（如历史平均股利增长率、可持续增长率等）来估计公司股利的未来增长情况。但由于宏观经济、行业或者公司自身的情况经常发生变化，公司的经营状况会发生波动，股利支付情况也会出现调整，因此你可能会意识到，固定永续增长模型做出的“股利增长率长期保持不变”的假设显得太过“严格”了，它并不完全符合我们实际观察到的情况。因此，我们将在固定永续增长模型的基础上介绍两阶段股利增长模型，该模型认为公司股利的增长情况可以分为两个阶段。在第一阶段（也就是相对较近的时期），股利增长率可能为某一较高的值，也可能为某一较低的值，这需要根据公司所面临的实际情况进行分析和判断；在第二阶段（也就是较远的未来），公司的股利增长率最终会收敛到行业或者经济整体的增长率。我们可以用一个时间轴来表示这两个阶段（如图 4-4 所示）。

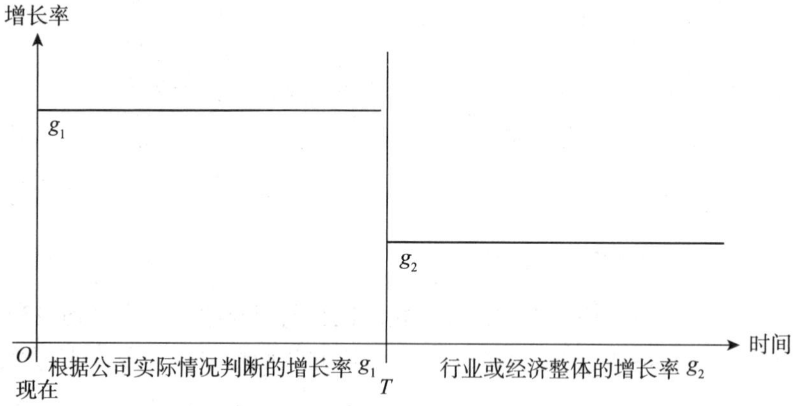

图 4-4 公司股利增长率变动

从现在到 T 时刻，公司的股利以增长率 g_1 增长，而在 T 之后，股利增长率发生变化，公司的股利以一个新的增长率 g_2 永续增长下去。

我们发现，两阶段股利增长模型的假设变“宽”了，相对固定永续增长模型来说，它更符合我们对市场的观察。那么，在这种情况下如何对股票进行估值呢？

我们采用这样一种思路：首先，注意到第二阶段的股利是固定永续增长的，因此我们运用固定永续增长模型将第二阶段的现金流折现到 T 时刻，假设其为 P_t，然后，把第一阶段的各期股利和 P_t 折现到“现在”并加总，由此就得出了当前股票的估值。

假设第一阶段股利增长率为 g_1，第二阶段股利增长率为 g_2，贴现率为 R，各期的股利分别为 D_1，D_2，…，D_t，D_{t+1}，…，P_t 为股票在 T 时刻的估值，P_0 为股票现在的估值。

在第二阶段，根据固定永续增长模型，有：

$$P_T=\frac{D_{T+1}}{R-g_2} \tag{4.17}$$

在第一阶段，股票带来的未来股利现金流是由两部分组成的：一部分是现在到 T 时刻的股利，另一部分是 P_t。将这两部分现金流分别折现并加总，有：

$$P_0=\frac{D_1}{1+R}+\frac{D_2}{(1+R)^2}+\cdots+\frac{D_T}{(1+R)^T}+\frac{P_T}{(1+R)^T} \tag{4.18}$$

由于第一阶段的股利增长率为 g_1，所以股利之间有：

$$D_t=D_1\times\ (1+g_1)^{t-1}\ \ (t\leqslant T) \tag{4.19}$$

将式（4.19）代入式（4.18）中，并整理可得：

$$P_0=\frac{D_1}{R-g_1}\left[1-\left(\frac{1+g_1}{1+R}\right)^T\right]+\frac{D_1(1+g_1)^{T-1}(1+g_2)}{(R-g_2)(1+R)^T} \tag{4.20}$$

正如我们所看到的，由于放宽了假设，两阶段股利增长模型的数学表达式变得非常复杂，但是进行计算需要的因子并不多（第一期股利 D_1，第一阶段股利增长率 g_1，第二阶段股利增长率 g_2，贴现率 R，第一阶段持续时间 T），因此，我们推荐使用 Excel 来进行相应的计算。

例题 4－5： 假设某公司现在的股利为 2 元，5 年内股利增长率预计为 20%，之后调整为 5%且永续增长，贴现率为 12%，则该公司股票的估值为多少？

解： 注意到这道例题完全符合两阶段股利增长模型的假设，我们运用 Excel 进行计算时，可以作如图 4－5 所示的设置。

	A	B	C	D	E
1	运用Excel计算两阶段股利增长模型				
2					
3	贴现率		R	12%	
4					
5	第一阶段	期数	t	5期	
6		第零期股利	D_0	2元	
7		第一期股利	D_1	2.4元	<--=D6*(1+D8)
8		股利增长率	g_1	20%	
9					
10	第二阶段	股利增长率	g_2	5%	
11					
12	股票估值		P_0	54.72元	<--=D7/(D3-D8)*(1-((1+D8)/(1+D3))^D5)+(D7*(1+D8)^(D5-1)*(1+D10))/((D3-D10)*((1+D3)^D5))
13					
14					

图 4－5　运用 Excel 计算两阶段股利增长模型（一）

在该 Excel 表格中，单元格 E12 中的公式是根据式（4－20）设置的，由于式（4－20）非常复杂，因此编写中很容易出现错误。但是一旦正确完成，我们就可以很容易地计算其他假设下的两阶段股利增长模型的结果，如图 4－6 所示。

在上面的例题中，第一阶段的股利增长率都是以固定的速度增长的。在接下来的这个例题中，我们将把这个假设再放宽一些，让第一阶段的股利非固定增长。

例题 4－6： 假设某公司将按照以下计划在未来 5 年的每年年末发放现金股利：

2017 年：2 元；

2018 年：4 元；

	A	B	C	D	E	F	G
1	运用Excel计算两阶段股利增长模型						
2				情景1	情景2	情景3	
3	贴现率		R	12%	15%	20%	…
4							
5	第一阶段	期数	t	5期	10期	15期	…
6		第零期股利	D_0	2元	2元	2元	…
7		第一期股利	D_1	2.4元	3元	2.6元	…
8		股利增长率	g_1	20%	50%	30%	…
9							
10	第二阶段	股利增长率	g_2	5%	2%	6%	…
11							
12	股票估值		P_0	54.72元	337.28元	110.69元	<--=F7/(F3-F8)*(1-((1+F8)/(1+F3))^F5)+(F7*(1+F8)^(F5-1)*(1+F10))/((F3-F10)*((1+F3)^F5))
13							
14							

图 4-6　运用 Excel 计算两阶段股利增长模型（二）

2019 年：6 元；

2020 年：8 元；

2021 年：10 元。

2021 年之后，公司的股利将会以 5%的速度永续增长，贴现率为 12%，请计算该公司股票目前（2017 年年初）的估值。

解：这道例题假设在第一阶段股利非固定增长，我们可以用 Excel 进行快捷的计算，如图 4-7 所示。

	A	B	C	D	E	F
1	运用Excel计算两阶段股利增长模型（第一阶段股利非固定增长）					
2						
3	贴现率	12%				
4						
5		年份	距今期数	股利	贴现值	
6	第一阶段	2017	1期	2.00元	1.785 714元	<--=D6/(1+$B$3)^C6
7		2018	2期	4.00元	3.188 776元	
8		2019	3期	6.00元	4.270 681元	
9		2020	4期	8.00元	5.084 145元	
10		2021	5期	10.00元	5.674 269元	
11						
12	第二阶段	股利增长率	5%			
13		2022	10.5元			
14		2021估值	150元		85.114 03	<--=C14/(1+B3)^C10
15						
16				目前估值	105.117 6	<--=SUM(E6:E14)
17						

图 4-7　运用 Excel 计算两阶段股利增长模型（第一阶段股利非固定增长）

三、非稳定的股利增长模型

在前面的内容中，我们分别学习了固定永续增长模型和两阶段股利增长模型。固定永续增长模型假设股利以单一的增长率增长。两阶段股利增长模型假设股利的增长速度在前后两个阶段有所不同，我们首先讨论了第一阶段和第二阶段中的增长率均固定的情形，随后我们又将第一阶段的增长率调整为非固定增长率。

随着学习的深入，我们在不断地放宽假设。但如果考虑将假设继续放宽呢？比如将股利增长分为三个阶段、四个阶段，或者股利的增长幅度非常不稳定，难以将其划分为几个阶段。这就是我们接下来要讨论的非稳定的股利增长模型。

在前面的模型中，由于股利增长率是固定的［如固定永续增长模型，两阶段股利增长模型第一阶段（固定增长时）和第二阶段］，我们可以运用数学的方式进行化简整理，从而得出一个比较简洁的式子。或者虽然股利增长率不固定（如非固定增长时的两阶段股利增长模型第一阶段），但由于持续时间较短，我们也可以直接进行手工计算。但在非稳定的股利增长模型中，数学推导这种模式并不是总能行得通，手工计算的计算量又显得很大，因此，Excel 会发挥更加重要的作用。我们用一个例题来演示。

例题 4-7： 假设今天是 2017 年 1 月 1 日，某公司正处于扩张阶段，预计五年内将不会发放任何现金股利，而五年后（即 2022 年年末）将会第一次发放股利 5 元，但是股利在未来五年内不会增长。第十一年后，公司股利将高速增长，预计当年将增长 55%，但在十年内会收缩到永续增长 5%，请对该公司的股票进行估值。

解： 这是非稳定的股利增长模型的一个简单例子，公司的股利政策一共可以被分为四个阶段。

第一阶段：2017 年至 2021 年，公司不发放股利。

第二阶段：2022 年至 2026 年，公司每年发放 5 元的股利。

第三阶段：2027 年至 2036 年，2027 年公司股利将比上年增长 55%，之后增长率逐年下降，2036 年股利增长率降为 5%。在这里我们假设增长率呈线性下降①，即将逐年降低 5%。

第四阶段，2037 年以后，公司股利以 5%的增长率永续增长。

我们使用 Excel 进行计算，如图 4-8 所示。

	A	B	C	D	E	F	G	H	I	J
1	非稳定的股利增长模型									
2	贴现率	25%								
3	第一阶段：不发放股利					第二阶段：固定股利				
4	年份	距今时长(年)	股利增长率(%)	现金流入(元)	现值(元)	年份	距今时长(年)	股利增长率(%)	现金流入(元)	现值(元)
5	2018年	1	0	–	0	2023年	6	–	5.00	1.310 72
6	2019年	2	0	–	0	2024年	7	0	5.00	1.048 576
7	2020年	3	0	–	0	2025年	8	0	5.00	0.838 860 8
8	2021年	4	0	–	0	2026年	9	0	5.00	0.671 088 64
9	2022年	5	0	–	0	2027年	10	0	5.00	0.536 870 912
10										
11	第三阶段：高速增长，稳定回落					第四阶段：永续增长				
12	年份	距今时长(年)	股利增长率(%)	现金流入(元)	现值(元)	年份	距今时长(年)	股利增长率(%)	现金流入(元)	现值(元)
13	2028年	11	55	7.75	0.665 719 931	2038年	20	5.0	82.52	4.756 712 993
14	2029年	12	50.0	11.63	0.798 863 917					
15	2030年	13	45.0	16.86	0.926 682 144					
16	2031年	14	40.0	23.60	1.037 884 001					
17	2032年	15	35.0	31.86	1.120 914 721			股票估值	19.099 150 1	
18	2033年	16	30.0	41.42	1.165 751 31					
19	2034年	17	25.0	51.77	1.165 751 31					
20	2035年	18	20.0	62.12	1.119 121 258					
21	2036年	19	15.0	71.44	1.029 591 557					
22	2037年	20	10.0	78.59	0.906 040 57					

图 4-8　非稳定的股利增长模型的计算

---

① 2027 年至 2036 年共十年，股利从增长 55%（2027 年）降到增长 5%（2036 年），因此假设股利增长率每年降低 5%。这种估计方式也被称为 H 模型。

我们讨论非稳定的股利增长模型的目的，实际上是通过这个模型告诉读者，在对公司未来的股利进行估计时，并没有一个必须遵循的范式，我们可以根据自己对宏观经济、行业或者公司自身前景的调研和理解，设计符合自己判断的模型。

四、贴现率是如何确定的?

现在，你可能对贴现率很好奇。因为到目前为止的讨论中，每个模型都需要用到贴现率对未来的现金流进行贴现，但是却没有讨论它是如何被确定的。

贴现率来自资本资产定价模型（CAPM），我们将在后续的章节中详细学习这个模型，在本章只进行简要说明。

基于 CPAM，对股票的合理贴现率可以用下面这个式子进行估计：

$$\text{贴现率}=\text{无风险利率}+\beta\times\text{股票市场风险溢价} \tag{4.21}$$

无风险利率一般用国债的收益率表示，因为一般认为国债投资没有风险，我们总是能拿回本金和政府承诺支付的利息。

而对股票市场进行投资则不同，我们投入股票市场的资金有可能遭受巨大的损失，因此只有当其能够向我们提供更高的收益率时，我们才会进入股票市场。如果不能提供更高的收益率，人们就会直接选择投资国债。股票市场收益率高于国债收益率的这一部分，就是股票市场风险溢价。

β 系数能够衡量一只股票自身的风险，它体现了这只股票的价格对股票市场波动的敏感性。如果股票市场整体上涨了 5%，而某只股票的价格却上涨了 10%，我们就说这只股票的 β 系数是 2；如果这只股票的价格反而下跌了 1%，这说明这只股票的 β 系数为−0.2。

无风险利率、股票市场风险溢价一般都是已知的，我们可以根据一只股票的历史行情数据统计出它的 β 值，这时我们就可以根据 CAPM 计算出针对这只股票的一个合适的贴现率。

例题 4－8：假设国债收益率是 3%，股票市场整体的收益率为 9%，某只股票的 β 值为 1.5，请计算这只股票的合理贴现率。

解：我们首先计算出股票市场风险溢价：

$$\text{股票市场风险溢价}=9\%-3\%=6\%$$

根据 CAPM，这只股票的合理贴现率为：

$$\text{贴现率}=3\%+1.5\times6\%=12\%$$

CAPM 提供的这个贴现率同时也可以被称作必要收益率，为什么这么说呢？我们思考下面这个简单的例子。

有 A、B 两只股票，当前每只股票的价格均为 100 元，根据历史交易数据测得的 β 值均为 1.5，但 A 公司目前每年只能提供给股东每股 9 元的收益，但 B 公司每年可以向股东提供每股 12 元的收益。在这种情况下，投资者显然只会选择购买 B 公司的股票，因为在面临相同的风险时（衡量风险的 β 值是一样的），B 公司股票能够提供更多的收益。如果没有投资者买入 A 公司的股票，其价格将会下降并最终下降到能够提供 12%的收益时为止。①

① 根据这个案例，A 公司股票的价格应下降到 75 元。

五、股利贴现模型的缺陷

我们已经讨论了三个股利贴现模型，即固定永续增长模型、两阶段股利增长模型和非稳定的股利增长模型。每个模型都有自己的优点和缺点：固定永续增长模型给我们提供了一种计算简单的估值方式，但同时我们也不得不承认，固定永续增长通常是一个不切实际的假设；两阶段股利增长模型和非稳定的股利增长模型逐步地放宽了这个假设，但是，这两个模型对于增长率和贴现率的选择仍然是十分敏感的，用本章提供的 Excel 事例来看，增长率和贴现率变动一个百分点，就会导致股票估值发生巨大变化；最重要的是，不论是固定永续增长模型，还是两阶段股利增长模型和非稳定的股利增长模型，对它们的运用都要求公司发放股利。

难道不发放股利的公司，股票的估值就应当为零吗？显然不是，在目前我国的股票市场上，有大量的公司常年不发放股利，但其股票仍然处于活跃的交易之中。为了克服股利贴现模型的这一缺点，我们接下来将学习剩余收益模型和自由现金流模型。

第二节　剩余收益模型

正如前面讨论到的，如果一家公司不发放股利，我们就不能用股利贴现模型对其进行估值。而剩余收益模型规避了股利贴现模型的这一主要缺点，它可以对不发放股利的公司的股票进行估值。

一、剩余收益

假设市场无风险利率为 3%，市场风险溢价为 6%，M 公司股票的每股净资产为 10 元，β 值为 1.5，根据 CAPM 我们可以将这只股票的必要收益率确定为 12%（=3%+1.5×6%）。

股票的净资产代表投资者在这家公司所持有的账面价值。也就是说，投资者今年对 M 公司每股收益的最低要求是 1.2 元（=10 元×12%），如果 M 公司的业绩超过了这一最低要求，我们就称其产生了“剩余收益”。

也就是说，剩余收益是公司的盈利超过必要收益的那一部分。为了像股利贴现模型一样求出一个较为简单的表达式，我们接下来将用数学的方式描述剩余收益。

假设公司每股的账面价值为 B_t，必要收益率为 R，则下一年中每股的必要收益为：

$$\mathrm{REPS}_t = B_{t-1} \times R \tag{4.22}$$

其中实际的每股收益（earning per share，EPS）可以表示为 EPS，剩余收益就是：

$$\mathrm{RI}_t = \mathrm{EPS}_t - \mathrm{REPS}_t = \mathrm{EPS}_t - B_{t-1} \times R \tag{4.23}$$

我们将股票的估值分割成两部分，一部分用于购买股票所代表的净资产；而另一部分用于购买所有的未来剩余收益。即：

$$P_0=B_0+\frac{\mathrm{EPS}_1-B_0\times R}{(1+R)^1}+\frac{\mathrm{EPS}_2-B_1\times R}{(1+R)^2}+\cdots+\frac{\mathrm{EPS}_t-B_{t-1}\times R}{(1+R)^t}+\cdots \tag{4.24}$$

我们对式（4.20）进行分拆可得：

$$P_0=\left[\frac{\mathrm{EPS}_1}{(1+R)^1}+\cdots+\frac{\mathrm{EPS}_t}{(1+R)^t}+\cdots\right]+B_0-\left[\frac{B_0\times R}{(1+R)^1}+\cdots+\frac{B_{t-1}\times R}{(1+R)^t}+\cdots\right] \tag{4.25}$$

我们假设这家公司的 EPS 和 B 都以 g 的增长率永续增长，则可以将上面的式子继续化简为：

$$P_0=\frac{\mathrm{EPS}_1-B_0\times g}{R-g} \tag{4.26}$$

我们发现，当假设公司的 EPS 和 B 都以一个固定的增长率永续增长时，剩余收益模型可以变得非常简洁。剩余收益模型并不要求公司进行现金分红，我们只需要确定该公司每股当前的账面价值 B_0、每股收益 EPS_1、永续增长率 g 和贴现率 R，就可以对其进行估值了。

例题 4-9：假设市场无风险利率为 3%，市场风险溢价为 6%，M 公司股票的每股净资产为 10 元，β 值为 1.5。同时 M 公司下一年的每股收益预计为 2 元，预计其每股收益和每股净资产均以 6%的增长率永续增长。请对 M 公司的股票进行估值。

解：根据 CAPM，我们求出 M 公司股票的必要收益率 R 为：

$R=3\%+1.5\times6\%=12\%$

根据剩余收益模型，我们可以得出 M 公司的股票估值为：

$$P_0=\frac{\mathrm{EPS}_1-B_0\times g}{R-g}=\frac{2-10\times6\%}{12\%-6\%}=23.33\text{（元）}$$

二、剩余收益模型与股利贴现模型

公司净利润的分配有两个方向，一个方向是将盈利作为现金股利发放给投资者，资金从公司流出，被分配给投资者；另一个方向是将盈利留存在公司内部（也就是“留存收益”），并在下一年的生产经营中加以利用。将盈利留存在公司内部时，这部分盈利就成为股票账面价值的一部分，我们可以列出一个等式来描述这种关系：

$$B_1=B_0+\mathrm{EPS}_1-D_1 \tag{4.27}$$

其中，B_0 是当期的股票账面价值，B_1 是下一期的股票账面价值，EPS_1 是下一期期间内的每股盈利，D_1 为每股的现金股利。

我们在前面假设了公司的每股净资产以 g 的增长率永续增长，即 $B_1=B_0\times(1+g)$，因此可以对式（4.27）做一个简单的变形，即：

$$D_1=B_0+\mathrm{EPS}_1-B_1=\mathrm{EPS}_1-B_0\times g \tag{4.28}$$

细心的读者可能已经发现，式（4.28）和剩余收益模型的分子是完全相同的，这就是说，股利贴现模型和剩余收益模型在数学上其实是一致的。

与固定永续增长模型类似，我们在剩余收益模型中做出了永续增长的假设，那么如何估计这个永续增长率呢？我们同样可以仿照固定永续增长模型，采用历史平均的每股收益增长率或者行业平均的每股收益增长率来进行计算。更进一步地，如果认为固定永续增长的假设过于严格，我们还可采用两阶段的每股收益增长模型或者非稳定的每股收益增长模型。

第三节　自由现金流模型

剩余收益模型允许我们对不支付股利的公司进行估值。但它仍然要求公司有正的收益。但事实上，有一些上市公司不支付股利，而且其收益是负的。在这种情况下股利贴现模型和剩余收益模型都不适用了。那么我们如何对这类公司进行估值呢？自由现金流模型将解决这一问题。

一、自由现金流

首先我们需要理解什么是自由现金流。假设 A 公司和 B 公司都是生产液晶显示器的公司，它们在 2017 年年初购买了相同的设备作为固定资产，每年都以相同的成本生产同样数量的液晶显示器并可以完全销售掉。

假设设备的购买成本为 6 000 万元，每个液晶显示器的生产成本为 0.5 万元，售价为 1 万元，两家公司每年均生产 10 000 个液晶显示器。

在编制财务报表时，A 公司和 B 公司选择了不同的折旧政策。A 公司决定采用直线折旧法，每年将设备折旧 2 000 万元，而 B 公司采用年数总和法①进行折旧，第一年到第三年的折旧额分别为 3 000 万元、2 000 万元、1 000 万元。

于是，我们可以分别编制出两家公司各自的财务报表，如表 4－1 所示。

表 4－1　两家公司的财务报表

	A 公司			B 公司		
	2017 年	2018 年	2019 年	2017 年	2018 年	2019 年
收入（万元）	10 000	10 000	10 000	10 000	10 000	10 000
成本（万元）	5 000	5 000	5 000	5 000	5 000	5 000
折旧（万元）	2 000	2 000	2 000	3 000	2 000	1 000
净利润（万元）	3 000	3 000	3 000	2 000	3 000	4 000

通过观察报表中的利润，我们看到两家公司的利润存在较大差异。如果不了解真实状况，我们有可能将 A 公司视为一家稳定经营中的公司，将 B 公司视为一家正在高速增长

① 年数总和法是加速折旧法的一种。

中的公司。但事实上，两家公司的经营状况是完全一致的。

是什么原因导致两家完全相同的公司的利润情况不一致呢？答案是折旧政策。

自由现金流量可以避免类似情况给我们带来困扰。如果不考虑债务以及营运资本的变动，有一个相对简化的公式可以帮助我们获得一家公司的自由现金流：

$$自由现金流=净利润+折旧-资本支出 \tag{4.29}$$

我们仍以A、B两家公司为例，计算其自由现金流，如表4-2所示。

表4-2 两家公司的自由现金流计算

	A公司			B公司		
	2017年	2018年	2019年	2017年	2018年	2019年
收入（万元）	10 000	10 000	10 000	10 000	10 000	10 000
成本（万元）	5 000	5 000	5 000	5 000	5 000	5 000
折旧（万元）	2 000	2 000	2 000	3 000	2 000	1 000
净利润（万元）	3 000	3 000	3 000	2 000	3 000	4 000
自由现金流（万元）	5 000	5 000	5 000	5 000	5 000	5 000

计算自由现金流后，我们会发现这个指标很好地刻画了两个公司的经营业绩：完全一致。事实上，与净利润相比，自由现金流能为我们提供了更多的信息。

如果考虑了债务以及营运资本的变动，真正较为严格规范的自由现金流计算公式为：

$$自由现金流=税息前净利润\times(1-税率)+折旧-资本支出-净营运资本的变动 \tag{4.30}$$

其中的净营运资本=流动资产-流动负债，净营运资本增长，则意味着公司经营占用了更多的现金，从而导致自由现金流下降，反之，净营运资本减少，意味着公司经营占用了更少的现金，因而公司自由现金流上升。

我们在对股票进行估值时，一个基本的原则是股票的价格应当等于未来现金流的现值之和。在股利贴现模型中，我们假设未来现金流为各期股利并将其贴现；在剩余收益模型中，我们将未来现金流假设为剩余收益，将其贴现后再加上当前的每股净资产；而在自由现金流模型中，我们对自由现金流进行贴现，从而对公司进行估值。

二、贴现率的问题

假设我们已经计算出了某家公司的自由现金流，那么现在应该思考贴现率的问题了。在股利贴现模型和剩余收益模型中，我们在知道了市场的无风险利率、股票市场风险溢价和相应股票的β值后，通过CAPM来确定贴现率。在对自由现金流贴现的过程中，我们能比照这个办法来确定贴现率吗？答案是否定的。

因为在股利贴现模型和剩余收益模型中，未来现金流（无论是股利还是剩余收益）都是属于股东的。因此这些现金流的现值是股东持有的资产，也就是股票的价值。在进行贴现时，我们也应当使用股票的必要收益率。

而自由现金流并不仅仅属于股东，它还属于公司的债权人，也就是说，公司的股东和债权人共同分享了公司的自由现金流。因此自由现金流的贴现值是整个公司的价值，它不仅包括权益的价值，还包括负债的价值。在进行贴现时，我们也应当使用资产的必要收益率而非股票的必要收益率。

确定资产的必要收益率有两种方法：一种是先计算资产的 β 值，再根据 CAPM 计算资本的成本。另一种是直接计算加权平均资本成本（weighted average cost of capital, WACC），然后，把自由现金流贴现，再扣除债务的市场价值，就得出了权益的市场价值。这两种方法都需要知道债务（D）和权益（E）占总资产的比例，以及债务的市场价值。

在第一种方法中，我们利用下述公式计算公司总资产的 β 值：

$$\beta_{股权}=\beta_{总资产}\times\left[1+\frac{D}{E}\times(1-t)\right] \tag{4.31}$$

对公式（4.31）进行变换，即可得出公司总资产的 β 值。

在第二种方法中，我们需要计算的加权平均资本成本（WACC）是指以各种资本来源的比例为权重的加权成本，即：

$$\text{WACC}=w_E\times k_E+w_D\times I_D \tag{4.32}$$

式中，$w_E=\frac{E}{E+D}$为权益资本权重；$w_D=\frac{D}{E+D}$为债务资本权重；k_E为权益资本的必要收益率；I_D为债务资本的税后成本。

以加权平均资本成本对公司所有资产所产生的属于全部投资者的现金流贴现就得到了公司价值。

例题 4-10：某基金公司公用事业行业研究员在研究中国南方建设集团公司（简称南方建设）时认为，对于南方建设的企业价值和股权价值使用绝对估值法更加适用。通过一段时间的搜集，他获得了以下关于南方建设的公司自由现金流（FCFF）、股权自由现金流（FCFE）及其增长率的信息，见表 4-3。

表 4-3　南方建设的自由现金流及其增长率

年份	2012	2013	2014	2015	2016	2017
FCFF	100.00	115.00	128.80	140.39	148.82	158.28
增长率（%）	15	12	9	6	3	3
FCFE	80	91.20	101.23	109.33	114.80	118.24
增长率（%）	14	11	8	5	3	3

南方建设从 2018 年开始进入稳定增长期，增长率为 3%。

南方建设的资本结构及资本成本构成为：目标 D/E 为 50%；权益资本成本为 15%；债务资本的税后成本为 6%。

试计算：

(1) 2018 年年初南方建设的股权价值和企业价值。

(2) 2012 年年初南方建设的股权价值和企业价值。

解：(1) 2018 年年初南方建设的股权价值为：

$$\sum_{i=1}^{+\infty}\frac{\mathrm{FCFE}_i}{(1+k)^i}=\frac{\mathrm{FCFE}_{2017}}{k-g}=\frac{118.24}{15\%-3\%}=985.33$$

2018 年年初南方建设的企业价值为：

$$\mathrm{WACC}=w_E\times k+w_D\times I=\frac{2}{3}\times 15\%+\frac{1}{3}\times 6\%=12\%$$

$$\sum_{i=1}^{+\infty}\frac{\mathrm{FCFF}_i}{(1+\mathrm{WACC})^i}=\frac{\mathrm{FCFF}_{2017}}{\mathrm{WACC}-g}=\frac{158.28}{12\%-3\%}=1\ 758.67$$

(2) 2012 年年初南方建设的股权价值为：

$$\begin{aligned}\sum_{i=1}^{+\infty}\frac{\mathrm{FCFE}_i}{(1+k)^i}&=\frac{80}{1+15\%}+\frac{91.2}{(1+15\%)^2}+\frac{101.23}{(1+15\%)^3}+\frac{109.33}{(1+15\%)^4}\\&\quad+\frac{114.8}{(1+15\%)^5}+\frac{985.33}{(1+15\%)^5}\\&=814.55\end{aligned}$$

2012 年年初南方建设的企业价值为：

$$\begin{aligned}\sum_{i=1}^{+\infty}\frac{\mathrm{FCFF}_i}{(1+\mathrm{WACC})^i}&=\frac{100}{1+12\%}+\frac{115}{(1+12\%)^2}+\frac{128.8}{(1+12\%)^3}+\frac{140.39}{(1+12\%)^4}\\&\quad+\frac{148.82}{(1+12\%)^5}+\frac{1\ 758.67}{(1+12\%)^5}\\&=1\ 444.22\end{aligned}$$

第四节 价格比率分析模型

前面三节中的股利贴现模型、剩余收益模型、自由现金流模型一般被称为绝对估值法，这是因为这些估值方法主要依赖于对公司自身情况的分析和估计。而我们接下来要学习的价格比率分析模型则被称为相对估值法。一般来说，处于同一行业的公司由于其业务模式和经营管理模式类似，因此其业务指标和财务指标也具有很强的相似性，价格比率分析（相对估值法）就是利用目标公司与可比公司之间的相似性，来估计目标公司的股票价值。

在利用价格比率分析模型时，我们一般遵循下面这个公式：

$$\text{公司价值}=\text{目标公司的价值驱动因素}\times\text{可比公司的相应乘数} \tag{4.33}$$

公司价值就是我们要估计的每股价值；价值驱动因素就是指实际驱动公司价值增长的变量；而乘数是可比公司的相应比率。

当价值驱动因素是目标公司的每股收益时，乘数就是可比公司的市盈率（即市盈率模型，关于专业术语的含义，我们将在后面进行详细介绍）；当价值驱动因素是目标公司的每股净资产时，乘数就是可比公司的市净率（即市净率模型）；当价值驱动因素是目标公司的每股现金流量时，乘数就是可比公司的价格现金流量比率（即价格现金流量比率模型）；当价值驱动因素是目标公司的每股销售收入时，乘数就是可比公司的价格销售比率

(即价格销售比率模型)。当然，价格比率分析模型并不仅限于这四种模型，我们在这里研究的仅仅是最常用的几种。

一、市盈率

首先我们学习如何使用市盈率对目标公司的股票进行估值，作为价格比率分析模型的代表，市盈率估值法是目前最主流的手段之一。

市盈率就是股票市价与每股收益（或盈利）的比率，即：

$$P/E=\frac{P}{E} \tag{4.34}$$

其中，P 是股票的市场价格，相关数据可以在市场中获得。E 是每股收益，相关数据可以在上市公司的定期报告中获得。P/E 就是股票的市盈率。当我们使用过去一年的收益数据时，得出来的市盈率被称作“静态市盈率”，而当我们将预测的未来一年的收益应用到计算中时，得出来的市盈率被称为“动态市盈率”。

例题 4-11： 经过查阅年报得知，A 公司去年的每股收益是 1 元。经过对 A 公司所在行业公司的仔细筛选，我们选取了 B 公司作为可比公司，原因是这家公司是该行业的龙头企业，A 公司的业务模式和经营管理模式与其都比较类似。经过查询年报，B 公司去年的每股收益是 3 元，其股票的市场交易价格是每股 45 元。试对 A 公司进行估值。

解： 我们首先计算出 B 公司的静态市盈率：

$$P/E_B=\frac{P_B}{E_B}=\frac{45}{3}=15$$

我们并不能将这个市盈率直接应用到对 A 公司的估值上去。因为在一般情况下，B 公司作为该行业的龙头企业，会享有一定的定价权，其抗风险能力较强，更能吸引投资者的目光，而 A 公司却不能享受如此待遇。因此，我们对市盈率做一个合理的降低（比如降低到 12)，然后就可以对 A 公司进行估值了：

$$P/E_A=\frac{P_A}{E_A}=\frac{P_A}{1}=12$$

从上面的计算来看，A 公司股票的合理价位是 12 元。如果当前市场中 A 公司的股票价格为 10 元，则我们认为其被低估了，可以做适当的买入；如果价格为 20 元，我们则认为其被高估了，应当尽快出售。

在上面的案例中，运用市盈率对公司的股票进行估值似乎是一件非常简单的事情：我们只需要查询到公司的每股收益并寻找到一个合适的市盈率，再将两个数字相乘就可以了。但在实际的估值过程中，我们必须谨慎地对待每股收益和市盈率，因为这两个数字并不总是可靠。

对于公司的每股收益来说，虽然上市公司的年度报告都是经会计师事务所审计之后才得以披露的，但是不同的会计政策会对公司的利润指标有较大影响（回想在自由现金流模型中的例子），从而会影响到我们的估值结果。另外，公司在当年采用出售固定资产等手段可以提高其财务报表中的每股收益，但这种盈利水平并不是可持续的，如果我们贸然选择这一年的数据，则不会准确地估计该公司的实际价值。

而对于市盈率来说，选择何等水平的市盈率来对目标公司进行估值是一个见仁见智的问题。我们很难找到一家与目标公司完全一致的可比公司，因此在确定市盈率时，我们往往需要对可比公司的市盈率进行一定的调整（比如在对 A 公司进行估值时，我们将市盈率从 15 调整到 12）。一般来说，公司未来价值的增长速度越高，高增长阶段持续时间越长，则应当选取的市盈率也就越高；行业的不同也会影响市盈率，成熟行业的市盈率一般较低，而新兴行业的市盈率一般较高。对市盈率的调整并没有确定一致的方法，因此必然会带有一定的主观色彩，这也会影响我们估值的准确性。

1. 增长机会对动态市盈率的影响

我们可以把公司价值划分为两个部分：没有增长机会情况下的公司价值以及加上全部增长机会的公司价值。如果一家公司的公司价值不增长，没有新的投资，所有收益都以股利的形式返还给股东，则使用永续年金的公式可以得到无增长机会的公司的价值（V_0），公式如下：

$$V_0=\frac{E_1}{R} \tag{4.35}$$

其中 E_1 是下一期的预期每股收益。这个公式意味着，无增长机会的公司的价值等于下一期每股收益除以必要的净资产收益率。实际价值（v_0）与无增长机会的价值的差异一定来自增长机会的价值。也就是说，以下公式成立：

$$v_0=\frac{E_1}{R}+\text{npvgo} \tag{4.36}$$

其中 npvgo 表示每股未来增长机会的净现值（net present value of growth opportunities）。

如果我们将公式（4.36）的两边同时除以下一期收益（E_1），就可以得到：

$$\frac{v_0}{E_1}=\frac{1}{R}+\frac{\text{npvgo}}{E_1} \tag{4.37}$$

可以看出，当前股价除以预测的下一期收益，即动态市盈率，就是公式（4.37）的左边，只不过它用公司价值替换了股票价格。从动态市盈率的公式（4.37）可以看出，增长机会越大的公司市盈率越高。这表明高增长股票不一定是比低增长股票更好的投资。原因是其增长率已经被估计到股票价格中。如果市场过于乐观，则市盈率将被推得过高。

很多交易软件直接报告所有股票的市盈率，我们可以通过比较市盈率来判断一家公司股票价格的相对高低。如根据同花顺上 2017 年 1 月 4 日的收盘数据计算，在银行板块中，市盈率最低的是农业银行（601288），其市盈率为 4.93；市盈率最高的为江阴银行（002807），其市盈率为 28.68。如果切换到通信设备板块，市盈率最低的是亨通光电（600487），其市盈率为 17.50；市盈率最高的为精伦电子（600355），其市盈率高达 1 295。

我们可以看到，通信设备板块的股票普遍比银行板块的股票“贵”。我们花 28.68 元就可以享受到江阴银行 1 元的盈利，而如果想获得精伦电子 1 元的盈利，我们则需要支付 1 295 元。

同样是享受 1 元的盈利，为什么投资者们还会选择精伦电子呢？这是因为对股票未来的预期不同。市场预期通信板块中的股票在未来将会高速增长，因此在当前愿意支付较高的价格，而投资者对各家上市银行则没有如此良好的预期，相应的支付意愿就比较低。事实上，各种分析报告经常将高市盈率的股票称为“成长股”，将低市盈率的股票称为“价值股”。

2. 增长率对静态市盈率的影响

我们再回忆一下固定永续增长模型的公式，如果我们令公式（4.7）等式两边同时除以当期的盈利，则该公式就会变成：

$$\frac{P_0}{E_0}=\frac{\frac{D_1}{E_0}}{R-g}=\frac{\frac{D_0}{E_0}(1+g)}{R-g} \tag{4.38}$$

公式（4.38）的左边即为静态市盈率，右边分子上为当期的股利发放率乘以1加上增长率，而分母则为股本必要收益率减去增长率。由此可以看出，增长率上升既使分子变大又使分母变小从而使市盈率上升。

二、市净率

另外一种常用的价格比率分析模型是市净率模型。市净率指股票价格与每股净资产之间的比率，即：

$$P/B=\frac{P}{B} \tag{4.39}$$

其中，P 是公司股票的交易价格，相关数据可以在市场中获得；B 是公司的每股净资产，相关数据可以在上市公司的定期报告中获得；P/B 就是市净率。市净率模型经常被用于衡量金融类企业的估值水平。

以江阴银行（002807）为例，其2017年1月4日的市净率为2.27，为什么我们愿意花2.27元购买其1元的净资产呢？多付的那1.27元购买了什么呢？

市净率反映了市场对于上市公司净资产盈利能力的溢价判断。我们可以把我们购买江阴银行股票所支付的资金分成两部分：一部分是1元，用来购买净资产，另一部分是1.27元，用来购买江阴银行未来的剩余收益，即：

$$P/B=\frac{P}{B}=\frac{B+P_{剩余收益}}{B}=1+\frac{P_{剩余收益}}{B} \tag{4.40}$$

这里你可能想到了剩余收益模型。在式（4.40）中，我们将股票的估值分解为当前净资产和剩余收益的现值之和，即：

$$P_0=B_0+\frac{EPS_1-B_0\times R}{(1+R)^1}+\frac{EPS_2-B_1\times R}{(1+R)^2}+\cdots+\frac{EPS_t-B_{t-1}\times R}{(1+R)^t}+\cdots \tag{4.41}$$

我们将方程两边同时除以 B_0，得到：

$$\frac{P_0}{B_0}=1+\frac{\frac{EPS_1-B_0\times R}{(1+R)^1}+\frac{EPS_2-B_1\times R}{(1+R)^2}+\cdots+\frac{EPS_t-B_{t-1}\times R}{(1+R)^t}+\cdots}{B_0} \tag{4.42}$$

例题 4-12： 某投资者在 2018 年 3 月 23 日以每股 30.14 元的价格购买了 1 000 股招商银行（600036）。他还查询了以下数据：

（1）招商银行 2017 年的每股净资产（BVPS）为 17.69 元。

（2）招商银行的理论市净率为 2。

那么，在不考虑交易成本的情况下，该投资行为是否理性？

解： 根据市净率做出投资的决策，方法与市盈率决策法相似，即投资实际市净率低于理论市净率的股票，出售（或在市场允许的条件下做空）市净率高于理论值的股票。

购买招商银行时，其市净率为：

$$\frac{30.14}{17.69}=1.70$$

此数值低于理论市净率 2。

基于其静态市净率水平低于理论值，初步判断招商银行股价低于其理论价值，这一投资从市净率的角度来说是得到支持的。

三、价格现金流量比率

我们对两家生产液晶显示器的公司进行了分析，发现现金流量比利润更能反映出公司的情况。因为它可以排除因采用不同会计政策对盈利的影响和可能存在的对盈利的粉饰。

因此，证券分析师们编制了价格现金流量比率，即：

$$\text{PCF}=\frac{P}{\text{CF}} \tag{4.43}$$

其中，P 为当前每股价格，相关数据可以在市场中获得；CF 为每股现金流量，相关数据可以在上市公司的定期报告中获得；PCF 就是价格现金流量比率。

四、价格销售比率

另一个评价公司绩效的指标是价格销售比率。他是公司当前的股票价格除以每股年销售收入，即：

$$\text{PS}=\frac{P}{S} \tag{4.44}$$

其中，P 为当前每股价格，相关数据可以在市场中获得；S 为每股销售额，相关数据可以在上市公司的定期报告中获得；PS 就是价格销售比率。

关键术语

绝对估值法	相对估值法	加权平均资本成本	市盈率
市净率	股利贴现模型	自由现金流贴现模型	

习　题

1. 简述上市公司及其股票估值的主要方法。

2. 比较相对估值法和绝对估值法的特点。

3. 张强在对某上市公司做估值分析的时候，对该公司的自由现金流做出了以下预测，见表 4-4。

表 4-4　某公司的自由现金流预测表

	2013 年	2014 年	2015 年	2016 年	2017 年	2018 年
FCFF	100.00	110.00	119.90	129.49	138.56	146.87
FCFE	60.00	67.20	74.59	82.05	87.79	93.06

张强认为，从 2018 年开始该公司的自由现金流将开始稳定增长，增长率为 5%。通过进一步研究，张强又获得了以下数据：

（1）该公司的目标资产负债率为 33.33%。

（2）该公司的税后债务成本为 6%。

（3）该公司的 β 系数为 1.3。

（4）该公司的市场预期收益率为 10%。

（5）该公司的无风险收益率为 4%。

试计算该公司 2012 年的股权价值及公司价值。

4. 假设上题中的 FCFE 就是公司的净利润，且公司的股本为 100 股，请结合股利贴现模型计算该公司的理论股价。同时，假设市场是有效的，在不考虑交易成本的情况下，该公司 2012 年交易价格的动态市盈率为多少？如果该公司的市净率为 5，那么该公司的每股净资产又是多少？

第五章

有效市场、行为金融与投资策略选择

【本章要点】

- 有效市场理论的定义与分类
- 内在价值与信息的关系
- 套利及其与有效市场理论的关系
- 市场有效性检验与市场异象
- 行为金融：认知偏差与情绪偏差的具体表现
- 市场未达到弱式有效时的技术分析方法
- 市场达到半强式有效时的指数化投资方法
- 如何根据投资者的行为偏差进行投资组合的修正

学习或者接触过投资学的同学常常会立下雄心壮志：一定要在股票市场上大显身手。但是在我们赚得丰厚利润之前我们需要问自己这样一个问题：天下没有免费的午餐，我需要拥有什么样的独特优势或者拥有何种独特能力，才能获得超额收益？当然我们需要界定何为超额收益。正如我们在第四章学习到的估值公式，我们用来对股利或者现金流量进行贴现的贴现率是承担一定风险的必要收益率。如果我们获得的收益超过了对我们承担风险的补偿，超过的部分才能被称作超额收益。因此我们在本章关注的是：作为投资者，我们是否能够获得超出我们承担风险必要补偿的超额收益率?

对于投资基金公司等机构投资者而言，创设主动投资管理的基金产品的原因就是这些基金公司判断证券投资市场有可能出现价格偏离价值的情况，从而通过主动研究证券价格取得超额收益。

例如，华夏基金在业内最早提出了“研究创造价值”的投资理念，以卓越的主动投资管理为核心，建立了业内最大的投研团队之一，通过宏观趋势判断、策略研究以及实地调研，审视每一个投资标的的基本面及投资潜力，力求为投资者提供长期的、稳定的投资收益。①

创造价值和主动投资管理都表明该机构认为自己的努力有可能获得超额收益。

---

① 资料来源：华夏基金的公司简介，见华夏基金网站，http://www.chinaamc.com/guanyu/jianjie/index.shtml。

华夏大盘精选混合（000011）在基金概况的投资策略部分提到：本基金主要采取“自下而上”的个股精选策略，根据细致的财务分析和深入的上市公司调研，精选出业绩增长前景良好且被市场相对低估的个股进行集中投资。①

当然这只是投资基金的主观愿望。主动投资是否真的创造超额收益也是本章要讨论的问题。

对于公司融资而言，如果市场效率程度随时间发生变化，那么筹资公司有可能在股价被高估时增加发行证券，而在股价被低估时减少发行甚至回购证券。对于监管机构而言，采取各种规则提高市场信息透明度从而提高市场效率显然是其最重要的职责之一。而证券价格的效率高低又直接影响资金在不同质量的公司之间的配置并最终影响资源在整个经济体的配置效率。

第一节 有效市场理论

为什么投资者有可能获得超额收益？一种可能是你比其他投资者能够更早地获得信息，因此能够抢先行动。但是在信息在全球范围内几乎没有时滞地自由流动的情况下，除非你抢先获得内幕信息（违法行为），否则不可能拥有时间优势。另外一种可能是你拥有比其他人更多的信息，使你对股票市场或者某几只股票能够运用更多的信息进行分析；或者虽然你和其他投资者拥有相同的信息，但是你拥有更强大的洞察力和更精准的估值模型与估值能力，能够进行更加准确的定价。

有多大的概率你可能会拥有比金融市场其他投资者更多的信息或者更强的分析能力呢？对这个概率的判断将直接影响你对投资方法的选择。因为概率高的话，你也许会从此开启辉煌的投资生涯。

一、市场有效性的定义与分类

（一）内在价值与信息

内在价值（intrinsic value）是指一个资产应当值多少。市场价格是指市场认为该资产值多少，而有效性就是关于价格与价值的比较。从最严格的观点出发，若对于所有资产，其内在价值与价格相等，则市场有效性（market efficiency）或有效市场假说（efficient markets hypothesis，EMH）成立。

然而，只有做出一些相当严格的假设，这个观点才可能成立，特别地，需要假设信息是无成本的，并且所有的投资者都能够及时获取信息。

为什么在这个条件下价格与价值相等？如果某公司以5%的稳定增长率成长，当前每股股利是1元，投资者对股票要求的收益率是20%，投资者的观点一致，并无争议，那么股票的内在价值是多少？假定所有的假设均成立，利用第四章中的固定永续增长模型计算

① 资料来源：华夏大盘精选混合基金概况资料，见华夏基金网站，http://www.chinaamc.com/fund/000011/jijingaikuang.shtml#dingweiDIV。

可得其内在价值为 7 元，然而这与价格相等吗？

如果信息没有成本并且可以及时获取，那么所有人都应当认同这个价值。因为信息集的一部分仅仅是怎样处理可用的原始数据，所以，既然投资者处理信息的方式相同，那么根据上述的要求收益率、增长率等，投资者应当估计得到相同的内在价值（7 元）。如果价格低于此内在价值，那么需求会无穷大，如果价格高于此内在价值，那么供给会无穷大，因此，只有价格等于投资者对内在价值的估计值，市场价格才会稳定。综上所述，如果市场有效，那么内在价值必须等于价格，并且价格包含了所有的相关信息。

为什么现实中观察到的价格在不断变化呢？事实上，变化的价格完全体现了市场有效性。价格随着投资者主观认可的价值变化而变化，而投资者主观认可的价值随着相关环境的变化而变化，或随着信息集合的扩大而变化。为了更好地阐述这一点，回到上面的例子，假设初始的期望增长率是 5%，然而随着经济和产业状况的变化，投资者将他们的期望增长率调整为 4%，再强调一次，此处假设投资者观点一致，并无争议。那么其内在价值会如何变化？其价值将立刻下降至 6.5 元，如果不是这样，那么将会出现套利机会，即卖空被高估的资产。[①] 如果情况相反，投资者将他们的期望增长率上调至 5.88%，那么其价值将立刻上升为 7.50 元。

新信息是指不可预知的信息，如果某件事情事先被市场预料到，那么从金融学的角度看，这就不能被称为新信息，从而市场对此也不应当有所反应。例如，央行宣布将利率提高 25 个基点（0.25%），而市场在此之前已经预料到，那么在宣布日市场就不应当受到影响。

价格变化是随机的、无法预料的，因为它只对不可预知、随机发生的新信息产生反应。正因如此，价格被认为服从随机游走（random walk），这个称呼来源于如果一个随机变量是不可预测的，在统计上它被认为是以“随机”的方式移动（走动）。

（二）有效市场的类型

有效市场的三种类型，弱式有效（weak-form efficient）、半强式有效（semi-strong-form efficient ）、强式有效（strong-form efficient），正是根据市场价格反映了哪一个信息集合进行区分的。在弱式有效市场中，市场价格已充分反映所有过去历史的证券价格信息，包括股票的成交价、成交量等所有交易信息；在半强式有效市场中，价格已充分反映所有已公开的有关公司营运前景的信息，包括成交价、成交量、盈利数据、盈利预测值、公司管理状况及其他公开披露的财务信息等；在强式有效市场中，价格已充分地反映了所有关于公司营运的信息，这些信息包括已公开的或内部的未公开的信息。我们在图 5－1 中表达了三种类型的有效市场所反映的信息集合的差异。

（三）不同类型的有效市场下适用的投资分析方法

技术分析（technical analysis）试图利用过去的价格和收益来获取超额收益。如果市场是弱式有效的，那么这些技术分析都是不可能产生超额收益的。基本面分析（fundamental analysis）认为利用所有公开可得的信息可以获取超额收益。如果市场是半强式有效的，那么基本面分析应当也是不产生超额收益的。市场一旦达到强式有效的条件，此时

---

① 卖空是指卖空者原先并不持有资产，而是卖空者向另一个交易者借入资产，到期后卖空者通过向第三个交易者买入资产还给之前的交易者。如果资产价格下跌，那么卖空者可以获得收益。

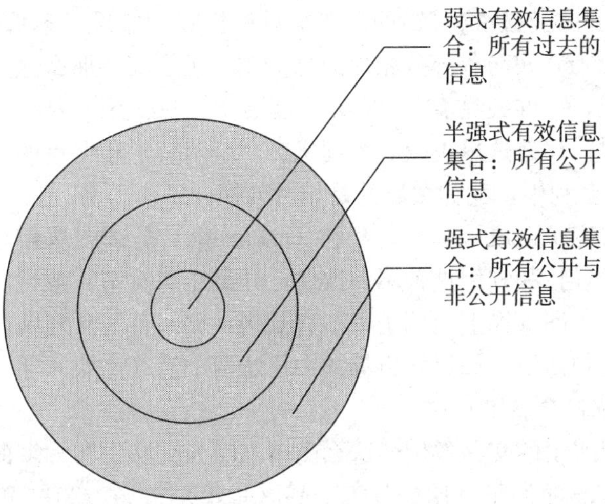

图 5-1　不同类型有效市场反映的信息集合

挖掘任何公开或者不公开的信息都无法获得超额收益，因此投资者只能选择进行指数化投资。市场有效性分类、信息集合与适用的投资分析方法如表 5-1 所示。

表 5-1　市场有效性分类、信息集合与适用的投资分析方法

类别	信息集合	投资分析方法
弱式有效	过去的价格和收益	达到弱式有效后，技术分析将失效
半强式有效	以上信息和所有其他公开可得信息	达到半强式有效后，基本面分析将失效
强式有效	以上信息和所有非公开信息	达到强式有效后，只能进行指数化投资

市场有效性检验的结论是什么？最早的在 20 世纪 60 年代的检验极力支持市场是有效的。例如，即使公司宣布毫无预期的高收益，投资者也不能从中获取超额收益，尽管股价确实会因此上涨，但当新的投资者买入股票时，已经为时已晚，无法获得超额收益。

二、套利与有效市场理论

（一）套利

本节首先介绍套利的定义，然后讨论为什么套利在投资学中是一个很重要的概念。考虑下面这个金融学以外的套利情况。假设所有裤子都是完全相同的，所有夹克也都是完全相同的，一条裤子卖 50 元，一件夹克卖 100 元，将它们合在一起作为套装，如果套装卖 200 元呢？假设没有交易费用和个人买卖衣服的议价能力。此时出现一个套利机会，先买一条裤子（50 元）和一件夹克（100 元），然后再将其作为套装（200 元）卖掉，赚取 50 元的收益。如果套装卖 125 元，则可以先买套装，然后分别卖掉裤子和夹克，赚取 25 元的收益。在以上两种情况中，套装的价格与裤子和夹克相加的总价不一致导致了套利机会的出现。

换句话说，套装的相对价格是错的。那绝对价格呢？如果一条裤子卖 50 元，一件夹克卖 100 元，套装卖 150 元与各部分相加的总价 150 元一致，那么这里没有套利机会。如果一条裤子卖 500 元，一件夹克卖 1 000 元，套装卖 1 500 元，套装的价格同样也与其各部分相加的总价一致，那么这里也没有套利机会。至于裤子和夹克的绝对价格是否合理则是另一个问题。① 在套利中，我们关心的是相对价格。

相对价格的错误定价造成了套利。套利（arbitrage）是试图从相对价格的不一致性中获利的行为。套利者寻找和利用这种不一致性，并最终消除不一致性。事实上，相对价格会改变直到正确为止，即（在上面例子中）直到 $A+B=C$，因为只有这个等式成立，套利机会才会消失。换句话说，如果知道等式中任意两个值（比如 A 和 C）意味着知道第三个值（B），那么套利机会就不存在。

没有人会指望现实中的交易像例子这么简单，因为交易中有太多的变化和阻碍。现在考虑一个来自金融市场的例子，比如外汇交易（货币）市场。2011 年 11 月，加拿大元、美元和欧元之间的汇率如表 5-2 所示，加拿大元兑换美元有两种方式，直接以汇率 x 兑换，或以欧元作为中间货币进行间接兑换。间接兑换的方式如下，首先以 0.721 8 的汇率将加拿大元兑换成欧元，再以 1.352 9 的汇率将欧元兑换成美元，这种间接兑换的汇率是 $0.7218\times1.3529=0.9765$，这个值应该和 x 几乎相等。② 事实上，汇率报价确实如此，否则，就存在套利机会。具体来说，如果美元/加拿大元的汇率低于 0.976 5 会发生什么？这可以创造一个赚钱机器，投资者先借 1 加拿大元，兑换成 0.721 8 欧元，再兑换为 0.976 5 美元，由于美元/加拿大元的汇率低于 0.976 5，那么最终可以兑换多于 1 加拿大元。想象一个三角形，每个顶点代表一种货币，以上的兑换过程即环绕三角形一周，从 1 加拿大元开始以多于 1 加拿大元结束，这个过程名为三角套利（triangular arbitrage）。③ 当然，任何一个交易都可以扩大至百万级，这样套利赚得更多，然而，这在实际中并没有发生，也就意味着货币市场中的定价使得三角套利不可能（如果可能，也是仅有几秒）。在这个例子中，应该满足的关系是 $A\times B=C$，同样地，如果知道等式中任意两个值（比如 B 和 C），则知道第三个值（比如 A）。

表 5-2　三种外汇的兑换汇率

货币	汇率
美元/欧元	1.352 9
欧元/加拿大元	0.721 8
美元/加拿大元	x

资料来源：ca. finance. yahoo. com（2011 年 11 月 9 日）。

（二）市场有效性的三个前提

理论上，市场有效性有三个前提，即投资者理性，错误不相关，以及套利无限制。如果三个都成立，则市场就是有效的，如果其中一个不成立，那么市场有效性就有待质疑。市场

---

① 这是微观经济学讨论的问题（涉及成本和厂商间的竞争）。

② 因为交易成本，x 可以略微不同于另外两个汇率的乘积。

③ 因为交易过程可能只有短短的几秒，所以此处投资者需要支付的借款利息几乎为 0。

有效性的第一个前提是投资者理性，具体来说是所有投资者一直保持理性，然而实际中很多现象与此相悖。例如，大多数人会基于道听途说、似是而非的消息做出投资决策。① 第二个前提是错误不相关。错误相关意味着同一时间许多人在犯同一个错误，这点会引发社会性的非理性投资行为。几个投资者之间的交易可能源于邻居、朋友或合作者提供的谣言②，从而同一个错误被接连复制，即错误是相关的。另一个方面，如果非理性交易者的行为总是随机的，那么就没有必要担心市场的有效性（即价格的正确性），因为非理性交易会相互抵消。第三个前提是套利无限制。如果套利无限制，则市场有效性成立。

在上面的例子中，股票开始的售价为7元，随着新信息的加入，股票被重新估值为6.5元，如果股价没有调整至6.5元（即价格是错误的），那么套利者会如何从中获利？相对价格中是否存在不平衡？答案并非显而易见，解决这个问题的思路是先找一个替代资产，即一个与错误定价资产尽可能相似的资产。例如，如果投资者认为福特的股票被低估了，那么投资者可以买入该股票同时卖空美国通用汽车的股票（替代资产），又或者投资者认为福特的股票被高估了，那么可以买入美国通用汽车的股票同时卖空福特的股票，这样套利者就可以从中获利。然而，错误的价格可能会变得更加错误，特别是在短期内，套利的价差未必会马上回归合理区间，反而有可能继续扩大，这就是套利存在限制的原因。

（三）一个更实际的市场有效性的定义

基于最严格的定义（价值与价格永远一致）的市场有效性会导致内部矛盾。首先假设这种市场有效性成立，即价格永远等于价值，由于价格反映了所有的信息，信息收集和信息分析的工作将不再具有价值，并且没有人有动机和能力去发现被错误定价的资产。

这里面的关键的假设——分析是无成本的——显然是不准确的，因此先从放宽这个假设开始。如果分析是有成本的，并且股价及时反映了所有相关的已知信息，那为什么还需要进行股价分析？然而，若不进行股价分析，股价又如何调整至正确的价格？股价如何能总是反映所有已知的相关信息？这里出现了一个明显的悖论。

存在这样一种方法帮助我们理解这个悖论，我们可以用一个简单的故事来解释。假设有两种投资者：分析股票的投资者（A组）和不分析股票的投资者（N组）。在投资期间，投资者可以无成本地改变策略，即从一个组转换到另一个组。

加入某一组的好处和坏处分别是什么？成为A组成员的坏处很明显，即分析是有成本的，至少需要花费时间。如果投资者没有时间也不喜欢分析，那么他可以雇其他人进行分析，但仍需要支付酬劳。除非分析具有好处，否则任何人都没有理由加入A组。一个合理的好处是，那些进行分析的投资者将会比那些不进行分析的投资者获得更高的平均总收益，这里的总收益（gross returns）是指扣除相关的成本之前的收益，而净收益（net returns）则是指扣除成本之后的收益。这些多出的总收益源于他们有时和N组中的投资者进行的交易，因为N组中的投资者不分析股票，无法辨别被低估的股票和被高估的股票。这些"无知的"投资者（即N组中的投资者）越多，A组中投资者获得的总收益理应越高。

分析股票既有附加成本又有附加好处，那么投资者应当采用哪一个策略？换句话说，

① Black，F. Noise. Journal of finance，1986，41：529-543. 作者在文中写道："人们有时按照通常的方式基于信息进行交易，并期望从中获得收益，这是正确的。然而，人们有时会误认为噪声是信息从而依据噪声进行交易，并期望从中获得收益，这是错误的。"

② Shiller，R. J. Stock prices and social dynamics. Brooking papers on economic activity，1984，2：457-498.

投资者应当付出分析成本以获得更高的收益还是应随机挑选股票？显然，投资者应当采用期望净收益更高的策略。假设以上两个策略中的一个策略能够提供更高的净收益，那么市场就不再处于均衡，因为一些投资者会意识到这点并转向采用净收益更高的策略。例如，假设分析股票是更好的策略，那么随着投资者转向采用这一策略，A组人数增加，他们在交易中的对手也越有可能是分析股票的投资者。这意味着分析股票带来的好处将会减少，即基于分析股票的总收益将会下降，也就是说分析股票带来的期望净收益也会减少。事实上，这个过程必将持续下去直到没有一个策略优于另一个策略。

上述讨论的结论是什么呢？首先，唯一稳定的市场情况是分析股票和不分析股票的投资者的期望净收益相同，即分析和不分析的策略对投资者是无差异的。其次，在市场均衡时，尽管一些投资者会选择分析而另一些不会，但改变策略并不会有好处（也没有坏处）。相对于不分析，分析带来的额外总收益会被其额外的分析成本正好抵消。考虑到市场是动态的，分析投资者的存在促使价格接近价值，但并不能说价格在每个时点总是正好等于价值。这个故事也告诉我们，市场可能有被错误定价的资产在等待愿意付出分析成本的人去发现。

例题5-1： 根据之前的模型，如果知情者必须为信息获取支付成本，而其净收益却不如非知情者，会发生什么？

解： 越来越少的投资者会选择知情。一段时间后，选择知情的净收益将会增加，直到与不知情的净收益相同。

这个故事或许可以拓展到实际生活中。分析虽然可以增加总收益，但在市场均衡时，那些额外的收益应当正好被额外的成本抵消。① 以下是一个更加实际的市场有效性的定义。

如果没有投资者能够利用所有相关信息获取超额收益（超额收益是指扣除所有涉及的成本后的收益），那么资本市场是有效的。对于超额收益，首先要进行风险调整，其次要扣除成本，包括交易成本和分析成本。

三、有效市场检验

（一）两个案例

我们先来考察荷兰皇家公司股票和壳牌公司股票，以及Palm公司股票和3Com公司股票两个著名的案例，以此来观察市场是总是有效的还是仍然存在套利机会。

总部位于荷兰的荷兰皇家公司和总部位于英国的壳牌公司曾经是两个完全不同的公司，它们从1907年开始合并，但并没有完全合并，而是使用所谓的双重上市公司结构。荷兰皇家公司和壳牌公司合并所有的运营，并分别掌握60%和40%的所有子公司的所有权②，所有的税后现金流，包括股息支付，以60∶40的比例进行分割③，尽管所有股东都

① 经济学中，完全竞争理论认为扣除所有成本后利润为零。

② 荷兰皇家公司和壳牌公司在2004年宣布完全合并（2005年一直实施），这其中的部分原因就是股价的持续偏差。De Jong，A.，Rosenthal，L.，Van Dijk，M. A. The limits of arbitrage：evidence from dual-listed companies. Working paper，2005.

③ 其他一些双重上市公司的著名案例有史克必成公司（由美国的史克公司和英国的必成公司合并而成）、联合利华NV/PLC公司（由荷兰Margarine Unie人造奶油公司和英国Lever Brothers香皂公司合并而成）。

知晓这点，但令人惊讶的是荷兰皇家公司与壳牌公司的股价之比往往与这个比例并不相等，不仅如此，有学者发现股价之比会持续地偏离且偏离度高达35%。①

第二个案例是2000年3月2日，3Com公司在其子公司Palm公司首次公开发行（IPO）时出售其5%的股权。IPO之前，3Com公司曾宣布，在不久的将来会将剩余95%的股权分给3Com公司的现有股东，分配比例约为1.5股Palm公司股票：1股3Com公司股票。IPO之后，出现了两种购买Palm公司股票的方式：直接购买Palm公司股票，或者通过购买3Com公司股票间接购买Palm公司股票。因为每股3Com公司股票等同于1.5股的Palm公司股票，因而3Com公司股价应该至少是Palm公司股价的1.5倍，这里说"至少"是因为3Com公司的其他业务有一定的剩余价值。然而，IPO之后发生的实际情况是相当令人惊讶的，Palm公司股票上市交易的第一天，其股价就达到了每股95.06美元，与此同时，3Com公司股价下跌至每股81.81美元。将所有的发行股票纳入计算，得到其他业务的隐含剩余价值是－220亿美元，难以置信的是这样的错误定价持续了几个月。

有趣的是，这两个案例都涉及知名的大公司和错误定价，而且这样的错误定价显而易见，并且持续了相当长的一段时间。这两个案例很特殊，因为在其他大多数情况下价格的对错是无法判断的。事实上，套利原则只允许投资者在相对价格间进行套利。投资者有机会发现市场相对价格不总是对的，并存在套利机会。

学者对此进行了讨论，为什么错误定价会如此严重，以至于导致了上述两个案例的存在。各种解释大多以套利限制（limits to arbitrage）作为理由。② 简而言之，套利者承担着错误定价在短期内变得更加错误的风险。他们面临的财富约束和职业忧虑越大（因为他们代理投资者管理资产，如果投资者看到短期亏损，可能会终止代理业务），他们就越不愿意或无法改变价格，使其回到他们认可的价位。③

（二）市场有效性检验与异象

检验市场有效性主要有两种方法。第一种方法是关注受专业管理的资金，判断扣除所有成本（包括管理成本）后它们是否还有超额收益，例如养老基金和共同基金。

多数研究结果表明共同基金以及养老基金的净收益在平均水平上不能打败大盘。④

中国的股票型基金表现如何？图5-2给出了答案，在11年（2006—2016年）的检验期中有四年，扣除费用后的基金平均收益低于大盘收益，而另外七年则相反，其中2011年、2012年、2016年的基金收益与大盘基本一致。整个样本期内，基金的净收益平均每月低于大盘0.004%，基本和大盘的净收益持平。中国股票型基金的管理费用一般为1.5%，这说明基金经理的分析和投资带来了收益，并且收益基本可以弥补投资者支付给

---

① Dabora, E. M., Froot, K. A. How are stock prices affected by the location of trade? Journal of financial economics, 1999, 53: 189-216.

② Shleifer, A., Vishny, R. The limits of arbitrage. Journal of finance, 1997, 52: 35-55.

③ 套利者面临的另一个阻碍是很难卖空股票（卖空者从股价下跌中获利），这在Palm/3Com的案例中是个严重的问题。Lamont, O. A., Thaler, R. H. Can the market add and subtract? Mispricing in tech stock carve-outs. Journal of political economy, 2003, 111: 227-268.

④ 两个分别针对美国和加拿大的研究是Malkiel, B. G. Returns from investing in equity mutual funds 1971 to 1991. Journal of finance, 1995, 50: 549-572. Deaves, R. Data-conditioning biases, performance, persistence and flows: The case of Canadian equity funds. Journal of banking and finance, 2004, 28: 673-694.

基金经理的费用。要注意的一点是这些收益只是平均收益，并非是用 CAMP 进行风险调整后的超额收益。因此，从图 5-2 的数据看，中国股票型基金的表现并没有显著支持中国市场是效率市场。

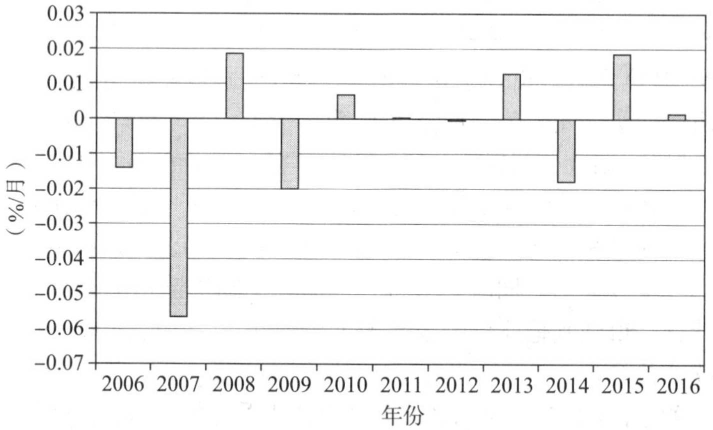

图 5-2　中国股票型基金的表现（2006—2016 年）

第二种方法则更加简洁。根据股票收益的历史数据，判断利用所有投资者都知道的公开信息是否可以获取超额收益。因为利用所有信息检验有效市场假说是不可能的，所以只能利用部分信息进行检验。

然而，自 20 世纪 80 年代初期以来，越来越多的实证研究开始质疑市场有效性。这些研究发现投资者可以采取简单的策略获取超额收益。异象（anomalies）是指难以被标准风险调整模型所解释的数据模式和套利机会。两个著名且稳健的异象表明，投资者应当买入低市净率或低市盈率的公司股票（价值溢价），买入中期（3～12 个月）市场表现强势的公司股票（动量效应）。

1. 收益的长期反转与中期惯性现象

邦特（Bondt）和塞勒（Thaler）在 1985 年的一篇论文中，将 1926—1982 年间美国股市中的股票，按照前 3 年表现最好与最坏的公司分别进行组合，然后计算这些组合 5 年之后的平均收益。他们发现前 3 年表现好的股票组合的平均收益低于前 3 年表现不好的股票组合的平均收益，即长期而言，股票的历史累计收益与未来的长期收益负相关，投资者可以进行相应的投资组合获得超额收益，这种现象被称为股票收益的“长期反转”。

“中期惯性”或“收益动能”是杰格迪什（Jegadeesh）和泰特曼（Titman）在 1993 年的一篇论文中提出的。他们发现：平均而言，过去 3～12 个月赚钱的股票组合在随后的 3～12 个月仍然表现较好，这就是所谓的“中期惯性”或“收益动能”现象。不论是“长期反转”还是“中期惯性”，都说明投资者按照这种投资策略能够获得超额收益。

2. 期间效应

实证研究表明，在很多国家的股票市场中，如美国和中国，股票在星期一的收益率为负值的概率明显高于为正值的概率，而股票在星期五的收益率明显高于其他交易日。另外，还有一些研究表明，一年之中 1 月份的股票收益率相对其他月份而言是最高的。这些现象被统称为期间效应。

3. 收益率的过度波动

希勒（Shiller，1981）等人对标准普尔500指数在1871—1979年的收益率波动性进行了测试，发现无论是以股票收益率还是以价格—红利比衡量，股票价格的波动性都过于激烈，呈现出“过度波动”现象。按照有效市场假说，所有的信息均应反映在股票价格之中，只有新的信息出现才会导致股票价格变化，而投资者的理性预期不可能导致如此剧烈的波动，因此有效市场假说无法解释“过度波动”现象。

4. 封闭式基金折价

封闭式基金是一种到期可以赎回，但是平时只能在二级市场进行交易的基金。因此，从理论上说，每份基金的价格应该等于基金的净资产现值。但是，现实情况并不如此。在美国证券市场中，封闭式基金刚上市时，其基金价格高于净资产现值，经过一段时间后，其交易价格又低于净资产现值，并且直到封闭期满后，其与净资产现值的差距才会缩小或消失，这种现象被称为封闭式基金折价。

除了上述几种较为常见的“市场异象”之外，还有一些现象，如投资者过度交易现象、羊群效应、红利效应等诸多的“市场异象”都是有效市场假说和现代资产定价理论所无法解释的。虽然经典金融学家面对这些“市场异象”时，仍然在投资者理性的框架内提出了不同的模型，如放宽完美市场的假设，加入交易成本，又如，改变风险的衡量方式，用资产收益的偏斜度来代替方差，等等，但是这些改进都不能完全有效地解释众多的“市场异象”。行为金融学家则试图从另一个角度进行突破，包括放弃理性人假设，从投资者的心理行为出发，得到基于投资者不同心理行为的资产定价模型，并以此对市场中的各种“异象”进行解释。

第二节　行为金融

正如本章第一节所讨论的，有效市场假说建立在一个重要假设，即投资者的完全理性的基础上。完全理性意味着理想投资决策者拥有近乎无穷的大脑容量，考虑所有的相关信息，并在当前情形下做出最优决策。然而，大量研究表明现实却是另一番景象，即典型的决策者与理想状态相距甚远。

限于精力，多数投资者仅能同时关注某些特定信息，这导致某些人在某些时刻忘记考虑重要的相关信息。[①] 诸多人类的行为倾向也会干扰理性决策，最为明显的便是过度自信和过度反应。最初，心理学研究发现大量关于人类多数时间是过度自信的证据，即人们往往认为自己的技能或知识高于自身的实际水平。[②] 证据显示，过度自信的投资者往往过度频繁交易，过度自信的企业家更倾向于创业。

人类也容易受情绪支配，情绪也会引起人们在金融决策中出现偏差，由此产生的对金

① 而且我们的注意力都是有限的。拖延症和不为任务做合适的准备的毛病也是普遍存在的。

② 参见 Barber，B.，Odean，T. The courage of misguided convictions. Financial analysts journal（行为金融学特辑），1999：41-55。

融市场的研究已成为金融学的新兴分支——行为金融。

所有的投资者行为偏差可以被大致分为两类：一类是认知偏差，即认知原因导致的偏差；另一类是情绪偏差，即情绪原因导致的偏差。认知偏差是在某些特定情况下，特别是信息过多、信息意义不明确、大脑没有充分时间做出反应以及大脑容量有限的情况下，特定的思考、行为倾向，导致理性或判断产生的系统性偏误。既然认知偏差主要是源于投资者信息处理"技术"产生的问题，那么它相对于情绪偏差而言就更容易识别并在一定程度上更容易被纠正。例如有针对性地收集更多更全面的信息。而情绪偏差则是源于投资者进行决策时的冲动或直觉，而不是源于推理过程，因而更加难以纠正。投资者在面对情绪偏差时的最优决策是尽可能识别情绪偏差并接受、适应情绪偏差，最终做出适度调整以减轻其影响，但不可能完全纠正情绪偏差。

一、认知偏差

认知偏差又可以进一步区分为两类：一类是信念固着，指投资者一旦对某种股价变动规律建立了某种信念，尤其是为它建立了一个理论支持体系，那么新的信息和证据就很难打破投资者的固有看法，即使出现完全相反的证据与信息，他们也往往选择视而不见；另一类是信息处理偏差。

（一）信念固着

信念固着的发生多是因为投资者接受到的新信息与其固有信念存在矛盾，投资者为了解决这一矛盾因而选择性地只关注与其固有信念一致的信息，而忽略不一致的信息。

1. 保守性偏差

投资者倾向于对新信息给予较低权重而给予原有观念过高权重。倾向保守中庸，低估高价值高概率的事件而高估低价值小概率事件。保守性偏差会造成投资者对新信息的反应不充分，认为股票收益等新信息的变化只是一种暂时现象，未根据收益的变化充分及时地调整对未来收益的预期，当后来的实际收益与先前的预期不符时，投资者才进行调整，导致其反应不足。

2. 确认偏差

投资者选择性地回忆、搜集有利细节，忽略不利或矛盾的信息，来支持自己已有的观念和想法。投资者甚至有可能在投资决策过程中创建专门的信息筛选规则，以对和自己已有观念相矛盾的信息进行剔除。确认偏差有可能造成投资者的投资组合分散化程度不足，因为投资者很有可能忽略与其重仓持有的股票相关的负面信息。

3. 表征性偏差

表征性偏差是指这样一种认知倾向，即人们喜欢把事物分为几个典型的类别，然后在对事件进行概率估计时，过分强调这种典型类别的重要性，而不顾有关其他潜在可能性的证据。例如很多人认为抛一枚均匀硬币，如果开头五次的结果都是正面，那么第六次有很大可能是反面，因为这个结果比较正常（令整体结果较接近 1/2 正和 1/2 反）。事实上，每次抛硬币的结果都是独立的，不论之前的结果如何，下次的结果都是 1/2 正和 1/2 反。表征性偏差的后果势必使人们倾向于在实际上是随机的数据序列中"洞察"到某种模式，从而造成系统性的预测偏差。例如大多数投资者坚信"好公司"的股票就是"好股票"，这就是一种表征性偏差。这种认知偏差的产生是由于投资者误把“好公司”的股票混同于“好股票”。其实，好公司的股票价格过高时就成了“坏股票”，坏公司的股票价格过低时也就成了“好股票”。

4. 控制错觉偏差

控制错觉偏差使投资者认为我们能够影响一些我们实际上控制不了的事情。对投资者来说，如果他们认为自己采取的行动会影响事情的结果，那他们可能会频繁地进行交易，一看到某则新闻就想要进行买卖。在控制错觉的影响下，当股价出乎意料地下跌时，交易员可能会认为股票下跌的情况只是暂时的，而选择不调整策略。他们也可能因此而低估风险，无法较为客观地分析市场状况。相反地，当股票上涨时，投资者可能只是刚好猜中股价走势，却以为是自己控制了结果。

5. 后视偏差

后视偏差是指当投资者面临不确定事件的新信息时，往往对先前获得的信息有过高的估价，进而在决策上发生偏差。在社会中，人们大多是“事后诸葛亮”，事情发生后总觉得自己事先的判断很准确，而实际并非如此。比如以前对某个人的评价并非很贴切，而当这个人做出某种行为之后，某些人就会说：“看，我以前就认为他是这样的人”。对事物的判断也是如此，如果让一些人预测一场足球比赛谁将获胜，大家猜测A队获胜的概率很高，结果却是B队胜了，那么事后让大家回忆自己当初估计哪个队会获胜时，很多人会认为自己当初就认为B队能胜。事件发生前后人们的判断不一致。在股票投资中，投资者偶尔看过或者听别人说过某只股票，自己当时看了几分钟，几天或者几周后这只股票真的大涨，投资者就会有我当时就看好这只股票的感觉，而实际上他当时根本没做出任何结论。

（二）信息处理类偏差

信息处理类偏差的产生更多地是由投资者在处理信息时的非理性行为造成的，而不是受到过往信念的影响。

1. 锚定效应与调整效应

锚定效应与调整效应是指当投资者需要对某个事件做定量估测时，会将某些特定数值作为起始值，起始值像锚一样制约着估测值。投资者在做决策的时候，会不自觉地给予最初获得的信息过多的重视。受到锚定效应与调整效应影响，投资者倾向于把对将来的估计和已采用过的估计联系起来，同时易受到他人建议的影响。股票当前价格的确定就会受到过去价格的影响，呈现锚定效应。证券市场的股票价值是不明确的，人们很难知道它们的真实价值，在没有更多的信息时，过去的价格（或其他可比价格）就可能是现在价格的重要决定因素，人们可以通过锚定过去的价格来确定当前的价格。锚定效应同时发生在商品定价等其他经济现象中，它类似于宏观经济学中的“黏性价格”，只要把过去的价格作为新价格的一种参考（建议），那么新价格就会趋于过去的价格。商品的价值越模糊，参考就可能越重要，锚定效应就越可能是更重要的价格决定因素。

2. 心理账户偏差

投资者会把在现实中客观等价的支出或收益在心理上划分到不同的账户中。比如，投资者会把工资划归到靠辛苦劳动积累下来的“勤劳致富”账户中；把年终奖视为一种额外的恩赐，放到“奖励”账户中；而把买彩票赢来的钱，放到“天上掉馅饼”账户中。

可以用下面的实验来说明心理账户的简要含义。

如果今天晚上你打算去听一场音乐会，票价是200元（你还没有买门票），在你马上要出发的时候，你发现你把最近买的价值200元的电话卡弄丢了。你是否还会去听这场音乐会？实验表明，大部分的回答者仍然会去听。可是如果情况变一下，假设你昨天花了200元钱买了一张今天晚上的音乐会门票。在你马上要出发的时候，突然发现你把门票弄丢了。如果你想要听音乐会，就必须再花200元买张门票，你是否还会去听？结果是大部分人回答说不去了。

可仔细想一想，上面这两个回答其实是自相矛盾的。不管丢的是电话卡还是音乐会门票，都是丢失了价值200元的东西，从损失的金钱上看，并没有区别。之所以出现上面两种不同的结果，其原因就是大多数人的心理账户的问题。

人们在脑海中，把电话卡和音乐会门票归到了不同的账户中，所以丢失了电话卡不会影响音乐会所在的账户的预算和支出，大部分人仍然选择去听音乐会。但是丢了的音乐会门票和后来需要再买的音乐会门票都被归入了同一个账户，所以看上去就好像要花400元听一场音乐会了。人们当然觉得这样不划算了。

由于工资收入往往被划入"勤劳致富"账户，而投资收入往往被划入"奖励"账户，人们对两者损益的心态时常有所不同。例如，投资损失往往被认为是一种获得盈利所需缴纳的"学费"，因此对投资损失的容忍度较大，且不愿意止损，但是对于工资收入的罚没，却难以忍受，这也是心理账户所带来的效应。

3. 框架效应

框架效应是指一个问题的两种在逻辑意义上相似的说法导致了不同的决策判断。例如让投资者对下列情景做出决策：

情景一：一笔生意可以稳赚800元，另一笔生意有85%的可能赚1 000元，但也有15%的可能分文不赚。

情景二：一笔生意会稳赔800元，另一笔生意有85%的可能赔1 000元，但相应地有15%的可能不赔钱。

实验结果表明，在第一种情景下，84%的人选择稳赚800元，表现为对风险的规避，而在第二种情景下87%的人则倾向于选择"有85%的可能赔1 000元，但相应地有15%的可能不赔钱"的那笔生意，表现为对风险的寻求。框架效应使投资者在面临不同的参照点时对待风险的态度是不同的。在面临收益时投资者会小心翼翼地选择风险规避；在面临损失时投资者甘愿冒风险，倾向风险寻求。因此，人们在第一种情景下表现为风险规避，在第二种情景下则倾向于风险寻求。需要注意的是这里的收益和损失完全是以认知参照点为依据的，参照点不一样，投资者决策的方式也不一样。

4. 可得性偏差

可得性偏差指投资者往往根据认知上的易得性来判断事件的可能性，如投资者在决策过程中过于看重自己知道的或容易得到的信息，而忽视对其他信息的关注和深度发掘，从而造成判断的偏差。

人们由于受记忆力或知识的局限，在进行预测和决策时大多利用自己熟悉的或能够凭想象构造而得到的信息，导致赋予那些易见的、容易记起的信息以过大的比重，但这只是应该被利用的信息的一部分，还有大量的其他必须考虑的信息，这些信息对于正确评估和决策同样有着重要的影响，但人们的直觉推断却忽略了这些因素。比如投资者往往倾向于大量地关注热门股票，从而做出其上涨概率较大的判断。而事实往往相反，很多较少被关注的股票的涨幅通常大于热门股票的平均涨幅。

二、情绪偏差

情绪偏差是由投资者的情绪而非认知过程造成的，尽管投资者有可能希望控制投资过程中的情绪，但实际上，情绪偏差相对于认知偏差更加难以被识别和纠正。投资者更多是意识到情绪偏差的存在并适应其投资情绪而非完全纠正。

（一）损失厌恶偏差

损失厌恶是指人们面对同样数量的收益和损失时，认为损失更加令他们难以忍受。损失带来的负效用可能为收益带来的正效用的数倍。损失厌恶反映了人们的风险偏好并不是一致的，当涉及的是收益时，人们表现为风险规避；当涉及的是损失时，人们则表现为风险寻求。

心理学家在其所做的对照实验中，观察到了这种心理上的“趋避现象”。该对照试验被分为两组：

第1组实验中，被实验团体先行持有1 000单位的现金，并在此基础上做出选择。

A. 有50%的概率将持有的现金增加为2 000单位。

B. 有100%的概率将持有的现金增加为1 500单位。

该实验中，16%的人选择了A，84%的人选择了B。

第2组实验中，同一实验团体先行持有2 000单位的现金，并在此基础上做出选择。

C. 有50%的概率损失1 000单位现金

D. 有100%的概率损失500单位现金

此实验中，69%的人选择了C，31%约人选择了D。

此实验中，选择选项A和选项C的人最终手中持有的现金分别是1 000单位或2 000单位的概率都是50%。相对地，选择选项B和选项D的人最终手中持有的现金是1 500单位的概率是100%。也就是说，被实验的团体在有可能获得利益时倾向于选择低风险，而在有可能遭受损失时，倾向于选择高风险。

损失厌恶偏差对证券投资的影响表现为：一方面，在证券投资中，长期收益可能会周期性地被短视损失所打断，短视的投资者把股票市场视同赌场，过分强调潜在的短期损失。这些投资者可能没有意识到，通货膨胀的长期影响可能会远远超过短期内股票的涨跌。由于短视的损失厌恶，人们在其长期的资产配置中，可能过于保守。另一方面，正是由于损失厌恶偏差，投资者倾向于更愿意出售账面上有盈利的股票而不是账面上有亏损的股票，虽然理性的出售何种证券的决策应该完全独立于该证券是盈利的还是亏损的。

（二）过度自信偏差

过度自信是指人们往往倾向于高估自己的知识、能力和拥有的信息的准确性。心理学和金融经济学的文献普遍认为大部分的人在多数时间内都会过度自信。但是为什么人们不能从经验和教训中进步呢？有种观点认为一些特定的行为偏差是长期过度自信的影响因素。造成过度自信偏差的一个原因是自我归因偏差。人们往往把成功归于自己的能力，而把失败归于不可控制的环境或者霉运。在这种模式下，人们越“总结”越会变得过度自信。比如，很多人认为自己的投资能力很强。当市场行情好的时候，大部分股票都表现不错，其中就包括他们自己挑选的那些股票。大多数人都会认为股票上涨是因为自己很聪明。而当市场行情急转而下时，他们往往会把责任推给他们无法控制的环境，比如经济形势的恶化或者市场情况的变化。

过度自信有可能导致投资者进行频繁交易。假设有两个股票投资者，其中一个对自己的股票分析能力过度自信，而另一个既不过度自信也不过度自卑，对自己的股票分析能力有清醒的认识。两个人都认为每一只股票的市场价格都是市场所有参与者对该股票的一致预期，比如说10元。一些人看多而另一些人看空，而市场价格就是这些观点的综合反映。上述两个投资者独立地研究这只股票，并且他们都通过模型发现这只股票的价值应该是15元。怎么会这样？事实上股票分析距离科学还差得很远。因为我们不得不做出许多很强的假设，然后通过各种各样的方法去估计股票的价值，而这些假设却有可能是错的。所以当这两个投资者发现市场价格（市场对这只股票的价值的估计）和他们的模型得到的结果不一致时，会如何反应？那个过度自信的交易者可能会这样想：“我的预测是对的，市场肯定忽略了一些东西。”而另外一个能正确估计自己分析能力的投资者可能会这样想：“我的分析可能忽略了什么东西，我最好再研究一下。”所以前一个投资者更有可能多交易股票，而后者不会。

（三）自我控制偏差

自我控制偏差是指投资者由于缺乏自律而难以有效执行并实现其长期投资目标。受到自我控制偏差影响，虽然投资者意识到应该更多地储蓄以备退休后的支出，但是更多地储蓄意味着减少当期的消费，投资者可能因为缺乏自律而导致没有足够的储蓄。

（四）现状偏差

现状偏差是情绪性地倾向于维持现状的一种认知偏差。当现状客观上优于其他选项或者在信息不完善时，做出维持现状的决定是一种理性的行为，但现状偏差与此不同。在现状偏差的情况下，现状被当成是基准，任何改变都被视为一种损失。大量证据表明人的决策经常会受到现状偏差的影响。

（五）禀赋效应

禀赋效应是指当投资者拥有某项资产的时候，他对这项资产的价值评估要大于没有拥有这项资产的时候。由于禀赋效应，投资者在决策过程中，往往会产生偏见，导致对于规避风险的考虑远远大于对于追逐利益的考虑，因此投资者在出卖物品或资产时，往往索要比其本身价值更高的价格。

（六）后悔厌恶偏差

后悔厌恶偏差是指对投资者而言，后悔带来的痛苦比由错误引起的损失带来的痛苦还要大。例如投资者面临着购买蓝筹股或者不知名小盘股的选择。可能他选择购买蓝筹股，结果股价下跌。再假设他当初买的是一只不知名的刚成立的小公司的股票，结果也跌了，就算跟蓝筹股相比损失完全相同，带给这位投资者的感受也是不同的。因为任何蓝筹股的损失都会更容易被人们归结为运气不好或者仅仅是一个错误的决定等微不足道的原因，从而大大减少其后悔感。

为了避免后悔，投资者往往倾向于急于套现已经上涨且获利的股票，继续持有实际上已经损失了的股票，因为如果卖掉已经产生损失的股票后该股票上涨，将带给该投资者“后悔”的痛苦，而这种痛苦比账面的“浮动损失”带给该投资者的痛苦更大，因此该投资者更倾向于选择“继续持有”。

第三节　投资策略选择

一、市场未达到弱式有效状态下的技术分析

（一）技术分析的理论基础

1. 技术分析的基本内容

技术分析通过分析证券市场的市场行为对价格的未来变化趋势进行预测，所使用的手段是分析股票市场过去和现在的市场行为。正如我们在市场有效性的定义和分类的部分所讨论的，如果股票市场过去的行为还能够对股价未来的变动产生预测作用，说明该市场尚未到达弱式有效状态。

市场行为包括四个方面的内容：1）价格的高低和价格的变化；2）这些变化所伴随的成交量；3）完成这些变化所经过的时间；4）价格的升降所能达到的程度。简单地说就是价、量、时、空。在这四个方面中，价格的变化是最重要的。

从不同侧面对市场行为进行分析就组成了技术分析的各种方法。根据市场行为得到的数据所产生出来的各种图表（chart）是进行技术分析所要用到的最基本的东西。技术分析人员通过长期实践和经验总结，创造了很多根据图表看未来的方法，这些方法构成了技术分析的全部。

2. 技术分析的理论基础——三大假设

技术分析是预测价格未来走向的研究行为，依赖的是过去和现在的市场行为。技术分析能够抓住市场中隐蔽的、市场行为本身没有直接体现出来的信号，当股票市场处在关键的转折点时，及时发出有益的信号。

技术分析对于市场的认识具有独到的一面，总结出来就是它赖以存在的理论基础，即下面的三大假设：

假设 1——市场行为包括一切信息。

假设 2——价格沿趋势波动，并保持趋势。

假设 3——历史会重复上演。

假设 1 是进行技术分析的基础。技术分析认为，影响股票价格的全部因素（包括内在的和外在的）都反映在市场行为中，没有必要对影响股票价格因素的具体内容过分关心。如果不承认假设 1，技术分析所做出的结论应该是无效的。技术分析是根据市场行为预测未来，如果市场行为没有包括全部影响股票价格的因素，也就是说，对影响股票价格的因素考虑的只是局部的而不是全部的，那么所得的结论当然没有说服力。

假设 2 认为股票价格的变动是按照趋势进行的，其运动有保持惯性的特点。如果没有外在因素的影响，价格波动方向不会改变。正因为如此，一些文献把这一条称为“牛顿第一定律”。

一般来说，若某段时间内价格一直是下降的或上升的，那么在今后一段时间内，如果不出意外，股票价格也会按照这一方向继续下降或上升，没有理由改变这一既定的运动方向。如果没有外在因素的影响，没有必要逆大势而为。

假设 3 是从统计学和心理学两个方面考虑的：一方面，价格的波动有可能存在某种规律，而这一点将通过统计结果得到；另一方面，人的买卖行为要受心理学中某些理论的制约，进而可能出现一些规律性的现象。

3. 关于三大假设的合理性

对假设 1 来说，任何一个因素对股票市场的影响最终都必然体现在股票价格的变动上。从这点看，假设 1 有一定的合理性。如果公布了某个被认为应该对市场产生影响的消息，但是股票价格与以前相比没有明显的变动，就说明这个消息对市场没有影响（尽管我们从其他方面看都应该产生影响）。如果有一天某只股票的价格向上跳空高开、成交量大幅增加，则一定是出现了利多的消息。至于具体是什么消息，则没有必要过问，因为它已经体现在市场行为中了。上述价格的波动就是这个消息在股票市场中的反映。作为技术分析的拥护者，我们只关心这些因素对市场的影响效果，并不关心导致这些行为的具体内容。

然而，市场行为反映的信息只体现在价格的变动中，同原始的信息是有差异的，损失信息是必然的。正因为如此，在进行技术分析时，还应该适当地进行一些基本分析工作，以弥补技术分析的不足。

对于假设 2，一般来说，如果某段时间内价格一直是下降的或上升的，那么在今后一段时间内，若不出意外，股票价格也会按照原来的波动规律继续下降或上升。然而，若价格沿某个方向波动的时间过长，就会增加反方向的力量，从而使假设 2 受到冲击。此外，价格的变动受到许多因素的影响，有些是根本想不到的，这使价格的波动表现出无规律的现象。

假设 3 的合理性是建立在统计结果的基础上的。投资者过去的交易结果会在他心中留下深刻的记忆。一旦遇到与过去某一时期相同或相似的情况，就会与过去的结果进行比较。过去的结果是已知的，这个已知的结果应该是现在对未来进行预测的参考。然而，应当注意到，股票市场不可能有完全相同的重复情况，存在或多或少的差异。在使用假设 3 的时候，这些差异的大小一定会对预测结果产生影响。

（二）市场行为的四个要素：价、量、时、空

证券市场中，价格、成交量、时间和空间是进行分析的要素，这几个要素的具体情况和相互关系是进行分析的基础。

1. 价和量是市场行为最基本的表现

市场行为最基本的表现是成交价格和成交量。过去和现在的成交价格及成交量反映大部分市场行为，在某一时间的价格和成交量反映的是买卖双方在这个时间的共同的市场行为，是双方暂时的均衡点。随着时间的推移，均衡会不断地发生变化，这就是价量关系的变化。

一般来说，买卖双方对价格的认同程度通过成交量的大小得到确认。认同程度大，成交量大；认同程度小，成交量小。双方的这种市场行为反映在价量上就呈现出这样一种规律：价增量增，价跌量减。根据这一规律，当价格上升时，成交量不再增加，意味着价格得不到买方的确认，价格上升的趋势就会减弱；反之，当价格下降时，成交量萎缩到一定程度后不继续萎缩，意味着卖方不再认同价格继续下降，下降的趋势有可能发生变化。成交价格和成交量的这种规律关系是技术分析的合理性所在。

2. 时间和空间是市场潜在能量的表现

在技术分析中，时间是指完成某个过程所经过的时间，通常是指一个波段或一个升降周期所经过的时间。空间是指价格的升降所能达到的程度。时间指出价格有可能在何时出现上升或下降，空间指出价格有可能上升或下降到什么地方。投资者对市场的分析的关注点都集中在这两个因素上。

时间更多地与循环周期理论相联系，反映市场起伏的内在规律和事物发展周而复始的特征，体现了市场潜在的能量由小变大再由大变小的过程。空间反映的是每次市场发生的变动程度的大小，也体现市场潜在的上升或下降的能量的大小。上升或下降的幅度越大，潜在能量就越大；相反，上升或下降的幅度越小，潜在能量就越小。

3. 成交量与价格趋势的一般关系

价格随着成交量的上涨而上升，这是正常的市场特征，这种价量关系表示价格将继续上升；反之，如果价格出现了新高，而成交量没有创出新高，则此上升趋势是令人怀疑的，是价格潜在的反转信号。

有时，价格随着缓慢增加的成交量而逐渐上升，某一天平缓的走势突然变成直线上升的“井喷”，成交量剧烈增加、价格暴涨，之后是成交量萎缩、价格涨幅下降，这表明上升已经到了末期。

在长期下降后，价格形成了“波谷”，并开始回升，成交量没有因价格的上升而放大；之后，价格再度回到“波谷”。如果此时的成交量低于前一个“波谷”，就是价格将要上升的信号。

市场出现一段时间的上升行情后，出现大的成交量，而价格没有同时向上，说明卖压很重，是形成价格下降的因素。

成交量是价格的先行指标，价格是虚的，成交量是实的。

4. 时间、空间与价格趋势的一般关系

在市场中，经常能够听到“长线”和“短线”的说法。对于大周期，或者说是时间长的周期，未来价格将要经过的变化过程应该会长，价格变动的空间也该会大。对于时间短的周期，未来价格变动的过程和变动的幅度应该会小。

一般来说，时间长、波动空间大的过程，对未来价格趋势的影响和预测作用也大；时间短、波动空间小的过程，对未来价格趋势的影响和预测作用也小。

（三）技术分析方法的分类和局限性

1. 技术分析方法的分类

由于不同的人有不同的侧重点和观测角度，因而他们进行技术分析的具体研究方式也就不同，这是产生多种技术分析类别的原因。技术分析大致可以分为以下六种：技术指标、支撑压力、形态、K 线、波浪理论、循环周期。

(1) 技术指标。技术指标考虑市场行为各个方面的数据，用数学公式进行计算，得到体现股票市场某个特定方面的内在实质的数字，这个数字称为技术指标值。技术指标值的大小和前后数值之间的相互关系直接反映股票市场所处的状态，为操作行为提供有益的建议。技术指标所反映的内容大多数是从行情报表中不能直接得到的。世界上用在证券市场上的技术指标至少有上千种，而且还将涌现出新的技术指标。

(2) 支撑压力。在技术图表中，按照一定的方式画出一些直线，然后根据这些直线的情况推测股票价格在未来有可能停顿的位置，这些直线就是支撑线或压力线。支撑线和压力线向后的延伸对价格的波动会起到一定的制约作用，具体来说就是起支撑和压力的作用。例如，价格从下向上抬升的过程中，触及压力线，甚至还未触及时，就会调头向下。另外，如果在支撑线和压力线的附近，价格没有如期转向，而是继续向上或向下，这时就出现了支撑线和压力线被突破的情况。被突破后的支撑线和压力线仍然有实际作用，只是作用发生了变化。

（3）形态。投资者会根据价格的轨迹预测股票价格的未来趋势。从价格轨迹的形态中可以推测股票市场处在一个什么样的大环境中，并对今后的行为给予一定的指导。著名的形态有双顶（M头）、双底（W底）、头肩顶、头肩底等。

（4）K线。这里所说的K线实际上不局限于“K线”，而是一类表现价格的技术图表，但以“K线”最为著名。K线侧重于K线组合情况，可用于推测市场中多空双方力量的对比。K线图是各种技术分析中最重要的图表。

（5）波浪理论。波浪理论的奠基人是艾略特（Elliott），他在20世纪20年代就有了波浪理论的最初思想并于20世纪30年代完成。波浪理论把价格的上下波动看成与波浪的上下起伏一样。波浪的起伏遵循自然界的规律，即按一定的规律进行，价格也是遵循波浪起伏所遵循的规律。简单地说，上升是5浪，下降是3浪。数清楚了各个浪就能准确地预见到跌势已经接近尾声，牛市即将来临，或者牛市已经到了强弩之末，熊市即将来临。波浪理论是公认的最难掌握的技术分析方法。

（6）循环周期。该理论认为，价格的高点和低点的出现，在时间上存在一定的规律性。事物的发展兴衰有周期性，价格的上升和下降也存在某些周期性特征。

以上六种技术分析方法从不同的角度理解和考虑证券市场，它们是经过市场的实际考验而保留下来的精华，彼此并不相斥。这六类方法考虑证券市场的方式不同，导致了具体操作指导的区别：有的注重长线，有的注重短线；有的注重相对位置，有的注重绝对位置；有的注重时间，有的注重价格。

2. 运用技术分析方法时应该注意的问题及其局限性

某些介绍技术分析的书籍把技术分析说得很神奇，仿佛学会了技术分析就可以到证券市场中随便“提款”，但被这种乐观的气氛所笼罩是很危险的。下面两点是应用技术分析时应该注意的问题：

第一，实践中应同时用多种而不是一种技术分析方法进行判断。需要全面考虑各种技术分析方法对未来的预测，综合这些方法得到的结果，最终得出一个合理的多空双方力量对比的描述。如果每种方法都得到同一结论，那么这一结论的可靠性较高。

第二，对技术分析的期望不要超过技术分析力所能及的范围。技术分析有自己的不足和盲点。特别是一旦市场达到或者超出弱式有效状态，技术分析仅仅依靠过去的市场行为来预测未来的股价变动将无法奏效。

二、有效市场理论与指数化投资

（一）指数化投资

如果市场达到弱式有效，那么上文介绍的技术分析将失去用武之地；如果市场达到半强式有效或强式有效，那么基本面分析也将失效。此时指数化投资可能是在市场相对有效时的重要方法。指数化投资就是构建一个投资组合来复制市场指数的走势。在分析指数化投资之前，我们需要先了解市场指数，关于指数构建的相关问题已经在第三章中讨论过。

那么如何进行指数化投资呢？最基本的思路就是自己构建或者直接买入已经打包好的投资组合，这个投资组合可以复制我们想要投资的指数的走势。最简单的（也是最有效和必要的）复制投资组合的方式就是以合适的权重去购买指数中所有的个股。我们也可以通过购买各种指数化产品来进行指数化投资，主要是交易型开放式指数基金（exchange traded fund，ETF），它和共同基金有很多相似之处，除了它是在交易所交易这一点以外。①

表 5-3 列举了中国主要的 ETF。判断一种指数化产品成功与否主要就是看该产品的收益率盯住市场指数收益率的准确程度。有时候产品表面上看起来收益表现很好，但这并不是指数化产品好坏的判断标准。

表 5-3　中国主要的 ETF

ETF	标的
易方达沪深 300 非银 ETF	沪深 300 指数
易方达沪深 300ETF	
南方开元沪深 300ETF	
嘉实沪深 300ETF	
华夏沪深 300ETF	
华泰柏瑞沪深 300ETF	
国投瑞银沪深 300ETF	
南方中证 500ETF	中证 500 指数
嘉实中证 500ETF	
华夏中证 500ETF	
广发中证 500ETF	
易方达深证 100ETF	深证 100 指数
南方深成 ETF	深成指数
华夏上证 50ETF	上证指数
华安上证 180ETF	
国泰上证 180 金融 ETF	上证 180 金融股指数
华夏恒生 ETF	恒生 H 股指数
易方达恒生 H 股 300ETF	

① 此外，也可以通过指数共同基金来实现指数化投资，但是这样的成本比通过 ETF 实现指数化投资高。另一种方法是通过金融衍生工具，比如股票指数期货实现指数化投资。如果操作得当，可以获得接近市场指数的收益。

续表

ETF	标的
华夏中小板 ETF	中小板指数
华夏 MSCI 中国 A 股 ETF	MSCI 中国 A 股指数
交银上证 180 公司治理 ETF	上证 180 公司治理指数
华泰柏瑞上证红利 ETF	上证红利指数
华安黄金易 ETF	国内黄金现货价格指数
国泰上证 5 年期国债 ETF	指数成份国债、备选成份国债

然而只有持有恰当比例的指数的成份股票，复制指数的过程才算完成。为了做到这一点，请思考下面的问题。在表 5－4 中，我们以四只股票为例构建指数，在最后一列我们得到了构成指数的那四只股票的占比，也就是市值权重。

表 5－4　案例中假设股票的市场份额

股票	股本（百万股）	现价（元）	市值（百万元）	市值权重（%）
A	1	80.00	80.00	11.1
B	3	40.00	120.00	16.7
C	2	160.00	320.00	44.4
D	4	50.00	200.00	27.8

一个指数产品应该严格按照指数的权重进行投资组合的构建。当指数不是很复杂的时候，这个工作完全可以由个体投资者自己完成。但是因为好的指数应该包含很多成份股，所以一旦指数成份股不断变多，投资者最好通过购买 ETF 来进行指数化投资，把复制指数的工作交给这些 ETF 产品的提供者来完成。

三、考虑行为金融影响的投资选择

当面对剧烈的短期资本市场波动时，投资者有可能受到各种行为偏差的影响从而做出有损其长期资产收益目标的决策。因此，如果在制定投资目标和构建资产组合之初即根据投资者的行为特征差异进行相应的资产组合修正，就会使得投资者在面临各种短期市场波动时都能够接受其资产组合的表现，减少各种行为偏差的影响。这样经过修正的资产组合虽然不是最优的资产组合，但是其表现仍然要优于严重受到行为偏差影响的最优资产组合。

（一）根据财务目标的重要性差异进行分类资产选择

心理账户效应会使得投资者把自己的投资组合置于不同的账户中从而偏离完全理性条件下的组合决策，一个可行的应对策略是在设计投资组合时即把心理账户效应考虑在内。如图 5－3 所示，投资者可以根据自己的财务目标的重要性等级选择不同风险等级的资产组合，财务目标的重要性越高，则相应的投资组合的风险水平就越低。

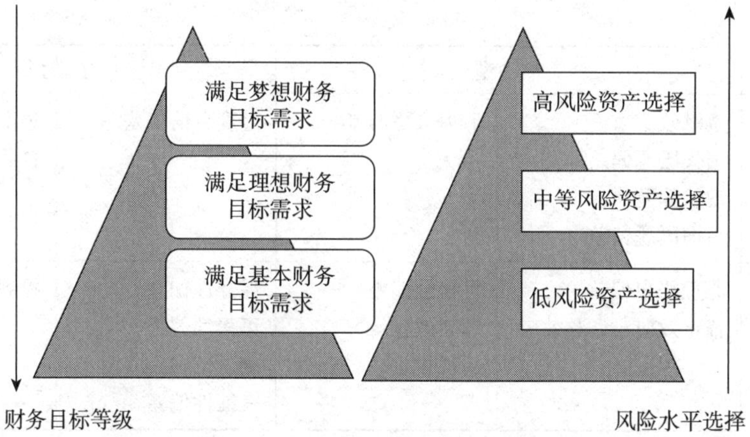

图 5－3　基于财务目标等级的投资规划

（二）根据财富规模与行为偏差类型进行资产组合调整

第一，投资者的财富规模直接影响根据其行为特征进行资产组合调整的幅度。投资者的财富规模水平越高，投资收益满足其基本生活保障的风险水平就越低，因而越有可能根据其行为特征对理性的资产组合进行调整。

第二，投资者行为偏差的不同类型也会影响其资产组合调整的幅度。由于认知偏差相对于情绪偏差更容易被识别并在一定程度上被纠正，因此投资者针对影响其投资行为的认知偏差，可以更多采取更全面收集信息以及改进决策程序等方法而不必做出过高程度的资产组合调整。针对影响投资行为的情绪偏差，则需要投资者做出较高程度的资产组合调整。具体的调整建议参见表 5－5。

表 5－5　根据财富规模与行为偏差类型进行资产组合调整

	认知偏差	情绪偏差
高财富水平	一定程度（5%～10%）根据行为特征调整资产组合	较高程度（10%～15%）根据行为特征调整资产组合
低财富水平	较低程度（低于 3%）根据行为特征调整资产组合	一定程度（5%～10%）根据行为特征调整资产组合

（三）根据行为偏差识别投资者类别

如表 5－6 所示，我们可以依据投资者的风险承受能力、投资风格以及易受影响的行为偏差的主要类别对投资者进行分类。

表 5－6　根据行为偏差进行的投资者分类

	被动型		主动型	
风险承受能力	低	较低	较高	高
投资风格	保守	适度	增长	进攻
行为偏差类型	情绪偏差为主	认知偏差为主	认知偏差为主	情绪偏差为主
投资者类别	Ⅰ	Ⅱ	Ⅲ	Ⅳ

续表

	被动型		主动型	
情绪偏差	禀赋效应 损失厌恶偏差 现状偏差 后悔厌恶偏差	后悔厌恶偏差	过度自信偏差	过度自信偏差 自我控制偏差
认知偏差	心理账户偏差 锚定效应与调整效应	可得性偏差 框架效应 后视偏差	保守性偏差 可得性偏差 确认偏差 表征性偏差	控制错觉偏差

资料来源：Pompian，M. Behavioral finance and wealth management. Wiley Finance，2006.

1. 以被动保值投资为主要特征的Ⅰ类型投资者

这一类型的投资者的财富更有可能来自继承或者工作报酬，因而缺乏投资和风险管理专业知识，同时，由于其主要投资目标是为个人及家庭提供基本生活保障，因而风险承受能力极低，因而这一类型的投资者在投资过程中伴随着一定程度的焦虑情绪。由于这些投资者过度关注市场的短期波动，同时又因为不适应变化而难以及时做出资产组合的调整，因此主要受到各类情绪偏差的影响。

2. 以被动追随投资为主要特征的Ⅱ类型投资者

这一类型的投资者的风险承受能力仍然较低，他们主要追随身边的朋友或者容易受到媒体的投资建议影响。为了追随热闹的投资潮流，这一类型的投资者有可能忽视市场状况以及个人投资目标，甚至过高地估计自身的风险承受能力。这一类型的投资者主要受到认知偏差的困扰，例如获得信息的可得性偏差、处理信息的框架效应和后视偏差。

3. 以积极独立投资为主要特征的Ⅲ类型投资者

这一类型的投资者的风险承受能力较强，并且拥有较强的个人意志，能够在投资决策中进行独立思考。然而，由于这类投资者主要依赖个人投资分析，因而容易受到其能够获得的信息的局限。因此，虽然这类投资者也会受到过度自信偏差等情绪偏差的影响，但主要还是受到保守性偏差、可得性偏差、确认偏差和表征性偏差等认知偏差的影响。

4. 以积极进攻投资为主要特征的Ⅳ类型投资者

这一类型的投资者大多具有创业企业家的背景，因而能够承担高风险。由于能够掌控企业的经营活动，这一类型的投资者过度自信，感觉他们也能控制其投资活动，因而此类投资者往往频繁交易，导致其净收益率相对较低。除过度自信偏差外，此类投资者还会受到自我控制偏差和控制错觉偏差的影响。

关键术语

有效市场假说	行为金融	套利	市场异象
行为偏差	技术分析	指数化投资	

习　　题

1. 假设一个赚钱策略，即你发现电脑所有零件（包括安装的软件）的总成本低于一台电脑的价格，那么有哪些实际问题会阻碍你进行套利？

2. 金融市场和参与其中的投资者的哪些性质造成了套利限制？

3. 金融市场中不同投资者所犯的投资决策错误存在相关性意味什么？举一个例子说明这种错误相关是怎样形成的。

4. 请解释为什么价值与价格总是相等的这一理论很难被证明。

5. 共同基金的收益不及风险调整后的大盘收益，根据有效市场理论这将发生什么？而这为什么没有在实际中发生？

6. 如果市场是半强式有效的，那么这个市场一定是弱式有效的，请对这个观点进行评价。

7. 如果一个投资者的期望收益为负，那么他就不会进行投资。请对此观点进行评价。

第六章

利率变动与债券估值

【本章要点】

- 实际利率与名义利率
- 债券收益率的计算
- 净价交易、全价结算
- 利率期限结构及相应理论的解释
- 久期与债券的利率风险
- 可转换债券的定价

第一节　利率体系

一、实际利率与名义利率

利率也是一种价格，它是以未来偿付的资金换取今天的资金的价格。和自由市场决定的所有价格一样，利率的决定可以使用标准的供给—需求模型进行分析。如图 6-1 所示，一方面，资金的供给与利率正相关，资金回报越高，资金供给量越大；另一方面，资金的需求与利率负相关，资金价格越高，不管是用于当期消费还是用于营利性投资的借款需求数量都越少。两条曲线的交点决定了均衡利率（r^{eq}）和从剩余单位转移至不足单位的资金数量（LF^{eq}）。

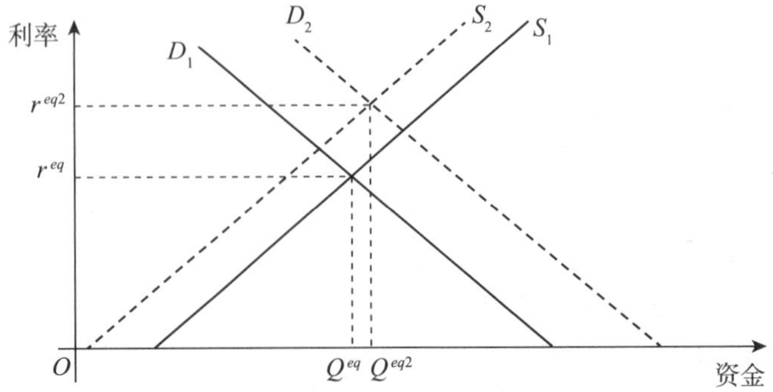

图 6-1　利率决定与资金的供给和需求

退一步考虑不存在货币时的情形，在没有货币的假想社会中，利率将以实物的形式存在。为了便于理解，想象一个仅有单一商品（例如，大豆）的社会，大豆既可以用于消费(例如，食用)，也可以用于投资（例如，种植）。该经济中的利率应当等于当前借出的1单位大豆在未来能够收到的产出。例如，当前贷出10单位玉米，一年后收取的偿还为11单位，那么隐含的实际利率就是10%。称其为实际利率是因为它以实物商品和服务的形式存在，而非以购买力随时间波动的交换媒介（如货币）的形式存在。

在这样的社会中，实际利率在什么情况下比较高？一种可能性是社会中的很多成员更偏好当前消费而不是未来消费，因此愿意借入资金（大豆）。为了吸引那些不介意等待未来更高消费水平的成员借出足够资金，享受型的成员愿意支付更高水平的利率。按照供给-需求分析，利率之所以高，是因为需求的增加导致资金的需求曲线向右移动。需求线从 D_1 右移到 D_2。同时，由于愿意储蓄的社会成员减少，资金供给下降。资金供给线从 S_1 左移到 S_2。从图中我们可以看到均衡率上升到了 r^{eq2}，资金借贷量上升到了 Q^{eq2}。相反，当社会中储蓄者/享受者的比例很高时，对资金的需求会较低，而供给会很高，导致最终利率水平很低。①

另一个影响可贷资金供给和需求的因素是生产机会的多寡。如果社会被赋予很多可获利的投资项目，资金的需求曲线位置将会靠右，该社会中的利率水平会较高。②

迄今为止，我们对利率水平的决定因素的讨论被大大简化了。首先，现实中观察到的利率并非实际利率，而是名义利率，即以货币表示的利率水平。由于通货膨胀的存在，名义利率通常不等于实际利率。名义利率和实际利率的关系可由著名的费雪等式表示：

$$r=r^{*}+\pi \tag{6.1}$$

其中 r 代表名义利率，r^{*} 代表实际利率，π 表示通货膨胀率。换言之，名义利率等于实际利率和通货膨胀率之和。③ 例如，若实际利率为2%，通货膨胀率为1%，那么名义利率应为3%。

假定实际利率恒定，名义利率的上升将等于通货膨胀率的上升。④ 原因在于，由于存在通货膨胀，借款人认识到一年后归还的本金的价值实际低于放款时的价值。为了实现给定的真实收益水平，计算最终偿还的金额（本金和利息）时必须考虑通货膨胀率。⑤

另外，利率的决定因素中应当包含国际市场因素。外国个人、金融机构和企业构成了国内可贷资金市场供需双方的一部分，其规模足以影响利率。例如，如果中国突然出现大

---

① 一个储蓄率高（储蓄者/享受者比例很高）的社会的社会成员通常不在乎立即消费，这就是我们通常所说的时间偏好低；相反，一个储蓄率低（储蓄者/享受者比例很低）的社会的时间偏好高。时间偏好无法观测，时间偏好的一个测量指标是社会储蓄率，即社会总储蓄占社会总收入的百分比。

② 此类社会的特征是高利润率，因此可以吸引更多投资。而投资机会匮乏的社会一般利率较低。

③ 等式中的所有利率期限相同，更确切地说，等式中的通货膨胀率是期初的预期通货膨胀率。某些情况下，需要区分事前利率（基于预期通货膨胀率的实际利率）和事后（已实现）利率（基于观察到的通货膨胀率）。最后，该等式的右边还应加入通货膨胀率和实际利率的乘积项才与左边的名义利率相等，但是，上文的等式是一个很好的近似。

④ 实际上，实际利率并非常数，但从历史数据来看，实际利率比名义利率更加稳定。

⑤ 宏观经济理论通常认为利率由货币的供给和需求决定。货币的供给近似由国家货币当局或中央银行决定。在中国，这由中国人民银行决定。货币的需求主要由商业环境决定。另一个影响利率的宏观经济因素是财政政策，涉及政府支出和税收。若政府支出大于税收，那么它需要融资以弥补差额。此时，政府行为增加了对可贷资金的需求。也就是说，赤字增加了对可贷资金的需求，推高了利率。

量投资机会，或者储蓄规模出现暂时紧缩，对资金的需求会高于国内单位的资金供给，导致国内利率升高。如果追求高额收益的外国单位发现中国的利率水平有利可图，并且外资可以自由进出的话，它们会将资金投入中国，使供给曲线右移，这样就会压低利率。但如果有外汇管制的话，国内的利率水平就不易受到国际市场的影响。

二、票面利率、付息频率与实际利率

我们一般在现金流贴现的计算中假设利率是实际利率。但现实生活中我们接触的利率通常不是以实际利率而是以票面利率的形式出现。我们需要把票面利率转化成实际利率然后再计算其现值和终值。其原因在于本章介绍的定价公式（如 PVIF）使用的都是实际利率。

为了理解实际利率和票面利率的差异，假设你以每年 x 的票面利率贷款给他人，但是你要求在六个月后获得年利息的一半，年末收到剩下的一半利息。这种方式下你一年获得两次利息，每六个月获得一次利息，也就是说，六个月后你获得本金的 $x/2$ 的利息，一年后你再次获得本金的 $x/2$ 的利息。这种获得利息的方式当然比年末收到本金的 x 的利息好，原因是你可以将六个月后获得的利息再投资六个月。假定再投资的年利率与之前相同，则你的利息还会产生 $x/2$ 的利息。那么一年后利息和本金总量可以用如下公式计算：

$$\text{一年后利息和本金总量} = \text{PRINCIPAL} \times \left[1+\frac{x}{2}\left(1+\frac{x}{2}\right)+\frac{x}{2}\right] \tag{6.2}$$

其中 PRINCIPAL 是指本金，方括号里的第二项是第一次收到的利息加上该利息再投资六个月产生的利息。公式（6.2）除以本金再减去 1，得到 $x+x^2/4$，这比 x 要大。[①] 这里年票面利率是 x，但是由于计息时期是半年，实际利率（实际支付或收到的利息除以本金）是 $x+x^2/4$。因此，仅仅有票面利率是不够的，还要知道计息的频率，才能确定实际利率。

如何从票面利率得到实际利率？首先注意到一般提到的票面利率是年利率及计息的频率 m。那么实际利率和票面利率的关系为：

$$k(12/m\text{ 个月，实际利率}) = \frac{k(12\text{ 个月，票面利率})}{m} \tag{6.3}$$

其中 $k(12/m$ 个月，实际利率) 是 $12/m$ 个月的实际利率。$k(12$ 个月，票面利率) 是年票面利率，m 是复利的频率，也就是一年内利息复利的次数。所以如果向你提供年票面利率和复利的频率，你很容易计算出实际利率。比如，年票面利率为 6%，每月支付一次利息（即一年支付 12 次），则月实际利率 $=6\%/12=0.5\%$。

按照公式（6.3）计算的实际利率可能不是我们想要的。因为它只告诉我们 $12/m$ 个月的实际利率。通常我们希望知道其他实际利率，比如年实际利率。这样我们可以统一比

---

① 票面利率通常被称作“名义”利率，但是使用“名义”利率会让人产生误解。一般而言，名义利率是相对于实际利率而言的，是指没有扣除通货膨胀率的利率。

较各种利率。出于这个原因，需要对按照公式（6.3）计算出来的实际利率进行调整。比如，已知1个月的实际利率，你可以计算出1年的实际利率。这个过程非常简单，只需要对总利率（＝1＋实际利率）进行适当的次方计算。如果时期间隔比已知实际利率的时期间隔长，则次方大于1；如果时期间隔比已知实际利率的时期间隔短，则次方小于1。这里次方等于需要计算实际利率的时期长度除以已知实际利率的时期长度。比如，已知每月的实际利率，需要计算1年的实际利率，则次方为“12”，计算公式如下：

$$[1+k(1\text{个月，实际利率})]^{12}=[1+k(12\text{个月,实际利率})] \tag{6.4}$$

其中，k(1个月，实际利率）是每月的实际利率，k(12个月，实际利率）是1年的实际利率。将1个月的实际利率转变成12个月的实际利率，计算过程为：先将1个月的实际利率加上1，然后进行12次方计算，即得到12个月的总利率。

类似地，如果要将1年的实际利率转变成1个月的实际利率，则对上述公式进行开12次方根计算，得到：

$$[1+k(12\text{个月，实际利率})]^{1/12}=[1+k(1\text{个月，实际利率})] \tag{6.5}$$

计算过程为：先将12个月的实际利率加1，然后开12次方根，即得到1个月的总利率。开12次方根是因为要计算的实际利率的期间（1个月）是已知实际利率的期间（12个月）的1/12。

表6－1详细地列出了1 000元投资于一个金融产品（票面利率为12%，复利频率为每月，即每月支付利息）的每期收入。

表6－1 复利投资金额的变化

月	期初金额（元）	利息收入（元）	期末金额（元）
1	1 000.00	10.00	1 010.00
2	1 010.00	10.10	1 020.10
3	1 020.10	10.20	1 030.30
4	1 030.30	10.30	1 040.60
5	1 040.60	10.41	1 051.01
6	1 051.01	10.51	1 061.52
7	1 061.52	10.62	1 072.14
8	1 072.14	10.72	1 082.86
9	1 082.86	10.83	1 093.69
10	1 093.69	10.93	1 104.62
11	1 104.62	11.05	1 115.67
12	1 115.67	11.16	1 126.83

从表6－1中我们可以看到每月的实际利率是1%。12月的实际利率是12月期末金额/1月初金额－1＝1 126.83/1 000－1＝12.683%。如果用公式（6.4）计算，k(12月，实际利率)＝1＋k(1月，实际利率)^{12}－1＝$[1+1\%]^{12}-1$＝12.683%。二者的答案一致。

推而广之，从期间为 x 个月的实际利率转变成期间为 y 个月的实际利率，用二者在 1 年的实际回报必须相等的关系，可以得到转换公式为：

$$[1+k(x\text{ 个月，实际利率})]^{12/x}=[1+k(y\text{ 个月，实际利率})]^{12/y} \tag{6.6}$$

从而可以得到：

$$[1+k(x\text{ 个月，实际利率})]^{y/x}=[1+k(y\text{ 个月，实际利率})] \tag{6.7}$$

次方为 y/x 是因为 y 个月中有 y/x 个 x 个月。

例题 6-1：3%的季度实际利率转变为半年实际利率后是多少？从 1%的月实际利率转变为日实际利率呢？反过来从 0.02%的日实际利率转变成月实际利率呢？（假设 1 个月有 31 天，1 天是 1 个月的 1/31。）

解：应用公式（6.5）和公式（6.7），将上述利率数值代入公式并进行适当的次方计算，得到：6.09%、0.032 1%和 0.622%。

从 m 次复利年票面利率转变成期间为 y 个月的实际利率，转换公式为：

$$[1+k(y\text{ 个月，实际利率}]^{12/y}=\left[1+\frac{k(12\text{ 个月，票面利率})}{m}\right]^{m} \tag{6.8}$$

一个特别而且经常使用的情形是将 m 次复利的年票面利率转变成年实际利率：

$$k(12\text{ 个月，实际利率})=\left[1+\frac{k(12\text{ 个月，票面利率})}{m}\right]^{m}-1 \tag{6.9}$$

例题 6-2：票面利率是每年 12%，每月计息。那么实际年利率是多少？

解：将票面利率代入公式（6.9）中，$k(12\text{ 个月，实际利率})=\left[1+\frac{12\%}{12}\right]^{12}-1$，由此得到有效年利率是 12.68%。这和表 6-1 的计算结果也是一致的。

以上讨论告诉我们，我们不仅要注意一个金融产品的票面利率，还有注意它的计息频率。一个低票面利息但计息频繁的产品的实际利息可能高于一个高票面利息但计息不频繁的产品。表 6-2 给出了年票面利率在不同付息频率下的年实际利率。

表 6-2　年票面利率和年实际利率转换（%）

	付息频率			
	半年	季度	月	日
年票面利率	年实际利率			
1	1.003	1.004	1.005	1.005
5	5.063	5.095	5.116	5.127
10	10.250	10.381	10.471	10.516
20	21.000	21.551	21.939	22.134
30	32.250	33.547	34.489	34.969

三、债券收益率及其计算

所有债券市场参与者都熟悉一个关键数字——到期收益率（YTM）。当投资者提及债券收益率时，通常是指到期收益率，使用以下公式计算（通常称为债券定价公式）：

$$p=\frac{c}{1+\mathrm{YTM}}+\frac{c}{(1+\mathrm{YTM})^2}+\cdots+\frac{c+f}{(1+\mathrm{YTM})^n} \tag{6.10}$$

其中 p 是债券价格；c 是定期的利息支付（使用“息票支付”这个术语）；f 是面值[①]。注意，n 是距债券到期日的剩余期数。除非我们另行申明，否则应假定期间为 1 年。YTM 是使得债券承诺的现金流的现值（债券定价公式的右边）与债券的价格（债券定价公式的左边）相等时采用的贴现率。YTM 必须用金融计算器、电子表格或试错法进行计算。[②]请注意，债券的付款包含一部分到期日（n）结束时的年金现金流（利息）和一部分第 n 期的一次性付款现金流（本金）。

例题 6-3：假设息票利率为 6%的 5 年期息票债券的价格为面值的 84.84%。使用 Excel 来计算 YTM。

解：使用公式（6.10）并通过 Excel 中的内部收益率（IRR）函数我们可以得到 YTM 为 10%。具体过程参见图 6-2。

	A	B	C
1	到期收益率		
2	债券的市场价格	84.84	
3			
4	年	债券的现金流（元）	
5	0	–84.84	
6	1	6.00	
7	2	6.00	
8	3	6.00	
9	4	6.00	
10	5	106.00	
11	债券的到期收益率	10.00%	<-- =IRR(B5:B10)

图 6-2　IRR 函数使用过程

人们还常听到金融分析师提到当期收益率，它被定义为年度利息与市场价格的比率

① 也叫“本金价值”或“到期价值”。

② 这种思想是试出 YTM 的值。如果 YTM 导致太高/太低的价格，那就提高/降低 YTM。电子表格（如 Excel）在金融中无处不在，极大地简化了这种计算。

(c/p)。例如，前面案例中债券的当期收益率为 6/84.846＝7.07%。一般来说，当提到债券收益率时，是指债券的到期收益率。

几乎所有的债券都是每半年支付一次利息。通常债券的收益率也用半年度复利的原则来表示，这意味着其实际收益率将略高于其名义收益率，原因由下面的例子来说明。面值为 100 元、票面利率为 7% 的 4 年期债券每半年支付 3.50 元。如果价格是面值的 96.663%，那么 YTM 以半年期为单位时为 4%，因为：

$$96.663=\frac{3.5}{1.04}+\frac{3.5}{(1.04)^2}+\cdots+\frac{(100+3.5)}{(1.04)^8}$$

年票面收益率为 2×4%＝8%，年实际收益率为 8.16%（$=1.04^2-1$）。

某些债券承诺在到期时一次性支付。这种债券被称为纯贴现债券。一个著名的例子就是政府发行的国库券。在这种情况下，YTM 很容易计算，公式为：

$$p=\frac{f}{(1+\mathrm{YTM})^n} \tag{6.11}$$

改写公式为：

$$\mathrm{YTM}=\left(\frac{f}{p}\right)^{1/n}-1 \tag{6.12}$$

这些债券被称为纯贴现债券的原因是，它们必须按照面值进行折价出售（$p<f$）。否则其实际收益率将为零。① 当纯贴现债券的期限超过一年时，它们通常被称为零息票债券。②

例题 6-4： 财政部 2003 年发行面值规模为 260 亿元、期限为 20 年的固定利率国债，年票面利率为 3.40%，起息日期为 2003 年 4 月 17 日，每年 4 月 17 日和 10 月 17 日周期性（每半年）支付利息，2023 年 4 月 17 日到期归还本金。该国债简称国债 0303，代码为 100303，2003 年 4 月 25 日在深圳证券交易所上市交易。如果债券发行价是每 100 元面值 98 元，计算其到期收益率。如果债券发行价是每 100 元面值 102 元，计算其到期收益率。如果债券发行价是每 100 元面值 100 元，计算其到期收益率。

解： 当债券发行价是每 100 元面值 98 元，即投资者支付 98 元可以购买面值为 100 元的该国债时，运用公式（6.10），并结合表 6-4 Excel 中的 IRR 函数计算，这里使用半年到期收益率，解得半年 YTM＝1.77%，年到期收益率为 $(1+1.77\%)^2-1=3.57\%$。这属于投资者折价购买的情形。

当甲投资者 2003 年支付 102 元购买面值为 100 元的该国债时，解得半年 YTM＝1.63%，年到期收益率为 $(1+1.63\%)^2-1=3.29\%$。这属于投资者溢价购买的情形。

当甲投资者 2003 年支付 100 元购买面值为 100 元的该国债时，解得半年 YTM＝1.70%，年到期年利率为 $(1+1.70\%)^2-1=3.43\%$。这属于投资者平价购买的情形。

由此可见，到期收益率是随利率、债券价格变动的，且到期收益率和债券价格的变动方向相反。到期收益率推算见图 6-3。

---

① 国库券收益率以不常见的方式表示。例如，91 天期、收益率为 3%的国库券拥有名义的年化收益率 12.033%（＝3%×365/91），而其实际收益率为 12.55%。也就是说，复利期间总是与国库券的剩余期限一致。

② 当我们在下一节讨论利率的期限结构时，零息票债券将很重要。

	A	B	C	D
1	到期收益率			
2	债券市场价格	98.00	102	100
3	年		债券的现金流	
4	0	−98.00	−102	−100
5	0.5	1.70	1.70	1.70
6	1	1.70	1.70	1.70
7	1.5	1.70	1.70	1.70
8	2	1.70	1.70	1.70
9	2.5	1.70	1.70	1.70
10	3	1.70	1.70	1.70
11	3.5	1.70	1.70	1.70
12	4	1.70	1.70	1.70
13	4.5	1.70	1.70	1.70
14	5	1.70	1.70	1.70
15	5.5	1.70	1.70	1.70
16	6	1.70	1.70	1.70
17	6.5	1.70	1.70	1.70
18	7	1.70	1.70	1.70
19	7.5	1.70	1.70	1.70
20	8	1.70	1.70	1.70
21	8.5	1.70	1.70	1.70
22	9	1.70	1.70	1.70
23	9.5	1.70	1.70	1.70
24	10	1.70	1.70	1.70
25	10.5	1.70	1.70	1.70
26	11	1.70	1.70	1.70
27	11.5	1.70	1.70	1.70
28	12	1.70	1.70	1.70
29	12.5	1.70	1.70	1.70
30	13	1.70	1.70	1.70
31	13.5	1.70	1.70	1.70
32	14	1.70	1.70	1.70
33	14.5	1.70	1.70	1.70
34	15	1.70	1.70	1.70
35	15.5	1.70	1.70	1.70
36	16	1.70	1.70	1.70
37	16.5	1.70	1.70	1.70
38	17	1.70	1.70	1.70
39	17.5	1.70	1.70	1.70
40	18	1.70	1.70	1.70
41	18.5	1.70	1.70	1.70
42	19	1.70	1.70	1.70
43	19.5	1.70	1.70	1.70
44	20	101.70	101.70	101.70
45	债券的到期收益率	1.77%	1.63%	1.70%
46		=IRR(B4:B44)	=IRR(C4:C44)	=IRR(D4:D44)

图 6－3　到期收益率推算

事实上我们也可以使用 Excel 中一个专门用来计算 YTM 的公式——YIELD——计算到期收益率。

例如，当债券价格为 98 元时，我们运用公式 YIELD(DATE(2003，4，17)，DATE(2023，4，17)，0.034，98，100，2，3)＝3.54%，同样可以得到半年期的 YTM＝1.77%，因此年实际 YTM＝3.57%，对于债券发行价是 100 元以及 102 元的情形我们只需要做相应变动即可计算得到。

四、净价交易、全价结算

在实践中，根据债券的标价中是否包括应计利息，可以将交易制度分为全价交易制度和净价交易制度。在全价交易制度下，债券报价（全价）就是买卖债券实际支付的价格，债券购买者实际支付的价格就是报价；在净价交易制度下，债券报价并不是买卖债券实际支付的价格，债券的购买者除了向债券出售者按照报价（净价）进行支付外，还要支付应计利息。我国债券市场上采用的是净价交易制度。目前中国国内的债券交易报价规则和成立规则为：净价交易、全价结算。

净价交易是指在债券买卖时，以不含有自然增长的应计利息的价格报价并成交的交易方式。在净价交易条件下，由于交易价格不含有应计利息，其价格形成及变动能够更加准确地体现债券的内在价值、供求关系及市场利率的变动趋势。净价交易、全价结算是指按净价进行申报和成交，以成交价格和应计利息额之和作为结算价格。

净价交易中的全价和净价的关系如下：

全价＝净价＋应计利息

例题 6－5：某债券的面值是 1 000 元，票面利率是 7%，按年支付利息。该债券每年支付利息的时间为 12 月 15 日，假设投资者于 2018 年 4 月 3 日购买该债券，试计算其应计利息。

解：应计利息的计算如图 6－4 所示。从 2017 年 12 月 15 日到 2018 年 12 月 15 日的期间利息共计 70 元。应计利息的计算为：

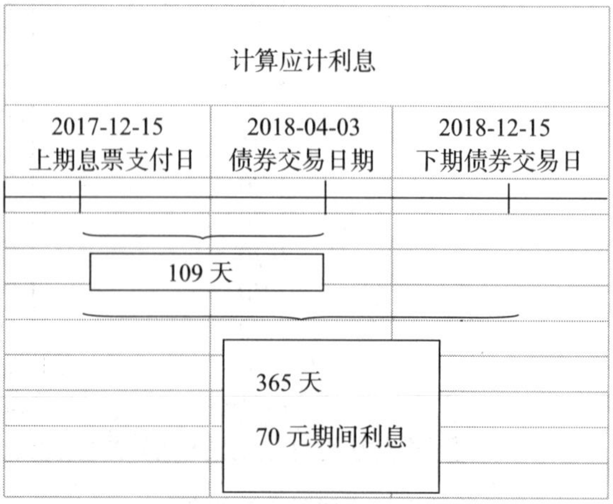

图 6－4　应计利息计算图示

70×109/365＝20.90（元）

因此，假设投资者购买该债券的交易价格为 1 020 元，那么在进行债券结算时，投资者需要真正支付的价格为 1 020 元＋20.90 元＝1 040.9 元。此处，1 020 元是净价，20.90 元是应计利息，1 040.90 元是全价。

五、利率、收益率、息票利率、回报率与收益率差价

涉及债券的金融术语容易混淆。我们必须仔细区分利率、收益率、息票利率、回报率等。特别是有时候这些术语会在不同的地方使用。①

考虑在不同环境中使用的术语——“利率”。当发行债券时，发行人承诺在债券的整个期限内进行一系列付款，对发行人所承诺的这些利息支付，人们常常喜欢使用术语息票支付②来表示。息票利率（CR）的定义为 c/f，其在债券生命周期内保持固定，但它实际上不是任何意义上的市场利率。

既然息票利率不是真正的市场利率，那何为真正的市场利率呢？债券的市场利率等于其到期收益率。债券的到期收益率每日随经济中信贷状况的变化而变化。③ 例如，如果债券的到期收益率上升并超过其息票利率，即 YTM＞CR，则由于债券定价公式表明到期收益率上升意味着价格下跌，所以 $p<f$ 也是成立的。类似地，YTM＜CR 等同于 $p>f$。

经济学家喜欢谈论唯一的利率，这其实是极为抽象的，在现实经济生活中并不存在，因为实际上利率的种类几乎与债券的种类一样多。2 年期的封闭按揭利率与 5 年期国债利率（或收益率）不同，它们与 10 年期 AA 级公司债券的收益率又不同。虽然存在利差，但这些利率往往一致波动，一起上涨、下跌④。经济学家经常使用利率一词代表无风险收益率，因此不强调单个利率之间的差异。⑤

那么回报率呢？它与收益率相同吗？换句话说，如果我买入一份两年到期的收益率为 8.5%的债券，我的回报率是每年 8.5%吗？答案是：只有在很罕见的情况下才是。

很显然，当债券在到期前卖出（或计算回报率）时，收益率和回报率可能会不同。回报率的公式如下，即总回报率是现金流 cf 占初始价格 p_0 的百分比加上资本利得 Δp 占初始价格的百分比⑥：

$$R=\frac{\Delta p}{p_0}+\frac{cf}{p_0} \tag{6.13}$$

---

① 一个好的例子是收益率，如上所述，收益率既可以是到期收益率也可以是当期收益率。有时候人们也用收益率表示已实现回报率。

② 这个术语的历史原因是债券凭证附有息票，必须剪下来并提交才能获得利息付款。

③ 正如有关收益率差价的讨论所表明的，违约风险的变化也可能是一个影响因素。

④ 这并不是说利差本身是不会变动的。

⑤ 与经济学相反，金融学较少关注整体利率水平，大量的关注点在于收益率差价的决定因素。

⑥ 如果现金流不能恰好在持有期结束时发放，那就必须小心。正确的方法是将持有期拆分为一系列较短的期间，其边界与现金流发放的时点相一致。先计算每个子周期的回报率，加 1，再将这些回报率相乘，最后减 1。这就是相关期间的回报率（使用此期间作为度量的基础）。对于足够短的期间，人们常常轻微“作弊”，并假设所有现金流在期间结束时发放。

对于债券来说现金流是息票，因此上述公式可变为：

$$R=\frac{\Delta p}{p_0}+\frac{c}{p_0} \tag{6.14}$$

对于（如政府发行的）无风险债券来说，公式（6.14）中的第二项是确定的，但第一项中的资本利得是未知的。因此，回报率将随价格变化，回报率恰好等于初始收益率一定是非常偶然的。

资本利得决定回报率，但是什么决定资本利得呢？资本利得取决于收益率的变化，如同债券定价公式阐述的一样。如前所述，债券价格和债券收益率必然反向运动。由于更高的价格等于更高的资本利得，那么收益率和回报率必然反向变化。

例题 6-6： 5 年期债券的票面利率为 6%，到期收益率为 10%，目前按照面值的 84.84%出售，假设一年后，债券的价格为面值的 81.78%（这意味着 YTM 是 12%）。计算这一年的回报率可以得出回报率小于最初的收益率，为什么？

解： 具体计算过程详见图 6-5。本题答案是 3.46%，由－3.61%的资本利得占初始价格的百分比和 7.07%的现金流占初始价格的百分比组成。回报率小于初始收益率的原因是，YTM 上升会带来资本损失。收益率及回报率计算如图 6-5 所示。

在整个债券的生命周期中回报率如何呢？如果我们暂时忽略违约风险，那么资本利得或损失是确定的，这是因为到期日价格必须等于面值。然而，即使一个人从债券发行时就买入并持有它直到到期，也只有在很罕见的情况下，实现的回报率才会等于债券的（原始）收益率。① 原因是在计算 YTM 时假定了利息总是以 YTM 进行再投资。因此，实现的回报率将会超过或低于 YTM，这取决于该假设的有效性。

	A	B	C	D	E	F
1	到期收益率				回报率	
2	债券当前市场价格（元）	84.84				
3	年度	现金流（元）	现金流（元）	债券利息现金流回报率	资本利得回报率	总回报率
4	0	−84.84		−84.84		
5	1	6.00	−81.78	6	81.78	
6	2	6.00	6.00			
7	3	6.00	6.00			
8	4	6.00	6.00			
9	5	106.00	106.00			
10	收益率与回报率计算	10.00%	12.00%	7.07%	−3.61%	3.47%
11		=IRR(B4:B9)	=IRR(C4:C9)	=-D5/D4	=-E5/D4-1	=E10+D10

图 6-5 收益率及回报率计算

例题 6-7： 你在首次发行时购买了 5 年期的票面利率为 8%的债券。购买价和面值一样。利息每半年支付一次。如果你能够以 10%的利率再投资所有利息（半年复利），那么债券生命周期内你实现的回报率是多少？

① 然而，与在更短的期间上度量回报率相比，当持有债券至到期时，回报率和收益率通常彼此更接近。

解：首先计算你持有的现金流终值，即面值（假设为 100 元）和向前复利 10 个期间的息票付款（在此使用 Excel 中的终值计算公式）的总和。计算求得你持有的最终价值为 150.31 元。然后，使用 Excel 中的收益率公式，得出贴现率为 4.16%，将其乘以 2 得到 8.32%，这就是基于半年复利实现的回报率。它大于 YTM，因为投资者以大于 YTM 的利率进行再投资。投资回报率计算如图 6－6 所示。

	A	B	C
1		投资回报率	
2	年度	当期支付与每期利息（元）	本金偿还（元）
3	0	-100.00	
4	0.5	4.00	
5	1	4.00	
6	1.5	4.00	
7	2	4.00	
8	2.5	4.00	
9	3	4.00	
10	3.5	4.00	
11	4	4.00	
12	4.5	4.00	
13	5	4.00	100.00
14	现金流终值	¥50 .31	100
15		=FV(0.05,10,-4)	
16	投资回报率	4.16%	
17		=RATE(10,0,-100,150.31)	

图 6－6　投资回报率计算

最后，我们简要讨论为什么相同时间观察到的不同债券的收益率不同。换句话说，为什么能够观察到债券价差（即收益之间的差异）？存在债券的收益率利差主要有两个原因：到期时间和违约风险。我们先讨论违约风险，并在后面讨论债券的利率期限结构①。

具有较高违约概率的债券应该比具有较低违约概率的债券获得更高的收益率。在这种情况下，必须区分承诺收益率和预期收益率。举个简单的例子，市场上有一个债券承诺 1 年后支付 100 元。假如不考虑时间价值，如果这个债券没有风险（有 100%的概率在到期时支付 100 元），你现在愿意付出 100 元买这个债券吗？这个债券的承诺收益率是 100/100－1＝0%。预期收益率也是 0%。如果这个债券有很大的风险，有 50%的概率支付 100 元，有 50%的概率支付 0 元，而你现在可能只愿意付出 50 元购买这个债券，这个债券的承诺收益率是 100/50－1＝100%。但这个债券的预期收益率是（100×50%＋0×50%）/50－1＝0%。

标准的 YTM 是通过承诺付款计算的。为了使预期收益率更接近低风险的债券，高风险债券需要较高的承诺收益率。要理解这一点，参看公式（6.15）：

$$p=\frac{E(c)}{1+E(\mathrm{YTM})}+\frac{E(c)}{[1+E(\mathrm{YTM})]^2}+\cdots+\frac{E(c)+E(f)}{[1+E(\mathrm{YTM})]^n} \tag{6.15}$$

对于有风险的债券，其预期的现金流 $E(c)$ 的上限是其对应承诺的部分（因为承诺的

① 其他三个原因是息票、流动性和特殊选项（例如可转换）。对于为什么息票会影响债券收益率，我们会在后面的脚注中讨论。流动性较差的债券应该要求更高的收益率，因为投资者（在出售债券时）很难在短时间内收到接近市场价格的报价。

部分可能违约)，因此有风险的债券的承诺收益率必须高于预期收益率。

信用评级公司通过给发行的债券提供信用评级，包含有关违约概率的信息，为市场提供有价值的服务。目前，国内以债券发行企业付费模式经营的评级机构共7家，其中中诚信国际信用评级有限责任公司、联合资信评估有限公司、大公国际资信评估有限公司、上海新世纪资信评估投资服务有限公司四家公司在各项业务市场份额都较大，深圳鹏元征信有限公司的企业债券评级业务处于领先地位，但它没有银行间市场债券评级资格。2017年国内发行人付费评级机构评级业务市场份额见表6-3。

截至2017年12月31日，存续债券中，发行企业主体等级在AA级及以上的占比达到94.6%，最高等级（AAA级）债券余额占比为61.53%，有很强偿债能力（AA级）以上的债券金额占比为99.65%（见表6-4）。可能是因为长期以来我国信用债的违约率较低，所以债券投资者对于信用风险不敏感，对所投资债券的信用等级也不关注，信用评级行业在资本市场尚处于弱势地位。

表6-3　2017年国内发行人付费评级机构评级业务市场份额

	公司债券		企业债券		中期票据		短期融资券	
	数量（只）	占比（%）	数量（只）	占比（%）	数量（只）	占比（%）	数量（只）	占比（%）
中诚信国际信用评级有限责任公司	868	29.9	878	16.7	1 224	34.3	159	34.8
大公国际资信评估有限公司	423	14.6	808	15.3	747	20.9	86	18.8
联合资信评估有限公司	878	30.2	775	14.7	944	26.4	118	25.8
上海新世纪资信评估投资服务有限公司	333	11.5	557	10.6	568	15.9	70	15.3
深圳鹏元征信有限公司	241	8.3	1 857	35.2	—	—	—	—
东方金诚国际信用评估有限公司	160	5.5	388	7.4	86	2.4	24	5.3
远东资信评估有限公司	4	0.1	6	0.1	—	—	—	—
合计	2 907	100.0	5 269	100.0	3 569	100.0	457	100.0

资料来源：Wind资讯。

表6-4　我国发行人及债券级别分布统计表

	家数（家）	家数占比（%）	截止日债券余额（亿元）	余额占比（%）
AAA	745	15.58	195 177.96	61.53
AA+	1 003	20.97	62 029.41	19.55
AA	2 279	47.66	52 902.73	16.68
AA-	497	10.39	5 992.35	1.89
A+	141	2.95	641.69	0.20
A	55	1.15	84.01	0.03
A-	15	0.31	15.40	0.00
BBB及其他	47	0.98	377.96	0.12
合计	4 782	100.00	317 221.51	100.00

资料来源：Wind资讯，统计信息截至2017年12月31日。

第二节　利率的期限结构及其理论

一、债券价格变动与期限

我们已经证明，债券价格和债券收益率反向变动。债券价格变化和债券收益率变化的主要关系如下：债券的到期时间越长，债券价格的波动性越大，也就是说，给定 YTM 的变动，长期债券的价格会以更大的百分比变动。

为了说明这一点，假设有几只票面利率为 8%的息票债券，它们的到期时间从 3 年到 15 年不等。所有债券发行时都按照面值出售。表 6－5 显示了它们的价格对债券收益率分别增加、减少 2%或 4%的反应。

表 6－5　不同期限债券的价格和债券收益率的变化（债券面值＝100 元）

期限（年）	YTM 变化			
	收益率为－4%时债券的价格（元）	收益率为－2%时债券的价格（元）	收益率为 2%时债券的价格（元）	收益率为 4%时债券的价格（元）
3	111.10	105.35	95.03	90.39
5	117.81	108.42	92.42	85.58
7	124.01	111.16	90.26	81.75
9	129.74	113.60	88.48	78.69
11	135.04	115.77	87.01	76.25
13	139.94	117.71	85.79	74.31
15	144.47	119.42	84.79	72.76

从表中可以看出，债券的到期时间越长，对给定的收益率变化，债券价格的反应就越大。也就是说，长期债券具有更高的利率风险。正如接下来将要讨论的，由于这个原因，长期债券通常具有更高的收益率。较高的收益率包含风险溢价，以便购买长期债券的投资者获得风险补偿。

二、利率的期限结构

（一）债券剥离

传统意义上，标准债券是到期时间大于一年的包含息票的产品。① 唯一的零息票固定收益证券是短期货币市场工具，如 3 个月期到 1 年期的国库券。如今存在长期的政府的零

① 初始发行期限为一年或更少的固定收益证券通常不支付利息。

息票债券，它们是通过债券剥离过程被“设计”出来的。操作是金融机构购买标准的附息债券，并独立出售现金流（该证券被称为资产剥离证券）。例如，某只 2 年期债券（假设每年付息）的第 1 年和第 2 年的现金流可以变成以下两只债券：一只 1 年期的零息债券和一只 2 年期的零息债券。①

资产剥离证券的价值暗含在对应的附息债券的价格之中。如果我们知道 1 年期附息债券的收益率（或附息债券价格）以及 2 年期附息债券的收益率（或附息债券价格），我们可以推出 1 年期的零息收益率和 2 年期的零息收益率。

考虑一只 1 年期附息债券的价格，可以将其写成：

$$p_1=\frac{c}{1+\mathrm{YTM}}+\frac{f}{1+\mathrm{YTM}} \tag{6.16}$$

上式也可以写成：

$$p_1=\frac{c}{1+r_1}+\frac{f}{1+r_1} \tag{6.17}$$

此处 r_1 为 1 年期零息债券的年收益率（或利率）。可以看出，1 年期零息债券的年收益率和 1 年期附息债券的年收益率是相等的。

考虑一个 2 年期债券的价格，可以将其写成：

$$p_2=\frac{c}{1+\mathrm{YTM}}+\frac{c+f}{(1+\mathrm{YTM})^2} \tag{6.18}$$

上式也可写为：

$$p_2=\frac{c}{1+r_1}+\frac{c+f}{(1+r_2)^2} \tag{6.19}$$

此处 r_1 为 1 年期零息债券的年收益率（或利率），r_2 为 2 年期零息债券的年收益率（或利率）。通常我们使用 r_n 表示 n 期零息债券的年收益率（或利率）。② 对零息债券的利率或收益率的情况，我们将使用术语即期收益率或即期利率（即期的意思是现在进行买卖）。在公式（6.19）中，由于 1 年期年利率是已知的（从 1 年期债券价格可以算出），唯一未知的是 2 年期即期利率。如果该利率（或其对应价格）并未反映出该零息债券的交易价格，就会存在套利机会。正如我们在上一章所述，如果“套装”（即，上述 2 年期附息债券）相对于“裤子”和“外套”（即上述两只零息债券）而言更便宜，则可买入前者，进行债券剥离，并将分离的现金流售出来获取利润。反之，如果 2 年期附息债券相对上述两只零息债券而言较贵，则买入两只零息债券并将其打包成一只附息债券。轻松地赚取套利利润将会持续进行，直至上述价格［或利率（收益率）］相一致。因此从公式（6.19）我们可以推出 2 年期即期利率 r_2。

（二）收益率曲线

表示即期收益率与到期时间之间关系的连续图形被称为收益率曲线，通常也被称为利

---

① 此处我们会忽略以下现实情况，即机构经常把最后一期的利息和本金分开出售。

② 如果知道所有 $n-1$ 期的纯贴现利率和第 n 期息票支付债券的收益率，就可能可以计算 r_n。

率的期限结构。根据一系列收益率和到期时间的点，尽可能接近地连接这些点便可以得到一条曲线。[①] 图 6－7 显示了基于政府附息基准债券所得到的一条收益率曲线。这种向上倾斜的形状是较典型的，虽然有时也会有向下倾斜、水平或其他形状的曲线。随后我们将讨论这些不同形状的收益率曲线意味着什么。

在选择债券绘制该曲线的过程中，重点是使得所有影响收益率的其他因素维持不变而只是到期时间变化。考虑到这一情况，通常我们只考虑政府证券。因为这些证券无违约风险，拥有良好的流通性，而且（通常）不包含特殊选项。不幸的是，即便是政府债券，不同债券间的息票利率也是不相同的。可以证明，由于税收和收益率曲线斜率的影响，息票利率可能会对收益率产生影响。[②] 因此，最好是完全采用零息票政府债券，之前讨论的资产剥离证券正是出于此目的的理想选择。基于这样的资产剥离证券的曲线被称为即期收益率曲线。[③]

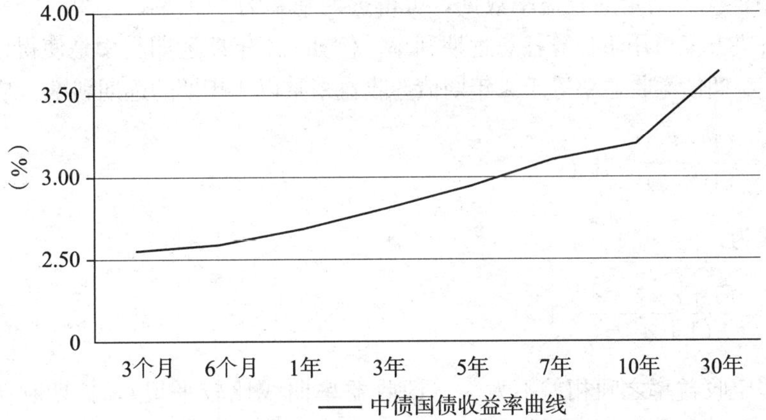

图 6－7　中债国债收益率曲线（2017 年 1 月 13 日）

资料来源：中国人民银行网站。

注：此处横轴刻度不均匀，是为了绘图的方便，不影响曲线形状。

（三）远期利率

本节的余下部分提及的收益率或利率指即期（或零息债券）收益率或利率。同时示例所涉及的全部债券均为零息债券。为了理解期限结构，以及在某一给定时点收益率曲线为何会如此呈现，将长期收益率分解为一系列组成部分是非常有用的。第一步是理解远期利率（远期的意思是在未来时刻进行买卖）。[④]

假设存在 1 年期零息债券和 2 年期零息债券，它们的每 100 元票面价值对应的售价分别为 89.28 元和 82.65 元（意味着对应收益率分别为 12%和 10%）。投资者想进行 2 年的

---

① 通常使用比较复杂的利率期限结构拟合技术。例如，见 Deaves，R.，Parlar，M. A generalized bootstrap method to determine the yield curve. Applied mathematical finance，2000，7：257－270.

② 在大多数税收制度下，低息票债券的收益率低于高息票债券，因为普通收入的税率较高（而利息收入税率较低），而低息票债券的部分回报通常是资本利得，这意味着纯贴现债券的收益率曲线将低于可比的息票债券的收益率曲线。

③ 即使不存在资产剥离证券，也可以估计合成的零息票债券的收益率曲线。

④ 有时“隐含”会被加到术语中（如“隐含远期利率”），因为这些远期利率必须通过计算得出，而不是被观察到的。

债券投资。一种策略是购买 2 年期债券，以 100 万元投资，可以购买面值为 121（=100/82.65×100）万元的债券，从而保证其回报率为 10%。另一个策略是购买 1 年期债券，当其到期时，“将其滚动”至新的 1 年期债券。使得两个策略回报率相等的 1 年以后的利率（当前未知）被称为未来一年的远期利率。

设 for_j 为未来第 j 年的远期利率。① 回到上面的例子，for_1 为所求的远期利率，计算公式如下：

$$1\,000\,000\times(1+r_2)^2=1\,000\,000\times(1+r_1)(1+\text{for}_1) \tag{6.20}$$

通过简单的改写可得出远期利率：

$$\text{for}_1=\frac{(1+r_2)^2}{1+r_1}-1 \tag{6.21}$$

在本例中，代入给定的收益率数据，可得远期利率为 8.04%。

类似的解决方案可用于计算任意远期利率。例如，4 年期远期利率是使得以下等式成立的利率，即 5 年期债券收益率等于 4 年期债券收益率乘以 4 年期的远期利率。结果如下：

$$\text{for}_4=\frac{(1+r_5)^5}{(1+r_4)^4}-1 \tag{6.22}$$

更一般的公式为：

$$\text{for}_j=\frac{(1+r_{j+1})^{j+1}}{(1+r_j)^j}-1 \tag{6.23}$$

可以证明，假定收益率之间相差不太大（即收益率曲线比较平坦），长期利率近似等于 1 年期即期利率和其他所有完成该期限跨度需要的远期利率的平均值。② 例如，3 年期即期利率近似等于 1 年期即期利率、1 年期远期利率和 2 年期远期利率的平均值。③

例题 6-8：1 年期、2 年期以及 3 年期债券的即期利率分别如下：$r_1=11\%$；$r_2=10\%$；$r_3=9\%$。请计算 1 年期和 2 年期的远期利率。

解：使用公式（6.23），可求得 1 年期远期利率为 9.01%，2 年期远期利率为 7.03%。

三、期限结构理论

试图解释收益率曲线的主要的期限结构理论有：无偏预期理论、流动性溢价理论和市场分割理论。

1. 无偏预期理论

无偏预期理论认为，收益率曲线的形状主要由市场预期的未来短期利率水平决定。收

① 这里我们用年作为一个周期，但任何时间长度的周期都可以使用。

② 假设一条时间轴的间隔代表周期。1 年期即期利率会占据第一个间隔，1 年期远期利率会占据第二个间隔，2 年期远期利率则会占据第三个间隔，依此类推。

③ 更确切地说，3 年期即期利率恰好等于 1 年期即期利率、1 年期远期利率和 2 年期远期利率的几何平均值。当进行连续复利计算时，使用利率的算术平均［如（12%+8%）/2=10%］才是适当的，而不是几何平均。

益率曲线向上倾斜是因为市场预期未来的短期利率会上升；收益率曲线向下倾斜是因为市场预期未来的短期利率会下降；收益率曲线呈水平状是因为市场预期未来的短期利率将基本保持稳定；而收益率曲线呈峰形则是因为市场预期在较近的一段时期短期利率将会上升，而在较远的时期，短期利率将会下降。

回顾之前的远期利率示例，其中1年期远期利率为8.04%。根据无偏预期理论（unbiased expectations theory，UET），当市场参与者观察到这一利率时，他们通常会预期一年以后的1年期即期利率最终等于8.04%。也就是说以下等式成立：

$$\text{for}_1 = E(r_1) \tag{6.24}$$

此处 r_1 为一年以后发生的利率。$E(r_1)$ 是对一年以后发生的利率的期望值。UET的逻辑是直截了当的。可以证明，如果远期利率等于预期的未来即期利率，那么购买短期债券并将其滚动与购买长期债券的预期收益是相同的。因为如果它们不相等，一个策略的预期收益高于另一个策略，就会带来改变投资组合的动力，导致价格变化直到达到平衡。①

2. 流动性溢价理论

虽然大多数观察者都认为远期利率与市场预期的未来即期利率密切相关，但那些支持另一种期限结构理论——流动性溢价理论（liquidity premium theory，LPT）——的人认为预期的未来即期利率与远期利率之间存在一个缺口，称为流动性溢价。该缺口会导致远期利率高于预期的未来即期利率。也就是说以下等式成立：

$$\text{for}_1 = E(r_1) + \text{流动性溢价} \tag{6.25}$$

流动性溢价理论的支持者认为远期利率是预期的未来即期利率和流动性溢价的加总。事实上流动性溢价被认为是较小的，并且被认为是购买长期债券而承担的流动性风险的回报。

我们用一个简单的例子来说明什么是流动性风险和流动性溢价。假设存在1年期零息政府债券和2年期零息政府债券，它们的年收益率都是10%。如一个投资者现在有1 000元存款，一年后他需要1 100元给小孩交学费。他可以花1 000元购买1年期债券。这样一年后他一定能拿到需要的1 100元以保证小孩能上学。如果他购买2年期债券，一年后因为债券还没到期，他必须卖掉债券才能取回现金。注意对于2年期债券，必须等到到期日（2年）债券发行人才支付债券面值，即投资者必须持有该债券2年才能保证得到10%的年收益率，也即两年后他能拿到1 000元×$(1+10\%)^2$=1 210元。但一年后卖掉并不能保证这个债券能卖1 000元×(1+10%)=1 100元。一年后能卖多少取决于2年期债券（还剩1年到期）当时的市场价格。这样投资者就面临可能没足够的钱交小孩的学费的风险。这种因为流动性需求而产生的风险称为流动性风险。大部分投资者都有流动性需求。因此如果2年期债券要吸引投资者，必须提供高于10%的收益率以补偿投资者承担的流动性风险。这个高出的部分就是流动性溢价。

流动性溢价理论的逻辑来自长期债券比短期债券面临更大的流动性风险这个事实。由于存在这种额外风险，市场必须给长期债券的投资者更高的收益率作为回报。

---

① 可以证明，如果存在很多“风险中性”的套利者，UET一定是正确的。他们对利润的追求将确保远期利率与预期的即期利率相同。

对于各种形状的收益率曲线的解释，流动性溢价理论和无偏预期理论存在着显著差异。对于水平的收益率曲线，无偏预期理论认为市场预期未来的短期利率将基本保持稳定，而流动性溢价理论则认为市场预期未来的短期利率将会降低，降低的幅度正好等于流动性报酬。对于向下倾斜的收益率曲线，流动性溢价理论也认为市场预期未来的短期利率将会下降，但下降的幅度比无偏预期理论预期的下降幅度更大。而对于向上倾斜的收益率曲线，流动性溢价理论认为市场预期未来的短期利率既可能上升，也可能保持不变，但即使市场预期未来的短期利率保持不变，由于存在正的流动性报酬，收益率曲线也会上升。

（1）不变的流动性溢价，预期未来的短期利率不变（上升），见图 6-8（a）。

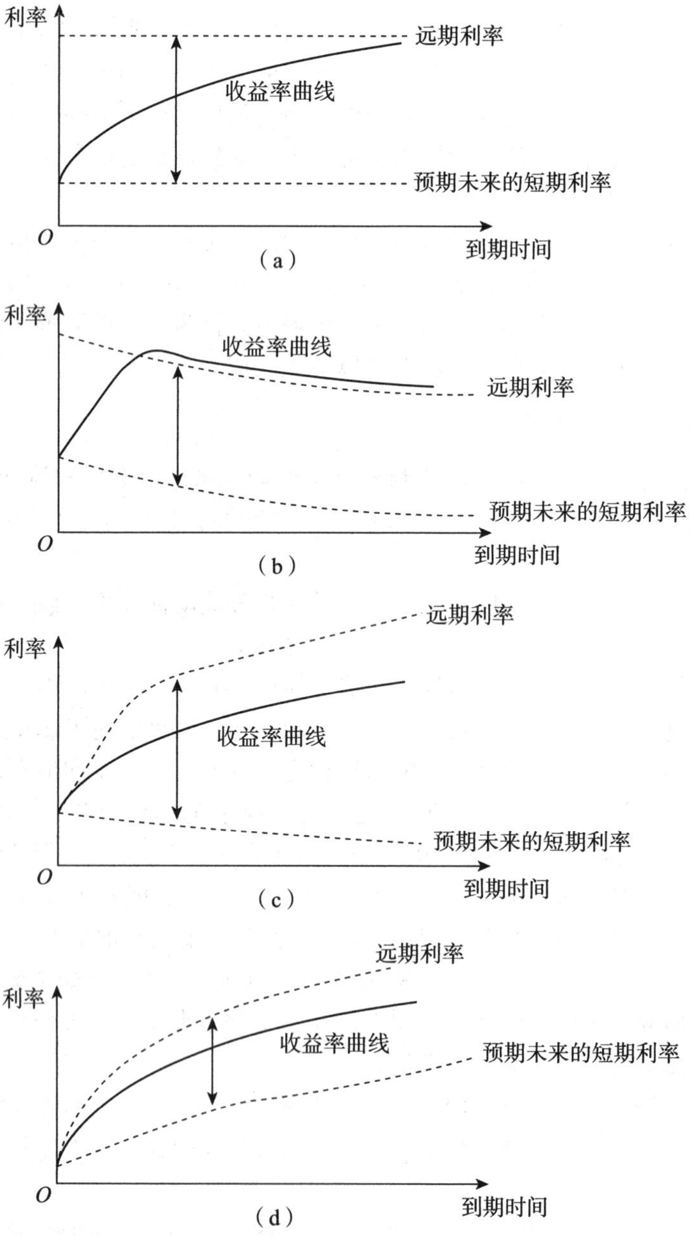

图 6-8　流动性溢价理论下的各种利率期限结构

（2）不变的流动性溢价，预期未来的短期利率下降，见图 6－8（b）。

（3）上升的流动性溢价，预期未来的短期利率下降，见图 6－8（c）。

（4）上升的流动性溢价，预期未来的短期利率上升，见图 6－8（d）。

3. 市场分割理论

投资者由于法律制度、文化心理、投资偏好的不同，一般会比较固定地投资某一期限的债券，这就形成了以期限为划分标志的细分市场。即期利率水平完全由各个期限债券市场上的供求力量决定，单个债券市场上的利率变化不会对其他债券市场上的供求产生影响。即使投资于其他期限债券市场的收益率可能会更高，风险报酬可能无限大，由于债券市场上的交易者只偏好自己投资的债券市场，也不会转而投资于其他债券市场。向下倾斜的收益率曲线说明短期债券市场的均衡利率水平高于长期债券市场的均衡利率水平；向上倾斜的收益率曲线说明短期债券市场的均衡利率水平低于长期债券市场的均衡利率水平；峰形的收益率曲线则说明中期债券市场的收益率最高；水平的收益率曲线则说明各个期限债券市场的利率水平基本一致。图 6－9 说明了具有不同到期期限的债券市场形成了各自的均衡利率。

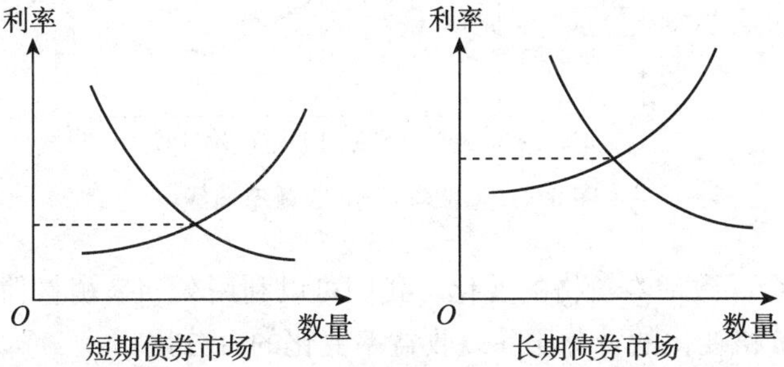

图 6－9　市场分割理论下的短期和长期债券市场供求关系对比

四、不同贴现率的多个现金流的现值

关于期限结构的知识使我们可以更精细地把未来的现金流贴现到现在。我们可以对不同的未来时间点使用不同的贴现率，而不是使用固定的贴现率。例如，假设你确定从今天起一年后收到 100 元、两年后收到 200 元、三年后收到 300 元，你观察到 1 年期、2 年期和 3 年期债券的即期利率分别为 10%、10.50%和 11%。你可以做如下计算：

$$V_0=\frac{100}{1.10}+\frac{200}{(1.105)^2}+\frac{300}{(1.11)^3}=474.06\text{（元）} \tag{6.26}$$

例题 6－9： 假设 1 年期利率为 11%，2 年期利率为 12%，3 年期利率为 13%。你期望一年后收到 500 元、两年后收到 300 元、三年后收到 400 元。这些现金流合计的现值是多少？

解： 这是现值可加性的直接应用。唯一的区别是每个现金流以不同的贴现率贴现。第一项的现值为 450.45 元；第二项的现值为 239.16 元；第三项的现值为 277.22 元，总的现值为 966.83 元。

第三节 久期与债券的利率风险

一、久期的定义

债券定价模型中最重要的因素是利率，因此债券的价格可以表示为利率的函数 $P(r)$，其中 r 是包含了利率期限结构中所有信息的利率因子。一般来说，债券价格是利率的减函数，即 $\mathrm{d}P(r)/\mathrm{d}r<0$，如图 6－10 所示。

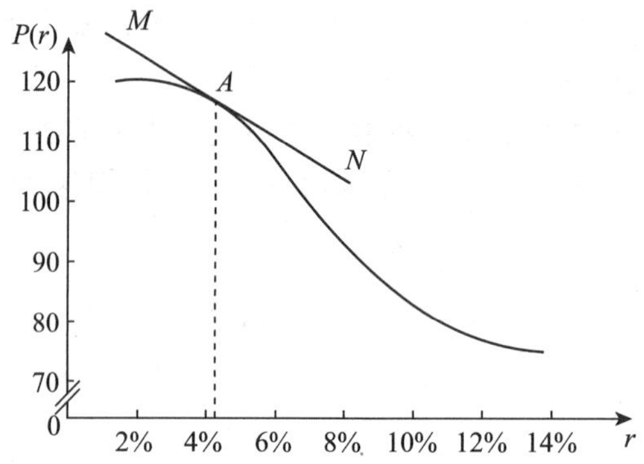

图 6－10 债券价格-收益率曲线

收益率的变化会导致债券价格的变化，我们可以利用久期来衡量债券价格的收益率敏感性。久期①就是价格变化的百分比除以收益率变化的百分比。

$$D=\frac{\Delta P/P}{\Delta(1+y)/(1+y)}=-\frac{\Delta P/P}{\Delta y/(1+y)} \tag{6.27}$$

式中，P 为债券的初始价格；ΔP 为债券的价格变化值；y 为初始收益率；$\Delta(1+y)$（或 Δy）② 为收益率的变化值。

公式中之所以加负号，是因为债券价格与收益率的变化方向相反。将公式（6.26）重新整理，可以得到如下关系式：

$$\frac{\Delta P}{P}=\frac{-D}{1+y}\times\Delta y \tag{6.28}$$

因此，如果知道某个债券的久期，就可以根据公式（6.27）计算一定的收益率变化百分比导致的价格变化百分比。如果定义 $D/(1+y)$ 为修正久期，用 D^* 表示，那么公式（6.27）可以转换为：

$$\Delta P/P=-D^*\times\Delta y$$

久期的计算公式如式（6.29）所示：

---

① 久期实际上是价格的利率弹性。

② $\Delta(1+y)$ 与 Δy 相等。

$$D=\frac{1}{P}\sum_{t=1}^{T}\frac{tCF_t}{(1+y)^t} \tag{6.29}$$

依据公式（6.28）计算出来的久期也称麦考利久期。可以看出，普通债券的久期是债券现金流到期时间的加权平均，其权重是每次现金流现值占现金流现值总和（即债券价格）的比例。在上一节中，我们曾指出债券的到期时间与价格的利率敏感性具有相关性。但是，将到期时间作为价格的利率敏感性大小的测量指标是不完善的，久期——债券现金流（即每期息票利息和到期本金支付）的平均到期时间才是衡量普通债券价格的利率敏感性的准确指标。

可以说，普通债券的久期是债券的有效到期时间，它是收到每一笔支付的时间的加权平均，权重与支付的现值成比例。一般来说，除了零息债券外，债券的久期一般比到期时间短一些。零息债券的久期与它的到期时间相等。但对于某些特殊债券，久期可能会比到期时间更长。请记住，久期是衡量债券价格的利率敏感性的指标，某些附加选择权债券价格的利率敏感性很大，即利率的微小变化会引起债券价格的大幅变化，这些债券的久期有可能超过债券本身的期限。

最后需要强调的是，从本质上看，久期就是衡量债券价格的利率敏感性的指标，而不是一种期限。因为普通债券的久期等于所有现金流到期时间的加权平均数，所以很多人误以为久期是一种期限。对于一些特殊债券而言，久期是不等于未来现金流到期时间的加权平均数的。

我们看债券 A 和 B 的具体计算过程，两只债券都是 2013 年 4 月 20 日发行的 10 年期债券，年度付息一次，债券 A 的息票利率是 8%，债券 B 的息票利率是 13%，两者的到期收益率都是 7%。我们可以据此根据麦考利久期的原始定义计算债券 A 和债券 B 的久期，分别是 7.346 6 和 6.753 5；我们也可以利用 Excel 自带的久期公式计算得到相同的结果。具体计算过程详见图 6-11。

从图 6-11 中可以看出，债券 A 的久期高于债券 B 的久期，这是因为债券 A 的息票利率低于债券 B 的息票利率，因而相对而言，债券 B 比债券 A 有更多现金流被提前回收，因而债券 B 的现金流的平均到期时间会短于债券 A。

二、影响久期变动的因素

票面利率、到期时间、到期收益率是影响债券价格的利率敏感性的三个重要因素，它们与久期之间的关系也表现出一些规律。

（1）保持其他因素不变，票面利率越低，息票债券的久期越长。呈现这种规律的原因在于：票面利率越高，早期现金流的现值越大，占债券价格的权重越高，这会使时间的加权平均值越低，即久期越短。所以，零息债券的久期比其他条件相同的息票债券的久期要长。我们知道，票面利率越低，债券价格的利率敏感性越强，而久期是对债券价格的利率敏感性的度量，这与票面利率越低久期就越长是一致的。

（2）保持其他因素不变，到期收益率越低，息票债券的久期越长。对于这种规律的解释是：到期收益率越低，后期现金流的现值越大，在债券价格中所占的比重也越高，这会使时间的加权平均值越高，即久期越长。我们已经分析过，初始收益率水平越低，债券价

	A	B	C	D	E	F	G
1	债券久期计算						
2	YTM	7%					
3	年份	$C_{t,A}$	$t*C_{t,A}/$ $Price_A*(1+YTM)^t$		$C_{t,B}$	$t*C_{t,B}/$ $Price_B*(1+YTM)^t$	
4	1	80	0.069 9		130	0.085 5	=$A4*E4/(E$15*(1+$B$2)^$A4)
5	2	80	0.130 6		130	0.159 8	=$A5*E5/(E$15*(1+$B$2)^$A5)
6	3	80	0.183 1		130	0.224 0	
7	4	80	0.228 1		130	0.279 1	
8	5	80	0.266 5		130	0.326 0	
9	6	80	0.298 9		130	0.365 7	
10	7	80	0.325 9		130	0.398 7	
11	8	80	0.348 0		130	0.425 8	
12	9	80	0.365 9		130	0.447 7	
13	10	1 080	5.129 9		1 130	4.041 3	
14							
15	债券价格	1 070.24=NPV(B2,B4:B13)			1 421.41=NPV(B2,E4:E13)		
16	久期	7.346 6=SUM(C4:C13)			6.753 5=SUM(F4:F13)		
17							
18	使用 Excel 自带 Duration 公式						
19	债券 A	7.346 6=DURATION(DATE(2013,4,20),DATE(2023,4,20),0.08,0.07,1.3)					
20							
21	债券 B	6.753 5=DURATION(DATE(2013,4,20),DATE(2023,4,20),0.03,0.07,1.3)					

图 6-11　Excel 中久期公式计算示例

格的利率敏感性越强，这与债券的到期收益率越低久期就越长也是一致的。当然，对于零息债券，它的久期始终等于到期时间，不受到期收益率大小的影响。

（3）一般来说，在其他因素不变的情况下，到期时间越长，久期就越长。债券的到期时间越长，价格的利率敏感性越强，这与债券的到期时间越长久期就越长是一致的。但是，久期并不一定总随着到期时间的增长而增长。对于收益率很高的某些债券，久期可能会随着到期时间的增长而缩短。此外，息票债券久期的增长速度比到期时间的增长速度慢一些。也就是说，当到期时间增长一年时，久期的增长小于一年。当然，对于零息债券来说，久期等于到期时间，即到期时间增长一年，久期也增长一年。

三、久期对债券利率风险的度量

我们已经知道，债券的到期时间与价格的利率敏感性是相关的。与到期时间相比，久期能更准确地衡量债券价格的利率敏感性，是对债券的利率风险程度的测量，也是规避资产组合利率风险的重要工具。如果两个债券到期时间相同，但票面利率不同，那么它们的价格对利率变动的反应程度是不同的。然而，如果两个债券的久期相等，那么即使票面利率不同，它们的价格的利率敏感性也是相同的。这是因为久期不仅考虑了到期时间不同对利率敏感性的影响，还考虑了票面利率这一影响利率敏感性的重要因素。所以，只有对于不存在息票支付的零息债券，到期时间才能准确衡量利率敏感性，因为这种情况下的到期时间与久期正好相等。用一句话来概括就是，债券的价格波动与久期成比例，而不是与到期时间成比例。前面的公式（6.27）清楚地表达了价格波动与久期的关系：

$$\frac{\Delta P}{P}=\frac{-D}{1+y}\times\Delta y$$

定义$\frac{D}{1+y}$为修正久期，用 D^* 表示，那么上式可以转换为公式（6.28），即

$$\frac{\Delta P}{P}=-D^*\times\Delta y$$

上式表明，债券价格变动的百分比（相对数）等于修正久期与到期收益率变动值（绝对数）的乘积。修正久期越大，利率变动时价格的波动越大，利率风险就越大。

仍然回到前述债券A和债券B的例子，当债券收益率由7%上升为7.70%时，两只债券的价格都下降了，我们可以分别使用现金流贴现公式计算利率变动导致的实际价格变动，分别为49.83元和60.92元，而利用久期公式计算得到的债券价格变动则分别为51.44元和62.80元，要高于债券的实际价格波动。具体计算过程见图6-12。

当收益率的变动较小时，用修正久期估计的价格波动百分比是比较准确的，而当收益率的变动越来越大时，这种估计的误差也就越来越大。另外，这种估计也不能体现价格波动的不对称性。不论收益率是上升还是下降，用修正久期计算出来的价格波动百分比的大小都是相同的，但实际情况是收益率下降时价格上升的幅度比收益率上升时价格下降的幅度大。为什么利用修正久期估计会出现这种误差？用修正久期估计价格波动时，我们认为 $\Delta P/P\approx-D^*\times\Delta y$，这表明债券价格变动百分比与收益率变动值成正比，价格变动的百分比关于收益率变动值的函数绘成图形后应当是一条斜率为 $-D^*$ 的直线。但是，事实上债券价格与债券收益率之间的关系并不是线性的，在图中应当表现为一条下凸的曲线，这就造成了修正久期估计的误差。我们用图6-13来说明。

在图6-13中，实际的函数曲线与修正久期估计的直线在初始点（$\Delta y=0$）处相切。对于收益率的小幅变动，两条线之间的距离非常小，用修正久期估计的价格波动十分接近实际波动。但是，随着收益率的变动越来越大，两条线之间的距离越来越远，用修正久期估计的价格波动偏离实际波动的程度越来越大，估计值越来越不准确。从图中可知，修正久期估计的直线始终位于实际曲线的下方。因此，当收益率上升时，实际价格波动较小，使用修正久期会高估价格的下降幅度；当收益率下降时，实际价格波动较大，使用修正久期又会低估价格的上升幅度。这就解释了我们在例题中得到的计算结果。

	A	B	C	D	E	F
1	利用久期计算债券的利率敏感性					
2	收益率	7%				
3						
4	债券 A			债券 B		
5	息票利率	8%		息票利率	13%	
6	面值（元）	1 000		面值（元）	1 000	
7	到期年数	10		到期年数	10	
8						
9	价格计算（元）	1 070.24		价格计算（元）	1 421.41	=PV($B$2,E7,-E5*E6)+E6/(1+$B$2)^E7
10	久期计算（元）	7.346 6		久期计算（元）	6.753 5	=DURATION(DATE(2013,4,20),DATE(2023,4,20),E5,B2,1)
11						
12	利率变动	7.7%				
13	新的价格（元）	1 020.41			1 360.50	=PV($B$12,E7,-E5*E6)+E6/(1+$B$12)^E7
14						
15	价格变动					
16	实际变动（元）	49.83			60.92	=E9-E13
17	利用久期公式计算 DP=-Duration*Price*Δr/（1+r）	51.44			62.80	=-E10*E9*($B$2-$B$12)/(1+$B$2)

图 6－12　利用久期计算债券的利率敏感性

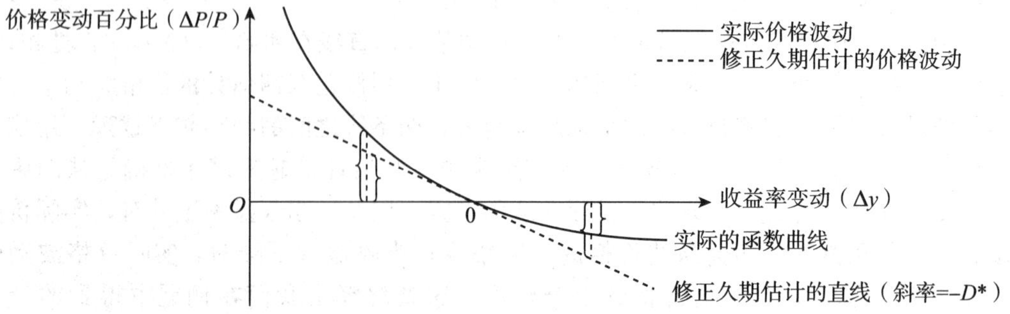

图 6－13　实际价格波动与久期估计的价格波动

第四节　可转换债券的定价

一、可转换债券概述

可转换债券（简称可转债）是一种集债券和股票的特点于一体的混合型证券，它以公司债券的形式发行，持有者可以在到期日前以一定条件将其转换成公司的股票。因此，可转换债券可以看作同时具有债券和股票双重属性的金融工具。例如，A 公司发行面值为 100 元的债券，债券条款中规定一份债券可以以 10 元的价格转换 10 股公司股价。

可转换债券的条款主要包括票面利率、转换价格、转换比例、转换期限、赎回条款、回售条款，等等。

（1）票面利率。票面利率是指可转换债券作为普通债券所应支付的利率，它给予投资者一个最低收益的保证，通常低于普通债券利率和同期市场的借贷利率，但高于企业股票的分红率。

（2）转换价格（转股价格）。转换价格是指债券发行时确定的将债券转换成股票所应支付的每股价格。它是可转换债券最主要的财务特征，也是可转换债券发行与转换成功与否的关键所在。

（3）转换比率。转换比率是指可转换债券的持有人在行使转换权利时，一单位的可转换债券所能转换成对应普通股票的数量，即：

$$\text{转换比率}=\frac{\text{单位可转换债券的面值}}{\text{转换价格}}$$

（4）转换期限。转换期限是指从协议规定可转换债券开始有权履行转换权利到该权利停止的期间，即可转换债券可以行使转换权的有效期限。在此期限内，债券持有人可以自由地将可转换债券按照转换价格转换成相应数量的股票，进而上市交易。当可转换债券到期时，持有人要么行使转换权，要么要求发行公司还本付息。

（5）赎回条款。赎回条款是指发行公司在可转换债券发行结束后的某个时期内，可以按照条款约定的价格强制收回发行在外的未转换的可转换债券，赎回价格通常高于可转换债券的面值，以对投资者因可转换债券被强制收回而遭受的损失进行一定程度的补偿。赎回条款可以保护发行企业的利益，回避利率风险和财务风险，避免转换受阻的风险。赎回条款通常是不利于投资者的，赎回条款的制定加速了可转换债券转换为普通股票的过程。

（6）回售条款。回售条款是指当发行企业股票的市场表现长期不佳时，可转换债券的持有人有权要求发行公司以约定的价格购回发行在外的可转换债券，从而将股票市场的价格风险转嫁到发行人身上。它与赎回条款刚好相反，其主要功能在于保护投资者的利益。相应地，作为补偿，含有回售条款的可转换债券较之相同条件下不含回售条款的可转换债券的票面利率要低。

例题 6－10： 以 2018 年 4 月 17 日发行的天马转债（113507.SH）为例看其赎回条款和回售条款。其赎回条款规定，在该债券的可转债转股期内，当下述两种情形的任意一种出现时，公司董事会有权决定按照债券面值加上当期应计利息的价格赎回全部或部分未转股的可转债：1）在本次发行的可转债转股期内，当公司A股股票连续30个交易日中至少有15个交易日的收盘价格不低于当期转股价格的130%（含130%）时。2）当本次发行的可转债未转股余额不足3 000万元时。

其回售条款规定，在该可转债最后两个计息年度，当公司A股股票在任何连续30个交易日的收盘价格低于当期转股价格的70%时，可转债持有人有权将其持有的可转债全部或部分按债券面值加上当期应计利息的价格回售给公司。

二、可转换债券的价值

可转换债券可看成由以下两部分构成，即普通债券和债券持有者将债券转换为普通股票的期权。由此，可转换债券的价值可分为三个部分：普通债券价值、转换价值和期权价值。

可转换债券的转换价值等于它立即转换为股票时股票的市场价值。很显然，可转换债券的价值不能低于其转换价值，否则投资者就可以购买可转换债券，然后立即将其转换，获得无风险的利润。众多投资者采取这种策略的结果必然导致可转换债券的价值不会低于其转换价值。同理，可转换债券的价值不会低于其作为普通债券的价值。因此，可转换债券的价值至少不低于普通债券价值和转换价值两者中的最高者。

可转换债券的价值通常会超过可转换债券的普通债券价值与转换价值之和。原因在于，可转换债券的投资者不必立即转换债券；相反，投资者可以通过等待并在未来利用可转换债券的普通债券价值和转换价值两者孰高来选择对己有利的策略（即是将其转换为普通股还是当作普通债券持有），这种可以选择等待而获得的期权也是有价值的，它使可转换债券的价值超过其普通债券价值与转换价值之和。

可转换债券的价值可以通过图6-14说明。

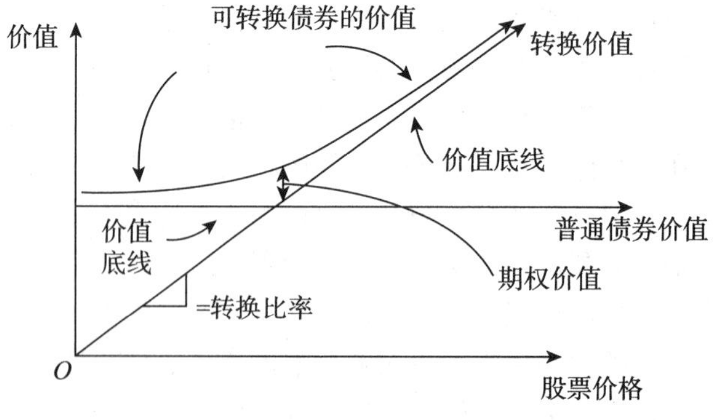

图6-14　可转换债券的价值图解

图6-14表示可转换债券的价值是普通股票价格的函数。我们假设可转换债券无违约风险，可转换债券的普通债券价值不依赖于股票价格，为一条直线。可转换债券的转换价值线的斜率就是转换比率。从图6-14中可以看出，可转换债券的价值等于其普通债券价值和转换价值两者中的最大值与期权价值之和：

可转换债券的价值＝max(普通债券价值，转换价值)＋期权价值

图 6－14 中可转换债券的价值线和其价值底线间的垂直距离就是期权价值。当公司的股票价格比较低时，可转换债券的价值主要取决于其作为普通债券的价值。当公司的股票价格比较高，即可转换债券的转换价值高于其普通债券价值时，可转换债券的价值主要取决于转换价值。

从理论上说，我们可以将可转换债券看作是普通债券加上看涨期权。因此，可以分别计算其普通债券价值和转换价值的最大值以及期权价值，然后将两者加总就可以得到可转换债券的价值。但是，实际操作中很难运用这种方法，这是因为应用布莱克-斯科尔斯期权定价公式需要严格的假设前提，而可转换债券的期权很难满足这些前提条件。

（1）由于投资者将可转换债券转换为股票时，相当于按照其普通债券价格购买股票。因此，转换时其普通债券价值就是期权的执行价格。由于其普通债券价值不断变化，因此期权的执行价格也不断变化，所以不能直接应用布莱克-斯科尔斯期权定价公式计算可转换债券的期权价值。

（2）由于绝大多数可转换债券都规定了赎回条款和回售条款，因此债券的期限是不确定的，而布莱克-斯科尔斯期权定价公式要求债券的到期日是确定的。

为了克服期权定价模型的上述缺陷，英格索（Ingersoll，1977）、布伦南（Brennan，1977）和施瓦茨（Schwartz，1977）等经济学家利用或有索取权（contingent claims）的定价方法确定可转换债券的价值。在这种方法中，可转换债券的价值主要取决于发行可转换债券的公司的价值。布伦南和施瓦茨（Brennan and Schwartz，1980）在以前模型的基础上又提出了一个包括利率变化服从随机过程的模型。介绍这些模型需要关于随机过程的知识，这远远超出了本书的范围，有兴趣的读者可参阅相关文献。

关键术语

利率的期限结构　　债券的利率风险　　久期　　可转换债券

习　题

1. 请解释两个名词：利率的期限结构和久期。

2. 简述对利率期限结构进行解释的理论。

3. 某只新发行的债券，票面利率为 8%（年末付息一次），期限为 5 年。发行者按面值出售该债券。

（1）请计算该债券的久期。

（2）如果投资者期望的到期收益率为 10%，能否按其面值发行？发行价格应该是多少？

4. 假设债券市场中，国债的面值为 100 元的 1 年期零息债券的价格为 94 元，2 年期零息债券的价格为 88 元。现假设某投资者准备按面值购买新发行的 2 年期国债，国债的

面值为 100 元，年息票利率为 10%。

（1）求 2 年期零息债券的到期收益率。

（2）求第 2 年的远期利率。

（3）如果无偏预期理论成立，求新发行国债在第 1 年年末的预期价格和预期到期收益率。

5. 休斯在 1 月初持有一个价值为 10 万元的债券组合，该组合 6 个月的平均久期为 9 年。如果 6 月份国债期货的现价是 108 元，当期货到期时可以选择交割的债券久期为 8.8 年。请问休斯应该如何规避 6 个月内的利率风险？

6. 面值为 1 000 元、票面利率为 8%的 10 年期每年付息的息票债券的价格为 900 元。该债券的到期收益率为多少？

7. 票面价值为 10 000 元的每年付息的息票债券，距离到期还有 14 年，票面利率为 7.75%，到期收益率为 9%，请问该债券的价格为多少？假设该债券每年付息两次，并且到期收益率基于半年度复利，请再次计算该债券的价格。

8. 请问什么是收益率曲线？

9. 如果 1 年期即期利率为 6%，2 年期即期利率为 8%，请计算现有条件下所有可以得出的远期利率。

10. 考虑以下两只债券，债券 A 和债券 B，票面利率均为 10%，票面价值均为 1 000 元，均为每年支付利息。债券 A 的期限为 20 年，而债券 B 的期限为 10 年。如果到期收益率为 10%，那么这两只债券的价格分别为多少？如果到期收益率上升至 12%，这两只债券的价格分别为多少？如果到期收益率下降至 8%，这两只债券的价格分别为多少？

11. 如果 1 年期即期利率为 6.5%，2 年期即期利率为 7.5%，3 年期即期利率为 7%，请计算现有条件下所有可以得出的远期利率。试证明 3 年期即期利率是三个数的某种平均数。是哪三个数？请做出解释。

12. 两只债券在各方面（如到期日、违约风险）都相同，但其中一只债券票面利率较高。请问为什么会有人想要购买票面利率较低的债券？

13. 票面利率为 10%，到期收益率为 12.475%的每年付息的息票债券的价格等于票面价值的 85%。该债券的期限为多少？

14. 你观察到以下到期收益率：1 年：7%；2 年：8%；3 年：9.50%；4 年：11%；5 年：12%。请计算未来 4 年的 1 年期远期利率，并根据两大主要利率期限结构理论对这些数字进行解释。如果无偏预期假说成立，请证明 3 年后出售的 4 年期债券的预期收益与 3 年后出售的 5 年期债券的预期收益是相同的。

第七章

分散化与风险投资组合

【本章要点】

- 分散化以及投资组合的收益与风险
- 多个风险资产的投资组合
- 风险资产投资组合分散化在中国A股市场的检验
- 马科维茨投资组合模型
- 分散化与大类资产配置

投资在经济活动中扮演着重要的角色，无论是国家、企业还是家庭，都在频繁地进行着投资决策。国家将部分外汇投资于其他国家发行的债券，用财政收入投资基础设施建设；企业将部分现金投资于其他经济实体的股权、债权，以期在未来获得收益；家庭对财富进行分配，投资于股票、债券、基金，以实现家庭财富的保值增值。任何经济实体在进行投资活动时都要遵循分散化的原则，我们用一个通俗的比喻来说就是：不要把鸡蛋放在同一个篮子里。分散化的意义在于降低投资风险，保证投资者收益的稳定性，使得某一种投资品收益降低时，另一种投资品的收益可能上升，以使收益与损失相互抵消，降低风险。

投资分散化的实现在于怎样进行合理的分散化投资决策，从而有效降低风险。分散化的决策可以看作是层层递进的过程。首先实现的应当是财富在风险资产与无风险资产上的分配，其中无风险资产一般包括现金、银行存款、短期国债、货币基金，等等。其次是在风险资产上实现分散，风险资产的分散化可以在多个维度上实现。一是在风险资产的对象维度进行分类，比如在股票、债券、基金、金融衍生工具上进行分散投资；二是在风险资产的地域维度进行分类，比如将资产分配到多个国家或经济组织的投资品当中，抑或是分别在发达国家和新兴市场经济体的市场上进行投资；三是在期限维度进行分类，将财富分配到短期资产、中期资产和长期资产上，以实现期限分散化，有效预期未来的现金流，防止流动性风险的发生。最后，投资分散化还可以进一步实现，投资的对象还可以进一步细分，比如可以将股票资产分配于多个公司，将债券投资分配到国债、企业债、地方债上，从而进一步降低风险。因此投资分散化并不是简单地将资产投资于不同的产品，而是应该自上而下地，跨品种、跨期限、跨地域地进行广义的资产配置。此处为了让读者更好地理解分散化的思想和内容，我们将使用一些简单的模型进行分析，对于上述过程中复杂的分散化问题，在此不作过多的分析。

本章首先讨论分散化以及投资组合收益（收益率）与风险的相关概念；其次会讲解当投资组合中存在多个资产时的收益与风险状况，进一步分析分散化投资是如何降低风险的；之后会简要地介绍马科维茨的均值-方差模型，分析投资组合收益与风险之间的相关关系；最后简要介绍在大类资产之间进行分散化投资的思想。

第一节　分散化以及投资组合的收益风险

一、投资组合的收益与风险

投资组合是由多个资产所组成的，因此在分析投资组合的收益与风险之前，首先要介绍资产的预期收益率与风险。

资产的预期收益率是指在不确定的条件下，预测某资产未来可实现的收益率，是未来所有可能产生的收益率的期望值。

在投资过程中，投资者常常要计算投资的平均收益。平均收益率的计算一般有两种：

（1）算术平均收益率。

算术平均收益率是将各个期间的收益率（R_t）加总后除以期间数（n）。计算公式如下：

$$\bar{R}=\frac{R_1+R_2+R_3\cdots+R_n}{n}=\frac{1}{n}\sum_{t=1}^{n}R_t \tag{7.1}$$

算术平均数适用于各期收益率差别不大的情况，如果各期收益率差别较大，计算出来的平均收益率容易受到极端值的影响。

（2）几何平均收益率。

几何平均收益率使用了复利的思想，考虑到了资产的时间价值。n 期的平均收益率是前 n 期收益率的复合增值形式。几何平均收益率的计算公式如下：

$$R_G=\sqrt[n]{(1+R_1)(1+R_2)(1+R_3)\cdots(1+R_n)}-1 \tag{7.2}$$

几何平均收益率假定每一期结束时，将所有的本息进行再投资。算术平均收益率相对于几何平均收益率来说有上偏倾向，收益率波动越大，上偏倾向越明显。换句话说，当算术平均收益率相对于几何平均收益率产生较大的上偏倾向时，说明市场出现了较大的波动。

广义的风险是指某种事件发生的不确定性，投资某个资产带来的风险是指资产收益率波动带来的收益与损失的不确定性。我们用收益率的方差来表示。

特别地，无风险资产的收益率记为 r_f，其方差为 0。

假设孤岛上有一家旅游公司，晴天时旅游公司会获得较高的收益，阴天时会获得中等的收益，雨天时会获得较低的收益，公司的收益与公司的股票价格息息相关。假设你今天以 10 元的价格持有这家旅游公司的股票，并希望能够计算明天股价的预期收益率，孤岛的天气预报给出了明天出现不同天气的概率，具体数值见表 7 - 1。

表 7-1　旅游公司的股价与明天出现不同天气的概率

天气	旅游公司股价（元）	天气出现概率
阴天	12	0.2
雨天	8	0.2
晴天	15	0.6

由表 7-1 可得，阴天的股票收益率为 20%，雨天的股票收益率为－20%，晴天的股票收益率为 50%，预期收益率为：0.2×0.2－0.2×0.2＋0.5×0.6＝30%

投资组合的收益是指组合中所持有的各个资产的预期收益率的加权平均值。这里我们要介绍投资权重的概念，投资权重是指投资组合中某资产的价值占投资组合总价值的比重。比如你想要持有一个总价为 5 万元的投资组合，其中 A 股票的价格为 3 万元，则 A 股票的投资权重为 60%。

投资组合的风险是指投资组合收益的波动率，代表投资组合的收益与损失的不确定性，在此我们用投资组合收益率的方差作为衡量风险的指标。

二、风险偏好

从投资者的角度来看，不同的投资者存在着对风险不同的喜好和厌恶程度，我们将这种喜好和厌恶程度称为风险偏好。投资者的风险偏好可以分为三类：风险喜好、风险中性和风险厌恶。风险喜好的投资者偏好承担风险，喜欢赌博。在面临相同的预期收益率时，风险喜好的投资者认为风险更大的投资组合会给自己带来更多效用。风险中性的投资者对风险没有明显的喜好和厌恶的区分，持中立的观点。风险厌恶的投资者不喜欢承担风险，在面临相同的收益率时，风险厌恶的投资者认为风险更小的投资组合会给自己带来更多效用。三类投资者的效用函数如图 7-1、图 7-2、图 7-3 所示。图 7-2 中，资产 p 与资产 q 的加权资产 w 产生了更低的投资组合风险，但是对于风险喜好者来说，也产生了更低的效用值（v 点），而这是由其凹效用函数决定的，即该函数的二阶导数大于零。如图 7-3 表示，对于风险厌恶者来说，更低风险的投资组合 w 产生了更高的效用值 u，而这是由其凸效用函数决定的，即该函数的二阶导数小于零。就线性效用函数来说，风险中性投资者的效用产生与投资组合风险一致的线性变化。

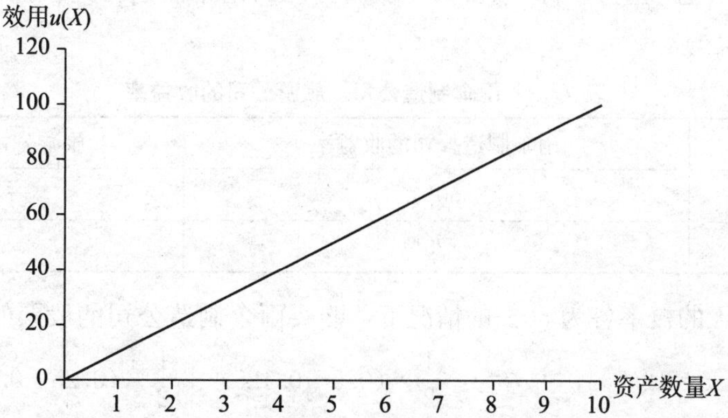

图 7-1　风险中性

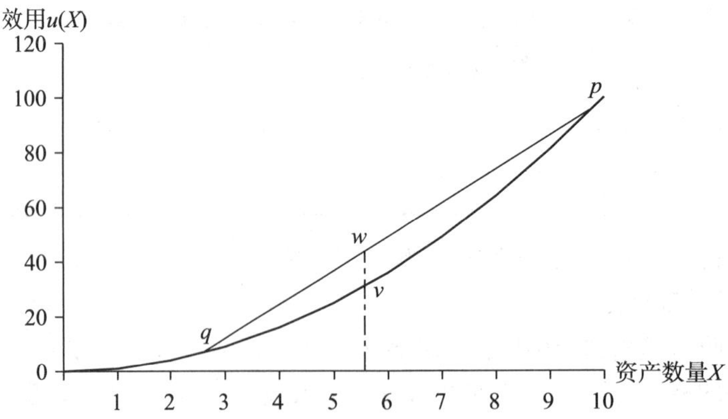

图 7-2　风险喜好

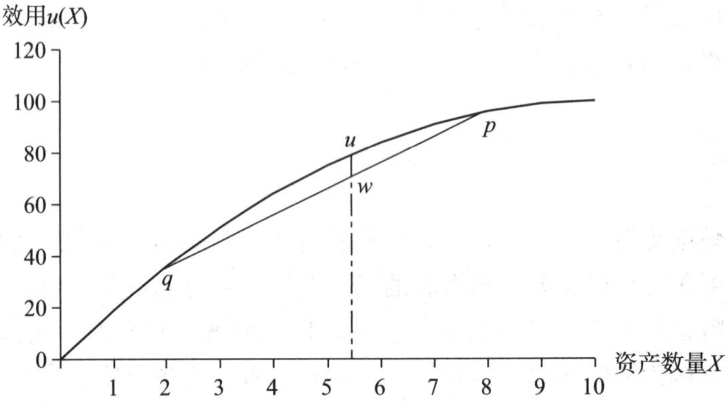

图 7-3　风险厌恶

三、分散化

分散化是指投资的分散化原则，即将资金投资在不同类别的资产或证券上。分散化的目的是在保持一定收益率的基础上，降低投资组合的风险。

首先我们用一个投资两家公司股票的例子来理解分散化带来的好处。假设孤岛经济依靠旅游业维持，且岛上只有两家公司：旅游公司与雨伞制造公司。两者的投资回报率如表 7-2 所示。

表 7-2　雨伞制造公司、旅游公司的收益率

天气	雨伞制造公司的收益率	旅游公司的收益率
晴天	50%	-25%
雨天	-25%	50%

在晴天与雨天的概率各为 50%的情况下，购买雨伞制造公司的股票的预期收益率为：$\frac{1}{2}\times 0.5-\frac{1}{2}\times 0.25=12.5\%$，方差为：$\frac{1}{2}\times(0.5-0.125)^2+\frac{1}{2}\times(0.25-0.125)^2=0.078$。

购买旅游公司的股票的预期收益率和方差同样分别为 12.5%和 0.078。

但是同时购买两只股票时，投资收益率为确定的12.5%。因此同时购买两家公司的股票使得投资风险相互抵消。投资者在三种情况下同时获得相同的预期收益率，前两种投资策略中投资者获得的是存在风险的收益率，而在分散化的投资组合中，投资者获得了确定的投资收益率，投资者的风险被完全对冲了。

我们再举一个更贴近现实的例子，假如你用全部的资金持有A公司的股票，A公司是一家电子企业，其股票是一只大盘股，其波动与大盘指数的波动有着较高的一致性。你的投资的收益状况完全由A公司的股票的价格波动来决定。

假如你用一半的资金持有A公司的股票，同时用另一半资金持有B公司的股票。B公司是一家黄金开采公司，当市场上出现恐慌情绪，股票价格出现大规模下跌时，大部分投资者会选择持有黄金等贵金属，以实现财富的保值，需求短期内出现增长，提升黄金的价格，因此B公司股票的价格不会随市场产生大幅度的下跌，甚至还会出现一定幅度的上涨。此时，B公司的股票在一定程度上对冲了A公司股票产生的损失。两股相互弥补，在稳定投资组合收益率的同时又降低了风险。

此时投资组合的风险有两种，第一种是受到宏观经济状况影响而产生的风险，比如利率、经济周期、国家经济政策和经济状况引发的风险。这种风险是市场中几乎所有股票都会面临的风险，它处于公司外部，不为公司所预计和控制，我们称其为系统性风险、不可分散风险或市场风险。第二种风险是由公司内部的不确定性带来的风险，比如公司债务情况的变动、研发项目的重大进展引发的风险。它只会单一影响本公司股票的表现，我们称其为非系统性风险、可分散风险或独有风险。上述由A公司股票与B公司股票构成的投资组合分散的风险属于非系统性风险。

因此我们也可以给出这样的定义：系统性风险是指在资产充分分散化的情况下依然不能消除的风险；反之，非系统性风险是指能通过分散化投资的方式消除的风险。

1. 系统性风险

系统性风险分为以下几种：

(1) 市场风险。

市场风险是受到经济周期影响，空头市场与多头市场交替出现而导致的投资组合收益变化。当市场从某个低点持续稳定上升时，这种上升趋势的市场被称为多头市场，即牛市；当市场达到某个高点开始下降时，市场类型转变为空头市场，即熊市。长期来看，空头市场与多头市场随着经济周期的变化交替往复。经济周期通常经历四个阶段，即繁荣、衰退、萧条、复苏。多头市场从萧条的后期开始，到繁荣的后期结束；空头市场从繁荣的后期开始，到萧条的后期结束。

(2) 利率风险。

利率风险是指利率变动引起证券市场的价格变动，进而带来的投资组合收益的不确定性。一般来说，利率与证券价格反向变化。受市场利率变化影响最为明显的是债券，其价格与利率表现出较为明显的反向变化趋势。利率上升，投资者将资金从证券市场撤出并投资于货币市场，导致证券市场需求量下降，价格下跌；利率下降，投资者将资金从货币市场撤出并投资于证券市场，导致证券市场需求量上升，价格上涨。

(3) 通货膨胀风险。

通货膨胀风险是指由于通货膨胀造成货币贬值，使得货币的购买力下降，从而使投资者蒙受损失的可能性。证券投资的收益率可以分为名义收益率与实际收益率，实际收益率是经通货膨胀调整之后的收益率，通货膨胀率升高时，实际收益率降低，收益率固定、持有时间较长的证券比较容易受通货膨胀风险影响。

（4）流动性风险。

流动性风险是指投资者在将证券变现时发生损失的可能性。当市场流动性较差时，货币的供给小于需求，投资者需要付出更多的成本来变现；当市场流动性较强时，货币的供给大于需求，投资者可以付出较低的成本来变现；这里付出的成本包括变现所需的时间、税费、佣金，等等。

（5）政策风险。

政策风险是指本国政府或其他国家的政府或经济组织出台的经济政策以及市场的管理措施使投资者受到损失的可能性。政策风险一般会通过影响上述证券市场的一系列经济指标间接影响证券市场的价格和收益。对于投资者来说，预先判断政策风险的难度相对较大。

（6）其他风险。

系统性风险的类型还有很多，比如战争、国家政权变更所引起的政治风险，证券期限长短可能给投资者带来的期限风险，等等。

2. 非系统性风险

非系统性风险分为以下几种：

（1）经营风险。

经营风险是指在企业经营过程中各种因素可能给投资者带来损失的可能性。企业经营状况越差、竞争力越弱，企业经营风险就越大，未来的预期收益也就越低，从而给投资者带来损失的可能性也就越大。

（2）财务风险。

财务风险是指由一家公司的资本结构、财务设置等财务管理方式所带来的风险。一家公司一般选择两种方式进行融资：一种是发行股票，融得的资金即为企业的股本，形成投资者的股权；另一种是发行债券或从银行借款，形成投资者的债权。股票需要根据当期的企业利润进行股利分配，而股利的派发不是强制性的；债券和借款则需要企业按期支付利息，一旦违约，企业和投资者将承受巨大的损失。因此在资本结构中，债券和借款比重较大的公司具有相对更高的财务风险。

（3）违约风险。

违约风险是指因发行人不能按期支付证券利息或到期偿还本金而给投资者带来的风险。违约风险的程度一般与企业的经营状况与信誉情况息息相关。企业违约会导致市场上的投资者大幅抛售其股票、债券，造成资产价格大幅下跌，给投资者造成双重损失。

在投资组合中进行分散化操作，不必止于仅投资两种证券，我们可以在投资组合中加入更多的证券以进一步分散风险。如果我们在投资组合中持续添加更多证券，投资组合的风险也会不断下降，但是投资组合的风险在下降到一定数值之后开始收敛，因为无论添加多少证券，投资组合都会有一部分风险无法被分散，这一部分风险即为系统性风险。投资组合标准差与风险资产数量之间的关系如图 7-4 所示。

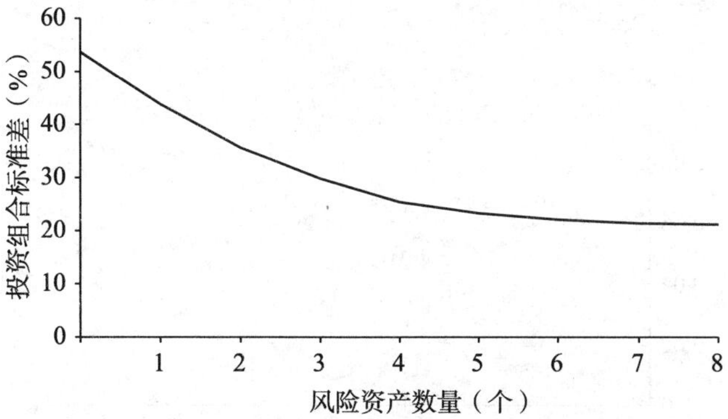

图 7-4　投资组合标准差与风险资产数量之间的关系

资料来源：Bodie，Z.，Marcus，A. J.，Kane，A. Investment. New York：McGraw-Hill，2017.

第二节　多个风险资产的投资组合

上一节我们讲到，在投资组合中加入多个风险资产，进行分散化投资，可以有效降低投资组合的非系统性风险，那么持有多个风险资产的投资组合会表现出怎样的收益和风险呢？它们之间又存在着怎样的关系呢？

一、两个风险资产的投资组合

在分析两个风险资产的投资组合之前，我们先分析两种简单的情况。

假设投资组合中只有一个风险资产，投资组合的预期收益率为 r，投资组合的标准差为 σ。我们建立一个以预期收益率为纵轴、标准差为横轴的坐标系，图 7-5 中的 a 点代表了该投资组合。

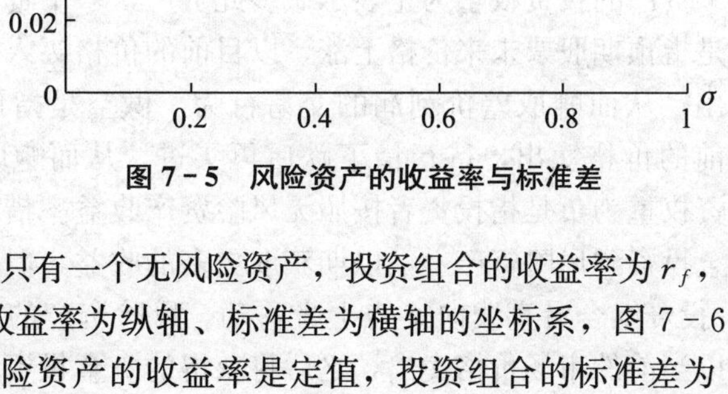

图 7-5　风险资产的收益率与标准差

假设投资组合中只有一个无风险资产，投资组合的收益率为 r_f，投资组合的标准差为 0。我们建立一个以收益率为纵轴、标准差为横轴的坐标系，图 7-6 中的 r_f 点代表了该投资组合。由于无风险资产的收益率是定值，投资组合的标准差为 0，因此 f 点位于纵轴上。

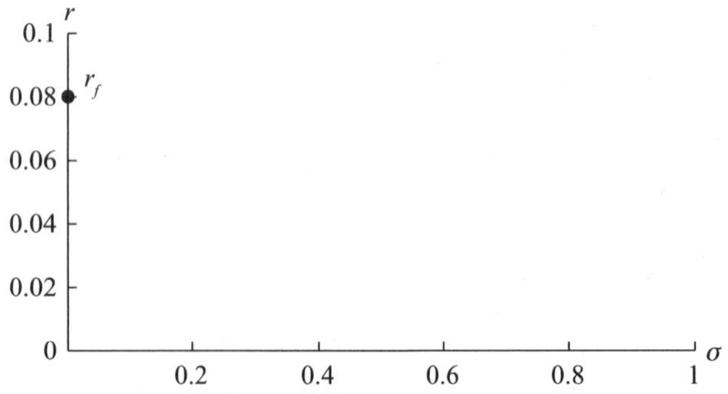

图 7-6 无风险资产的收益率与标准差

如果投资组合中包括一个风险资产和一个无风险资产，风险资产的预期收益率为 r，标准差为 σ，风险资产的投资权重为 w，无风险资产的收益率为 r_f 则该投资组合的收益率为 $r_p=wr+(1-w)r_f$，投资组合的标准差为 $\sigma_p=w\sigma$。我们发现，投资组合的预期收益率与标准差受到风险资产的投资权重 w 的影响，在图 7-7 中表现为一条线段。

w 越高说明风险资产的投资权重越大，投资组合的收益和风险越大；w 越低说明风险资产的投资权重越小，投资组合的收益和风险越小。特别地，当 $w=1$ 时，投资组合中只含有风险资产，当 $w=0$ 时，投资组合中只含有无风险资产。

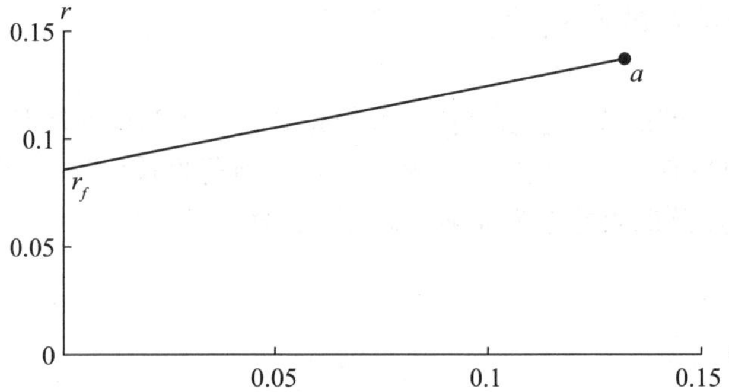

图 7-7 风险资产与无风险资产组成的投资组合的线段表示

w 的取值是否必须局限于 0 到 1 之间呢？答案是否定的。w 的取值是可以小于 0 或者大于 1 的。当 $w<0$ 时，风险资产的投资权重为负；当 $w>0$，$1-w<0$ 时，无风险资产的投资权重为负。一个资产的投资权重为正表示做多此资产，一个资产的投资权重为负表示做空此资产。做多是指预期股票未来价格上涨，以目前的价格买入一定数量的股票，等价格上涨后，高价卖出，从而赚取差价利润的交易行为。做空是指预期股票未来价格下跌，将手中股票按目前的价格卖出，待行情下跌后再买进，从而赚取差价利润的交易行为。无风险资产的投资权重为负是指投资者按照无风险资产收益率借入资金，利用加杠杆的手段，将更多的资金投资到风险资产上，以期获取更多的收益，但是同时承当了更多风险，因此在图 7-8 中投资组合沿直线向 a 点上方移动。风险资产的投资权重为负是指投资者借入风险资产，以当前的市场价格卖出，之后将获得的资金投资于无风险资产，这一

行为同时降低了投资组合的收益与风险。

我们将组合的标准差代入组合的收益率表达式中，消去 w，得到的代数表达式为：

$$r_p = r_f + \frac{\sigma_p}{\sigma}(r - r_f) \tag{7.3}$$

上述表达式的斜率为$\frac{r - r_f}{\sigma}$，我们将其称为风险资产的夏普比率，夏普比率是风险资产超额收益与其波动率的比值，风险资产的收益越高，标准差越小，夏普比率就越高，这说明资产更具有投资价值。图 7－8 中是一条连接投资组合的预期收益率与投资组合的标准差的组合点的射线，我们称其为资本市场线。

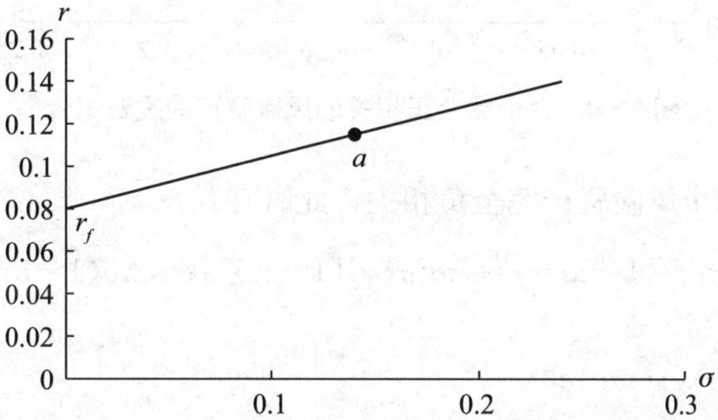

图 7－8 风险资产与无风险资产投资组合的直线表示（包含做空组合）

如果投资组合中包括两个风险资产，风险资产的预期收益率分别为 r_1、r_2，风险资产的标准差分别为 σ_1、σ_2，投资权重分别为 w、$1-w$，则此投资组合的预期收益率和方差计算如下：

$$r_p = wr_1 + (1-w)r_2 \tag{7.4}$$

$$\sigma_p^2 = \mathrm{Var}(wr_1 + (1-w)r_2) = w^2\sigma_1^2 + (1-w)^2\sigma_2^2 + 2w(1-w)\rho\sigma_1\sigma_2 \tag{7.5}$$

投资组合的方差中包含了两个风险资产的协方差，因此两个风险资产的相关系数对投资组合的方差有较大的影响。

当 $\rho=1$ 时，两个风险资产完全正相关，此时有：

$$\begin{aligned}\sigma_p^2 &= \mathrm{Var}(wr_1 + (1-w)r_2) = w^2\sigma_1^2 + (1-w)^2\sigma_2^2 + 2w(1-w)\sigma_1\sigma_2 \\ &= [w\sigma_1 + (1-w)\sigma_2]^2\end{aligned} \tag{7.6}$$

$$\sigma_p = w\sigma_1 + (1-w)\sigma_2 \tag{7.7}$$

将式（7.7）代入式（7.4），得到投资组合的预期收益率与风险的函数关系：

$$r_p = r_2 + \frac{\sigma_p - \sigma_2}{\sigma_1 - \sigma_2}(r_1 - r_2) \tag{7.8}$$

投资组合的预期收益率与标准差依然表现为一条直线，两个完全正相关的风险资产的投资组合见图 7－9。当 $0<w<1$ 时，投资者将资金按照 w 和 $1-w$ 分配在两个风险资产上；当 $w<0$ 或 $w>1$ 时，投资者做空一项资产，加杠杆投资于另一项资产。当做空高风险资产时，投资组合的预期收益率和风险降低；当做空低风险资产时，投资组合的预期收益率和风险上升。

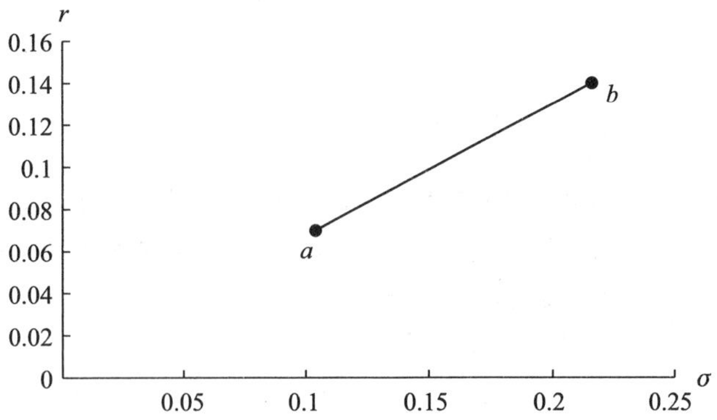

图 7－9　两个完全正相关的风险资产的投资组合

当 $\rho=-1$ 时，两个风险资产完全负相关，此时有：

$$\sigma_p^2=\mathrm{Var}(wr_1+(1-w)r_2)=w^2\sigma_1^2+(1-w)^2\sigma_2^2-2w(1-w)\sigma_1\sigma_2$$
$$=(w\sigma_1-(1-w)\sigma_2)^2 \tag{7.9}$$
$$\sigma_p=\pm(w\sigma_1-(1-w)\sigma_2) \tag{7.10}$$

因为 $\sigma_p>0$，因此当 $\sigma_p=w\sigma_1-(1-w)\sigma_2$ 时，$w\sigma_1-(1-w)\sigma_2>0$；当 $\sigma_p=-w\sigma_1+(1-w)\sigma_2$ 时，$w\sigma_1-(1-w)\sigma_2<0$。将上述两种情况代入式（7.4），得到投资组合的预期收益率与风险的关系：

$$r_p=\begin{cases}r_2+\dfrac{(r_1-r_2)}{\sigma_1-\sigma_2}\sigma_2+\dfrac{(r_1-r_2)}{\sigma_1-\sigma_2}\sigma_p,\ r_p\geqslant r_2+\dfrac{(r_1-r_2)}{\sigma_1-\sigma_2}\sigma_2 & (7.11)\\ r_2+\dfrac{(r_1-r_2)}{\sigma_1-\sigma_2}\sigma_2-\dfrac{(r_1-r_2)}{\sigma_1-\sigma_2}\sigma_p,\ r_p\leqslant r_2+\dfrac{(r_1-r_2)}{\sigma_1-\sigma_2}\sigma_2 & (7.12)\end{cases}$$

如图 7－10 所示，完全负相关的两个风险资产组成的投资组合表现为两条斜率互为相反数的射线，当 $w<0$ 或 $w>1$ 时，投资者做空一个资产，加杠杆投资于另一个资产；当 $\sigma_1-(1-w)\sigma_2>0$，$\dfrac{\sigma_2}{\sigma_2-\sigma_1}<w\leqslant 1$ 时，投资组合位于射线 $r_p=r_2+\dfrac{(r_1-r_2)}{\sigma_1-\sigma_2}\sigma_2-\dfrac{(r_1-r_2)}{\sigma_1-\sigma_2}\sigma_p$ 上，即图中下方的射线；当 $\sigma_1-(1-w)\sigma_2=0$，$w=\dfrac{\sigma_2}{\sigma_2-\sigma_1}$，$\sigma_p=0$ 时，投资组合位于图中两条射线的交点处，两个资产的风险被完全对冲，投资者通过投资组合获得确定的收益率 $r_2+\dfrac{(r_1-r_2)}{\sigma_1-\sigma_2}\sigma_2$；当 $\sigma_1-(1-w)\sigma_2<0$，$0\leqslant w<\dfrac{\sigma_2}{\sigma_2-\sigma_1}$ 时，投资组合位于射线 $r_p=r_2+\dfrac{(r_1-r_2)}{\sigma_1-\sigma_2}\sigma_2+\dfrac{(r_1-r_2)}{\sigma_1-\sigma_2}\sigma_p$ 上，即图 7－10 中上方的射线。不难发现，随着投资权重 w 的增大，投资组合的风险先不断减小，直至两个资产的风险完全对冲，之后投资组合的风险又不断增大。

当 $\rho\in(-1,1)$ 时，两个风险资产不完全相关：

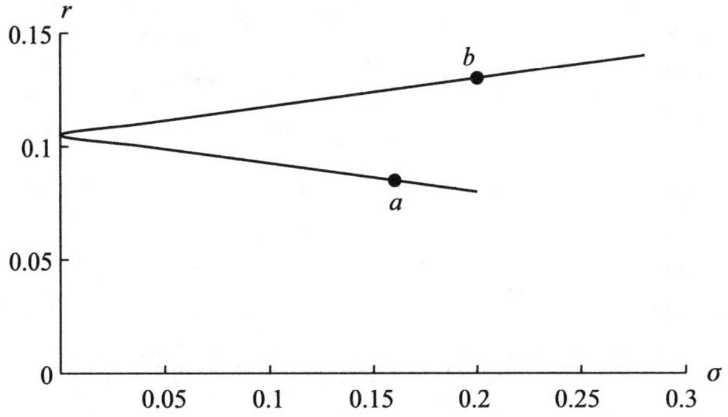

图 7-10 两个完全负相关的风险资产的投资组合

$$r_p = wr_1 + (1-w)r_2 \tag{7.13}$$

$$\sigma_p{}^2 = \text{Var}(wr_1 + (1-w)r_2) = w^2\sigma_1^2 + (1-w)^2\sigma_2^2 + 2w(1-w)\rho\sigma_1\sigma_2 \tag{7.14}$$

这种情况下资产组合的预期收益率与风险的关系计算较为复杂，在此不做赘述，仅对结论进行分析。

如图 7-11 所示，两个不完全相关的风险资产所组成的投资组合表现出双曲线的预期收益率与标准差关系，ρ 越趋近于-1，双曲线曲度越大，投资组合的最小方差越趋向于 0。ρ 越趋近于 1，双曲线曲度越小，投资组合的预期收益与标准差的关系越趋向于一条直线。

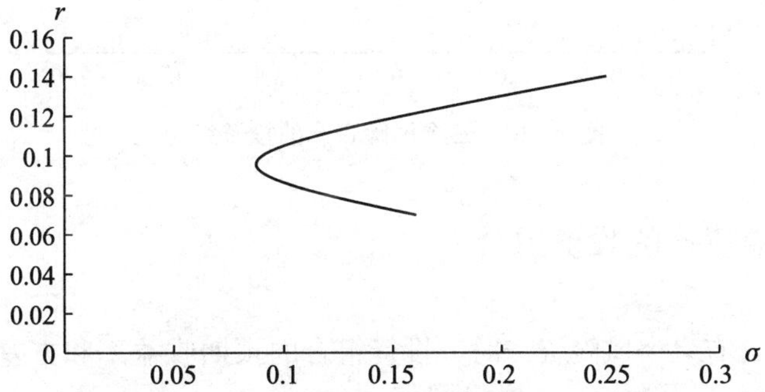

图 7-11 两个不完全相关的风险资产的投资组合

结合上述分析，两个风险资产的相关系数越趋向于-1，投资组合的标准差越小，当两个资产完全负相关时，投资者可以选择合适的投资权重，使得投资组合的标准差为 0，在未来获得确定的收益。两个风险资产的投资组合与其相关系数的关系见图 7-12。

二、三个风险资产的投资组合

当投资组合中包含三个风险资产时，分析会变得比较困难，但是我们可以用一种新的思路看待含有三个风险资产的投资组合。我们首先将其中两个风险资产进行组合，得到一条双曲线，将双曲线上的每个点看成是一个新的风险资产，这些新的风险资产再与第三个

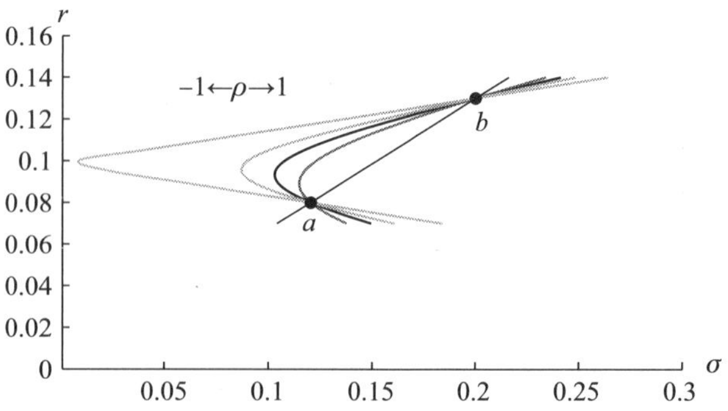

图 7－12　两个风险资产的投资组合与其相关系数的关系

风险资产进行组合产生新的双曲线，所有双曲线最终组成如图 7－13 所示的一个平面，平面表示了三个风险资产构成的投资组合可能得到的预期收益率与风险。

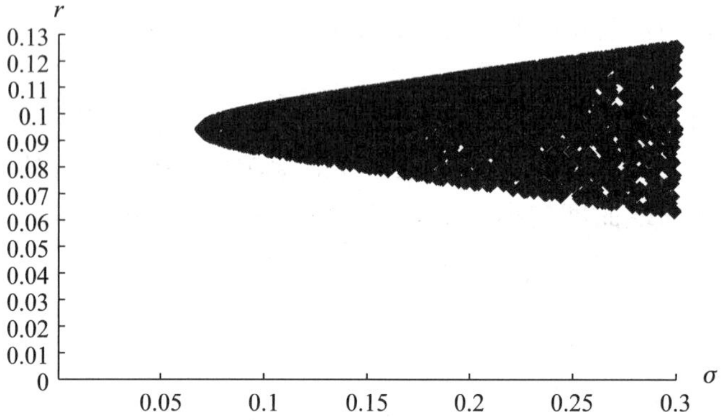

图 7－13　三个风险资产的投资组合

三、多个风险资产的投资组合

当投资组合中含有多个风险资产时，投资组合的预期收益率和方差如下，$\sum$ 表示投资组合中风险资产的协方差矩阵：

$$r_p=\sum_{i=1}^{n}w_i r_i\text{；}\ \sigma_p^2=\sum_{i=1}^{n}\sum_{j=1}^{n}w_i w_j \sigma_{i,j} \tag{7.15}$$

$$\sum=\begin{pmatrix}\sigma_1^2 & \cdots & \sigma_{1n}\\ \vdots & \ddots & \vdots\\ \sigma_{n1} & \cdots & \sigma_n^2\end{pmatrix} \tag{7.16}$$

为了让多个风险资产构成的投资组合的风险最小，投资者需要根据每个风险资产的预期收益率、方差以及协方差选择最优的投资权重，以使得投资组合的风险最小。马科维茨在 1952 年发表的论文《资产组合选择：投资的有效分散化》中，介绍了均值-方差模型，并且解释了如何在给定预期收益率的情况下，选择投资组合的最优投资权重。我们将在本章第四节简要介绍马科维茨的理论和模型。

第三节　风险资产投资组合分散化在中国A股市场的检验

本节将以中国A股市场为例，分析分散化对投资组合的收益率和风险的影响，为了简化分析，使读者更好地理解分散化的思想，我们将重点介绍两到三只股票的情况，简要分析多只股票构成的投资组合的情况。

我们选取了A股市场的7只股票，它们分别为青岛啤酒（600600）、山西汾酒（600809）、燕京啤酒（000729）、南方航空（600029）、建设银行（601939）、同花顺（300033）、东方财富（300059）。其中青岛啤酒（600600）、山西汾酒（600809）、燕京啤酒（000729）属于同一板块；南方航空（600029）、建设银行（601939）属于A股市场上的大盘股；同花顺（300033）、东方财富（300059）属于创业板股票。

我们将首先分析这7只股票在2017年的收益率和风险状况，结合股票之间的板块关系，分析它们之间的相关性以及投资组合的表现情况。表7-3给出了2017年这7只股票的月度及全年收益率，表7-4给出了2017年这7只股票的月度及全年收益率的标准差。

表7-3　月度收益率

时间	青岛啤酒（600600）	山西汾酒（600809）	南方航空（600029）	建设银行（601939）	同花顺（300033）	东方财富（300059）	燕京啤酒（000729）
2017-01	0.086 6	−0.011 2	0.042 7	0.057 0	0.052 3	−0.059 7	0.025 9
2017-02	0.034 4	0.200 5	0.051 9	0.029 6	−0.049 5	0.038 3	0.051 9
2017-03	−0.010 0	−0.013 8	0.046 8	0.003 4	−0.066 7	−0.093 8	0.000 0
2017-04	−0.023 5	0.058 7	−0.044 7	0.006 7	−0.106 1	−0.108 3	−0.070 7
2017-05	0.036 9	−0.003 2	0.120 8	0.065 2	0.120 2	0.062 2	−0.067 4
2017-06	0.058 2	0.122 3	0.008 1	0.009 1	−0.019 5	0.019 5	0.033 8
2017-07	−0.038 7	0.196 6	−0.063 1	0.095 9	−0.204 5	−0.042 4	−0.045 5
2017-08	−0.039 8	0.140 1	0.089 4	0.037 1	0.216 4	0.289 3	0.029 8
2017-09	−0.039 0	0.182 6	−0.057 0	−0.00 29	0.038 2	−0.068 1	−0.019 8
2017-10	0.122 0	0.061 2	0.054 4	0.027 3	−0.097 9	−0.106 3	−0.017 1
2017-11	−0.112 5	−0.176 5	0.269 5	−0.002 8	−0.113 5	0.101 1	−0.061 6
2017-12	0.281 9	0.184 6	0.076 8	0.075 6	0.000 0	−0.048 5	0.134 7
全年	0.350 1	1.315 8	0.719 3	0.475 6	−0.263 6	−0.079 5	−0.025 0

表7-4　月度标准差

时间	青岛啤酒（600600）	山西汾酒（600809）	南方航空（600029）	建设银行（601939）	同花顺（300033）	东方财富（300059）	燕京啤酒（000729）
2017-01	0.012 6	0.017 1	0.021 9	0.005 8	0.019 4	0.020 3	0.010 8
2017-02	0.010 3	0.030 0	0.015 5	0.009 5	0.015 9	0.015 4	0.010 3

续表

时间	青岛啤酒（600600）	山西汾酒（600809）	南方航空（600029）	建设银行（601939）	同花顺（300033）	东方财富（300059）	燕京啤酒（000729）
2017-03	0.011 7	0.020 2	0.011 5	0.006 2	0.008 4	0.010 6	0.007 2
2017-04	0.012 6	0.025 0	0.012 7	0.010 0	0.015 2	0.019 5	0.015 6
2017-05	0.020 9	0.028 8	0.010 6	0.009 6	0.014 4	0.025 5	0.015 0
2017-06	0.014 1	0.020 7	0.014 6	0.009 5	0.021 8	0.021 7	0.010 3
2017-07	0.012 4	0.021 6	0.012 1	0.012 5	0.032 2	0.031 9	0.013 7
2017-08	0.008 5	0.028 7	0.015 8	0.012 2	0.023 2	0.030 6	0.009 2
2017-09	0.006 2	0.034 1	0.0144	0.011 5	0.0192	0.0216	0.005 8
2017-10	0.016 6	0.021 2	0.008 5	0.012 0	0.022 3	0.024 5	0.009 0
2017-11	0.019 8	0.025 7	0.029 7	0.013 9	0.017 3	0.024 4	0.009 2
2017-12	0.027 2	0.024 1	0.030 6	0.013 1	0.014 5	0.023 1	0.024 5
全年	0.015 8	0.025 2	0.018 1	0.010 7	0.019 8	0.023 2	0.012 7

由上述两个表格可以看出，南方航空（600029）与建设银行（601939）这两只大盘股的月度波动率相对其他几只股票较小。而青岛啤酒（600600）、山西汾酒（600809）、燕京啤酒（000729）三只同一板块的股票在收益率和风险方面表现得较为相似，而同花顺（300033）、东方财富（300059）两只创业板股票则表现出了相对较大的月度波动率。

表 7-5 给出了 7 只股票的相关系数矩阵，其中表中数字为协方差，可以此分析它们之间的相关性。

表 7-5 上述 7 只股票的相关系数矩阵

股票名称	青岛啤酒（600600）	山西汾酒（600809）	南方航空（600029）	建设银行（601939）	同花顺（300033）	东方财富（300059）	燕京啤酒（000729）
青岛啤酒（600600）	1						
山西汾酒（600809）	0.330 2	1					
南方航空（600029）	−0.074 8	−0.695 5	1				
建设银行（601939）	0.445 6	0.349 5	−0.125 6	1			
同花顺（300033）	0.114 7	0.073 4	0.186 3	0.045 5	1		
东方财富（300059）	−0.324 1	−0.046 8	0.513 4	0.035 5	0.605 7	1	
燕京啤酒（000729）	0.733 1	0.488 4	−0.019 2	0.243 3	0.278 9	0.072 9	1

根据表 7－5 的数据不难发现，青岛啤酒（600600）、山西汾酒（600809）、燕京啤酒（000729）两两的相关系数较高；同花顺（300033）、东方财富（300059）两只创业板股票的相关系数也相对较高。

我们选取方差最大、方差最小、协方差最大、协方差最小的四对股票，构建投资组合，四个投资组合的曲线表示依次为图 7－14 中的 A、B、C、D 四条双曲线，四个投资组合的数据如表 7－6 所示。

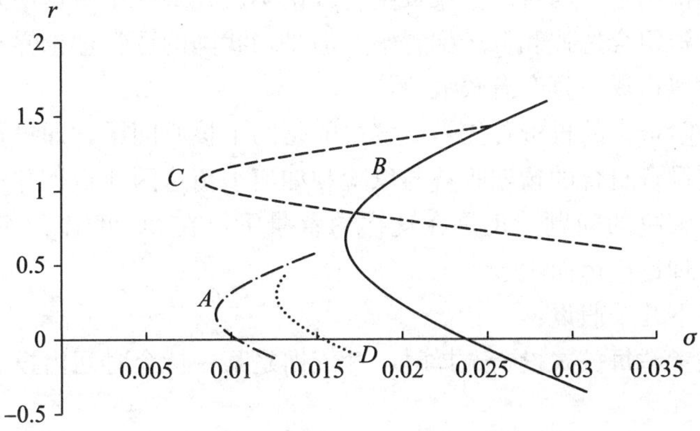

图 7－14　风险资产投资组合的曲线表示

表 7－6　投资组合构建汇总

投资组合	投资组合特点	投资组合曲线	相关系数	个股标准差
建设银行、燕京啤酒	个股标准差最小	*A*	0.243 3	0.010 7、0.012 7
东方财富、山西汾酒	个股标准差最大	*B*	−0.046 8	0.023 2、0.025 2
南方航空、山西汾酒	相关系数最小	*C*	−0.695 5	0.018 1、0.025 2
燕京啤酒、青岛啤酒	相关系数最大	*D*	0.733 1	0.012 7、0.015 8

从图 7－14 中不难看出，个股标准差最小的两只股票组成的 A 组合与相关系数最小的 C 组合是风险较小的投资组合；个股标准差最大的两只股票组成的 B 组合与相关系数最大的 D 组合是风险较高的投资组合。这说明降低投资组合的风险应当从两个维度着手：一方面，持有波动率较低的单个资产，另一方面，持有相关性较低的多个资产。

第四节　马科维茨投资组合模型

一、马科维茨投资组合模型简述

1952 年美国经济学家马科维茨首次提出投资组合理论，并进行了系统、深入和卓有成效的研究，他也因此获得了诺贝尔经济学奖。

在马科维茨投资组合理论提出以前，分散投资的理念已经存在。希克斯在 1935 年提出了“分离定理”，并解释了由于投资者有以低风险获得高收益的期望，因而有对货币的需要；同时他认为和现存的价值理论一样，应构建起“货币理论”，并将风险引入分析中，因为风险将影响投资的绩效，影响期望净收入。凯恩斯（1936）和希克斯（1939）提出了风险补偿的概念，他们认为由于不确定性的存在，应该对不同金融产品在利率之外附加一定的风险补偿。希克斯还提出资产选择问题，他认为风险可以被分散。利文斯（1945）论证了分散化的好处。随后冯·诺伊曼（1947）应用预期效用的概念提出了不确定性条件下的决策方法。

在发达的证券市场中，马科维茨投资组合理论早已在实践中被证明是行之有效的，并且被广泛应用于投资组合选择和资产配置中。但是，我国的证券理论界和实务界对于该理论是否适合我国股票市场一直存有较大争议。

证券及其他风险资产的投资首先需要解决的是两个核心问题，即投资组合的预期收益与风险。如何测定投资组合的预期收益与风险和如何平衡这两项指标并进行资产分配是市场投资者迫切需要解决的问题。正是在这样的背景下，在 20 世纪 50 年代和 60 年代初，马科维茨投资组合理论应运而生。

该理论依据以下几个假设：

（1）投资者在考虑每一次投资选择时，其依据是某一持仓时间内投资组合的收益的概率分布。

（2）投资者根据投资的预期收益率估测投资组合的风险。

（3）投资者的决定仅仅依据投资的预期收益和风险。

（4）在一定的风险水平上，投资者期望收益最大；相对应的是在一定的收益水平上，投资者希望风险最小。

根据以上假设，马科维茨确立了投资组合的预期收益、风险的计算方法和有效边界理论，建立了资产优化配置的均值-方差模型。

在建立投资组合时，首先需要在风险资产中分配投资权重，在给定投资组合的预期收益率时，求解可以达到的最小方差投资组合，从而确定投资组合的有效边界。求解过程即为确定风险资产投资权重的过程。根据本章第二节中介绍的三个风险资产的投资组合的情况，其有效边界如图 7－15 所示，即为图 7－15 中上方的边界，表示在给定预期收益率时所能达到的最小方差投资组合。

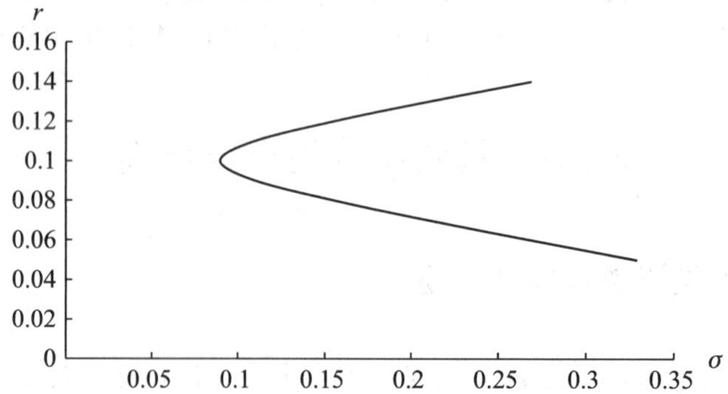

图 7－15　多个风险资产的有效边界

而选取其上方边界的原因是下方边界的投资组合与上方边界的投资组合具有相同的方

差，但是预期收益率更低。上述过程转化为最小化问题即为：

$$\min\sum_{i=1}^{n}\sum_{j=1}^{n}w_i w_j \sigma_{i,j}\text{，}\quad \text{s. t.}\quad r_p=\sum_{i=1}^{n}w_i r_i \tag{7.17}$$

其中，w_i、w_j 分别是单个资产 i、j 的投资权重；$\sigma_{i,j}$ 是资产 i 与资产 j 的协方差；当 $i=j$ 时，$\sigma_{i,j}$ 为单个资产 i 的方差；r_i 是资产 i 的预期收益率，r_p 是投资组合的预期收益率。

进一步考虑，当在投资组合中加入无风险资产时，投资者需要在投资组合中分配风险资产与无风险资产的投资权重，形成给定预期收益率下的最小方差投资组合。上述过程转化为最小化问题即为：

$$\min\sum_{i=1}^{n}\sum_{j=1}^{n}w_i w_j \sigma_{i,\,j}\text{，}\quad \text{s. t.}\quad r_p=w_f r_f+\sum_{i=1}^{n-1}w_i r_i \tag{7.18}$$

求解之后得到一条从无风险资产出发的与风险资产有效边界相切的射线，即资本市场线。资本市场线代表了投资者在证券市场上的所有有效投资机会，其他所有投资组合都位于资本市场线之下。当给定无风险资产与风险资产的有效边界时，这条射线也就确定了，这说明所有投资者都选择了图 7－16 的切点 M 所代表的投资组合，这是投资者的最佳风险资产组合，我们将其称为市场组合，其与投资者对预期收益率与风险的偏好没有关系。由此我们得到两基金分离定律，即投资者只选择两类资产（基金）：无风险资产和市场组合的风险资产。至于这两类资产的分配权重，则取决于投资者的风险偏好。

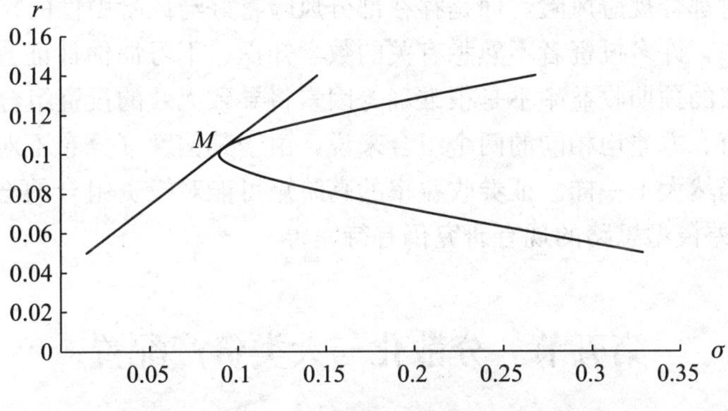

图 7－16　无风险资产与风险资产市场组合

然而投资者对收益和风险的偏好并不是没有用处的，它决定了投资者在无风险资产与市场组合的风险资产之间如何分配投资权重。投资者对风险越厌恶，越倾向于赋予无风险资产更多权重。给定无差异曲线，投资者对投资权重的选择过程如图 7－17 所示。

马科维茨投资组合理论不仅揭示了资产组合风险的决定因素，而且更为重要的是它还揭示了“资产的预期收益由其自身的风险的大小决定”这一重要结论，即资产价格由其风险大小决定，单个资产的价格由其方差或标准差决定，资产组合的价格由其协方差决定。投资者首先对风险资产进行充分分散化，结合无风险资产选择市场组合的风险资产，而后根据自身的风险偏好选择风险资产与无风险资产之间的投资权重。马科维茨投资组合理论在学界、业界被广泛应用，一些对其进行改进和批评的观点也被不断提出。

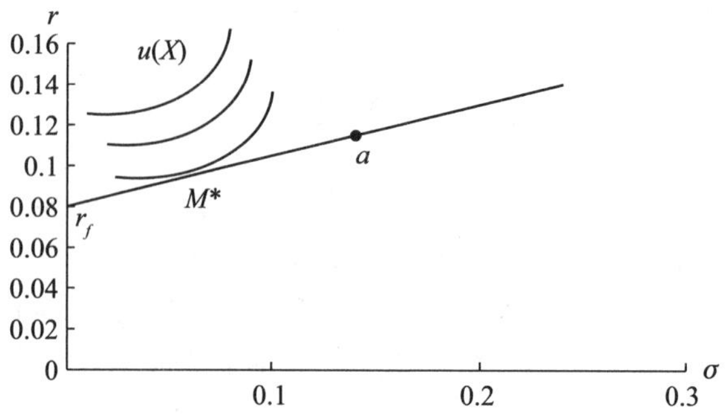

图 7-17 无风险资产与市场组合投资权重的选择

二、马科维茨理论的缺陷

在马科维茨的那个时代，很多投资者或证券组合管理者靠的只是经验判断，很少做定量分析。而马科维茨选择方差作为衡量风险的尺度是一个非常好的方法。在量化方法层出不穷的今天，马科维茨投资组合理论虽然是众多量化方法的基础，但也存在很多缺陷。

（1）马科维茨用方差来确定风险的思想可以被进一步优化，比如使用半方差、下偏距、几何谱风险测度。

（2）有人对马科维茨关于投资者厌恶风险的假设提出质疑，他们认为并不是所有投资者在做投资决定时都会规避风险，而是存在部分风险喜好与风险中性的投资者。

（3）在实践中，许多投资者不熟悉有关的数学知识、不习惯估计证券间的协方差以及用计算机计算出来的预期收益率不是很准确等因素将导致无效的投资组合。

（4）对于均值、方差均相同的两个组合来说，由于其偏度（分布不对称的程度）的不同，其风险程度仍然大不一样。证券收益率的高阶矩可能对投资组合的选择产生影响。因此，基于均值-方差模型思路的现有研究仍有待完善。

第五节 分散化与大类资产配置

在本章开端，我们提到分散化决策是层层递进的过程，不仅要选择不同的风险资产实现分散化，更要在大类资产之间进行分散化。投资的标的不仅仅局限于股票、债券、金融衍生工具，还有私募股权、外汇、大宗商品，等等。本节我们将要介绍分散化在大类资产配置中的作用。

一、大类资产配置

大类资产配置是指在投资组合中配置不同类别的资产，将资金分配到具有不同收益和不同风险的大类资产中，同时根据投资者和市场的形势进行动态调整。

大类资产的投资标的一般包括股票、债券、商品、另类投资与货币，之后在每个大类资产中再进行细分，详见图 7-18。

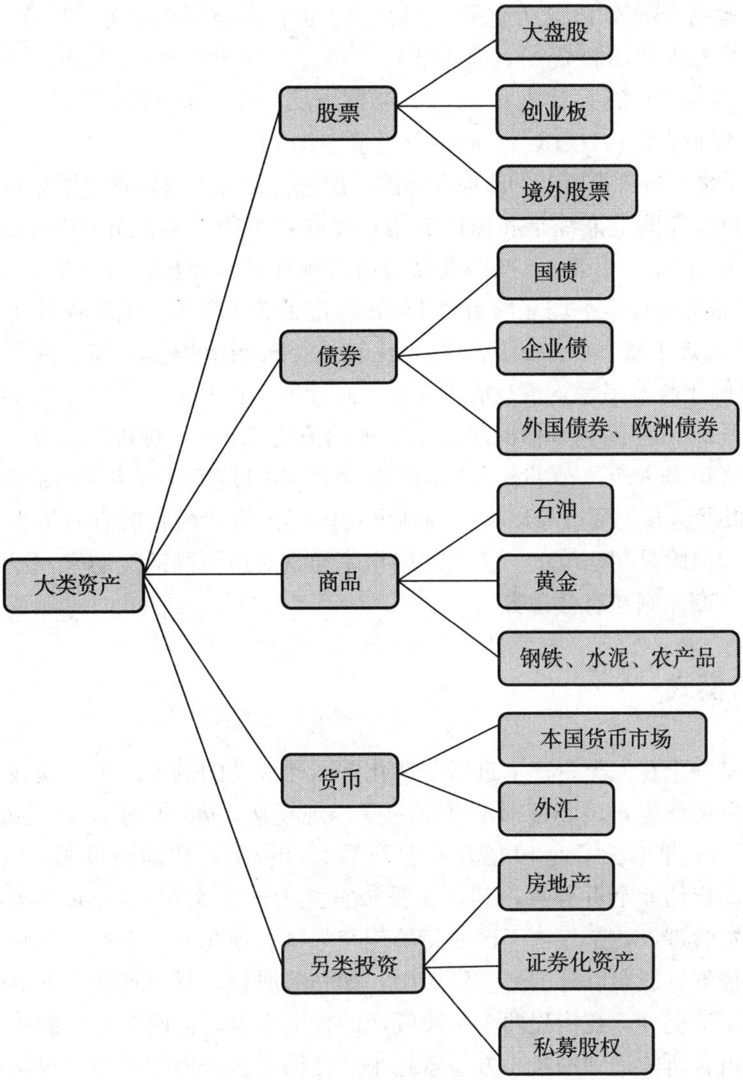

图 7-18 大类资产的投资方向

美国学者布林森、胡德和比鲍尔（Brinson，Hood and Beebower）三人在 1986 年发表于《金融分析家杂志》上的一篇名为《组合绩效的决定》的文章表明：投资收益的 91.5%由资产配置决定。由于市场价格的波动受到多方面因素的影响，通过长期选择正确的时机和资产实现较高的收益率是一件相对困难的事情，因此在现实中，通过进行合理有效的资产配置获得较高的收益率成为一件可操作的投资策略。实证检验也表明，资产配置对投资收益的贡献要远远大于时机选择和具体股票、债券的选择。这说明在大类资产的配置上进行分散化操作比在大类资产内部进行分散化操作有效得多。

当前中国居民和金融机构均面临大类资产配置的重大课题。目前中国居民将资产配置在地产、保险、存款、股票上的比例分别为 65%、4%、28%、3%，地产和存款占比明显高，而成熟的发达国家和地区则更加均衡，比如美国在上述资产上的分配比例分别为 30%、24%、14%、32%。截至 2016 年年底，我国银行理财产品资金余额为 26.3 万亿元，保险资金运用余额为13.4万亿元，两者都在进行大类资产配置，投资方向包括货币、债券、股票、非标准化债权资产（简称非标）等。2016年年底，我国银行理财资金中货币及债券占比51%、银行存款占比22%、非标占比16%、股票占比8%。保险资金中债券占比33%、银行存款占比18%、股票及基金占比14%。

对过去二十多年各大类资产的收益和风险情况进行统计，可以得出股票资产收益较高的结论。1992—2016年间上证综指和深证成指每年收益率的平均值分别为24.3%、24.6%，标准差分别为55.5%、71.3%。按照商品房销售额和销售面积，可以推算出从2000年至2016年全国商品房房价年平均涨幅为8.1%，标准差为6.2%，风险收益比较高，而且仅在2008年房价出现下跌。商品的风险收益比较差，按照南华商品综合指数计算，2004—2016年间商品的年收益率平均值只有5.1%，而标准差高达27.1%。以10年期国债代表利率债，2002—2016年间利率债的年收益率平均值为3.8%，标准差为5.5%。以1年期定期存款代表货币类资产，20世纪90年代至2016年间其年收益率平均值为2.5%，标准差为0.6%。根据这几类资产可以大致刻画出我国居民资产配置的有效边界，基本上各大类资产的收益和风险是相匹配的，更高的回报率通常对应更高的波动率，股票资产显著在有效边界之上，商品则在有效边界之下。[①]

二、耶鲁模式

耶鲁模式是一个在大类资产上进行分散化并取得成功的例子。耶鲁模式是指耶鲁大学的捐赠基金投资运作模式。耶鲁捐赠基金的资产规模从1985年的13亿美元涨至2016年的254亿美元，30年增长了近19倍，并创下了12.9%的年化净回报率，比同期标普500指数净回报率高出约6个百分点，其首席投资官大卫·斯文森（David Swensen）被称为最好的机构投资管理人，是仅次于巴菲特的传奇人物。他充分地进行分散化配置，大胆地将资产配置到债券、股票以外的另类资产中，如私募股权、对冲基金、不动产等。

我们在第二节提到，在构建两个风险资产的投资组合时，两个资产的收益率的相关系数越小，投资组合所能达到的最小方差就越小。在构建多个风险资产的投资组合时，资产相互之间的收益率相关系数越趋向于0，投资组合所能达到的最小方差就越小。我们在大类资产之间进行分散化决策时，应当尽量纳入收益率相关性较低的大类资产。

表7-7展示了不同大类资产之间的相关系数，从中可以发现另类资产与股票、债券之间表现出了较低的收益率相关性，这也解释了耶鲁模式在投资股票、债券的同时重仓另类资产的原因，即在投资组合中加入另类资产可以大大降低投资组合内部的收益率相关性，降低组合风险。

表7-7 大类资产相关系数

资产类别	股票	债券	发达市场股票	新兴市场股票	绝对收益	实物资产	私募股权	现金
股票	1							
债券	0.45	1						

① 参见海通证券撰写的《中国进入大类资产配置的投资时代》。

续表

资产类别	股票	债券	发达市场股票	新兴市场股票	绝对收益	实物资产	私募股权	现金
发达市场股票	0.6	0.3	1					
新兴市场股票	0.3	0.2	0.5	1				
绝对收益	0.3	0.35	0.3	0.3	1			
实物资产	0.4	0.25	0.25	0.1	0.25	1		
私募股权	0.15	0.25	0.2	0.1	0.4	0.15	1	
现金	0	0.5	0	0	0	0	0.2	1

资料来源：史文森. 机构投资者的创新之路. 北京：中国人民大学出版社，2010.

关键术语

投资组合	分散化	预期收益率	风险
收益	算术平均收益率	几何平均收益率	系统性风险
非系统性风险	风险偏好	资本市场线	夏普比率
马科维茨投资组合模型	有效边界	资产配置	耶鲁模式

习　题

1. 简述算术平均值与几何平均值的计算方法。

2. 简述三类风险偏好的区别。

3. 假设一个包含 a、b 两个资产的投资组合，资产 a 的预期收益率为 3%，风险（收益率方差）为 2%；资产 b 的收益率为 5%，风险（预期收益率方差）为 4%，资产 a 与资产 b 的相关系数为−0.4，求投资组合的总收益和总风险。

第八章

资本资产定价模型

【本章要点】

- 传统的资本资产定价模型
- 有效资产组合的特征
- 资本资产定价模型中的主要变量估计
- 资本资产定价模型的发展
- 套利定价理论的基本内容

资本资产定价模型（CAPM）是建立在现代投资组合理论的基础上的均衡理论，是基于风险资产预期收益均衡的预测模型。哈里·马科维茨于 1952 年建立了现代投资组合理论，12 年后，威廉·夏普、约翰·林特纳与简·莫森将其发展为资本资产定价模型。从马科维茨投资组合理论发展到资本资产定价模型经历了一个较长的过程，这说明资本资产定价模型不是一蹴而就的。不过，它是一种具有某种特殊结构的均衡理论。

首先，CAPM 只是一种金融均衡理论。投资者用各种统计量（均值、方差、协方差）来刻画给定证券的收益过程的特征。该理论并不试图将收益过程和经济真实面中的事件联系起来。

其次，作为一种金融均衡理论，它假定现存资产的供给等于现存资产的需求，这样，当前观察到的资产价格就是均衡价格。不过，该理论并不试图明确地计算资产的供给与需求函数，而只对均衡价格向量进行刻画。

最后，CAPM 利用单个资产的收益分布与所有资产的资产组合的收益特征之间的关系来表达均衡。换言之，CAPM 借助现代投资组合理论，告诉我们资产的收益相互之间必须是何种关系才能使均衡资产价格与所观察到的资产价格一致。

下面我们首先对传统的 CAPM 做一个简单的描述，再给出更完善、更全面描述其特征的一般方法。

第一节　传统的资本资产定价模型

CAPM 的几个假设包括：

（1）价格接受者。市场上存在大量的投资者，每个投资者的财富相对于所有投资者来说都是微不足道的。他们的交易行为对证券价格不产生影响，这和微观经济学中对完全竞争市场的假设一致。

（2）单期假设。所有投资者仅考虑一个相同的投资周期，不考虑投资周期结束时点上发生的任何事情；短视行为通常不是最优行为。

（3）投资标的仅限于市场上公开交易的金融资产，存在收益率为 r_f 的无风险资产。排除了不可交易资产，如教育（人力资本）、私有企业和政府投资的资产。

（4）不存在证券交易费用和税收。当然，在现实中，投资者处于不同的赋税级别，这将直接影响到投资者对投资资产的选择。例如，政府对利息收入、股利收入、资本利得制定了不同的税率。而且，实际交易也是存在交易费用的。

（5）资产组合方差最小化。投资者都是理性的，追求资产组合方差最小化，这表明他们都运用马科维茨投资组合模型。

（6）同质预期。投资者对未来收益都有相同的信念，对证券未来收益率的期望分布有一致估计。

这些假设确保均值-方差有效边界对每个投资者都是一样的，而且，由于分离定理，所有投资者的最优资产组合具有相同的结构，即将初始财富的一部分投资于无风险资产，将其余部分投资于同样的切点资产组合。于是，可以推导均衡资产和资产组合收益的几个关键特征，而无须详细地讨论其隐含的均衡结构。

因为所有投资者都从同样的切点资产组合 T 中获取股份，而不作其他风险投资，因此，由定义可知，所有的风险资产都必须属于 T，即 T 包含了所有的风险资产。不然，假设某种资产 k 不在 T 中，则投资者对其没有需求；假设其供给为正，那么供给大于需求，从而不能得到均衡。因此资产 k 的价格下降，直到有投资者愿意持有，并且其总需求量等于总供给量。所以 T 包含了所有的风险资产。同时，因为市场组合 M 是现存资产的组合，所以 T 必须是市场组合 M。

这一简单的推理可以得到一些有用的结论：

（1）市场组合是有效的，因其位于有效边界上。

（2）所有个人的最优资产组合都位于资本市场线（capital market line，CML）上；资本市场线上的任何资产组合都是最优资产组合，投资者没有动机去选择资本市场线以外的资产组合。

（3）CML 的斜率为$\frac{r_M-r_f}{\sigma_M}$。这说明作为交换，一个考虑边际风险较大的有效资产组合的投资者，将会获得$\frac{r_M-r_f}{\sigma_M}$的预期收益率的增加。这是其承担风险的价格。对有效资产组合而言，我们有式（8.1）表示的简单线性关系：

$$r_p=r_f+\frac{r_M-r_f}{\sigma_M}\sigma_p \tag{8.1}$$

CML 只适用于有效资产组合。对任意不属于有效边界的证券 j，考虑一个资产组合，将其财富的 $1-\alpha$ 比例投资于任一证券 j，将其财富的 α 比例投资于市场组合，则有：

$$r_p = \alpha r_M + (1-\alpha) r_j$$
$$\sigma_p^2 = \alpha^2 \sigma_M^2 + (1-\alpha)^2 \sigma_j^2 + 2\alpha(1-\alpha)\sigma_{jM}$$

随着 α 的变化，可以发现其轨迹：

（1）通过 M（α 取 1）。

（2）不能穿过 CML 线。（为什么？反证。）

（3）必须与 CML 线在 M 点相切。

切点处的斜率 $\frac{dr_p}{d\sigma_p}\Big|_{\alpha=1}$ = M 点处的斜率 = CML 的斜率 = $\frac{r_M - r_f}{\sigma_M}$

$$\frac{dr_p}{d\sigma_p}\Big|_{\alpha=1} = \frac{r_M - r_f}{\sigma_M}$$

$$\frac{dr_p}{d\sigma_p} = \frac{dr_p/d\alpha}{d\sigma_p/d\alpha}$$

$$\frac{d\alpha}{d\sigma_p} = r_M - r_j$$

$$2\sigma_p \frac{d\sigma_p}{d\alpha} = 2\alpha\sigma_M^2 - 2(1-\alpha)\sigma_j^2 + 2(1-2\alpha)\sigma_{jM}$$

$$\frac{dr_p}{d\sigma_p} = \frac{(r_M - r_j)\sigma_p}{\alpha\sigma_M^2 - (1-\alpha)\sigma_j^2 + (1-2\alpha)\sigma_{jM}}$$

$$\frac{dr_p}{d\sigma_p}\Big|_{\alpha=1} = \frac{(r_M - r_j)\sigma_M}{\sigma_M^2 - \sigma_{jM}} = \frac{r_M - r_f}{\sigma_M}$$

$$r_M - r_j = \frac{(r_M - r_f)(\sigma_M^2 - \sigma_{jM})}{\sigma_M^2}$$
$$= (r_M - r_f)\left(1 - \frac{\sigma_{jM}}{\sigma_M^2}\right)$$

$$r_j = r_f + (r_M - r_f)\frac{\sigma_{jM}}{\sigma_M^2} \tag{8.2}$$

定义 $\beta_j = \frac{\sigma_{jM}}{\sigma_M^2}$，它是资产 j 的收益与市场组合收益间的协方差与市场组合收益方差的比率。

$$r_j = r_f + \left(\frac{r_M - r_f}{\sigma_M}\right)\beta_j\sigma_M = r_f + \left(\frac{r_M - r_f}{\sigma_M}\right)\rho_{jM}\sigma_j \tag{8.3}$$

由上式可以得到 CAPM 的主要内容之一，即资产 j 的总风险 σ_j 中只有一部分风险得到市场回报。实际上，给定资产的风险溢价是风险的市场价格 $\frac{r_M - r_f}{\sigma_M}$ 乘以该资产的风险数量的相关测度。若资产或资产组合 j 是无效的，则其风险测度不同于 σ_j。定价的总风险的这部分是用 $\beta_j\sigma_M$ 或 $\rho_{jM}\sigma_j \leqslant \sigma_j$ 测度的。这就是资产 j 的系统性风险（systematic risk）。图 8－1 为证券市场线，这条证券市场线描述了所有证券（和证券组合）在 CAPM 下的风险和预期收益率关系。

每个投资者持有市场组合（$T=M$），投资者的相关风险则为市场组合的方差。对投

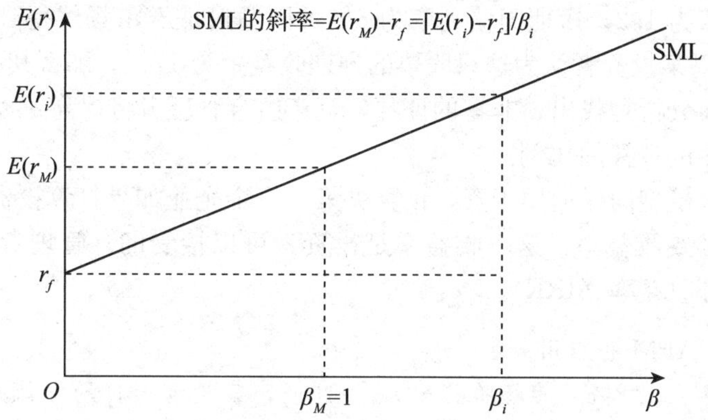

图 8-1　证券市场线

资者而言，最重要的事情就是资产 j 对市场组合的风险的贡献，及加入资产 j 会在多大程度上增加后者的方差。$\rho_{jM}\sigma_j$（$=\beta_j\sigma_M$）是资产 j 对整个资产组合风险贡献的最恰当的测度。式（8.3）表明投资者必须得到足够的补偿，以说服他们持有与市场组合有较高协方差的资产。

比较式（8.1）和式（8.3），我们还可以知道，有效资产组合是一种能消除所有可分散化风险的资产组合。对一个有效资产组合而言，总风险和系统性风险是相同的。式（8.3）可以等价地写作：

$$r_j-r_f=(r_M-r_f)\beta_j \tag{8.4}$$

公式（8.4）表明资产 j 的预期超额收益或风险溢价与它的 β 系数 β_j 成比例。式（8.4）定义了证券市场线（security market line，SML）。

证券市场线有两个重要特征。(1) 资产 j 的 β 系数 β_j 是资产 j 的超额收益的唯一决定因素。β 系数是模型唯一的解释因子，即 CAPM 是单因素模型。(2) 不同资产的超额收益与它们的 β 系数之间的关系是线性的。

资本市场线描绘了有效资产组合的风险溢价是资产组合的标准差的函数。标准差可用来衡量有效分散化的资产组合即投资者总的资产组合的风险。

证券市场线描绘了单个风险资产的风险溢价是该资产的风险的函数。用来进行高度分散化资产组合中的单个资产的风险测度的并不是该资产的标准差，而是该资产对资产组合方差的贡献程度，即 β 值。证券市场线对有效资产组合和单个资产均适用。

证券市场线为评估投资业绩提供了一个基准。只要给定一项投资的以 β 值来测度的风险，证券市场线就能得出投资者为了补偿风险所要求的预期收益和货币的时间价值。

由于证券市场线是对预期收益-β 关系的几何描述，所以“公平定价”资产一定在证券市场线上，即它们的预期收益与风险是相匹配的。当考虑资本资产定价模型在货币资金管理行业的应用时，假定证券市场线是用来估计风险资产正常预期收益的基准，证券分析旨在推算证券的实际预期收益率。如果一只股票被认为是好股票或被低估的股票，那么它将提供超过证券市场线给定的正常收益的超额预期收益。被高估的股票的预期收益低于证券市场线所给出的正常收益。

股票的实际预期收益与正常收益之间的差，被称为股票的 α。例如，若市场收益率为

14%，股票的β值为1.2，短期国债利率为6%，则通过证券市场线得到股票的预期收益率为15.6%。如果某投资者认为这只股票的预期收益率为17%，那么其α为1.4%。

有人认为证券分析是找出α非零的证券，资产组合管理者将提高α大于零的证券的比例，降低α小于零的证券的比例。

资本资产定价模型同样适用于资本预算决策。一个企业如果打算投资新项目，CAPM给出基于β值的必要收益率，这一收益率是投资者可以接受的。管理者可以运用CAPM得到该项目的内部收益率（IRR）。

例题8-1：CAPM的应用

无风险收益率$r_f=8\%$，市场收益率$r_M=16\%$，某投资项目的β值为1.3，请问这一项目的必要收益率是多少？若该项目的期望IRR=19%，是否应该投资该项目？

解：(1) 根据CAPM，其必要收益率为$8\%+1.3\times(16\%-8\%)=18.4\%$。(2) 因为期望的IRR高于根据CAPM计算出的投资收益率，因而值得投资。

例题8-2：CAPM的应用

资本资产定价模型的另一个应用是关于收益率的确定。这里是指在限制投资用途的前提下，确定投资工厂和设备所必需的投资收益率。假设股东的初始投资额是1亿美元，股票的β值为0.8，若短期国债利率为5%，市场风险溢价为7%，那么股东投资1亿美元要求获得的收益应该是多少呢？

解：股东投资1亿美元所要求的收益率为$5\%+0.8\times7\%=10.6\%$，或要求收益额为1 060万美元。企业应该根据这一收益水平来确定价格。

第二节　CAPM主要变量的估计与模型应用

一、CAPM主要变量的估计

本章第一节对CAPM进行了推导，我们得出的证券市场线方程为：

$$r_j=r_f+(r_M-r_f)\beta_j \tag{8.5}$$

根据此方程，如果我们知道无风险收益率r_f，市场风险溢价（r_M-r_f）以及某一只证券或者投资组合j的β值β_j，我们就可以通过应用CAPM的证券市场线方程估算出该证券或投资组合j的预期投资收益率r_j。

首先我们讨论如何估算无风险收益率r_f。无风险收益率是投资者在一定时间内通过投资没有任何风险的资产而获得的收益率。事实上存在着两种无风险收益率：真实无风险收益率（real risk-free rate，RRFR）和名义无风险收益率（nominal risk-free rate，NRFR），前者是假设不存在任何通货膨胀风险以及任何违约风险的情形下的收益率，而后者则是考虑了通货膨胀，但是不考虑任何违约风险的情形下的收益率。

影响真实无风险收益率的因素有两个：一个因素是偏主观色彩的投资者的跨期消费偏好。如果投资者更加偏好当期消费而不是将消费延迟到未来，那么只有为投资者提供较高的无风险收益率作为补偿，才能吸引其延迟消费并投资于无风险资产。另一个因素是偏客观的经济的长期真实增长率提供的投资机会。如果经济的长期真实增长率较高，则提供给投资者的投资选择机会就更多，也就是说整体的资金需求更多，在资金供给不变的情形下资金需求的增加会导致真实无风险收益率上升。

影响名义无风险收益率的因素除了上述两个因素之外，还有通货膨胀率。当预期通货膨胀率上升时，投资者要求的名义无风险收益率也会上升。名义无风险收益率和真实无风险收益率之间的关系由公式（8.6）决定：

$$NRFR=(1+RRFR)\times(1+\text{预期通货膨胀率})-1 \tag{8.6}$$

在金融实务中，一般以国债利率或者银行存款利率度量名义无风险收益率，再根据公式（8.6）结合预期通货膨胀率计算真实无风险收益率。我们可以根据从锐思金融研究数据库获取的名义无风险收益率以及按照居民消费价格指数计算出来的通货膨胀率，计算2000—2018年中国的真实无风险收益率，计算结果如表8-1所示。

表8-1　2000—2018年中国的名义无风险收益率与真实无风险收益率（%）

年度	通货膨胀率	名义无风险收益率	真实无风险收益率
2000	0.4	1.98	1.57
2001	0.73	1.98	1.24
2002	−0.75	1.95	2.72
2003	1.17	2.40	1.21
2004	3.88	2.48	−1.35
2005	1.81	1.47	−0.33
2006	1.47	2.24	0.76
2007	4.77	3.32	−1.38
2008	5.86	4.18	−1.59
2009	−0.69	1.51	2.21
2010	3.32	2.43	−0.86
2011	5.39	5.22	−0.16
2012	2.65	4.31	1.62
2013	2.60	4.44	1.80
2014	1.99	4.97	2.92
2015	1.44	3.69	2.22
2016	2.00	2.92	0.90
2017	1.60	4.36	2.72
2018	2.10	3.75	1.62

资料来源：根据锐思金融研究数据库数据计算得出。

CAPM中第二个需要估算的变量是市场风险溢价（r_M-r_f），这一变量度量的是投资者对于承担1单位β值的系统性风险所要求的超出无风险收益率的收益率补偿。在金融实务中，我们首先度量较长时期内的股票市场综合指数的平均收益率 r_M，然后再减去同一时期的无风险收益率 r_f，就得到了市场风险溢价的估计值。

我们从锐思金融研究数据库获取了 2000—2018 年中国股票市场的年化收益率数据，通过计算得到几何平均的年化收益率为 8.46%，将其减去同一时期的平均名义无风险收益率 3.13%，就可以得到中国的市场风险溢价，其数值为 5.30%。

为便于比较，我们同时列出了估算出的不同时期的美国的市场风险溢价。从表 8-2 中可以看出，在较长时期（1928—2019 年）内，按照两种不同的无风险收益率估算方法得到的美国的市场风险溢价分别为 4.83%和 6.35%，而 2010—2019 年间，由于美国股市处于大幅上涨阶段，因而其市场风险溢价明显升高，按照这两种方法估算出来的市场风险溢价分别达到了 9.31%和 12.93%。

表 8-2　美国市场风险溢价估算

估算时期	股票收益率－国库券收益率	股票收益率－国债收益率
1928—2019 年	6.35%	4.83%
1970—2019 年	5.93%	3.52%
2010—2019 年	12.93%	9.31%

资料来源：Damodaran，A. Equity risk premiums：determinants，estimation and implications. New York Vniversity，2020.

注：表内收益率为几何平均收益率。

CAPM 中最核心的变量是 β 值，因为它度量了单只证券或者投资组合所承担的要求获得收益补偿的系统性风险的数量。一般是运用历史数据进行回归分析来对 β 值进行估算。我们通过 Excel 表格对中国平安（601318）的 β 值进行回归分析的具体估算过程如下。

首先，我们从锐思金融研究数据库下载 2017 年 1 月至 2020 年 3 月的中国平安（601318）的股票投资收益率的月度数据（r_j）、股票市场收益率的月度数据（r_M）以及无风险收益率的月度数据（r_f）。首先，我们对公式（8.5）进行变形得到公式（8.7）：

$$r_j - r_f = (r_M - r_f)\beta_j \tag{8.7}$$

根据公式（8.7），我们将中国平安（601318）的股票投资收益率与无风险收益率之差作为回归分析中的被解释变量（$r_j - r_f$）。再将股票市场收益率与无风险收益率之差作为解释变量（$r_M - r_f$）。为简洁起见，我们只展示了前 10 行原始数据，见表 8-3。

表 8-3　中国平安（601318）β 值估算所采用的 Excel 数据

股票代码	日期	r_j	r_M	r_f	$r_j - r_f$	$r_M - r_f$
601318	2017-01-26	0.030 5	0.026 9	0.003 047	0.027 453	0.023 853
601318	2017-02-28	−0.007 7	0.020 7	0.003 466	−0.011 170	0.017 234
601318	2017-03-31	0.021 5	−0.005 7	0.003 623	0.017 877	−0.009 320
601318	2017-04-28	0.025 7	−0.016 0	0.003 579	0.022 121	−0.019 580
601318	2017-05-31	0.187 3	−0.000 5	0.003 699	0.183 601	−0.004 200
601318	2017-06-30	0.100 7	0.031 4	0.003 895	0.096 805	0.027 505

续表

股票代码	日期	r_j	r_M	r_f	r_j-r_f	r_M-r_f
601318	2017-07-31	0.059 7	0.047 5	0.003 596	0.056 104	0.043 904
601318	2017-08-31	0.077 1	0.025 3	0.003 602	0.073 498	0.021 698
601318	2017-09-29	−0.024 5	−0.001 2	0.003 650	−0.028 150	−0.004 850
601318	2017-10-31	0.188 3	0.017 0	0.003 641	0.184 659	0.013 359

资料来源：根据锐思金融研究数据库数据计算得出。

其次，我们使用 Excel 表格的“数据分析”功能，在“Y 值输入区域”选取 r_j-r_f 这一列变量，在“X 值输入区域”选取 r_M-r_f 这一列变量，点击“确定”后就可得到回归分析结果，回归分析结果经整理后如表 8-4 所示。

表 8-4　中国平安（601318）β 值估算的 Excel 回归分析结果

	系数	标准误差	t 统计量（t stat）	P 值（P-value）
截距项（intercept）	0.02	0.01	2.29	0.03
r_M-r_f	1.27	0.23	5.64	0.00

表 8-4 中 r_M-r_f 的系数 1.27 即为我们需要估算的中国平安（601318）的股票 β 值。中国平安的 β 值 1.27 大于 1，这意味着该股票承担的系统性风险值远大于市场平均的系统性风险。

β 值的一个重要特性是它满足线性关系。这意味着投资组合的 β 值容易通过利用投资组合内每只证券的 β 值进行计算，因为投资组合的 β 值是组合中每只证券的 β 值的市值加权，如果 X_i 代表投资组合内证券 i 在投资组合 P 中所占的市场权重，那么投资组合 β 值的计算公式为：

$$\beta_P=\sum_{i=1}^{n}x_i\beta_i \tag{8.8}$$

表 8-5 记录了按照中国证监会划分的行业门类所选行业的平均 β 值。所有行业的平均 β 值（根据定义，股票市场自身的 β 值）为 1，而且小于 0.7 或大于 1.5 的 β 值很少见。从表 8-5 中可以明显地看出，特定行业（比如信息传输、软件和信息技术服务业）对市场状况非常敏感，从而它们的系统性风险较大。有些行业（比如卫生和社会工作）对市场状况较不敏感，系统性风险较小。

表 8-5　不同行业的 β 值（2019 年 12 月 31 日）

中国证监会划分的行业门类名称	行业 β 值
农、林、牧、渔业	0.864 3
采矿业	0.640 5
制造业	1.098 5
电力、热力、燃气及水生产和供应业	0.679 0
建筑业	0.998 0
批发和零售业	1.011 2

续表

中国证监会划分的行业门类名称	行业 β 值
交通运输、仓储和邮政业	0.966 8
住宿和餐饮业	1.084 9
信息传输、软件和信息技术服务业	1.422 6
金融业	0.861 2
房地产业	1.007 6
租赁和商务服务业	1.065 5
科学研究和技术服务业	1.084 5
水利、环境和公共设施管理业	1.122 0
卫生和社会工作	0.894 8
文化、体育和娱乐业	1.155 3
综合	1.253 7

二、CAPM的应用

从理论上说，CAPM至少可以有两种用途：资产估值和资源配置。

1. 资产估值

根据CAPM计算出的资产预期收益率是该资产的价格处于均衡水平时的预期收益率，即均衡收益率。但市场在竞争和交易等因素的推动下永远处于由不均衡向均衡转化，再到均衡被打破的过程中。因此，实际市场中的资产收益率往往并非均衡收益率，该资产收益率可能比均衡收益率高，也可能比均衡收益率低。如果我们将根据CAPM计算出的预期收益率作为均衡参考，我们就可以用它与实际市场中的资产收益率进行比较，从而发现价值被高估或低估的资产，并有可能依据低价买入、高价卖出的原则指导投资行为。

我们通过图8-2来说明这一点。由图8-2可知，根据CAPM计算出的资产A的预期收益率（处于证券市场线上A点的位置）低于其实际收益率（位于证券市场线上方A'点的位置），这表明资产A的价值可能被市场低估了。相反地，根据CAPM计算出的资产B的预期收益率（处于证券市场线上B点的位置）高于其实际收益率（位于证券市场线下方B'点的位置），这表明资产B的价值可能被市场高估了。

2. 资产配置

CAPM的思想在被动的和主动的资产组合管理中都适用。在被动的资产组合管理中，根据CAPM，投资者可以按照自己的风险偏好选择一种或几种无风险资产和一种风险资产的市场组合进行资产配置，只要投资者的风险偏好不改变，资产组合就可保持稳定。

主动的资产组合管理者将利用CAPM的理念积极努力地预测市场走势和计算资产的β值，然后再根据市场走势，调整资产组合的结构。例如，当积极的资产组合管理者预测到市场价格将呈上升趋势时，他们将在保持无风险资产和风险资产比例的情况下，增加高β值资产的持有量；反之，将增加低β值资产的持有量。

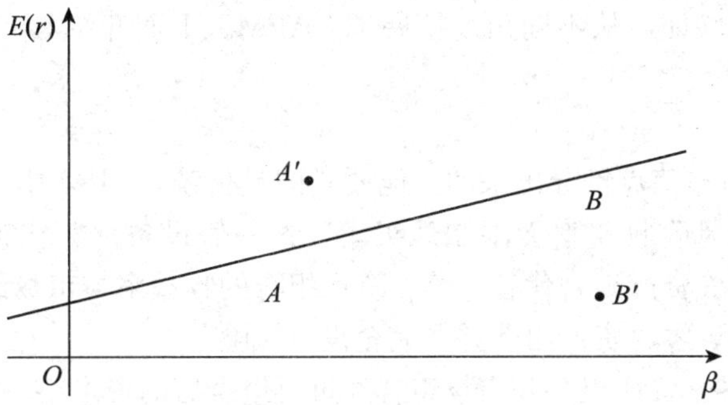

图 8-2　资产实际价格与均衡价格的比较

第三节　对 CAPM 的批评与发展

一、对传统 CAPM 有效性的质疑

早在 20 世纪 70 年代末期，传统 CAPM 的有效性问题以及在投资管理中应用 β 值的合理性问题就已经被提出了。理查德·罗尔（Richard Roll）分别于 1977 年、1978 年、1980 年和 1981 年论证了传统 CAPM 的不可检验性，概括了简单地应用传统 CAPM 可能带来的错误和不正确结果。1992 年，法马和弗伦奇又发现预期收益与 β 值之间没有显著关系。有关传统 CAPM 检验的论文数以千计，但 CAPM 的有效性如何至今仍是一个悬而未决的问题。

人们对传统 CAPM 有效性的质疑是由该模型推导过程中的一些不现实的假设引起的。不过，从经济理论和现实的一般关系角度来看，只要传统 CAPM 检验反映的是现实世界的真实情况，其假设是否现实并不是最重要的。所以传统 CAPM 检验主要回答的是：在现实生活中，β 值是不是衡量资产风险的相对标准；资产收益是否与 CAPM 确定的收益-风险关系相符合？在大量的 CAPM 检验中，结果并不是确定的，有些 CAPM 检验结果（特别是早期的检验结果）是支持 CAPM 有效性的，而有些则不支持。

传统 CAPM 有效性检验缺乏一致结果的主要原因包括：首先，尽管传统 CAPM 反映了由理性投资者构成的资本市场中预期收益与风险的内在逻辑关系，但并不足以概括复杂的资产价格形成过程；其次，受实证检验中所用到的统计技术的限制。

传统 CAPM 有效性检验的关键在于市场组合和 β 值的衡量标准。从理论上说，市场组合应包括全世界范围内的各种风险资产，不仅包括金融资产，还包括非金融资产。但即使能够在理论上寻找到全世界范围内所有风险资产，也未必能搜集到衡量全世界范围内所有风险资产的数据。人们通常是以某一个市场指数作为市场组合的代用品，这自然就使 CAPM 检验大打折扣了。

二、CAPM 的几种发展形式

自 20 世纪 60 年代 CAPM 问世以来，部分学者通过在理论上放松传统 CAPM 中的某些假设，再结合实践验证，从不同角度拓展了 CAPM。下面介绍具有代表性的 CAPM 的拓展形式。

1. 零 β CAPM

零 β CAPM 是由布莱克推导出来的。他放松的是传统 CAPM 中“存在一个无风险资产，且投资者可以无风险收益率无限制地买卖”这一假设条件。在布莱克的零 β CAPM 中，无风险资产被零 β 资产组合代替，零 β 资产组合的收益率与市场组合收益率无关，即它的 β 值是零。不过，零 β 资产组合并非完全没有风险。

图 8－3 描绘了零 β 资产组合和市场组合经过再组合后的资本市场线，z 为最小方差资产组合，$E(r_z)$ 取代了 r_f，但有关无限制买卖的条件对 $E(r_z)$ 仍是必要的。零 β CAPM 的均衡收益如下：

$$E(r_i)=E(r_z)+[E(r_m)-E(r_z)]\beta_i \tag{8.9}$$

可见，零 β CAPM 与传统 CAPM 有着同样的线性关系，衡量系统性风险的 β 值也是一样的，只是零 β 资产组合的预期收益率比无风险收益率高，并需要单独估计。

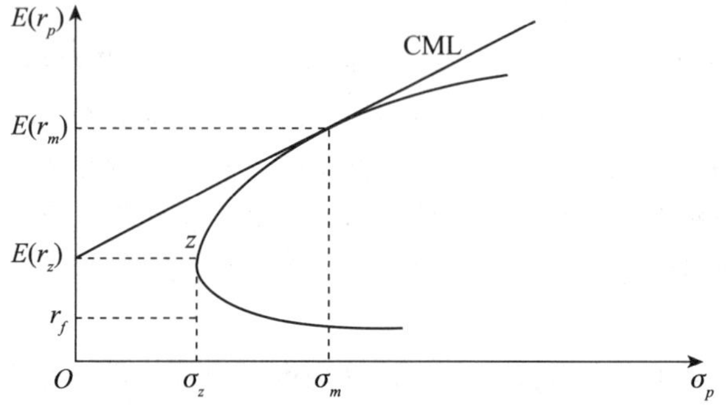

图 8－3　零 β 资产组合和市场组合的再组合

由于零 β CAPM 释放了“无风险资产”的假设，相对于传统 CAPM，其有效性的实证检验结果也得到了较多支持。因此，零 β CAPM 已经被接受，被视为传统 CAPM 的一种拓展形式。当然，它仍然面临其他限制的束缚。该模型的其他变形也进一步地放松了原 CAPM 中的一些假设条件，包括：(1) 可以无风险借贷，但应以不同的利率水平，例如投资者投资于无风险资产的收益率为 2%，但是借入无风险资产的资金成本为 3%，一般高于其无风险投资收益率；(2) 投资者可以按照无风险收益率投资，但不能按无风险收益率借入资金，即不允许投资者按照无风险收益率借入资金；(3) 可以无风险贷放，但对借入资金有保障要求，这实际上也是对投资者借入资金增加了限制；(4) 没有无风险资产，禁止买空。

2. 跨期 CAPM

由于在传统 CAPM 中，经济学家关注的焦点是投资者在某一特定时点的行动模式，而不是其在连续时间中的行动模式，所以一旦基础经济条件改变，在持续变动的世界中，传统 CAPM 中的 β 值预测将具有较大的不确定性，其结论也就没有太大意义。因此，如何把单一时期模型转换为更为实际的模型，使理论在横跨多个期间时仍然能够成立就成为 CAPM 被提出之后许多经济学家努力的方向。跨期 CAPM 和多 β CAPM 就是金融理论在这一方向上较为突出的拓展。

最早的跨期 CAPM 由默顿于 20 世纪 70 年代初推导出来，他放松的是“传统 CAPM 只考虑了单一时期的投资决策”这一假设条件。

在跨期 CAPM 中，投资者在确定效用最大化的资产组合时，不仅要考虑一个时期的预期收益，还要考虑下一个时期的预期收益。也就是说，其资产组合要实现终生消费预期效用的最大化。

跨期 CAPM 假设资产交易是连续的，而且投资者能及时了解投资机会集合的随机变动过程。此外，传统 CAPM 假设资产收益呈正态分布，而跨期 CAPM 则假设资产收益呈对数正态分布。

根据上述假设，默顿推导出了一个一般化的持续跨期均衡模型。同时，他还假设：(1) 投资机会集合是不变的；(2) 存在无风险资产，无风险收益率随着时间的推移是非随机变动的。

如果把传统 CAPM 看成静态模型，那么跨期 CAPM 就是动态模型，前者可以从后者推导出来。但是，跨期 CAPM 放松的假设是建立在另一个不现实的假设的基础上的——投资机会集合不变。因此，跨期 CAPM 还需进一步放松这一假设，这样就推导出了多 β CAPM。

3. 多 β CAPM

多 β CAPM 是默顿于 1973 年在放松投资机会集合和无风险收益率长期不变的假设条件的基础上发展起来的。在把两者视为随机变量的情况下，投资者将选择三种资产组合进行投资：无风险资产、市场组合、一种收益率与投资机会集合完全负相关的资产组合 N。这样，多 β CAPM 的资产预期均衡收益可描述如下：

$$E(r_i)=r_f+[E(r_m)-r_f]\beta_{i,m}+[E(r_N)-r_f]\beta_{i,N} \tag{8.10}$$

式中，$E(r_N)$ 为防御性资产组合 N 的预期收益率；$\beta_{i,N}$ 为资产 i 相对于 N 的 β 值，它表示资产 i 不仅面临市场波动的风险，还面临投资机会集合不利波动的风险，这种风险的补偿便是 $E(r_N)-r_f$。

如果一个变量不足以把握投资机会集合的波动，我们可以继续增加变量，这样就得到了多 β CAPM 的一般表达式：

$$E(r_i)=r_f+[E(r_m)-r_f]\beta_{i,m}+[E(r_{N1})-r_f]\beta_{i,N1}+\cdots+[E(r_{NK})-r_f]\beta_{i,NK} \tag{8.11}$$

4. 以消费为基础的 CAPM

以消费为基础的 CAPM 是由布里登（Breeden）于 1979 年提出的，其基本形式为：

$$E(r_i)=r_f+[E(r_C)-r_f]\beta_{i,C} \tag{8.12}$$

其中，$E(r_C)$ 为人均消费总量增长率；$\beta_{i,C}$ 为资产 i 的消费 β 值，$\beta_{i,C}=\dfrac{\mathrm{Cov}(r_i,\ r_c)}{\sigma_c^2}$。

布里登把默顿的多 β 模型又简化为单一 β 模型。他强调在市场均衡状态下，消费的边际效用必须等于财富的边际效用。所以投资者在进行最优资产组合选择和消费决策时应该使资产预期收益率与消费增长率之间存在公式（8.12）中的线性关系。

以消费为基础的CAPM虽然解决了变量的可测性问题，但仍没有足够的证据证明它比其他形式的CAPM更具实用价值。

第四节　套利定价理论

一、套利定价理论的基本假设与内容

套利定价理论（arbitrage pricing theory，APT）的假设条件和价格形成过程与CAPM相比存在较大的差异。APT既不像CAPM那样依赖于市场组合，也没有假设只有市场风险影响资产的预期收益，而是认为资产的收益可能会受到若干种风险因素的影响，而到底是哪几种风险会产生影响，以及这些风险具体是什么则无关紧要。因此，APT的限制条件不像CAPM那样严格。此外，APT也没有CAPM所需要的假设：限定于一个投资时期；不考虑税收因素；以无风险收益率借贷；投资者根据预期收益和方差选择资产组合。

APT与CAPM相同的假设包括：投资者都对资产收益率分布有相同的预期；投资者追求效用最大化；市场是完美的。

APT的最基本假设是投资者相信证券收益受若干个共同风险因素的影响。

罗斯基于以下两个基本点推导APT。

（1）在一个有效市场中，当市场处于均衡状态时，不存在无风险的套利机会。

（2）对于一个高度多元化的资产组合来说，只有若干个共同因素需要收益率补偿。证券i的预期收益率与这些共同因素之间的关系为：

$$E(r_i)=\lambda_0+\beta_{i1}\lambda_1+\beta_{i2}\lambda_2+\cdots+\beta i_k\lambda_k \tag{8.13}$$

这便是套利定价理论。其中，λ_k为投资者承担一单位k因素风险的补偿额，风险的大小由β_{ik}表示，当资产或资产组合对所有k因素都不敏感时，这个资产或资产组合就是零β资产或零β资产组合。

二、套利组合的构建

根据套利定价理论，投资者会竭力发掘构造一个套利组合的可能性，以便在不增加风险的情况下，增加资产组合的预期收益率。那么，如何才能构造一个套利组合？一般来说，套利组合必须同时具备以下三个特征。

（1）套利组合不需要投资者投入任何额外资金。

如果x_i表示投资者对证券i持有量的变化（即套利组合中证券i的权数），套利组合的这一特征就可表示为：

$$x_1+x_2+\cdots+x_n=0$$

（2）套利组合对任何因素都没有敏感性。

这是因为套利组合没有因素风险。在存在多个影响因素的情况下，这一特征可表示为：

$$\begin{cases}x_1\beta_{11}+x_2\beta_{21}+\cdots+x_n\beta_{n1}=0\\x_1\beta_{12}+x_2\beta_{22}+\cdots+x_n\beta_{n2}=0\\\cdots\cdots\\x_1\beta_{1k}+x_2\beta_{2k}+\cdots+x_n\beta_{nk}=0\end{cases}$$

为了找到能满足上面两个特征的解，就要求证券的个数多于因素的个数，即 $n>k$。

(3) 套利组合的预期收益率必须是正值，即：

$$x_1E(r_1)+x_2E(r_2)+\cdots+x_nE(r_n)>0$$

当一个资产组合的投资权重可以同时满足上述三个特征时，该资产组合就是一个套利组合，因为它不需要任何额外资金，没有任何因素风险，却可以带来正的预期收益率。

例题 8-3：某投资者拥有一个资产组合，假设该资产组合中每种证券的收益率都可以用以下双因素模型分析：

$$R_i=E(R_i)+R_i\times F_1+R_i\times F_2$$

其中，R_i 为第 i 种证券的收益率；F_1 和 F_2 为系统性风险，其期望值等于 0，协方差等于 0。该投资者决定通过将证券 B 的持有比例增加 0.05 来建立一个套利组合。资产组合内各种证券的因素敏感度及权重如表 8-6 所示。

(1) 投资组合中其他三种证券的权重各增减多少？

(2) 套利组合的预期收益率是多少？

表 8-6 资产组合内各种证券的因素敏感度及权重

证券	因素 1 敏感度	因素 2 敏感度	预期收益率（%）
A	2.5	1.4	13
B	1.6	0.9	18
C	0.8	1.0	10
D	2.0	1.3	12

解：为得到一个套利组合，假设该资产组合中四种证券增减的权重分别为 X_A、X_B、X_C、X_D，那么根据套利组合的三个特征应该同时满足：

$$X_A+X_B+X_C+X_D=0$$
$$X_A\beta_{1A}+X_B\beta_{1B}+X_C\beta_{1C}+X_D\beta_{1D}=0$$
$$X_A\beta_{2A}+X_B\beta_{2B}+X_C\beta_{2C}+X_D\beta_{2D}=0$$
$$X_AE(R_A)+X_BE(R_B)+X_CE(R_C)+X_DE(R_D)>0$$

因为 $X_B=0.05$，因此有：

$$X_A+0.05+X_C+X_D=0$$
$$2.5X_A+1.6\times0.05+0.8X_C+2X_D=0$$
$$1.4X_A+0.9\times0.05+X_C+1.3X_D=0$$

解得：

$$X_A=-0.043,\ X_C=-0.019,\ X_D=0.012$$

代入计算资产组合收益率的方程，可得套利组合的收益率为0.3%。

三、套利定价理论的应用

套利定价理论在资产组合管理中的应用领域与CAPM相似，只是具体的决策依据和思路根据模型的不同而存在差异。如果把套利定价理论应用于被动的资产组合管理，投资者可以在已确定因素的情况下，建立一个最佳风险组合的资产组合，即β值的最佳组合。这种策略对只包含几个不同资产类型的大资产组合比较适用，因为它充分利用了不同类型资产对不同因素变动具有不同敏感度的特点。例如，债券和股票的收益率一般对利率因素的反应是相反的，零售业的股票比一般股票对通货膨胀率更敏感等。所以，当资产组合很大时，组合各部分的特殊风险就被分散掉了。

在积极的资产组合管理中，可以利用对因素非预期波动的挖掘，判断资产价值是被高估了还是被低估了，并以此选择资产、调整资产组合。例如，如果一般认为通货膨胀率是3%，而资产组合管理者预测其更有可能是1%，那么对该资产组合管理者来说，意外的通货膨胀率就是−2%，投资者依此估算的资产收益率就会低于市场公认的收益率，投资者可据此调整资产组合，卖出价格被高估的资产。

关键术语

资本资产定价模型　有效资产组合　资产组合边界　证券市场线
资本市场线　套利定价理论

习　题

1. 简述CAPM中单个资产与市场组合之间的风险关系。
2. 若一个资产在CAPM中有正的α，请问这个资产处于SML的上方还是下方？
3. 本题所述资产符合CAPM的各项假设，已知市场组合的超额收益率为5%，资产x的超额收益率为8%，请问资产x的β值是多少？若市场组合的超额收益率变为3%，资产x的超额收益率是多少？

第九章

投资组合业绩评估与风险管理

【本章要点】

- 投资组合收益衡量
- 投资组合业绩评估
- 投资组合风险分析
- 风险管理方法

第一节 投资组合收益衡量

一名投资者如果想评估投资的成功程度，将面临两个相关但不同的任务：首先是投资组合收益衡量，其次是投资组合业绩评估。精确的投资组合收益衡量将为投资组合业绩评估提供重要依据。因此，投资组合收益衡量对于所有投资者和投资经理来说都是非常重要的，它是所有分析的基础。

当我们测量投资组合收益率时，我们会倾向于使用持有期收益率（holding period yield，HPR）去代表特定某一期的证券收益率。一般而言，持有期收益率的计算方法如下：

$$\text{HPR}=\frac{P_1-P_0+D_1}{P_0}\times 100\% \tag{9.1}$$

其中，P_0 表示持有期期初初始投资额，P_1 表示持有期期末投资价值，D_1 表示持有期期末收到的利息、股利、分红等投资收益。

但是当我们需要跨多个时期测量投资组合收益时，或者当持有期内需要增加或减少投资时，投资组合收益衡量则是一项具有挑战性的任务。目前可用的度量工具主要有算术平均收益率、资金加权收益率和时间加权收益率三种。

一、算术平均收益率

算术平均收益率就是对投资组合在总持有期内的各个子期间的持有期收益率做简单的

算术平均。其公式如下：

$$r_a=\frac{r_1+r_2+\cdots+r_N}{N} \tag{9.2}$$

其中，r_a 是算术平均收益率，r_k（$k=1$，2，…，N）是总持有期内的第 k 个子期间的持有期收益率，N 是总持有期内的子期间数量。

为了更好地理解算术平均收益率，请参照以下跨期为 2 年的投资。在时间 $t=0$ 时，投资者以 200 元的价格购买 1 股股票。在时间 $t=1$ 时，他另外购买 1 股该股票，此时股票价格为每股 225 元。在第 2 年底，即 $t=2$ 时，他以每股 235 元的价格出售这 2 股股票。在这两年中，每年该股票派发每股 5 元的股利，且均在年末派发。另外，$t=1$ 时派发的股利不进行再投资，则具体的现金流入和现金流出如表 9－1 所示。

表 9－1　投资现金流情况

时间	现金流	现金流分析
0	现金流出	流出 200 元，购买第 1 股股票
1	现金流入	流入 5 元现金股利
1	现金流出	流出 225 元，购买第 2 股股票
2	现金流入	流入 10 元现金股利（每股 5 元股利×2 股＝10 元）
2	现金流入	流入 470 元，卖出 2 股股票

现在，我们来分析计算该投资组合在第一年和第二年的单期持有期投资收益率。

第 1 年，该投资组合在第 1 个周期的持有期收益率为：

$$\frac{225-200+5}{200}\times 100\%=15\%$$

第 2 年，该投资组合在第 2 个周期的持有期收益率为：

$$\frac{470-450+10}{450}\times 100\%=6.67\%$$

那么，其算术平均收益率为：

$$\frac{15\%+6.67\%}{2}=10.84\%$$

二、资金加权收益率

在投资管理中，资金加权收益率（也称内部收益率）考虑了投资组合中所有流入和流出的现金流的时间和数量。令现金流入的现值减去现金流出的现值等于 0，或者令流入现金流的现值等于流出现金流的现值，即可得到资金加权收益率。

同理，我们继续利用上述例子帮助理解。为了计算资金加权收益率 r，我们将利用以下等式：

$$200+\frac{225}{1+r}=\frac{5}{1+r}+\frac{480}{(1+r)^2}$$

其中，等式的左边详细说明了为现金流出的现值：在时间 $t=0$ 时，现金流出为 200 元，在时间 $t=1$ 时，现金流出为 225 元，225 元的流出需要被贴现一个时期，因为它发生在 $t=1$ 时；等式的右边则说明了现金流入的现值：在时间 $t=1$ 时，发生了 5 元的现金流入，在 $t=2$ 时，发生了 480 元（10 元红利加上 470 元的销售收益）的现金流入。

通过计算，我们得到资金加权收益率（内部收益率）为 9.39%。对比算术平均收益率，我们发现资金加权收益率相比第 1 年相对较好的表现（15%），更为重视第 2 年相对较差的表现（6.67%），因为第 2 年投入的资金多于第 1 年。如果只是作简单的算术平均，那么收益率为 10.84%，但是，由于第 2 年的初始投资额（450 元）大于第 1 年的初始投资额（200 元），计算过程中给予第 2 年的收益率（6.67%）更大的权重，使得资金加权收益率（内部收益率）为 9.39%，小于算术平均收益率 10.84%。这也是这种计算方法得出的收益率也被称为“资金加权收益率”的原因。

作为评估投资收益的工具，资金加权收益率有着严重的缺陷。一般来说，投资经理的客户决定什么时候给投资经理钱、给多少钱，而这些决定可能会显著影响投资经理的资金加权收益率。根据评价的一般原则，一个人或一个实体的投资收益表现只能根据自己的行为或在其控制下的行为来判断。因此，一个良好的评估工具应该避免过度考虑这些外部因素对投资经理行为的影响。

三、时间加权收益率

时间加权收益率也被称为几何平均收益率，是一种对持有期内投资资金的增加和减少不敏感的衡量收益率的方法，因此，目前在投资管理行业，时间加权收益率是首选的业绩衡量标准。时间加权收益率是指在规定的持有期内投资组合的复合增长率。与资金加权收益率相比，时间加权收益率并不受到投资资本变化的影响。其具体计算公式如下：

$$r_t=\sqrt[N]{(1+r_1)(1+r_2)\cdots(1+r_N)}\times 100\%-1$$

其中，r_t 是几何平均收益率，r_k（$k=1, 2, \cdots, N$）是总持有期内第 k 个子期间的持有期收益率，N 是总持有期内的子期间数量。

我们要计算投资组合的准确的时间加权收益率，一般采取以下三个步骤：

（1）在任何重大的增加或撤回投资之前立即对投资组合定价，同时，根据现金的流入流出节点将整个持有期分为多个子持有期。

（2）计算每个子持有期内投资组合的持有期收益率。

（3）通过联结各子持有期收益率，计算本年度的年收益率（年内时间加权收益率）。如果投资超过一年，以年收益率的几何平均值作为衡量期内的时间加权收益率。

下面，我们回到之前算术平均收益率所涉及的那个例子。在那个例子中，我们计算了投资组合的年化持有期收益率，第一年的年化持有期收益率为 15%，第二年的年化持有期收益率为 6.67%。根据时间加权收益率计算公式，我们可以得到：

$$时间加权收益率=\sqrt[2]{(1+15\%)(1+6.67\%)}\times 100\%-1=10.76\%$$

由此，我们发现投资组合的时间加权收益率为 10.76%。而我们计算得到的资金加权收益率为 9.39%，对比两种计算方式，我们可以看到为什么投资经理发现时间加权收益率更有意义，因为时间加权收益率消除了资金量变化对加权收益率的影响。

四、三种收益率的比较

从上述的几个例子我们可以看出，一般来说，对于评估投资组合的业绩而言，资金加权收益率并不是十分合适。因为资金加权收益率（内部收益率）以资金量的大小为权重计算收益率，如果客户在不利的时间给投资经理更多的资金用于投资，则投资经理的资金加权收益率将趋于低迷。如果客户在有利的时间增加资金，则资金加权收益率将趋于上升。因此，即使两个投资组合在子持有期内收益率完全相同，如果其中一个组合在子持有期内撤回或增加投资资金，也会导致两个组合的资金加权收益率存在差异。但是，尽管有这些不利因素，资金加权收益率对投资者而言还是十分有效的，因为它考虑了在客户自我意愿下进行资金撤回或增加后的资金的实际收益率。这虽然与投资经理的业绩无关，但对客户十分重要。

通常，投资管理机构用算术平均收益率或者时间加权收益率去评估投资组合的收益。在上述例子中，我们发现针对同一组合的收益率评估，算术平均收益率和时间加权收益率的评估结果并不相同。这主要是因为两者的前提假设存在区别，算术平均收益率基于每一期的初始投资额维持恒定的数量这一假设，而时间加权收益率则假设每一个子持有期内获得的收益均按照后面的子持有期收益率进行再投资。那么，在实际应用中，哪一种方法更有效呢？一般地，我们习惯用时间加权收益率去测定过去的业绩，用算术平均收益率去预测未来的业绩。

投资组合收益的准确度量对投资组合业绩的评价非常重要。此外，在评估投资组合的业绩时，除了考虑投资收益外，我们还必须权衡风险，在下一节中，我们将介绍经风险调整后的投资组合业绩评估。

五、投资组合收益率衡量

当几个单独的资产组合成一个投资组合时，我们可以计算投资组合内各资产收益的加权平均值作为投资组合的收益。投资组合收益只是个人投资或资产收益的加权平均值。如果资产 1 的收益率为 20%，资产 1 占投资组合的 25%，那么其对投资组合收益的贡献是 5%（=25%×20%）。一般来说，如果资产 i 有 r_i 的收益率，并且在投资组合中的权重为 w_i，那么投资组合收益率 r_p 为：

$$r_p=\sum w_i r_i\text{，　且}\sum w_i=1 \tag{9.3}$$

另外，所有权重加起来必须为 1，因为投资组合中的资产（包括现金）必须占投资总资产的 100%。此外，这些都是单周期的收益率，因此，期间没有现金流，权重当期保持不变。

第二节　投资组合业绩评估

机构基金经理、养老基金经理和共同基金经理为他人管理大量资金，他们的工作业绩该用什么方式衡量呢？他们的投资组合业绩与被动管理的投资组合（即投资者只持有市场组合）相比又如何呢？评估投资组合的业绩是所有投资者和基金经理都感兴趣的。下面我们将介绍几种主要的投资组合业绩评估方法。

一、夏普比率

投资组合业绩有两个组成部分：风险和收益。虽然收益最大化是证券投资组合的最终目标，当是仅仅考虑一个投资组合的收益率与市场的收益率是远远不够的。因为投资者是风险厌恶的，当他们面临更大程度的风险暴露时，他们将要求更高的收益率以便对风险进行补偿。夏普比率（Sharpe ratio）是一个比较常用的投资组合业绩衡量指标，也被称作报酬变异比，其表达式如下：

$$\text{夏普比率}=\frac{r_p-r_f}{\sigma_p} \tag{9.4}$$

其中，r_p 表示投资组合的市场收益率，σ_p 表示投资组合的标准差，r_f 表示无风险资产收益率。

结合之前学习的资本市场线，我们可以发现夏普比率是资本市场线的斜率，斜率越大，该投资组合越好。需要注意的是，在夏普比率中，使用的是投资组合的总风险，而不是整个市场的系统性风险。如果投资者不拥有任何其他资产，仅持有该证券投资组合，那么计算夏普比率时使用该投资组合的总风险是合适的。所有市场投资组合或者其他形式的投资组合的夏普比率均可以以类似的方式计算。在分子为正的前提下，我们认为具有最高的夏普比率的组合具有最佳的市场表现，夏普比率最低的组合市场表现最差。但是，如果分子为负，相同收益率下，风险更高的投资组合的夏普比率更高，在实际应用中，如果不注意这一点，则可能导致对证券投资组合做出不正确的评价。

虽然计算的便捷性使夏普比率成为一种十分流行的评价投资组合业绩的工具，但是夏普比率仍有两个局限性：

第一，夏普比率使用投资组合的总风险作为衡量风险的尺度，但是市场中只有系统性风险才会被定价，非系统性风险可以通过分散投资而不被定价。

第二，夏普比率本身（例如 0.2 或 0.3）没有信息量。在实际应用中，必须将一个投资组合的夏普比率与其他投资组合的夏普比率进行比较，通过对投资组合的夏普比率进行排序获取有用信息。

二、特雷诺比率

特雷诺比率（Treynor ratio）是夏普比率的一个简单的扩展，它利用代表系统性风险

的 β 值去替代夏普比率中的投资组合的总风险，从而在一定程度上克服了夏普比率的局限性。它可以用以下公式表示：

$$特雷诺比率=\frac{r_p-r_f}{\beta_p} \tag{9.5}$$

其中，r_p 表示投资组合的市场收益率，β_p 表示由投资组合的 CAMP 回归得到的 β 值，r_f 表示无风险收益率。

和夏普比率一样，只有在分子为正的前提下，特雷诺比率的结果才具有对比使用的意义。另外，对于 β 值为负的证券投资组合，使用特雷诺比率无法得到有效排名。尽管特雷诺比率相比夏普比率克服了夏普比率的第一个局限性，但对于第二个局限性，特雷诺比率和夏普比率一样，没有提供针对单个投资组合业绩表现的任何信息，特雷诺比率也需要对不同的投资组合进行排序才能获取有效信息。

此外，我们还可以考虑这么一个问题。如果我们假设一个投资组合的特雷诺比率是 0.75，另一个投资组合的特雷诺比率是 0.80，那么根据特雷诺比率的性质，显然第二个投资组合比第一个投资组合表现更佳，但是这种差异有意义吗？这个答案是否定的，因此我们不知道这两个投资组合是否比整个市场的表现更好。如果这两个投资组合的表现均差于整个市场的表现，那么这两个投资组合都不可以被认为是表现良好的。为了解决此问题，我们将使用 M^2 和詹森指数去分析投资组合相对于市场的表现情况。

三、M^2

M^2（M-squared）是夏普比率的扩展，它的分析基于总风险，而不是系统性风险。M^2 测量的主要想法是，利用不同权重的原始投资组合 P 和无风险资产建立一个新的投资组合 P'，使得其风险的大小与市场风险一致，即 P' 的标准差与市场投资组合的标准差相同。由于新的投资组合 P' 的风险和市场投资组合的风险是相同的，我们可以计算新的投资组合 P' 的收益，并将其与市场收益率进行直接比较。在构建新的投资组合 P' 时，使 P' 的风险与市场风险相等的组合 P 的权重利用以下公式计算：

$$\sigma_{p'}=w_p\sigma_p+(1-w_p)\sigma_{rf}=\sigma_m=w_p\sigma_p \tag{9.6}$$

其中，$\sigma_{p'}$ 表示投资组合 P' 的标准差，σ_p 表示投资组合 P 的标准差，w_p 表示投资组合 P' 中投资组合 P 的权重，σ_{rf} 表示无风险资产的标准差，σ_m 表示市场投资组合的标准差。由此可以得到：

$$w_p=\frac{\sigma_m}{\sigma_p} \tag{9.7}$$

所以，此时新的投资组合 P' 的收益为：

$$r_{p'}=w_pr_p+(1-w_p)r_f=\frac{\sigma_m}{\sigma_p}r_p+\left(1-\frac{\sigma_m}{\sigma_p}\right)r_f=r_f+\frac{\sigma_m}{\sigma_p}(r_p-r_f) \tag{9.8}$$

此时，对比投资组合 P' 的收益率和市场组合的收益率，两个收益率之间的差值就是 M^2，可以用以下公式表示：

$$M^2=\frac{\sigma_m}{\sigma_p}(r_p-r_f)-(r_m-r_f) \tag{9.9}$$

这里需要指出的是，根据 M^2 得到的不同投资组合的表现的排序与夏普比率的结果是相同的。但是，M^2 的结果相对更容易解释，因为它们是用百分比表示的，表示投资组合相对于市场的超额收益率。一个与市场表现相同的投资组合的 M^2 为零，而一个表现优于市场的投资组合的 M^2 是正的。通过对 M^2 的应用，我们不仅能够确定投资组合的表现排序，还可以确定我们的投资组合在风险调整后能否战胜整体市场。

四、詹森指数

和特雷诺比率一样，詹森指数（Jensen's alpha）的分析基于系统性风险，是投资组合相对于市场组合的表现的量度。在求詹森指数时，首先我们可以利用 CAPM 建模，通过对投资组合与市场的日数据的回归分析得到证券投资组合的 β 值；然后，我们再利用投资组合的 β 值和 CAPM 来计算投资组合的经风险调整的收益率；最后，计算投资组合的实际收益率与计算出的经风险调整的收益率之间的差额，该差额即为詹森指数。詹森指数用公式表示为：

$$\text{詹森指数}=r_p-[r_f+\beta_p(r_m-r_f)] \tag{9.10}$$

其中，r_p 表示投资组合的收益率，r_m 表示市场组合的收益率，r_f 表示无风险资产的收益率，β_p 是由表示投资组合的 CAMP 回归得到的 β 值。

和 M^2 一样，詹森指数的结果是用百分比表示的，表示投资组合相对于市场的超额收益率，但是詹森指数的收益率是已经实现的实际收益率，而 M^2 中的收益率是经风险调整的收益率。詹森指数的正负可以表明投资组合是否优于市场。如果詹森指数是正的，则表示投资该组合的收益率跑赢了市场；如果詹森指数是负的，则表明投资组合的表现落后于市场。同时，詹森指数的排序结果与特雷诺比率的结果一致。

此外，詹森指数通常用于评估大多数机构基金、养老基金和共同基金的管理者和他们管理的投资组合的业绩表现，以及该业绩相对于市场的超额收益率。同时，詹森指数还有一个十分有趣的作用，即：我们的初始投资额乘以詹森指数应该是我们支付给基金经理的最高的投资管理费用。例如，如果一个投资组合的詹森指数是 2%，初始投资为 100 元，那么我们理论上最多支付给该投资基金经理 2 元投资管理费用。

第三节　投资组合风险分析

风险和风险管理是经济活动中不可分割的一部分。人们总是在不停地管理各类事务以确保周边的环境和资源让他们感觉安全，但是无论我们多么用心，我们做的每一件事情总是有风险的。因此，在实际的投资决策中，在不确定的环境中，人们倾向于采取某些步骤来避免某些风险，而追求提供最高回报的风险，并根据需要衡量和减轻他们对这些风险的暴露。

风险是投资过程中不可分割的一部分。即使在现代投资组合理论中，例如在均值-方差投资组合模型和资本资产定价模型中，投资回报也直接与风险联系在一起，因此，投资者需要对风险进行最佳管理。良好的风险管理会使得我们以一个更好的机会获得更好的结果，为投资组合带来更多的价值。因此，投资风险的发生不仅仅是一个运气或者命运问题，而是个人投资者或者机构投资者可以在风险管理框架内进行科学管理的变量。

一、风险概述

风险是用来描述所有导致结果变化不可预测的不确定的外部因素的概念。广义上说，风险就是不确定性的暴露。通俗一点说，风险是一个行为或外部事件或者其他导致损失或不良后果的机会。

风险是商业或投资的成功秘诀中的一个关键因素，没有风险的回报是不存在的，风险与回报紧密联系在一起。因此，在证券投资组合中，风险必须被谨慎地选择、理解以及妥善管理，以便有机会通过决策增加价值。风险暴露，也称风险敞口，是指潜在的环境或市场风险中企业或投资者实际承担风险的程度。风险暴露反映的是其暴露或易受风险的状态，产生于一个组织或投资者对风险敏感资产和负债的决定。

在进行风险管理前，我们需要进行风险识别。在这里，我们将风险主要分成两类：第一类是指来自金融市场的一系列风险，我们称之为金融风险；第二类是指来自金融市场之外的风险，我们称之为非金融风险。虽然大部分风险最终导致的结果都与金融市场密切相关，但我们这里的“金融风险”主要是指在金融市场上发生的事件所引起的风险，如利率变动带来的风险；而“非金融风险”则主要来自其他因素，如企业自身的行为导致的风险或者如环境、监管、政治、供应商和客户等外部因素导致的风险。

（一）金融风险

目前，我们主要把市场风险、信用风险和流动性风险这三类风险归为金融风险。

1. 市场风险

市场风险是指由利率、股票价格、汇率和商品价格等因素的变动引起的风险。市场风险通常源于经济或行业的某些基本经济条件或事件或特定公司的发展。市场风险是大多数组织和许多个人面临的最明显的风险之一。金融市场受到媒体的广泛关注，金融市场活动的信息十分丰富。机构投资者和许多公司相当重视市场风险，它们投入大量资源处理市场信息。因此，目前市场风险方面的风险管理知识可能是最全的。

2. 信用风险

信用风险有时也被称为违约风险，有时也可被称为交易对手风险。如果一方未能支付另一方的债务，如债券、贷款或金融衍生工具，则信用风险是损失的风险。在某些类型的金融衍生工具中，只有一方欠另一方的钱；而在其他类型的金融衍生工具中，任何一方都可以欠另一方的钱。违约风险是资产特有的风险，因此债券和金融衍生工具的投资者必须考虑将信用风险作为他们的主要决策对象。与市场风险一样，信用风险可能由经济、行业或公司产品在市场上疲软所导致。同时，信用风险也是一个非常明显的风险，在管理信用风险时需要对由违约、破产以及与杠杆有关的现金流不足所产生的压力相当重视。

3. 流动性风险

流动性风险是指出售金融资产时，金融资产的估值大幅下调的风险。为了出售金融资产，卖方可能需要将资产价格降低到低于标的价值的水平，或者由卖方根据金融资产的基本情况对其真实价值进行评估。在某些市场条件下，卖方必须做出重大的让步。当然，出现流动性风险并不意味着市场运行是无效的，这也可能是由于需求未发生变化，较大的市场供给导致供给曲线迅速右移，使卖方必须降低价格以实现供需平衡。流动性风险有时也可以被称为“交易成本风险”，这是因为在市场上所有资产的交易都有交易成本，存在卖出价格低于购买价格的现象。尽管流动性风险往往与流动性不高的资产有关，但其风险来源主要有以下两点：第一，市场流动性随时间而变化，具体的资产市场可能变得流动性不高；第二，随着资产规模的增大，清算成本和清算的不确定性将增加。

（二）非金融风险

我们将主要由金融市场价格和利率变化引起的风险列为金融风险，而将其他一些非金融性质的风险列为非金融风险。非金融风险的来源很多，可能来自交易对手、监管机构、政府、供应商和客户，等等。下面，我们将尽量完整地分析这些风险。

1. 结算风险

结算风险与违约风险密切相关，但更多地涉及违约前发生的支付结算问题。例如，假设甲方签定远期合同购买政府债券，在结算日需要进行结算，如果一切顺利，甲方将钱汇出，而乙方将转让债券。但是，假设现在甲方已经把钱汇出，而乙方由于宣布破产未转让债券，这就是结算风险。

2. 法律风险

法律风险是指与法律有关的风险，主要有两种形式：一种是在交易中被起诉的风险，另一种是合同的条款不能得到法律制度支持的风险。例如，A 与 B 签订了衍生品买卖合同，随着时间的推移，A 需要支付给 B 一定的现金，但 A 拒绝付款。这时本交易进入诉讼流程，如果法院支持 A，那 B 就可能遭受损失，这就是法律风险。

3. 合规风险

合规风险是由涉及政府（如证监会）和权威机构制定的政策、法律、规章和规则的事项产生的风险，主要有监管风险、会计风险和税务风险等多种形式。金融产品和战略的迅速扩张与一些政府部门和监管机构的缓慢发展形成了鲜明对比，而法律法规一旦更新，则原先的行为可能遭受巨大的处罚。

4. 模型风险

模型风险是指不恰当地使用模型导致估值错误的风险。当一个组织使用错误的模型或使用正确的模型但使用不当时，就会产生这种风险。例如，当公司股利实际增长不固定，而投资经理错误地使用了股利贴现模型中股利持续稳定增长的假设时，就可能产生模型风险。

5. 尾部风险

尾部风险与模型风险密切相关，是指分布在尾部的事件比概率模型所期望的要多。例如，投资组合收益率多呈现厚尾分布，此时如果使用正态分布假设，就可能导致尾部风险。很多定量模型（如期权定价模型）和决策模型（如资产配置模型）经常忽视回报厚尾的存在，使模型的稳健性存在一定隐患。当然，忽略尾部风险也是模型风险的一种形式。

6. 操作风险

操作风险包括了一个组织所面临的大部分内部风险，往往是由组织内部人员在具体的生产、运营过程中产生的风险。尽管导致这种风险的因素可能在外部，但风险在很大程度上仍是一个组织内部的，因为它与组织内部人员和流程是否有效运作密切相关而不受外部影响。

操作风险的来源多种多样，但一般我们认为员工本身是潜在的内部风险的主要来源。例如，在金融市场交易中，交易员或投资经理不遵守公司法律、规则或指导方针，给公司带来巨大的财务风险；又如，从员工到高级管理一直进行会计舞弊，使公司业绩更好看，来获取个人利益而给公司带来损失；再如，即使是经验十分丰富的员工，在面临具体的决策时，也可能做出错误的决策，对公司业绩造成威胁。

公司也可能受到一些外部因素影响，例如，因电力中断而导致公司暂时无法运营。虽然电力供给是一种完全脱离了组织控制的外部力量，但它不能为组织未制定并管理与电力有关的问题的应急方案提供借口。当然，其中一些操作风险是可以投保的，至少在一定程度上是可以投保的，例如航空公司可以通过保险避免恶劣天气对公司造成的损失。

7. 偿付能力风险

偿付能力风险是指投资实体由于耗尽现金流而导致无法按时偿付进而倒闭的风险。比如，在2008年金融危机中，虽然雷曼兄弟公司倒闭的关键因素是其之前的杠杆过大，但是，正是偿付能力风险迫使该公司破产，因为几乎一夜之间，雷曼兄弟公司的流动性就消失了，大多数资金不再愿意承担雷曼兄弟公司的交易对手风险。即使雷曼兄弟公司在破产当天获得了巨大的市场收益，但它也已经被偿付能力风险所破坏。因此，偿付能力风险被看作是否成功运作对冲基金的关键因素之一，因为投资者对在“基金挤兑”事件中无法收回投资非常敏感。

偿付能力是指能够在不清偿债务或不太极端的情况下继续运作的资金，以偿付债务和满足现金流量需求为基本目标。偿付能力风险是企业风险管理中重要的组成部分。偿付能力风险很容易被减轻，但是无法被消除，因为消除偿付能力风险需要大量的保障措施。较差的偿付能力管理可能导致严重的后果，因此证券投资中需要减少杠杆，获得更稳定的资金来源，同时，应提高偿付能力风险的透明度，将偿付能力风险稳定在合理的水平，并持有更多的现金等价物，降低资产的流动性风险。

二、风险的相互联系

在某些情况下，被归为一类的风险很容易被归为另一类，事实上，风险之间存在多方面的相互作用。例如，市场风险导致了信用风险、操作风险。下面用一个更详细的例子来说明这个关系。由于市场的意外波动，产生了市场风险，导致一方欠另一方钱。由于这种债权债务关系，双方必须有处理交易和支付资金的内部业务，由此产生信用风险。伴随信用风险，由于结算业务的存在，结算风险出现了。如果市场波动过大，给其中一方造成巨大的损失，那么需要支付现金的当事人就有动机在合同中寻找漏洞并起诉以避免损失，这时，就可能引发法律风险。

事实上，风险之间特别容易相互作用。当发生极端事件时，例如 2008 年金融危机期间，市场风险加剧导致了信用风险等诸多风险加剧。许多抵押贷款支持证券的持有人认为，风险是多样化的，但实际上风险是相当系统化的。如果投资者在进行风险管理时，没有考虑这些风险的相互作用，那么投资者承担的风险比最初想象的要大得多。

因此，在大多不利的金融风险的相互作用中，我们发现整体的风险远大于其部分风险的加总。例如，对一个证券投资基金而言，如果其利用了一倍杠杆，那么，当市场产生 1%的损失时，其产生 2%的损失。但是，当市场损失 10%时，对于该投资基金而言，可能面临流动性风险或者资金短缺的困扰。最后，这个投资基金可能会损失 25%而非 20%。这种风险的非线性的相互作用存在于许多市场的许多风险中，因此，良好的风险管理是十分必要的。

总之，我们需要认识到通常情况下风险不是独立存在的，而是相互作用，尤其是在市场环境变差时，这种相互作用将更加明显。由此，我们可以发现合并后的总风险并不总是线性的，总风险可能远大于所有单一风险的总和。因此，我们在对投资组合进行风险管理时，在进行风险建模时，必须考虑风险之间的相互作用。

第四节　风险管理方法

风险管理是一个组织或个人定义风险水平，衡量风险水平，并以最大化公司或投资组合的价值或个人的总体满意度或效用为目标，将风险调整到适合的水平的过程。换言之，风险管理通过所有能够实现组织或个人目标的决策和行动使得风险维持在可承受的水平。因此，风险管理并不是将风险最小化，而是要积极理解并接受这些风险，在权衡目标的实现和可接受的失败的机会的基础上，量化风险敞口，并持续管理风险。

一、风险管理框架

一个良好的风险管理过程，应充分将企业的“风险”和“收益”两方面纳入决定，以在其可容忍的风险水平上最佳地实现其目标。风险管理不是“一刀切”的解决方案，它是企业目标和需求的组成部分，因此风险管理最好根据实际情况制定相应的解决方案。在制定风险管理方案的过程中，应重点关注以下关键因素：

（1）风险的识别与度量。

（2）风险管理的政策和流程。

（3）风险的监测和管理。

（4）信息交互。

（5）整体战略分析或整合。

一个正确的风险管理框架涉及诸多流程，在实践中，这些流程交错复杂，经常需要同时执行。由于风险环境是动态的，因此我们需要设计足够稳健的风险管理框架，以便应对可能发生的无法预测的意外。同时，风险管理框架应当根据现实环境的变化及时调整风险管理思路。

一个良好的风险管理方案并不是阻止损失，而是提供一个完整的自上而下的框架，该框架涵盖了风险发生前、发生期间和发生后的决策过程。风险是动态的，风险管理是一个持续的过程，它总是不停地被重新评估和修正。如果风险管理过程足够成功，就可以使得风险管理朝着事先制定的目标前进，同时增加投资决策的价值。良好的风险管理使得管理者能够在面对危机时更迅速、更有效地采取行动。但是，必须认识到的是，即使是最好的风险管理也不能阻止投资组合在市场崩溃中亏损。

二、风险度量

1. 情景分析与压力测试

情景分析与压力测试是进行风险分析比较常用的两种方法。情景分析法又称脚本法或者前景描述法，是假定某种现象或某种趋势将持续到未来的前提下，对预测对象可能出现的情况或引起的后果做出预测的方法。通常用来对预测对象的未来发展做出种种设想或预测，是一种直观的定性预测方法。压力测试则是指将整个金融机构或投资组合置于某一特定的（主观想象的）极端市场情况下，如利率骤升100个基本点、某一货币突然贬值30%或股价暴跌20%等异常的市场变化，测试该金融机构或投资组合在这些关键市场变量突变的压力下的表现状况，看其是否能经受得起这种市场突变。

情景分析可以被看作是一组压力测试，通常有一些基本的主题。一个情景定义了一组可能发生的条件或市场运动，并会对投资组合施加一定的压力，例如利率大幅上升，再加上货币价值大幅下降。然后对投资组合进行评估，以确定其在这些情景下的预期损失。当然，尽管情景分析和压力测试可以提供一些信息，但是它们同样受到模型风险的影响。

2. 希腊字母法

根据现代投资组合理论，一项资产的方差可能会夸大资产回报的风险。因为在一个多元化的投资组合中，投资者可以通过持有各类资产，消除其投资组合中的部分风险。因此，在实际操作中，投资者不仅用方差代表其总风险，也会使用各种类型的希腊字母去表示风险，衡量投资组合收益对相应风险的敏感度。

希腊字母法是一种很常见的度量风险的方法，以下仅作一个简单的介绍。Beta衡量投资组合收益对市场收益的敏感度，可以很好地描述投资组合相对于市场的风险；Delta衡量金融衍生工具的价格对标的资产价值微小变动的敏感性，是金融衍生工具的风险最重要的衡量标准；Gamma捕捉Delta对标的资产价值微小变动的敏感性，可以认为Delta是金融衍生工具的价格对资产价格的一阶导数，而Gamma则是二阶导数；Vega衡量金融衍生工具的价格对标的资产波动率变动的敏感性；Rho则衡量金融衍生工具的价格对利率变动的敏感性，而在固定收益证券中，这个衡量指标有另一个表达名称——久期。

在进行证券投资时，我们常常会采取金融衍生工具进行风险对冲。但是在引入金融衍生工具的同时，我们可能会引起新的风险，上述这些希腊字母可以有效地反映金融衍生工具的相应风险。同时，我们可以根据这些希腊字母的取值，对风险进行中性管理，从而减少风险暴露。

3. VaR 法

VaR 一般被称为“风险价值”或“在险价值”，指在一定的置信水平下，某一金融资产（或证券组合）在未来特定的一段时间内的可能的最大损失，是对一个投资组合或一个实体的利润分布的尾部大小的度量。VaR 法包含三个元素：损失额、时间跨度、概率。例如，一家银行通过对历史数据的分析，指出其在 95%的置信水平下日 VaR 为 200 万元。这表明，其在每一天都有 5%的概率最低损失 200 万元，或者也可以表述为有 95%的概率损失不超过 200 万元；同时，我们也可以换一种方式理解，即，其在未来二十天内，预期有一天的损失至少为 200 万元。VaR 是一个简单但有争议的衡量指标，因为估计 VaR 的方法有很多，每一种方法都有自己的优点和缺点，不同的方法可能导致不同的估计。此外，值得注意的是，VaR 并未涉及最大损失额。

目前已经有超过 1 000 家的银行、保险公司、投资基金、养老基金及非金融公司采用 VaR 法作为金融衍生工具风险管理的手段。利用 VaR 法进行风险控制，可以使每个交易员或交易单位都能确切地知道其目前在进行多大风险的金融交易，并可以为每个交易员或交易单位设置 VaR 限额，以防止出现过度投机行为。如果执行严格的 VaR 法，一些金融交易的重大亏损也许就可以避免。

4. 信用评级法

上述分析多是对市场风险进行度量，这里我们将针对信用风险进行分析。如果你的投资组合中包含大量债券，那么针对信用风险的分析将至关重要。对于个人来说，对每一只债券涉及的企业或个人进行信用评级显然是不可能的，幸运的是，我们可以直接利用市场上的信用评级机构得到相应债券的信用评级。

信用评级，又称资信评级，是一种社会中介服务，为社会提供资信信息，或为单位自身提供决策参考。我们可以从以下三个方面去理解信用评级：一是信用评级揭示了受评对象违约风险的大小，但并不涉及其他类型的投资风险，如利率风险、通货膨胀风险、再投资风险及外汇风险等；二是信用评级所评价的目标是经济主体按合同约定如期履行债务或其他义务的能力和意愿，并不与企业本身的价值或业绩相关，但可能受到这些因素的影响；三是信用评级是独立的第三方利用其自身的技术优势和专业经验，就各经济主体和金融工具的信用风险大小所发表的一种专家意见，并不代表投资意见。

穆迪公司、标准普尔公司和惠誉公司是目前公认的三大国际评级机构。在业务层面，标准普尔公司侧重于企业评级，穆迪公司侧重于机构融资方面的评级，而惠誉公司则侧重于金融机构的评级。三家评级机构的评级方式如表 9-2 所示。

表 9-2　标准普尔公司、穆迪公司和惠誉公司的中长期信用评级等级

	标准普尔公司	穆迪公司	惠誉公司
投资级	AAA	Aaa	AAA
	AA+，AA，AA−	Aa1，Aa2，Aa3	AA+，AA，AA−
	A+，A，A−	A1，A2，A3	A+，A，A−
	BBB+，BBB，BBB−	Baa1，Baa2，Baa3	BBB+，BBB，BBB−

续表

	标准普尔公司	穆迪公司	惠誉公司
投机级	BB+，BB，BB−	Ba1，Ba2，Ba3	BB+，BB，BB−
	B+，B，B−	B1，B2，B3	B+，B，B−
	CCC+，CCC，CCC−	Caa1，Caa2，Caa3	CCC
	CC	Ca	CC
	C	C	C
	D		DD
			D

三、风险管理

上文我们已经分析了测量风险的方法，在本小节我们将介绍在风险测量的基础上对风险进行管理，风险管理者可以根据实际风险与可接受的风险水平进行风险管理。风险管理的主要目的是降低风险，例如在证券市场上，可以通过期货对持有的证券投资多头进行套期保值。在实际的风险管理中，一些风险管理思路是达到最终降低风险，甚至彻底消除风险的目的，也有一些风险管理思路仅仅是达到把风险降低到可以接受的水平的目的。根据风险管理的逻辑和思路，风险管理可以分为以下四类：风险预防与规避、风险接受、风险转移和风险减轻。

1. 风险预防与规避

风险预防是指采取预防措施，以减小损失发生的可能性及损失程度，这是损失发生前为了消除或减少可能引发损失的各种因素而采取的一种风险处理方式。例如，机场、火车站的安检就是一种典型的风险预防模式。而风险预防的一种方法是采取措施完全避免风险。风险规避是风险应对的一种方法，是指通过有计划的变更来消除风险或发生风险的条件，保护目标免受风险的影响，比如，飞机可能出现坠毁事件，那么就可以选择拒绝任何形式的飞行来规避风险。

在风险预防中，我们可能需要进行成本和收益之间的权衡，进行现时成本与潜在损失的比较，由此来选择采取何种形式、何种程度的风险预防措施。若潜在损失远大于采取风险预防措施所支出的成本，就应采用风险预防措施。例如，从风险的角度来看，吸烟并没有任何好处，但对于吸烟的人来说，他们可能认为他们得到的快乐超过了成本。

风险规避并不意味着完全消除风险，我们所要规避的是风险可能给我们造成的损失。一是要降低损失发生的概率，这主要是采取事先控制措施；二是要降低损失程度，这主要包括事先控制、事后补救两个方面。在证券投资组合的风险管理中，我们通过投资政策、限制性制度和标准，阻止高风险的交易行为和资产损失的发生。

2. 风险接受

在许多情况下，从风险承受能力和战略角度来看，保持风险敞口是有道理的，我们可以通过保留风险来实现风险管理。自我保险是一种风险接受的概念，虽然很多情况下这种风险管理方式被认为是不受欢迎的，因为代价太高，且无法通过外部手段消除，但是，在某些情况下，自我保险仅仅意味着承担风险。同时，企业进行风险接受时，可以设立准备金以弥补损失。

然而，我们必须仔细区分自我保险和纯粹的风险接受之间的细微差别。如果承受的风险在可容忍的风险水平内，那么，自我保险将是良好的风险管理手段。但是，如果有一种风险超出了企业的风险承受能力，管理层无视和违反其风险承受能力，决定承担风险，那么这并不是自我保险，而是不良的风险管理。

风险接受方式可以是不采取任何行动，将风险保持在现有水平，也可以是以准备金等方式进行自我保险，当然，企业也可以采取积极的措施，比如进行多样化的证券投资来分散风险，从而进行有效的风险管理。

3. 风险转移

风险转移是指通过合同或非合同的方式将风险转嫁给另一个人或单位的一种风险处理方式。保险是一种最常见的形式，保险的被保险人通过支付保费获得保险人的承保，从而可以在某一特定事件发生时，获取所遭受损失的约定百分比的补偿。从经济角度来看，保险是分摊意外事故损失的一种财务安排；从法律角度来看，保险是一种合同行为，是一方同意补偿另一方损失的一种合同安排；从社会角度来看，保险是社会经济保障制度的重要组成部分，是社会生产和社会生活“精巧的稳定器”。

当然，风险转移的方法也不仅仅局限于合同，也可以通过非合同的方式减少单个主体所承担的风险，但这两种方式并不能减少项目本身的风险，而仅仅是将风险转移出去。例如，在工程项目管理中，风险管理手段主要包括合同转移和工程保险两种方式。合同转移是利用合同规定双方的风险责任，从而将活动本身的风险转移给对方以减少自身的损失，合同转移对象是业主或总承包商、供应商、分包商。投保工程保险即一旦发生风险事件，投保人可以获得保险公司的赔付。

4. 风险减轻

风险减轻是指制订计划和采取措施降低损失的可能性或者减少风险发生时的实际损失。在证券投资组合中，一方面，我们可以利用前文说过的分散化投资来降低风险，也可以通过建立风险储备金来减小风险发生时的潜在损失；另一方面，我们可以利用各种类型的金融衍生工具来对冲风险。

对于证券投资而言，利用金融衍生工具进行风险对冲是十分常见的降低风险的管理方式。可以用于对冲风险的金融衍生工具主要分成两类，即远期承诺和未定权益。远期承诺是指双方承诺按约定的日期或价格进行交易的协议。远期承诺包括远期合约、期货合约和掉期合约等工具。远期承诺可用于锁定借款人或贷款人的未来利率、资产的购买或出售价格，或货币的汇率。未定权益则主要指期权。期权是指双方之间的一种合同，它赋予一方当事人购买或出售标的资产的权利，或者支付或接受一个已知的基础利率的权利。

关键术语

资金加权收益率　　时间加权收益率　　投资组合业绩评估　　夏普比率

特雷诺比率　　詹森指数　　风险度量　　VaR 法
风险管理

习　题

1. 试比较算术平均收益率、资金加权收益率、时间加权收益率的优劣，列出三个分别应用这三种度量工具的情景。

2. 请简要说明风险管理的主要方法。比较四种组合业绩评估比率/指数的优劣并简述各自的应用情景。

第十章

金融衍生品在投资组合中的运用

【本章要点】

- 股指期货
- 期权

衍生品是指以某种基础变量派生出来的产品。这些基础变量通常被称为标的。这些标的可以是某种交易资产的价格，比如股票，也可以是其他任何变量，比如农产品价格，甚至气温。在过去几十年内，金融衍生品在金融领域变得越来越重要。金融衍生品的市值越来越大，期货和期权的合约种类越来越多。许多企业也开始参与到场外衍生品，如远期、互换的交易中。在公司治理中，股票期权已经越来越普遍地存在于雇员报酬中。在农业领域，农产品生产者可以使用期货来对冲农产品价格下跌的风险。对一个金融从业者来说，了解金融衍生品的原理及其市场运作是十分重要的。本章将主要讲解股指期货和期权，并介绍中国金融市场上的相应产品。

第一节　股指期货介绍

期货合约是金融衍生品的一种，其规定在未来某一时刻以约定价格买入或卖出某一产品，买卖的产品被称为标的资产。股指期货是期货的一种，全称为股票指数期货，是以某种股票指数作为标的资产的标准化期货合约。股指期货合约在发行时会设置一个基准价，在期货合约结束日，按照当日指数与基准价的差值进行现金交割。

一、发展历程

世界上最早的股指期货合约是 1982 年美国堪萨斯期货交易所（Kansas City Board of Trade，KCBT）推出的价值线指数期货合约。20 世纪 70 年代，由于石油危机，西方各国经济发展不稳定，通货膨胀加剧，利率剧烈波动，股票市场波动较大，股票投资者们希望寻找一种能够有效规避系统性风险的金融工具，就是在这样的经济环境下，世界上第一个股指期货合约诞生了。在价值线指数期货合约推出后，股指期货不断发展，成为金融产品中发展最快、最有活力的金融工具之一。

中国的第一份股指期货合约是中国金融期货交易所于 2010 年 4 月 16 日发行的沪深 300 股指期货。

二、股指期货合约的要素

1. 合约标的

合约标的即期货合约的标的资产。对于股指期货来说，股票指数就是其标的资产。现金交割的数量取决于股指期货合约到期日的股票指数与基准指数的差值。

2. 合约乘数

合约乘数规定了股指期货合约中的标的一点股指代表多少金额。例如中国沪深 300 股指期货合约的合约乘数为 300 元，即在交割日时，沪深 300 指数每高于基准价 1 点，持有该股指期货合约的交易者在现金交割中就多获得 300 元。

3. 最小变动价位

股指的变动超过最小变动价位时，现金交割的金额才会发生变化。

4. 涨跌停限制

一些股指期货合约的价格变动都有当日限额。与前一天的收盘价相比，今日股指期货价格下跌的金额超过每日限额，便称为跌停，而上涨的幅度超过每日限额，便称为涨停。股指期货涨跌停制度的存在主要是因为股指期货的高杠杆性，因而需要防止过多的投机活动使股指期货价格发生大幅波动。

5. 头寸限额

头寸限额即一位投资者可以持有的最大股指期货头寸数，头寸限额同样是为了防止投机活动对股指期货价格的影响。

6. 交易时间

股指期货合约通常在其规定的时间内才能进行交易。

7. 最低交易保证金

股指期货交易采取保证金制度，要求按合约价值的一定比例留存保证金，当留存的保证金低于规定所需的最低保证金时，投资者会被催付保证金，否则将被强行平仓。由于保证金的存在，股指期货通常具有高杠杆性。保证金制度的具体细节将在下文介绍。

8. 最后交易日

顾名思义，最后交易日就是该股指期货能够进行交易的最晚日期。

9. 交割日期

交割日期是按照当前结算指数与基准指数进行现金交割的日期，代表股指期货合约的结束。它通常与最后交易日是同一天。

10. 交易月份

通常来说市场上不能存在包含所有月份的合约。国内的股指期货每月只发行四个月的合约，即当月、下月以及随后两个季月（季月是指 3 月、6 月、9 月和 12 月）。

11. 交割方式

股指期货大多以现金进行交割，一份合约的交割金额为：（交割价格－基准指数）×合约乘数。

三、股指期货的理论价格计算

股指期货的理论价格是基于持有成本计算出来的。持有成本是指投资者持有现货资产所付出的机会成本，即无风险利率减去现货资产的收益率。用 F 表示股指期货的价格（即股指期货合约规定的未来购买该股指期货的价格），f 表示股指期货合约本身的价格，S 表示现货的价格，r 表示无风险利率，y 表示现货收益率，T 表示距离股指期货到期的天数，我们可以构建以下两个资产组合。

组合 1：购买一份股指期货合约，并以无风险利率存入 $F(1+r)^{-T}$ 单位。

组合 2：购买 $S(1+y)^{-T}$ 单位的现货。

两个组合在股指期货到期时的价值应相同，都等于 1 单位现货，因此在当前的价格也应当相同，即：

$$f+F(1+r)^{-T}=S(1+y)^{-T} \tag{10.1}$$

标准化股指期货合约的价格应为 0，则股指期货的价格可以表示为：

$$F=S(1+r-y)^{T} \tag{10.2}$$

假设当前沪深 300 指数的现货为 4 000 点，无风险利率为 2%，现货收益率为 1%，那么还有三个月到期的沪深 300 股指期货的价格为：$4\,000\times(1+2\%-1\%)^{0.25}=4\,010$（点）。

而随着股指期货合约交割月份的逼近，股指期货的价格将会逐渐接近现货的价格。否则，在交割日，股指期货价格高于现货价格的话，现货和股指期货间将存在套利机会。交易员可以进行如下操作：

（1）卖出一份股指期货合约；

（2）买入现货；

（3）进行交割。

这样操作一定会获利，并且其获利金额等于股指期货价格与现货价格的差。这种交易会使股指期货价格下跌，并使股指期货价格逐渐等于现货价格。而当现货价格高于股指期货价格时，交易员会实行反向操作，使股指期货价格收敛于现货价格（即期价格），如图 10－1 所示。

四、股指期货的作用

1. 构造综合股票头寸

股指期货的标的是股票指数，而股票指数是由一些相同类型的股票价格加权而来的，这些股票指数反映了市场组合的价格。因此股指期货的价格实际上是和某个类型的市场组合相关的，持有股指期货就相当于持有对应的市场组合。股指期货的出现实际上方便了那

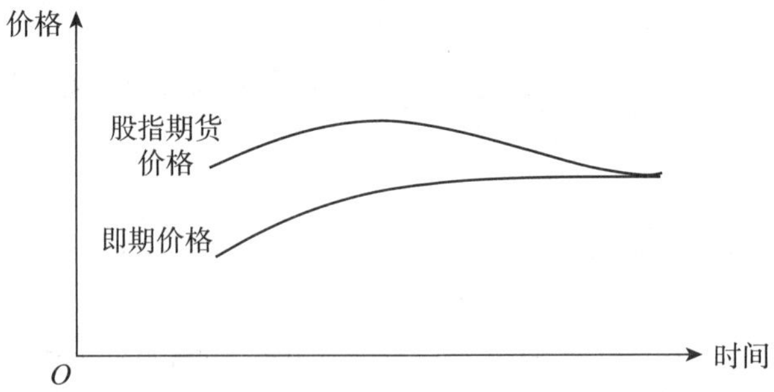

图 10-1　股指期货价格高于即期价格的收敛图

些想持有市场组合的投资者。对于想用较小金额配置市场组合的投资者，使用股指期货大大减小了交易成本，因为投资者不需要逐个买入股票指数中的股票。

2. 指数套利

当股指期货的实际价格与其理论价格差距过大时，就存在指数套利的机会。例如，如果沪深 300 股指期货的实际价格低于其理论价格，投资者就可以买入沪深 300 股指期货，并在现货市场上按照沪深 300 指数的构成，卖掉相应的现货股票，通过这样的操作，可以无风险地获得利润。如果沪深 300 股指期货的实际价格高于其理论价格，则实施反向操作，即卖出沪深 300 股指期货，买入 300 只成份股现货。但这样的套利在现实中通常难以实现。首先这样的套利过程涉及购买股票指数的成份股，而股票指数所包含的成份股通常很多，比如，沪深 300 指数包含了 300 只成份股，而购买股票又存在交易成本，因此这个套利操作的交易成本是巨大的，只有当实际价格和理论价格差距很大的时候，套利才是可行的。其次，套利机会存在的时间通常是短暂的，买入或卖出 300 只股票通常难以在短时间内完成，这时只能使用程序化交易。

3. 使用股指期货对冲风险

在某些情况下，我们看中某些公司的股票，预计它们未来会有增长。但与此同时，我们又预测，未来整体市场会下挫。在这种情况下，我们看似是要放弃这个投资机会了，但通过股指期货，我们就能对冲这种风险，使得该投资组合能够与市场的整体走势无关，只与公司自身的业绩有关。我们在买入这些股票的同时，卖出一定数量的股指期货。这样的投资组合不仅能使我们在选中股票的股价上升时获利，也能使我们免于市场整体下挫时亏损。对于这种投资组合的构建，配置多少数量的股指期货是组合构建的关键所在。一般来说我们使用以下公式计算对冲风险需要的股指期货合约的数量：

$$N^* = \beta \frac{V_A}{V_F} \tag{10.3}$$

其中，V_A 为目前持有的资产组合价值，V_F 为目前一份沪深 300 股指期货的价值。

假设当前沪深 300 指数为 4 000 点，持有的资产组合价值为 1 000 万元，并且该组合与沪深 300 指数相关的 β 值为 0.6。此时一份沪深 300 股指期货的价值为 4 000×300＝1 200 000 元。那么此时需要卖空的期货合约份数为：

$$0.6 \times \frac{10\ 000\ 000}{1\ 200\ 000} = 4.99\text{（份）}$$

为了检验该合约的对冲效果，假设沪深 300 指数下降到 3 900 点，也就是下降了 2.5%时，该资产组合减少的价值应为下跌比例乘以资产组合原价值再乘以 β 值：

$$2.5\% \times 1\ 000 \times 0.6 = 15\text{（万元）}$$

而一份沪深 300 股指期货合约价值的减少应为合约乘数乘以下跌点数：

$$300 \times 100 = 30\ 000\text{（元）}$$

我们一共卖空了五份股指期货合约，因此我们在股指期货空头上获利 15 万元，刚好与投资组合中的亏损相抵消，说明对冲效果良好，该投资组合将不会受到系统性风险的影响。但是，值得注意的是，这种对冲方式属于动态套保，即需要不断根据资产价格的变化来调整股指期货的头寸，根据公式，此时需要的股指期货合约份数变为：

$$0.6 \times \frac{10\ 000\ 000 - 150\ 000}{3\ 900 \times 300} = 5.05\text{（份）}$$

可以看出所需的股指期货合约数量是会发生变化的，因此使用股指期货对冲风险需要不断调整头寸。

上面所述的对冲方式实际是将投资组合的 β 值变为零，使其与市场组合完全无关。我们还可以调整投资组合的 β 值，使其不为零。假设我们希望投资组合的 β 值为 β^*，那么需要的股指期货合约份数为：

$$(\beta^* - \beta)\frac{V_A}{V_F} \tag{10.4}$$

当 $\beta^* > \beta$ 时，股指期货头寸为多头。
当 $\beta^* < \beta$ 时，股指期货头寸为空头。

五、保证金制度

保证金制度是指只需要留存股指期货合约价值一定比例的保证金，就能够建立股指期货头寸。建立股指期货头寸所需要的保证金称为初始保证金（initial margin)。假设一位投资者购买了一手股指期货，合约乘数为每点 300 元，并假设当前该股指期货为 3 000 点，初始保证金的比例为 12%，那么该投资者在建立股指期货头寸的时候需要付 3 000×300×12%＝108 000 元保证金。保证金采取每日结算规则，即在每个交易日结束以后，投资者的保证金都会按照股指期货的价格进行调整，以此反映投资者的盈亏。保证金余额变化如表 10－1 所示。例如，假设在第一个交易日结束后，股指期货的价格上升到 3 100 点，那么该投资者的保证金账户余额将会增加到 108 000＋300×100＝138 000 元。如果在第二个交易日结束后，股指期货的价格下降到了 2 900 点，那么保证金的数额将会下降为 138 000－300×200＝78 000 元。当保证金下降到一定数额以后，交易所会要求投资者追加保证金到初始保证金的数额，否则股指期货将会被强制平仓。这个维持股指期货头寸的最小保证金数额被称为维持保证金。假设该股指期货的维持保证金为 8%，并在第三个交易日后，期货的价格下降到了 2 800 点，则剩余保证金的数额为78 000－100×300＝48 000 元。这时候要求的维持保证金数额为 2 800×300×

8%=67 200 元，剩余保证金的数额少于维持保证金的数额，交易所会要求投资者追加保证金至初始保证金的数额，当前要求的初始保证金的数额为：2 800×300×12%=100 800 元，这时需要追加的保证金数额为：100 800−48 000=52 800 元。

表 10-1　保证金余额变化表

交易日	结算价格（点）	当日收益（元）	累积收益（元）	保证金余额（元）	催付保证金（元）
1	3 000	—	—	108 000	—
2	3 100	+30 000	+30 000	138 000	—
3	2 900	−60 000	−30 000	78 000	—
4	2 800	−30 000	−60 000	48 000	+52 800
5	2 900	+30 000	−30 000	130 800	—

六、股指期货的风险

1. 基差风险

在使用股指期货进行对冲的时候经常会存在基差风险。所谓基差，即被对冲资产的即期价格减去用于对冲的股指期货合约的价格。通常来说，在交割日的时候，股指期货的价格应与现货的即期价格相同，但投资者并不会总是持有股指期货到交割日，通常投资者会将股指期货合约提前平仓。假设现货在 t_1 时刻的价格为 S_1，在 t_2 时刻的价格为 S_2。股指期货在 t_1 时刻的价格为 F_1，在 t_2 时刻的价格为 F_2。该投资者在 t_1 时刻买入现货，并卖空对应数量的股指期货合约，在 t_2 时刻卖出现货，并平仓原来的股指期货合约，那么该投资者的获利为 $S_2-S_1+F_1-F_2$，该式的值并不一定总为零，因此持有现货的风险并没有被完全对冲掉。

2. 标的物风险

如上文所说，投资者可以通过持有股指期货合约来规避市场风险，但股指期货合约的标的物是许多股票的加权平均。只有当投资组合中股票的权重与其完全相同时，风险才能被完全对冲。但这种情况在现实中是不太可能存在的。因此，通过股指期货对冲风险的方式并不是真正意义上的套期保值。

3. 高杠杆风险

股指期货通常只需要付一定比例的保证金就可建立仓位，若是使用股指期货进行投资，其高杠杆带来的风险也是巨大的。

七、中国的股指期货介绍

中国的股指期货目前有中国金融期货交易所推出的沪深 300 股指期货、中证 500 股指期货和上证 50 股指期货。

1. 沪深 300 股指期货

沪深 300 股指期货以沪深 300 指数为标的物。沪深 300 指数是中证指数公司于 2005

年4月8日发布的股票指数。它涵盖了上海和深圳A股市场的300只股票。入选的股票都具有市值大、流通性强的特点。因此沪深300指数中的样本覆盖了沪深两市60%以上的市值，较好地反映了中国股票市场的整体趋势，具有良好的市场代表性。

沪深300股指期货于2010年4月16日由中国金融期货交易所推出。其基本合约如表10-2所示。

表10-2　沪深300股指期货基本合约

合约标的	沪深300指数
合约乘数	每点300元
报价单位	指数点
变动最小价位	0.2点
合约月份	当月、下月及随后两个季月
交易时间	上午：9：30—11：30，下午：13：00—15：00
每日价格最大波动限制	上一个交易日结算价的±10%
最低交易保证金	合约价值的8%
最后交易日	合约到期月份的第三个星期五，遇国家法定节假日顺延
交割日期	同最后交易日
交割方式	现金交割
交易代码	IF
上市交易所	中国金融期货交易所

资料来源：中国金融期货交易所。

沪深300股指期货的代码为IF，例如代码为IF1803的沪深300股指期货代表于2018年3月交割的股指期货合约。在市场上交易的沪深300股指期货只有4个月的合约，分别为当月、下月以及随后两个季月的合约。也就是说在2018年3月，市场上交易的沪深300股指期货的合约只有IF1803（当月）、IF1804（下月）以及IF1806、IF1809（随后两个季月）的合约，如表10-3所示。

表10-3　2018年3月交易的沪深300股指期货

合约代码	上市日	到期日	开始交割日	最后交易日	挂牌基准价（点）
IF1803	2017-07-24	2018-03-16	2018-03-16	2018-03-16	3 677.6
IF1804	2018-02-23	2018-04-20	2018-04-20	2018-04-20	4 023.4
IF1806	2017-10-23	2018-06-15	2018-06-15	2018-06-15	3 908.0
IF1809	2018-01-22	2018-09-21	2018-09-21	2018-09-21	4 316.0

资料来源：中国金融期货交易所。

2. 中证500股指期货

中证500股指期货的标的物是中证500指数，其样本是剔除了沪深300指数成份股以及一年内日均总市值排名前300的股票，再将剩余股票按照日均成交金额从高到低进行排序，剔除后20%的股票，从剩余股票中选出的日均总市值排在前500名的股票。因此中证500指数反映的是沪深市场中中小市值公司的整体状况。中证 500 股指期货基本合约见表 10－4。

表 10－4　中证 500 股指期货基本合约

合约标的	中证 500 指数
合约乘数	每点 200 元
报价单位	指数点
变动最小价位	0.2 点
合约月份	当月、下月及随后两个季月
交易时间	上午：9：30—11：30，下午：13：00—15：00
每日价格最大波动限制	上一个交易日结算价的±10%
最低交易保证金	合约价值的 8%
最后交易日	合约到期月份的第三个星期五，遇国家法定节假日顺延
交割日期	同最后交易日
交割方式	现金交割
交易代码	IC
上市交易所	中国金融期货交易所

资料来源：中国金融期货交易所。

中证 500 股指期货的发行规则与沪深 300 股指期货的发行规则相同，有当月、下月以及随后两个季月四种合约。

3. 上证 50 股指期货

上证 50 股指期货的标的物是上证 50 指数。上证 50 指数的成份股是上海证券市场中市值最大、流动性最好的 50 只股票，其反映了上海证券市场中龙头企业的整体状况。上证 50 股指期货基本合约见表 10－5。

表 10－5　上证 50 股指期货基本合约

合约标的	上证 50 指数
合约乘数	每点 300 元
报价单位	指数点
变动最小价位	0.2 点
合约月份	当月、下月及随后两个季月
交易时间	上午：9：30—11：30，下午：13：00—15：00
每日价格最大波动限制	上一个交易日结算价的±10%
最低交易保证金	合约价值的 8%
最后交易日	合约到期月份的第三个星期五，遇国家法定节假日顺延
交割日期	同最后交易日
交割方式	现金交割
交易代码	IH
上市交易所	中国金融期货交易所

资料来源：中国金融期货交易所。

第二节　期权介绍

期权是一种合约，该合约赋予合约持有者在约定的某个时间或某段时间，以约定价格购买或卖出一种资产的权利。期权持有者拥有是否行使期权的权利，而期权的卖出者则有履行期权的义务。

一、期权合约的基本要素

1. 期权的标的物

期权的标的物可以是实物资产，也可以是金融资产，还可以是金融衍生品。常见的标的资产有股票、货币、指数和期货等。

2. 期权的执行价格

期权的执行价格是双方规定的最后买卖标的资产的价格，又被称为行权价格。

3. 期权的到期日

期权的到期日是行使期权权利的最后期限。

二、期权的类型

期权的基本类型有两种：看涨期权和看跌期权。看涨期权给予期权持有者在将来某一时间以约定的价格买入某资产的权利。看跌期权给予期权持有者在未来某一时间以约定的价格卖出某资产的权利。

按期权的行权时间分类，期权又可以分为欧式期权和美式期权。欧式期权只能在到期日行权，而美式期权可以在到期日结束前的任意一天行权。

1. 看涨期权

当投资者预计一只股票将上涨，但是又不想承担股价下跌的风险时，他可以购买该股票的看涨期权。购买期权后，当该股票的价格大于执行价格时，投资者会选择执行期权。而当该股票的价格低于执行价格时，该投资者可以选择不执行期权。因此，购买期权后，该投资者的收益为：

$$\max(S_T-K，0)$$

其中，S_T 为 T 时刻现货的价格，K 为期权执行价格，而购买该期权的盈亏为：

$$\max(S_T-K，0)-c$$

其中，c 为看涨期权的价格。一个执行价格为 40 元的看涨期权的回报与盈亏如图 10-2 所示。

在最终股价小于等于 40 元的时候，该期权的回报始终为零，因为该投资者不会去行使该期权。而最终股价大于 40 元时，该期权的回报开始大于 0，并且随着股价的上升不断增大，为 S_T-40 元。期权持有者可以选择将期权卖出获得回报，或者执行期权，并将股

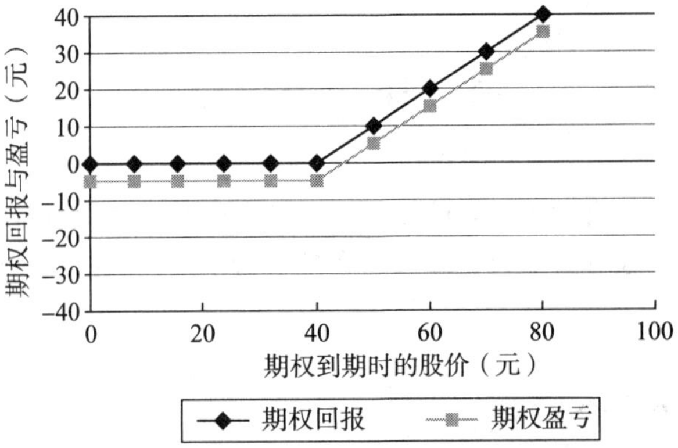

图 10-2　看涨期权多头的回报与盈亏图

票以市场价卖出以获得回报。如果考虑到购买期权的费用，当股价小于等于 40 元时，期权持有者的亏损为期权费，假设该投资者购买期权时付出的期权费为 $c=2$ 元，那么投资者的亏损为 2 元。当股价上升到高于 42 元时，投资者才开始扭亏为盈。

而卖出该看涨期权的投资者的回报为：

$$\min(K-S_T,\ 0)$$

盈亏为：

$$\min(K-S_T,0)+c$$

当行权价格为 40 元时，该投资者的回报与盈亏如图 10-3 所示。

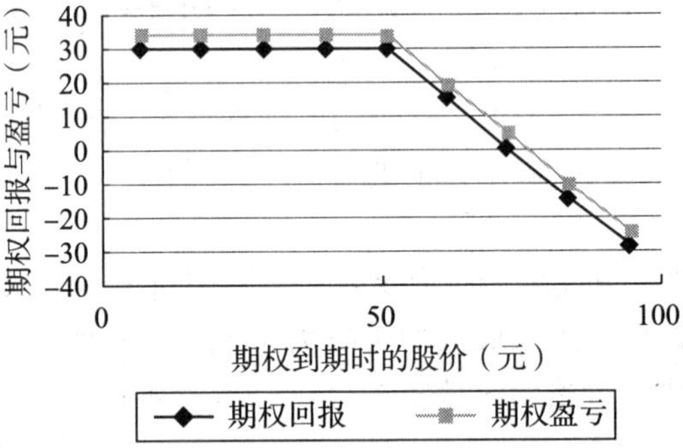

图 10-3　看涨期权空头的回报与盈亏图

2. 看跌期权

当投资者看跌某股票，但又不想承担卖空股票后股价上涨的风险时，该投资者可以购买该股票的看跌期权。当股价小于执行价格时，投资者行使该看跌期权，而股价大于执行价格时，投资者不行使期权。因此，持有看跌期权的收益为：

$$\max(K-S_T,0)$$

而持有看跌期权的盈亏为：

$$\max(K-S_T,0)-p$$

其中 p 为看跌期权的价格。

当看跌期权的行权价格为 40 元时，看跌期权多头的回报与盈亏如图 10－4 所示。

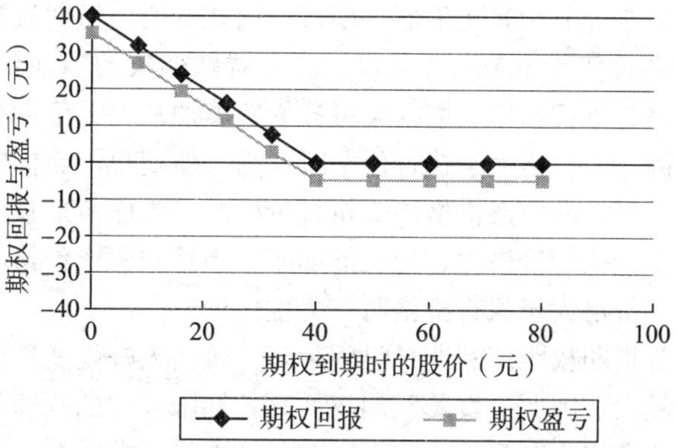

图 10－4　看跌期权多头的回报与盈亏图

对于卖出看跌期权的投资者来说，卖出看跌期权的收益为：

$$投资者收益=\min(S_T-K,0)$$

而卖出看跌期权的盈亏为：

$$投资者盈亏=\min(S_T-K,0)+p$$

当执行价格为 40 元时，看跌期权空头的回报与盈亏与最终股价的关系如图 10－5 所示：

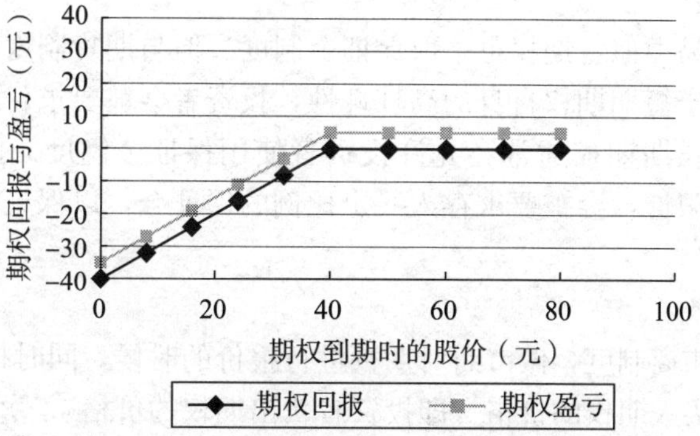

图 10－5　看跌期权空头的回报与盈亏图

通过以上四幅图可以看出，对于看涨期权多头的持有者来说，其亏损是有限的，亏损至多是期权费，而由于股价可以一直上升，其盈利可以被看作是无界的。而对于看涨期权空头的持有者来说，其盈利是有限的，至多为期权费，而亏损可能是无限的。对于看跌期权多头的持有者来说，其亏损也是有限的，至多为期权费，但是由于股价不可能跌到零以下，因此其最大获利对应股价等于零的时候，该获利是有限的。同理，对于看跌期权空头的持有者来说，其最大获利为期权费，最大亏损对应股价为零时，同样是有界的。

三、期权的价值

期权的价值分为内在价值和时间价值。期权的内在价值是指期权被立即执行时具有的价值。看涨期权的内在价值为 $\max(S_T-K, 0)$，看跌期权的内在价值为 $\max(K-S_T, 0)$。根据标的资产价格与执行价格，期权又可分为实值期权、平值期权和虚值期权。对于看涨期权来说，当标的资产价格大于执行价格时，为实值期权；当标的资产价格等于执行价格时，为平值期权；当标的资产价格小于执行价格时，为虚值期权。而对于看跌期权来说，当标的资产价格小于执行价格时，为实值期权；当标的资产价格等于执行价格时，为平值期权；当标的资产价格大于执行价格时，为虚值期权。

期权的时间价值是指期权距离到期日时间越长，价格大幅度变动的可能性越大，期权持有者获利的可能性越大。因此，就美式期权而言，期限长的期权通常会比期限短的期权价值更高。但对于欧式期权，时间价值并不一定与期限呈正向关系。期权的整体价值等于内在价值与时间价值的和。

（一）分红与拆股调整

通常在股票分红后，其股价会下降，股价的下降会影响期权的价值，因此一些期权的价值会受红利保护，在分发股息后，期权的执行价格会下降，合约的份数会上升，比如国内的 50ETF 期权。但现在许多交易所内的期权不受红利保护。

在股票分股时，当前交易的期权都要进行调整。假设在其他条件不变的情况下，一个公司将自己的一股分为 n 份，股价变为原来的 $1/n$，则相应地，期权的执行价格会变为原来的 $1/n$，合约乘数会变为原来的 n 倍。当公司发放股息时，由于发放股息也相当于增加了发行股票的数量，降低了股票的价格，因此其期权调整方式和股票分股是类似的。

（二）保证金制度

与股指期货的交易类似，期权也采取保证金制度。但与期货制度不同的是，对于期权多头投资者，通常由于短期期权自身的高杠杆性，投资者会被要求付清全部费用，以降低期权交易的杠杆，而长期期权通常会允许投资者使用保证金制度。持有期权空头的投资者，由于其亏损的无限性，会被要求存入一定比例的保证金，以保证期权被行使时，其不会违约。

（三）做市商

期权交易采用做市商制度，做市商对期权进行报价的时候，同时报出买入价与卖出价。买入价是做市商准备买入期权的价格（即投资者卖出期权的价格），卖出价是做市商卖出期权的价格（即投资者买入期权的价格），卖出价一定高于买入价，两者的价差称为买卖价差。交易所通常设置了价差的上限。做市商制度的存在增加了市场的流动性，使得投资者在建仓时无须匹配要构建相反仓位的投资者。而做市商本身可以通过买卖价差盈利。

四、影响期权价格的因素

1. 标的价格

根据看涨期权的盈亏 $\max(S_T-K, 0)$，当前标的价格越高，期权的价格也就越高。根

据看跌期权的盈亏 $\max(K-S_T,0)$，当前标的价格越高，期权价格就越低。

2. 执行价格

对于看涨期权来说，执行价格越高，意味着在未来要以更高的价格来购买标的资产，因此执行价格越高的看涨期权价格越低，而执行价格越低的看跌期权价格越高。

3. 期限

对于美式看涨期权来说，期权的期限越长，标的资产价格变动并超过执行价格的可能性就越大，其被执行而使投资者获利的机会就越多，因此期权的价格就越高。同理，美式看跌期权也是如此，期限越长，期权的价格就越高。对于欧式期权来说，由于期权不能在任意时刻被执行，因此并不是期限越长，其价格就越高，其期限与价格的关系是不明确的。

4. 波动率

标的资产价格波动率越高的期权，其价格越高。因为对于普通资产，例如股票，其波动率增大时，价格上升和下降的幅度都增大了，这两个波动通常会相互抵消。而对于期权来说，其收益是非对称的。期权的亏损是有限的，至多亏损期权费，因此当波动率上升的时候，期权持有者的亏损不会上升，而获利的机会上升了。因此波动率越高，期权价格越高。

5. 无风险利率

无风险利率与期权价格的关系较为复杂。当利率上涨时，投资者对资产的预期收益会增加，但在未来收到的现金流收益的贴现会降低。总体来说，无风险利率的上升会使看涨期权的价格上升，使看跌期权的价格下跌。

6. 分红

标的资产为股票或者基金的期权，通常会涉及分红。对于看涨期权来说，分红会降低标的资产的价格，因此看涨期权的价格会下降。同理，分红也会使看跌期权的价格上升。但有的期权合约会进行分红调整，比如国内的上证 50ETF 期权。期权价格的影响因素见表 10－6。

表 10－6　期权价格的影响因素

变量	欧式看涨期权	欧式看跌期权	美式看涨期权	美式看跌期权
标的价格	＋	－	＋	－
执行价格	－	＋	－	＋
期限	?	?	＋	＋
波动率	＋	＋	＋	＋
无风险利率	＋	－	＋	－
分红	－	＋	－	＋

其中“＋”表示变量上升时，期权价格上升。“－”表示变量下降时，期权价格下降。“?”表示关系不明确。

五、国内期权

目前国内市场的期权为上海证券交易所于 2015 年 2 月 9 日发行的上证 50ETF 期权，

其标的物为上证 50 交易型开放式指数证券投资基金（简称 50ETF），期权类型为欧式期权。该期权一经上市，便受到投资者的青睐，部分期权在一个月内的涨幅甚至超过 3 000%，而同期的上证 50 指数也上涨了约 30%。该期权合约的基本条款如表 10－7 所示。

表 10－7 上证 50ETF 期权合约的基本内容

合约标的	上证 50 交易型开放式指数证券投资基金（50ETF）
合约类型	认购期权和认沽期权（看涨期权和看跌期权）
合约单位	10 000 份
合约到期月份	当月、下月及随后两个季月
行权价格	5 个（1 个平值合约、2 个虚值合约、2 个实值合约）
行权价格间距	3 元或以下为 0.05 元，3 元至 5 元（含）为 0.1 元，5 元至 10 元（含）为 0.25 元，10 元至 20 元（含）为 0.5 元，20 元至 50 元（含）为 1 元，50 元至 100 元（含）为 2.5 元，100 元以上为 5 元
行权方式	到期日行权（欧式）
到期日行权（欧式）	实物交割（业务规则另有规定的除外）
到期日	到期月份的第四个星期三（遇法定节假日顺延）
行权日	同合约到期日，行权指令提交时间为 9：15—9：25，9：30—11：30，13：00—15：30
交收日	行权日次一交易日
交易时间	上午 9：15—9：25，9：30—11：30（9：15—9：25 为开盘集合竞价时间） 下午 13：00—15：00（14：57—15：00 为收盘集合竞价时间）
委托类型	普通限价委托、市价剩余转限价委托、市价剩余撤销委托、全额即时限价委托、全额即时市价委托以及业务规则规定的其他委托类型
买卖类型	买入开仓、买入平仓、卖出开仓、卖出平仓、备兑开仓、备兑平仓以及业务规则规定的其他买卖类型
最小报价单位	0.000 1 元
申报单位	1 张或其整数倍
涨跌幅限制	认购期权最大涨幅＝max{合约标的前收盘价×0.5%，min[(2×合约标的前收盘价－行权价格)，合约标的前收盘价]×10%} 认购期权最大跌幅＝合约标的前收盘价×10% 认沽期权最大涨幅＝max{行权价格×0.5%，min[(2×行权价格－合约标的前收盘价)，合约标的前收盘价]×10%} 认沽期权最大跌幅＝合约标的前收盘价×10%
熔断机制	连续竞价期间，期权合约盘中交易价格较最近参考价格涨跌幅度达到或者超过 50%且价格涨跌绝对值达到或者超过 5 个最小报价单位时，期权合约进入 3 分钟的集合竞价交易阶段

续表

开仓保证金最低标准	认购期权义务仓开仓保证金＝[合约前结算价＋max(12%×合约标的前收盘价－认购期权虚值，7%×合约标的前收盘价)]×合约单位 认沽期权义务仓开仓保证金＝min[合约前结算价＋max(12%×合约标的前收盘价－认沽期权虚值，7%×行权价格)，行权价格]×合约单位
维持保证金最低标准	认购期权义务仓维持保证金＝[合约结算价＋max(12%×合约标的收盘价－认购期权虚值，7%×合约标的收盘价)]×合约单位 认沽期权义务仓维持保证金＝min[合约结算价＋max(12%×合约标的收盘价－认沽期权虚值，7%×行权价格)，行权价格]×合约单位

资料来源：上海证券交易所。

表 10－8、表 10－9 为 2018 年 3 月 6 日部分上证 50ETF 期权合约的行情。期权合约交易代码中的 510050 代表的是期权标的物 50ETF 的代码。1803 表示 2018 年 3 月到期的期权合约。A 代表该合约经历过分红调整，其中行权价和合约乘数都进行过调整，分红调整在行权价这一列也有体现，经过分红调整的期权合约的行权价都会加上一个 A。而编号 M 代表合约未经过分红调整。最后 5 个数字代表期权合约在调整前的行权价格。

表 10－8　2018 年 3 月 6 日部分 50ETF 看涨期权合约行情

合约交易代码	当前价（元）	涨跌幅	前结算价（元）	行权价（元）
510050C 1803A02600	0.341 8	9.27%	0.312 8	2.533A
510050C 1803A02650	0.290 3	9.24%	0.265 3	2.602A
510050C 1803A02700	0.247 0	12.53%	0.219 5	2.651A
510050C 1803A02750	0.201 5	14.68%	0.175 7	2.700A
510050C 1803A02800	0.155 3	13.77%	0.136 5	2.749A

资料来源：上海证券交易所。

表 10－9　2018 年 3 月 6 日部分 50ETF 看跌期权合约行情

合约交易代码	当前价（元）	涨跌幅	前结算价（元）	行权价（元）
510050P 1803M02800	0.023 0	－37.16%	0.036 6	2.80 0
510050P 1803M02850	0.037 6	－33.92%	0.056 9	2.85 0
510050P 1803M02900	0.059 0	－30.34%	0.084 7	2.90 0

续表

合约交易代码	当前价（元）	涨跌幅	前结算价（元）	行权价（元）
510050P 1803M02950	0.089 5	−23.04%	0.116 3	2.95 0
510050P 1803M03000	0.127 6	−17.68%	0.1550	3.00 0

资料来源：上海证券交易所。

而同一日即 2018 年 3 月 6 日标的资产的行情如表 10－10 所示。

表 10－10　2018 年 3 月 6 日 50ETF 行情

代码	名称	当前价（元）	涨跌（元）	涨跌幅
510050	50ETF	2.888	0.033	1.16%

资料来源：上海证券交易所。

当日 50ETF 的涨幅仅为 1.16%，但是与之相关的期权合约的最大跌幅达到了 37.16%。通过数据可以看出期权具有极高的杠杆率。

关键术语

股指期货	保证金	期货对冲	基差
沪深 300 股指期货	中证 500 股指期货	上证 50 股指期货	期权
看涨期权	看跌期权	上证 50ETF 期权	

习　　题

1. 假设一位投资者持有价值 1 000 万元的资产，其 β 值为 0.6，沪深 300 指数当前的点数为 4 000 点。该投资者想通过沪深 300 股指期货将该头寸的 β 值提升到 1.2。请问该投资者需要使用多少份合约？合约的方向如何？

2. 假设当前某资产的现货价格为 100 元，现货的收益率为 1%，无风险利率为 2%，请问一年期期货的理论价格应为多少？如果期货的实际价格为 103 元，是否存在套利机会？

3. 假设一位投资者持有一份执行价格为 40 元的看涨期权，该期权的购买价格为 2 元，同时他还持有一份执行价格为 44 元的看跌期权，该期权的购买价格为 2 元。试画出该期权组合的回报和盈亏与最终价格的关系图。

4. 试构造一个期权组合，使其能在现货价格波动小的时候盈利。再构造另一个期权组合，使其能在现货价格波动大的时候盈利。

第十一章

主动投资还是被动投资?

【本章要点】

- 主动投资
- 被动投资
- 主动投资与被动投资的区别
- 主动投资者表现不佳的原因
- 一些支持被动投资的观点
- 如何做好主动投资
- 给个人投资者的建议

第一节　主动投资

主动投资（active investment）和被动投资（passive investment）又被分别称为积极投资和消极投资，也分别称为动态投资和静态投资。

一个积极的投资策略主要是指个人通过其设立的基本目标以及与之相匹配的投资预测胜过市场，也就是说一个投资者可以长期比市场，即比所有其他投资者组成的联合做出更好的投资决策。要做到这一点，需要使用多种分析和评估方法，通过所谓的“选股”来识别可盈利的股票和会亏本的股票，或是找到最佳的进入股市或退出股市的时间点。

有效市场假说断言，长期而言，没有哪位投资者能持续战胜市场。主动管理者每天都不懈地测试该假说，试图超越他们的基准，在调整风险之后获得更高的回报。

主动管理者构建不同于市场的投资组合，试图以此超越市场（或基准指数）。主动投资者认为，通过卓越的分析和研究，自己能击败市场。有时候，这些投资者会考虑财务数据或经济统计数据等基本面因素，还有人使用图表对历史价格、交易量或其他指标进行技术分析，他们相信可以由此预测证券的未来价格走势。

在大多数情况下，为了战胜他们的基准，主动管理者往往“集中下注”，一直持有那些他们认为将会有超一流表现的证券，拒绝其他证券。采用这种方式，自然无法收获投资分散化的好处。

众多研究表明主动管理者的回报可能与他们的基准相差甚远，他们的投资组合时常在多项资产类别上出现重叠。为了击败市场，主动管理者采用的两种主要方式是：择时和证券选择。

市场择时者试图预测市场价格的未来走势并相应地投下赌注。大量证据显示试图抓住市场时机是个蚀本买卖，因为没有人能准确地预测未来。

市场时机难以把握的另一个理由是，在金融市场上，巨大的收益（或损失）往往集中在少量的交易日内，如果投资者错过了几个表现最好的交易日，他就会损失市场总回报的很大一块。我们相信，任何人都不可能提前预知最好（或最糟糕）的交易日将在何时出现。

主动管理者使用的另一个技巧是证券选择（选股）。他们试图找到被市场错误定价的证券，希望错误的定价在不久后会进行自我修正，这些证券将有良好的表现。用华尔街的行话来说，在主动管理者看来，一只证券要么被高估或低估，要么估值公允。主动管理者买入他们认为被低估的证券（潜在的“赢家”），抛出在他们看来被高估的证券（潜在的“输家”），希望以此获得盈利。

我们应该知道，无论何时买入或抛出一只证券，都是在下注。当市场正常运转时，所有已知信息都会反映在市场价格上，因此，我们战胜市场的概率约为 50%（把成本纳入后，这种概率就更低了）。

出于既得利益的考虑，华尔街和财经媒体诱使我们相信，如果我们比其他人更聪明、更努力，我们就能击败市场。然而，当今的技术进步使得新信息唾手可得，这些信息几乎立即就在证券价格上得以反映，市场之所以得以运转，正是因为没有哪个投资者能够让自己可靠地获利、让其他投资者受损。

第二节　被动投资

被动投资基于这样的理念：市场是有效的，极难击败，特别是在考虑了各种费用之后。被动管理者寻求获得市场中某一资产类别或某一板块的回报，为了做到这一点，他们非常广泛地投资于目标资产类别中所有或很大一部分证券。被动投资策略的目标在于模仿部分市场行为，而不是试图去超越市场。一个好的被动投资策略是追求长期性、系统性以及具有全球分布性特征的买进-持有策略，并只选择那些低成本的投资选项，比如贷款、指数基金、交易型开放式指数基金。因此该策略不会去选股、挑选最佳的市场时机，或是做出有风险的预测。但是这样有选择的放弃行为，长期看来，很有可能要比主动投资策略获得的盈利更高（尤其是从成本花费的角度来看）。

最知名（但并非唯一）的被动投资策略是“指数化投资”（indexing investment），即完全参照基准指数的权重，买入其包含的所有证券。投资者随后追踪（或复制）该基准指数减去运营成本的结果。在美国最流行的基准指数是标准普尔 500 指数，该指数涵盖的 500 只美国大盘股占美国股市总市值的 70%左右。

第三节　主动投资与被动投资的区别

一些常见的主动投资者所偏好的投资（投机）活动包括：（1）购买主动型基金；（2）选股与择时；（3）追逐最流行的投资热点；（4）基于最近几年的业绩去挑选基金经理；（5）忽略税收和交易费用；（6）在进行投资时不考虑风险；（7）在进行投资时忽略长期的历史数据和规律。

主动投资和被动投资的区别包括以下几个方面：

（1）投资目标。

主动投资的目标是要战胜市场，而被动投资则满足于收获市场（平均）回报。

（2）历史平均回报（普通个人投资者）。

从美国历史上看，主动投资者的平均回报要远远低于被动投资者。

美国 Dalbar 的统计结果显示，1985—2014 年间股票型主动投资者的平均年回报率在 3.69%左右，而同期被动投资者（标准普尔 500 指数）的平均年回报率为 11.06%。

（3）策略。

主动投资者需要做出很多决策，比如选股、择时、选基金经理，等等，因此相对而言，主动投资者需要花费的功夫要远远超过被动投资者。而大多数情况下，被动投资者需要做的仅仅是买入并持有。

（4）交易量。

由于主动投资者需要做出很多选择，因此他们的交易量平均而言也更大（平均每年为 62%左右），而被动投资者的交易量平均每年约为 10%。平均来讲，美国的主动投资者每年的交易量大概是被动投资者每年的交易量的 6 倍。不管这些决策是否合理，有一点都是肯定的，即主动投资者需要付出的交易费用（给券商的佣金）要远远高于被动投资者。

（5）宣传。

绝大部分券商、银行、基金公司等都是主动投资策略的鼓吹者，主要原因是它们可以从中赚到更多的钱（佣金、管理费、分成，等等）。

例如，各大券商不断地向投资者发出各种投资研究分析、经济学简报等，让投资者形成一种印象，即在阅读这些材料之后，投资者便会拥有看透未来市场走向的能力，于是不自觉地下注。当投资者沉浸于和市场“搏杀”时，这些金融服务商在不知不觉之中赚了很多。

第四节　主动投资者表现不佳的原因

为什么在美国历史上，主动投资者的业绩要远远差于被动投资者呢？这其中有很多原因。

一、投资者情绪

大多数主动投资者一般不会在市场低迷时进场，因为那时候市场情况还不明朗，有很多不确定因素，因此投资者的心情介于不确定（uncertain）和有兴趣（interested）之间。

随着市场慢慢上涨，越来越多的报纸和电视开始报道市场环境大好，因此主动投资者开始变得自信起来，很多主动投资者会在这时开始入场购买。随着市场不停上涨，主动投资者的自信心也不断增强，其心理状态也从自信变为贪婪，于是我们看到了诸如2015年A股市场经历过的熟悉的一幕：场外融资，多重杠杆，等等。

当市场开始有下跌势头时，主动投资者从贪婪变为怀疑。这个时候他们不能确定市场是已经开始反转，还是只是暂时回调。这个时候主动投资者的心情是很复杂的：一方面他们可能还有小额盈利，因此非常害怕失去这些浮盈；另一方面，贪婪给他们壮了胆，他们认为这是难得一遇的大牛市，如果不博一下，下次再想遇到可能就要等上好多年了。在这个阶段，主动投资者们的压力是巨大的，他们每天盯着股票价格的上涨和下跌，自己的心情也随着涨跌忽好忽坏。

当市场继续下跌时，主动投资者们终于顶不住了，他们的心理状态从怀疑变为惊慌。有些由于保证金不够或者触及场外融资的保本线而被强行平仓，有些则被市场悲观的气氛影响，在万分痛苦中割肉离场。

市场经常会在经历了动荡之后又回弹。当这样的情况发生时，留给主动投资者的除了痛苦还有后悔，他们会认为早知道当初就不要这么着急去割肉了。

图11－1显示的是上证A股指数在2015年的历史价格。可以看到，上证A股指数从年初的3 000点左右涨到了年中的5 000点以上，然后暴跌，到了年底停留在3 600点左右。从全年（2014年12月31日—2015年12月31日）来看，上证A股指数上涨了12%，因此被动投资者的回报是12%（扣去ETF的管理费，净回报稍低于12%）。那么主动投资者呢？

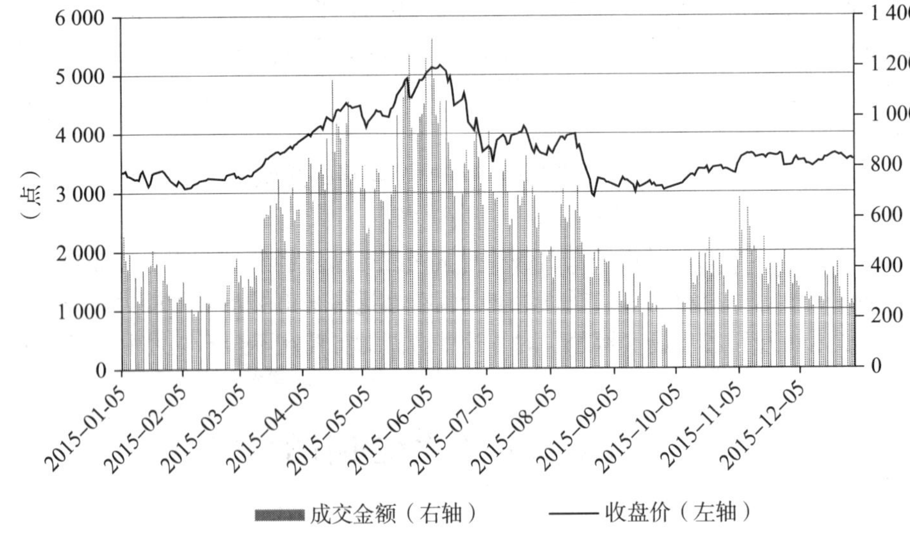

图11－1　上证A股指数2015年历史价格

图11－2显示，中国新增股票的账户数在2015年5月（即股市大跌的前1个月）达到了新高，在上海和深圳证券交易所分别达到了1周200万户（新开户）左右。相比之下，2014年同期的新开户数还不到10万户。那么这些热衷于择时的投资者的回报如何呢？自

股灾开始至 2016 年 5 月 20 日止，A 股持仓投资者人均亏损 46.65 万元。

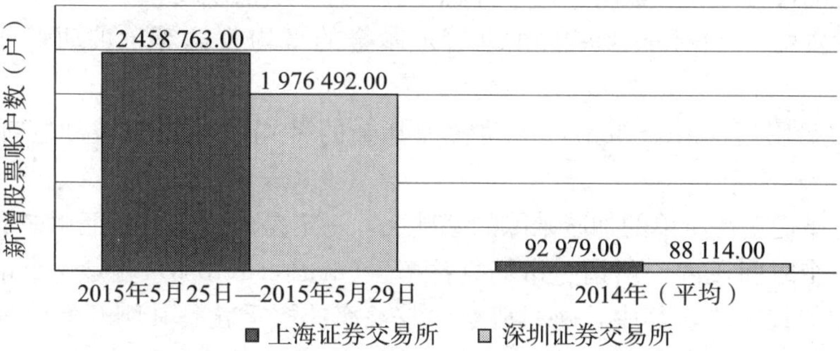

图 11 - 2　2015 年中国新增股票账户数

造成主动投资者屡屡受情绪影响而做出错误投资决定的原因有很多，其中一大类原因可以用行为金融学解释：比较常见的行为学偏见有过度自信、心理账户、后视镜效应等。

二、现金拖累

因为主动管理者总是在寻找下一个赚钱目标，他们往往持有更多现金，以便在下一个想象中的绝佳投资机会出现时迅速出手买入证券。由于短期现金投资的回报率通常远低于股票等风险更大的资产的回报率，持有过多现金最终可能会降低主动管理者的回报。被动管理者的资金更充分地用于投资，这意味着更多的资金时时刻刻在为其赚取回报。

三、交叉持股

被动投资的另一个优势在于我们可以选择一组使投资组合几乎不包含相同证券的资产（即交叉持股）。每一项资产的风险和回报都有其独特性，而这种低相关性可以实现风险的分散化。

有时候为了战胜基准，主动管理者会改变自己的投资风格，比如，一位大型价值股投资者突然开始购买大型成长股，因为他感觉大型成长股未来可能会上涨。这种“风格漂移”可能会产生问题，特别是如果投资者的投资组合已经包含一只大型成长股基金。在这种情况下，投资者或许会叠加风险，降低分散化程度，试图采用主动投资策略构建投资组合的举动会导致投资者无法掌控分散化决策。

四、付出更多成本

诺贝尔经济学奖得主、斯坦福大学教授威廉·夏普（William Sharpe）为主动管理者表现不佳提供了一个解释。

夏普巧妙地指出，作为一个群体，主动管理者的表现总是逊色于被动管理者。这是因为，整个投资者群体可能获取的收益不会超过市场的总回报（一个橘子里也就只有这么多橘子汁）。由于主动管理者的费用更高——他们支付更多的交易费用、研究费用等——他们获取的回报在扣除费用后，必然低于被动管理者。

关于“主动投资”和“被动投资”，以下规律必然成立：

（1）扣除费用前（before fee），主动管理基金的平均收益等于被动管理基金的平均收益。

（2）扣除费用后（after fee），主动管理基金的平均收益低于被动管理基金的平均收益。

这两条规律建立在简单的加减乘除的基础上，一定是成立的，其证明如下：

在任何一个时间段内，所谓“市场收益率”（market return）就是这个市场内所有股票的收益率的加权平均，其中，每只股票的收益率的权重就是其刚开始时的市值。依照此定义，每个被动投资者都将获得市场收益率（扣除费用前的）。由此，主动投资者的平均收益率也必须严格等于市场收益率。因为市场收益率等于被动平均收益率和主动平均收益率的加权平均（weighted average），因此如果前两项相等，那么第三项也必须等于前两项，这就证明了规律（1）。值得注意的是，在该证明之中，我们仅仅使用了简单的运算；为了接着证明规律（2），我们只需明确这样一个事实：主动管理一笔基金的费用通常要高于被动管理该笔基金的费用。这是因为主动管理者必须支付额外的研究费用、交易费用。因为主动投资和被动投资的平均收益率在扣除费用前是相等的，又因为主动投资支付的费用高于被动投资，所以在扣除费用后，主动投资的平均收益一定低于被动投资。

这个道理适用于每一个资产类别，甚至包括那些所谓的低效率资产（比如，小盘股和新兴市场股票）。据说主动管理者在新兴市场上拥有优势，因为信息不易获取。而夏普的观察则证实，在这些市场中，由于主动管理者需要支付的费用更高，主动管理者群体逊色于被动管理者的程度反而大于交易更广泛的、更大的市场，这恰恰与传统看法相反。

主动管理的高额费用主要来自三个方面：

（1）管理费用更高。

主动管理者出大价钱聘请分析师、技术人员和经济学家，这些人都在搜寻下一个伟大的投资理念。其他的主动管理成本包括基金宣传和销售费用，这些支出是为了吸引投资者的资金或招揽华尔街经纪人出售他们的基金。主动和被动投资每年的交易费用占投资者交易资金的百分比的差异可能超过1%。

（2）换手率更高。

由于主动管理者试图提供卓越的回报，他们的交易频率和主动性往往高于被动管理者。这通常意味着支付更多的交易佣金，从而降低了股票持有者的回报，也意味着市场冲击成本有可能大幅增加。当一位主动管理者试图买入或卖出时，为了迅速完成交易，他或许不得不付出高价（想一想房地产市场上那些积极的买家或卖家）。

这些更高的市场冲击成本在流动性较差的市场（如小盘股和新兴市场股）中更为普遍。主动型基金的换手率超出指数基金4倍甚至更多也就不足为奇了。其管理产生的额外交易成本每年可能超过投资者交易资金的1%。

（3）纳税更多。

由于主动管理者的交易频率更高，主动投资者必将加快实现资本利得。如果你的共同基金售出某一证券而获利，你分得的利润可能就是应税收益。对于持有时间超过1年的证券，你需缴纳长期资本利得税，而持有时间不足1年的证券则需缴纳短期资本利得税。主动管理者因加快实现资本利得而需支付的额外税款每年可能超过投资者交易资金的1%。

在这三类费用中，通常披露给投资者的仅仅是管理费用。就共同基金而言，这些费用被称为基金的运营费用，通常以资产净值的一定百分比的形式收取。对于主动型基金来说，年均运营费用的比例大约为1.3%。另一方面，被动型基金的年均运营费用的比例可能远低于0.5%。如果主动管理每年产生的额外费用大约为管理资金的2%～3%，那么主动管理显然需要跨越巨大的障碍，才能赶上被动投资（比如指数基金）的业绩。

然而，目前金融市场上一个没有得到足够重视的现象是数据表明有86%的主动型基金没有达到基准指标（benchmark），而对于被动型基金来说这个数字更是接近100%，由此可见被动型基金更容易达到其基准指标。

但是，伴随着市场上对于主动投资与被动投资的讨论，投资者和市场监管者都忽略了一个重要的问题，就是如果没有主动投资的话，被动投资就无法为投资人带来任何收益，所以被动投资者就像一个搭便车的人。没有任何投资类媒体关注到这里面存在的道德危机，也没有人去讨论这对于主动投资者来说是否公平。

媒体质疑主动投资的价值，但它们不了解若没有主动投资，被动投资就无法存在、成长。因为唯有市场有波动，被动投资才有收益，而主动投资正是市场波动的原因。

主动投资者进行着高成本、高价值的投资活动（价格发现），而被动投资者则用极低的成本从中受益。根据晨星公司的报告，自2007年起至2017年年底，被动型共同基金所管理的资产在全球范围内快速增长了320%，达到了6万亿美元。与此同时，主动型基金的成长则大幅减缓，只有54%的增长率，其总资产为24万亿美元。

市场已经渐渐偏向被动投资，而如果被动投资者想要持续地成长，那么市场必须找到平衡点。当市场的监管者要调节市场的动向时，他们首先需要更加清楚地认识到这种不平衡的现象。

主动型基金的管理者需要认真审视并且重新评估他们应该如何增加价值，这应该先从投资绩效开始。在收取基金管理费后，越来越多的基金无法达到基准指标。主动型基金管理者应以资本市场繁荣为目标，积极地为资本寻找拥有最佳的风险回报率的投资方向。这是主动投资管理者真正可以惠及大众投资者的办法，而被动投资管理者则无法在这一过程中做出贡献。

最好的主动投资管理者是那些有着明确的投资目标并专注长期投资的投资者。在现在的投资环境中，主动投资者需要找到一种收费模式，使费用与自己所贡献的价值更成比例。现在有很大比例的投资收益率被庞大的基金管理费消耗掉了。

我们看到，从某种程度上说，这场比赛最根本的问题是基金管理费问题。富达投资公司（Fidelity Investments）一直被认为是一家主动投资公司，最近这家公司宣布它将减少它的27个指数共同基金和交易所交易基金的基金管理费，从而吸引更多的资产转为被动投资。

我们不能批判它的转向，作为投资者，它选择用被动型基金来替代高成本的主动型基金，但是被动型基金并没有为它带来它所期许的价值。富达投资公司的发言人也说他们始终相信主动投资的力量，唯有拥有价值才能带来力量。

在行业真正解决这个重要问题之前，主动型基金的规模仍可能继续收缩。贝莱德集团（BlackRock）的CEO曾说他准备合并资产管理项目，因为有太多的基金管理者无法达到他们的基准指标。

主动型基金的管理者需要彻底改变，他们需要把重点放在基金收益率而非所管理资金的多寡上。他们需要尝试设定新的投资组合，设定更长的封闭期并收取更少的费用。最重要的是，对于主动型基金管理者来说，他们需要把基准指标这个词从他们的词典中删除。

第五节　一些支持被动投资的观点

一、约翰·博格尔

约翰·博格尔（John Bogle）是全球第二大基金先锋集团（Vanguard Group）的创始人（1974年创立）。截至2015年12月31日，先锋集团管理的资金超过了3万亿美元。同时，博格尔也是一位多产的作家，写过多本投资方面的经典书籍，比如《共同基金常识》。

博格尔是被动投资最著名的支持者之一。他痛恨金融行业对投资者过高的收费，这在其多本书中均有提及。因此低成本是先锋集团金融产品的特点之一，该集团所有基金的平均管理费为0.18%。

二、查尔斯·埃利斯

查尔斯·埃利斯（Charles Ellis）在哈佛大学和耶鲁大学教过书。在1997—2008年间，他作为耶鲁大学基金会主席和戴维·斯文森（David Swensen）共事，在此期间耶鲁大学基金会的资产得到爆炸性增长，被很多投资界人士称为“耶鲁模式”并加以学习。

埃利斯（Ellis）也是多本书籍的作者。在其《投资艺术》（*Winning the Loser's Game*）一书中，埃利斯极力提倡以指数为核心的被动投资策略。

三、Dimensional Fund Advisors（DFA）

戴维·布思（David Booth）和雷克斯·辛克菲尔德（Rex Sinquefield）共同创办了DFA公司。DFA公司是美国最优秀的以被动投资策略起家的基金管理公司之一，截至2016年4月，其管理的资金规模为4 100亿美元左右。两人都是芝加哥大学商学院的毕业生，由于布思对于芝加哥大学商学院的捐款贡献，该商学院被冠名为芝加哥布思商学院（Chicago Booth Business School）。

在主动投资和被动投资的大争论中，市场是否有效是一个关键问题。因为如果市场是有效的，那么主动投资基本上就是在浪费时间和精力，因为在有效的市场中，任何主动投资的尝试都是枉然的，投资者的最优策略应该是被动投资。大部分稍微有些金融知识和经验的人都怀疑市场的有效性，并可以举出大量的例子来证明他们的观点。但同时也有大量的证据表明（以美国为例），即使市场不是百分百有效的，其有效性也相当高（比如90%以上），这导致主动投资者获利的空间非常小。

四、嘉信理财公司

嘉信理财公司（Charles Schwab）是美国最大的券商和基金之一，嘉信理财公司的创始人施瓦布（Schwab）在2014年管理的资金规模为2.4万亿美元左右，年利润为13亿美元左右（当然，这其中很多来自主动投资者），在谈到他自己的投资策略时，他说他大约有75%的储蓄投资于指数基金（被动投资）。

五、大卫·史文森

大卫·史文森（David Swensen）是“耶鲁模式”的创始人。作为耶鲁大学基金会的首席投资官（CIO），他为耶鲁大学基金会带来了丰厚的回报。史文森对于各种基金做过大量翔实的研究，并得出结论：在扣除基金经理收取的费用之后，它们战胜市场的可能性几乎为零。

第六节　如何做好主动投资

大卫·史文森在《机构投资的创新之路》一书中提出，要提升主动投资策略的成功率，可以从定价效率、价值导向、流动性等角度入手。

一般而言，在定价效率低的市场中，主动投资可以产生巨大的潜在收益，也就是说，资产定价效率与主动投资管理的机会多少之间存在负相关关系。被动投资策略适用于有效市场，如美国国债市场。在高效市场上，投资收益接近于基准指标，主动投资很少创造出超额收益。不过，在低效市场中，投资者最终的业绩受市场基准收益的影响非常小，投资者的业绩更依赖于对投资品种的选择，因此主动投资策略大有用武之地。

如果市场参与者愿意接受非流动性资产，他们将有机会获得风险调整后的超额收益。在非公开交易市场，被动地复制基准收益是不可能的，比如在房地产、风投和杠杆收购市场，投资者偏向更加有选择性的投资组合管理方法。通常，高流动性资产的市场价格较高，主动投资者可以避开这类高价格的资产，而去选择不被市场密切关注的、流动性差的、价格低廉的资产，从而获取投资收益。

此外，价值导向也可以大大增加证券选择（选股）策略成功的可能性。投资者可以通过购买低估值的资产来获取收益，这类投资者享有较大的安全边际。

由于不同资产类别的定价效率、流动性、估值不尽相同，因此，主动投资策略的表现存在差异，这也是主动型投资组合管理的重点之一。主动投资者应该重点投资定价效率较低的资产，从而大大提高其成功的可能性，在此基础上，合理地接受较低的流动性，尽可能控制交易成本，并以价值为导向，从而大大提高获取超额收益的可能性。

一、市场效率

在一个特定的资产类别中，主动投资的机会可以通过相应的收益分布体现，收益分布越分散，则主动投资的机会就越多。大卫·史文森在他的书中根据美国 2005 年 6 月 30 日之前的 10 年间的数据统计出了各类资产中主动投资组合收益的四个分位数，由第一四分位数和第四四分位数的差额来表示主动投资管理机会的多少，差额越大说明获取超额收益的可能性越大。高质量的固定收益证券是公认的定价效率最高的资产，因此，大多数主动型基金经理的收益与市场基准收益的水平基本一致，在这 10 年时间里，上述两个分位数的差异接近 0.5%；美国大盘股的定价效率相对低一些，上述两个分位数之间的差异为 1.9%，其原因是股票定价的难度高于债券，其估值不像债券那样可以通过对固定的现金流贴现得到，而是需要对公司盈利进行贴现，后者更难预测，此外，股市的高波动性也使得主动型投资组合管理的收益出现更大的差异；在定价效率较低的国外发达市场上，上述两个分位数之间的差异为 4.0%，同期美国小盘股的上述两个分位数的差异为 4.8%。因此，我们可以得出的结论是，主动投资策略的机会随着市场定价效率的降低而逐渐增多。

与此同时，从流动性较强的公开交易市场转到流动性较差的非公开交易市场，主动投资管理的机会急剧增多，绝对收益类资产（alpha 策略）、房地产投资、杠杆收购和风险投资等的收益的分散化程度明显高于前面几个市场。在绝对收益类资产中，上述两个分位数的差异为 7.1%，房地产投资和杠杆收购中上述两个分位数的差异更为极端，分别达到了 9.2%和 13.7%，风险投资的收益差更高，达到 43.2%。不过，上述数据并未扣除各类费用和成本，因此实际的收益会有所下降，主动投资者面临的挑战仍然非常大。

二、流动性

人们往往对能够带来高收益的投资机会不够关注，而更倾向于追逐热点，但是受关注较高的资产往往不能带来理想的回报。因此，严谨的投资者需要在流动性较差的资产中寻找投资机会。

市场参与者一般会追寻高流动性的投资机会，原因是这样做可以迅速放弃昨天的失败，立即抓住今天的热点。相比而言，对流动性较差的资产需要坚持长期投资理念，非流动性证券交易者不能通过流动市场交易放弃错误的投资，因而，在对流动性较差的资产进行投资时，如果想获得成功，需要更加谨慎，考虑更加周密，恪守投资纪律。因此，避开市场参与者喜欢的高流动性资产，而将重点放在流动性较差的资产上，可以增加获得超额收益的机会。

三、价值导向

价值投资策略是在成功的投资中应用得最可靠的策略，这种策略让投资者以低于资产内在价值的价格买入资产，然后等资产价格向内在价值回归时，卖出资产，从而获利。价值投资策略要求投资者具有非凡的技能和旺盛的精力，以及对策略的信念，需要搜集大量信息，寻找被低估的资产。

著名投资者本杰明·格雷厄姆提出了“安全边际”的概念，浓缩了价值投资策略的精髓。他在《聪明的投资者》一书中写道：“安全边际这一概念在低估值的廉价证券中体现得更为明显。低估值廉价证券的交易价格和被正确估值的证券价格之间存在价差，这一价差即为安全边际，它可以吸收由投资失误或者运气不佳带来的负面影响。投资者购买廉价证券时，特别看重投资对象抵御不利因素的能力，因为大多数情况下，投资者对这类公司的前景不抱太大希望。如果投资前景实在乏善可陈，那么不管股价有多低投资者都不应该进行投资。但是实际上，低估值证券是受到多种因素影响才被低估的，其中最常见的情况是，投资前景既不是一片光明，也不是黑暗一片。如果购买价格足够低，那么即使公司盈利稍微下降，也不影响投资者取得满意的回报。这样一来，安全边际的存在也就达到了其目的。”

但是，在如今高效率的证券市场上，低估值证券越来越少，而且投资者很难判断某种证券的价格是否被低估，因此也为价值投资带来了挑战。此外，价值投资也会为投资者带来风险，因为很多时候，它是一种逆向投资，而盲目进行逆向投资会增加投资组合的风险。有时受关注度较低的公司本身就被低估，冷门的公司或许本身前景就不乐观，理应享受估值上的折价。因此，发现受关注度较低、价格低的证券仅仅是一个开端，只有当投资者确定该证券的确具有良好的获利前景时，才应该买入。比如，在大家看来巴菲特是价值投资者，但是实际上他更侧重于质量投资，即寻找廉价的高质量证券。

但是，盲目买入低市盈率（P/E）或者低市净率（P/B）的股票的策略是不成熟的，如果投资者仅仅看到证券当前的价格比较低廉，那么在很大概率上会忽略公司管理质量或未来盈利前景等因素。回顾历史，这种投资策略虽然获得了可观的回报，但也使投资者面临很高的基本面风险。格雷厄姆曾提醒过大家，该策略很可能会出现较大的回撤，即收益下滑，而这种大幅度的回撤一旦发生，将会使得通过这种策略积累起来的大量财富遭受极大的损失。真正的价值投资应该是购买被低估值的证券而非简单地购买价格低廉的证券，需要结合价值和质量两个方面的因素加以考量。

再次以巴菲特为例，学者们对巴菲特在1977年1月—2016年5月的业绩进行归因分析后发现，他在这段时间取得的年平均17.6%的回报率中，最大的贡献因子是市场因子，其次是质量因子，然后是风险因子和价值因子，它们每年对回报率的贡献分别为6.8%、3.4%、2.6%、1.2%，至于剩余的3.6%就是学术界常说的alpha，也就是在因子贡献之外的巴菲特的能力，不过在引入这些因子的贡献后，这个alpha在统计上已经和0没有显著差别了。由此可见，巴菲特的业绩主要来自他的投资组合享受了股票市场本身的上涨，或者说得益于宏观经济的长期增长。

巴菲特更加偏好高质量股票和低风险股票，而非价值型股票。因此，我们更倾向于说他是一个质量投资者，而不是价值投资者。尽管巴菲特过去在很多场合表明他属于价值投资者阵营，但最能够反映他的投资风格的是他在2008年写给股东的信件里的一句话：“不管是买袜子还是买股票（这两个英文单词外形接近），我都喜欢在高质量的袜子和股票打折的时候买。”

在中文里，价值股这个词给人的感觉是“又好又便宜的股票”，但在英文里，“价值股”仅仅代表“便宜的股票”，和“质量好”并不相关。格雷厄姆定义的价值股是“价格在净流动资产的三分之二以下的股票”，净流动资产的定义为流动资产减去所有负债。格雷厄姆声称他利用这个办法选股在30多年的时间里获得了每年约20%的回报。但是随着满足这个严苛定义的股票数目变得有限，格雷厄姆改变了价值投资的方法，他建议投资者买入30只市盈率低于10同时债务股权比低于50%的股票，持有2年后卖出（如果2年内股价涨幅超过50%也卖出）。据他估算这样的策略可以在1926—1976年间保持每年约15%的回报。后来的学者发现，这个简单的策略到现在也仍然是有效的。无论采取市盈率、市净率和股息率中哪个指标的定义，满足条件的价值股都仅仅意味着这样的股票价格相对于一个公司的会计价值而言足够便宜，而这样的定义和公司的质量优劣毫无关联。

巴菲特发现，他之前坚持的价值投资策略有一个很大的缺陷，价格够便宜的股票数量有限，根本不足以支撑他手上越来越多的资金。也就是说，如果继续坚持之前的投资策略，伯克希尔·哈撒韦公司不可能越做越大。相反，如果愿意为高质量的公司支付合理的价格，那么这些公司在将来的成长将帮助伯克希尔·哈撒韦公司取得越来越辉煌的业绩。思想上有了这样的转变之后，巴菲特从此不再是一个价值投资者，他和自己的合伙人芒格一起，成为质量投资的最佳搭档。巴菲特的那句名言“用平常（合理）的价钱买一家很棒的公司远远强过用很棒的（太高的）价钱买一家平常的公司”（It's far better to buy wonderful companies at a fair price，rather than fair companies at a wonderful price）在过去一直被诠释为价值投资的精华，实际上，这句话是对质量投资的更准确概括。

需要注意的是，采取质量投资策略的成功者并不多，原因有三点：一是质量并不容易被定义，投资者可以列举出多个看似和质量相关的会计或者管理指标，但真正对股票收益率具有预测能力的并不多。例如，净利润和公司管理层的质量与股价的关系就不那么明显。已经发现的比较好的质量指标有高毛利润率、高毛利、低收益波动率、高资产周转率、低财务杠杆、低运营杠杆等。有的学者对这些有用的会计指标进行加权后得到了一个企业质量指数。二是高质量的公司和好的成长型公司有很大的重合（高质量公司的估值往往较高），但成长型公司和价值型公司是对立的概念，成长型公司的长期股价表现不如价值型公司，追求价值投资的人会刻意避开成长型公司，错过投资高质量公司的机会。三是习惯接受传统风险理论的投资者反而更乐于投资低质量的公司，因为一般来说，高质量公司的风险应较低，而低质量公司的风险较高，投资者可以承担该风险从而获得风险溢价，因此他们认为高质量公司未来的回报应该不如低质量公司。

此外，学者们通过研究发现，大部分投资者没能获得高质量公司的高回报主要是由他们的行为和定价错误造成的，除了上一段提到的后两点，许多投资者认为高质量公司的高毛利会因为竞争而快速减少，因此不愿意或者较少投资这类公司。但事实上，高质量公司维持高毛利的时间要比他们预期的久。高质量公司的回报好于低质量公司是持续和稳定的现象，而且高质量公司的股价波动率也更低。特别是，即使在经济萧条时期，高质量公司的股价表现也好于低质量公司，投资者避开他们是错误的。

总之，在应用主动型证券选择（选股）策略时，尽管大多数投资者的收益不理想，但是该策略在投资活动中扮演着非常重要的角色。如果投资者把投资的重点放在存在巨大投资机会的低效市场上，将能够大大提高主动型证券选择（选股）策略的成功概率；非流动性资产会给耐心的长期投资者带来高额收益；价值投资策略则会提供安全边际，不过在实施该策略时需要注意，不能简单选入估值较低的公司，而应该选择价值被低估的高质量公司。但是，即使投资者运用主动投资策略，由于资产定价效率普遍较高，投资者发掘和实施超越大盘的投资策略时也会面临极大的挑战。由于投资者追逐热点的现象时有发生，其收益超越大盘的概率大幅降低。综上所述，较高的市场效率加上非理性的投资者行为，大幅降低了选股策略的成功概率。

第七节　给个人投资者的建议

投资时是选择尽量减少交易费用和基金管理费用，降低风险，并赢取一个长期稳定的利润，还是期望快速致富？究竟是进行主动投资还是被动投资，这和个人的投资目标密切相关。

主动投资的优点是它符合人们想要通过投资快速致富的愿望。这种可能也是存在的，我们可以找到这样的成功的投资者作为例子，但是每个这样的例子背后同时都会有无数人经历着巨大的亏损。大量的实证研究表明，长期来看，97%的采取主动投资策略的基金经理不能完成他们想要胜过市场的目标，在大多数情况下，他们的回报甚至会大大低于基准指标（特别是扣除他们的管理费用之后）。而且，根据经验可以观察到，那些能胜过市场的基金经理并非固定不变，而且我们也不能事先预判哪些人能胜过市场。除此之外，进行主动投资的基金要收取高额的管理费用，这会使得主动投资资者的盈利大幅损失，因此扣除各项费用之后，主动投资者的收益相对于被动投资者而言，并不会具有太大的优势。

主动投资策略对于个人投资者而言更难掌握和应用。主动投资策略要求投资者利用所掌握的信息对市场价格进行积极预测。一旦预测失败，或者市场出现异常，首先得利的主要是投资机构以及那些对市场能做出快速反应的投资者（他们具有更大的信息优势），而主动投资策略的大输家主要都是一般的个人投资者。从数据上看，那些独立操作的投资人，特别是频繁交易的投资人的投资结果通常要比职业基金经理的业绩更差。

被动投资的优点在于，实证研究证明，采取被动投资策略的投资者，即那些试图模仿市场行为的投资者，长期来看，通常要比采取主动投资策略的投资者获得明显更高的收益。该策略会利用好对市场的持续评估，并受益于经济的整体增长。通过系统性的投资分布，即使是在经济危机的时候，被动投资策略通常也会承担更小的风险。投资者不需要出让其盈利的一大部分去支付交易费和管理费，因为被动型基金的费用往往较低，这是相对于主动型基金的优势。被动投资策略的缺点是，对于很多投资人而言，被动投资策略是与其直觉相反的，很少会让人激动兴奋，无法实现财富的快速积累。但需要注意的是，这种很小概率会获得“彩票大奖”的投资却会换来一个长期且持续稳固的盈利。

本章的结论是：对于大多数个人投资者而言，期望战胜市场的尝试最终都将以自己被市场打败而告终。对金融机构来说，个人投资者是其主要的收入来源之一，因为买进与卖出都会产生费用，并且金融机构也可能因为主动投资策略而获得巨大利益。而对于个人投资者而言，被动投资策略意味着低成本、更少风险以及大多数情况下能获得长期的、更多的利润。

关键术语

主动投资	被动投资	指数化投资	管理费用
定价效率	流动性	价值导向	质量投资

习　题

1. 主动投资与被动投资有哪些区别？
2. 主动投资与被动投资各自的优势和劣势是什么？
3. 为什么主动投资的平均收益低于被动投资？
4. 有哪些方式可以提高主动投资的成功率？

第十二章

因子模型与市场异象

【本章要点】

- 因子模型的定义
- 常用因子模型
- 市场异象

第一节 因子模型介绍

一、因子模型的定义

股票的本质是股票持有人对企业剩余价值的索取权。剩余价值可以理解为企业总资产减去企业债权人享有的总负债而剩余的部分，即通常所说的企业股东对其股权的剩余求偿权。企业的剩余价值是股票价值的基础，而企业价值受到经济增速、通货膨胀率等的影响，同时，由于企业价值包含了对未来价值的贴现，所以影响贴现率的无风险利率、风险溢价等也会影响企业价值。另外，股票在金融市场上被投资者买卖，金融市场上的资金量、其他金融产品的收益率也会影响到股票的需求和价格，所以股票价格的变动、股票收益率的波动与各种相关因子的变动息息相关，因子模型就是根据这种原理对股票收益率进行分析的模型。在股票市场中股票数目非常庞大，但因子模型认为，存在可以对股票市场整体层面的股票收益进行解释、归因的公共因子，因而可以通过因子模型来简化对市场上所有股票的分析，因子模型提供了一种认识、研究股票的新思路。

基于以上对因子模型的介绍，因子模型可以被定义为使用能够影响股票市场整体层面收益的因子的非预期变动来解释股票收益的模型，不能够被所选因子解释的股票收益被定义为单个股票的特质波动。因子的非预期变动是因子在其期望值之外的变动。因子的期望值本身是不能反映股票收益变动的。只有因子的非预期变动才会形成股价的变动。根据因子的数量，可以将因子模型分为单因子模型、多因子模型。在单因子模型中，投资者认为影响股票市场整体层面收益的因子仅有一个，如宏观经济增长率；在多因子模型中，投资者认为影响股票市场整体层面收益的因子有多个，如宏观经济增长率、通货膨胀率、贴现率等。在特定时点，第 i 只股票的单因子模型可以表示为：

$$R_i=a_i+b_if+\varepsilon_i,\ i=1,\ 2,\ \cdots,\ N \tag{12.1}$$

其中 N 为市场中股票的数量，f 为影响股票收益率的风险因子的非预期波动，a_i 为第 i 只股票在投资期初的预期收益率，表示风险因子 f 没有发生非预期波动时的股票预期收益率，b_i 为第 i 只股票对风险因子 f 的非预期波动的敏感性，称为因子载荷，而上述模型的扰动项 ε_i 则表示第 i 只股票不受风险因子 f 影响时的特质扰动，ε_i 仅代表第 i 个企业自身的因子造成的股票收益率扰动，与市场整体的风险因子不相关，同时，由于 ε_i 仅受第 i 个企业自身影响，不同企业股票对应的扰动项之间也不相关，即上述模型需要满足：

$$\left.\begin{array}{r}\mathrm{Cov}(\varepsilon_k,f)=0\\ \mathrm{Cov}(\varepsilon_k,\varepsilon_m)=0\end{array}\right\},\ k,\ m=1,\ 2,\ \cdots,\ N\text{ 且 }k\neq m \tag{12.2}$$

专栏 12-1

假设使用单因子模型来刻画股票收益率，且 GDP 增长率为影响所有股票收益率的风险因子。再假设投资期初 GDP 增长率的一致预期为 8%，股票的期初预期收益率 a_i 为 5%，该股票对 GDP 增长率非预期变动的敏感性系数 b_i 为 1.5，但受到全球经济危机的影响，GDP 实际达到的增长率仅为 6%，因而 $f=6\%-8\%=-2\%$。因此经济增速的非预期降低导致该股票的预期收益率变为 $5\%+1.5\times(-2\%)=2\%$，再加上公司的特质波动 ε_i 的值，就得到投资者实际得到的收益率。

二、单因子模型方差分解及其优缺点

根据单因子模型的表达式以及扰动项与风险因子不相关的假设，可以将第 i 只股票收益率的方差计算为：

$$\sigma_i^2=b_i^2\sigma_f^2+\sigma_\varepsilon^2,\ i=1,\ 2,\ \cdots,\ N \tag{12.3}$$

其中 σ_f^2 为风险因子 f 的波动率，σ_ε^2 为第 i 只股票收益率的特质波动率，由于 f 是会影响市场上所有股票的风险因子，而 ε_i 仅与第 i 只股票自身相关，因此上述方差计算公式中第 i 只股票的收益波动率，可以被分解为系统性风险和特质风险两部分。在投资组合中股票的特质波动能够被分散降低，而系统性风险则无法被分散降低，因子模型中的资产组合同样符合这一规律。假设配置在第 i 只股票上的权重为 w_i，则在风险因子下资产组合的风险可以计算为：

$$\sigma^2=\mathrm{Var}\left(\sum_{i=1}^N w_iR_i\right)=\mathrm{Var}\left[\sum_{i=1}^N w_i(a_i+b_if+\varepsilon_i)\right]=\left(\sum_{i=1}^N w_ib_i\right)2\sigma_f^2+\sum_{i=1}^N w_i^2\sigma_\varepsilon^2 \tag{12.4}$$

当 N 足够大且 w_i 足够分散时，特质波动率对资产组合的风险贡献趋向于零，此时资产组合的波动率仅包含风险因子所表示的系统性风险，因此在单因子模型中资产组合分散化投资符合风险分散化的一般规律。为证明这一点，假设 N 只股票的特质波动率 σ_{ε}^2 的上限为 σ_{Upper}^2，由于股票组合足够分散，设 w_i 的上限为 δ/N，$\delta>1$，则有：

$$\lim_{N\to\infty}\sum_{i=1}^{N} w_i^2\sigma_{\varepsilon}^2 \leqslant \lim_{N\to\infty}\sigma_{Upper}^2\sum_{i=1}^{N} w_i^2 \leqslant \lim_{N\to\infty}\frac{\sigma_{Upper}^2\delta^2}{N}=0 \tag{12.5}$$

根据以上对单因子模型的介绍，可以看出单因子模型非常简单，在应用单因子模型进行股票收益率分析、资产组合优化时，可以大大简化分析、降低工作量、降低模型参数个数，这对于股票市场非常重要。相对于可以通过重复实验产生大量数据的学科而言，股票市场的数据仅能在市场运行的自然实验中产生，数据量非常有限，而股票数目往往非常庞大，截至 2017 年年底，我国 A 股上市公司已经超过 3 000 家，因此在进行资产组合优化时需要估算大量的参数，通过单因子模型对股票收益率进行简化分析，可以显著降低资产优化过程中需要估算的参数个数。

三、多因子模型的定义

单因子模型的简单易用优势是建立在损失了其他因子的重要信息的基础上的，影响股票市场的因子非常多，仅使用一种因子来分析股票收益实质上忽略了很多重要信息，因此，现实中往往使用多因子模型来对股票收益率进行分析。多因子模型可以表示为：

$$R_i=a_i+b_{i,1}f_1+b_{i,2}f_1+\cdots+b_{i,N}f_1+\varepsilon_i,\ i=1,\ 2,\ \cdots,\ N \tag{12.6}$$

其中 N 为模型中所用风险因子的个数，ε_i 为扰动项且和风险因子不相关。多因子模型可以纳入更多的风险因子、具有更高的灵活性，因此多因子模型在学术研究和投资实践中被广泛地应用。

第二节　常用因子模型介绍

一、常用单因子模型

在 CAPM 中能够影响股票收益率的风险因子只有市场组合收益率，不能被市场组合收益率解释的部分全部被归类为股票特质扰动。CAPM 的表达式为：

$$E(r_i)-r_f=\beta[E(r_m)-r_f] \tag{12.7}$$

CAPM 形式非常简洁优美，是最为著名的资本资产定价模型，但关于 CAPM 的实证结果分歧很大，有大量研究表明 CAPM 无法有效解释股票的收益率波动，不少学者对 CAPM 的有效性提出质疑。在使用 CAPM 进行实证分析时，回归模型形式为：

$$r_{i,t}-r_f=\alpha+\beta(r_{m,t}-r_f)+\varepsilon_{i,t},\ t=1,\ 2,\ \cdots,\ T \tag{12.8}$$

上述回归模型可以被看作是特殊的单因子模型，该单因子模型以市场组合收益率为影响所有股票收益率的单一因子。若回归结果表明 α 不显著异于零，则表明 CAPM 能够有效解释股票的收益率；若结果表明 α 显著异于零，则表明 CAPM 不能够有效解释股票的收益率。

本章以工商银行和宁波银行为例检验上述特殊单因子模型对股票收益率的解释力。本章所用数据均来自国泰安数据库，样本区间为 2009 年 1 月 1 日至 2010 年 12 月 31 日，无风险利率为 3 个月定期存基准利率，市场组合超额收益率为 A 股市场考虑现金红利再投资的日度流通市值加权收益率减去无风险利率，工商银行和宁波银行超额收益率为其考虑现金红利再投资的日度收益率减去无风险利率。图 12－1、图 12－2 显示了市场组合超额收益率与工商银行、宁波银行超额收益率的散点图及线性拟合线，从散点图可以看出，市场组合超额收益率对工商银行、宁波银行的超额收益率均具有显著影响，散点图具有较为明显的趋势性。

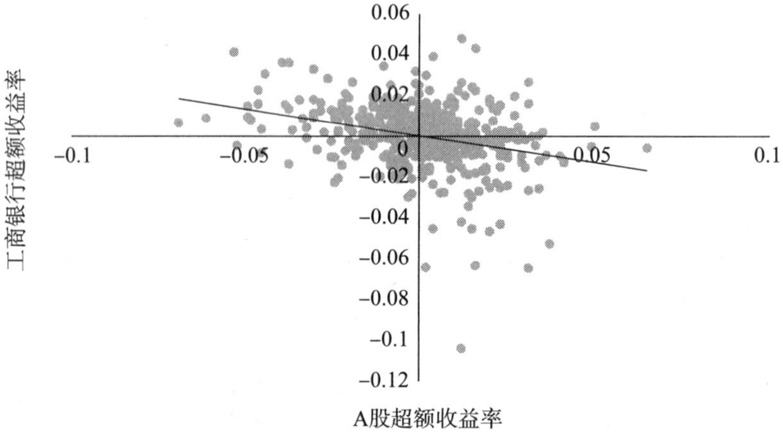

图 12－1　A 股超额收益率与工商银行超额收益率散点图

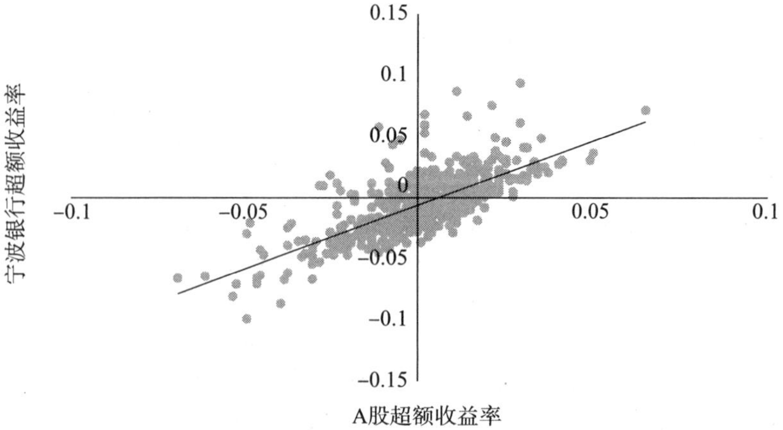

图 12－2　A 股超额收益率与宁波银行超额收益率散点图

表 12－1 显示了工商银行、宁波银行的 CAPM 参数估计结果，市场组合超额收益率的参数项 β 均在 1%的显著性水平下显著异于零，因而回归结果也表明市场组合超额收益率

对这两家银行股票的超额收益率具有显著影响。但 α 在工商银行数据下不显著，在宁波银行数据下具有 1%的显著性水平，由此可以看出，市场组合超额收益率可以很好地解释工商银行的超额收益率，但无法完全解释宁波银行的超额收益率，宁波银行的超额收益率还受到其他因子的影响。从回归模型的 R^2 可以看出，A 股市场组合超额收益率对工商银行和宁波银行的超额收益率都有较高的解释力，R^2 分别达到 9.5%和 53%，可以看出市场组合对宁波银行超额收益率的解释力更强。

表 12-1　工商银行、宁波银行的 CAPM 参数估计结果

	工商银行	宁波银行
α	0.000	-0.006^{***}
β	-0.262^{***}	1.051^{***}
R^2	0.095	0.530
调整后的 R^2	0.094	0.529

注：本表显示的是 CAPM 以工商银行和宁波银行股票超额收益率为被解释变量时的参数估计结果，***、**、*分别表示 1%、5%、10%的显著性水平。

二、法马-弗伦奇三因子模型

法马-弗伦奇（Fama-French）三因子模型是多因子模型的典型代表，自提出以来得到广泛应用，已经成为资产定价、市场异象等多种研究的基准模型。根据 CAPM，从横截面来看股票收益率应当与 CAPM 中的 β 系数正相关，但美国股市的实证结果表明在横截面上股票收益率与 β 系数几乎无关。相反，在三因子模型提出前未被加入资本资产定价模型的因子，如股票市值规模、盈利价格比、杠杆率、账面市值比等因子，却能够在横截面上显著地解释股票收益率差异。因此法马和弗伦奇（Fama and French，1992）对 β 系数、市值规模、盈利价格比、杠杆率、账面市值比进行联合分析，其实证结果表明无论是单独使用还是与其他因子混合使用，β 系数均无法有效解释股票收益。市值规模、盈利价格比、杠杆率、账面市值比单独使用时均具有显著的解释力。市值规模和账面市值比联合使用时，可以吸收其他因子的解释力，因此市值规模和账面市值比两个变量联合使用就能较好地解释股票横截面收益率差异。因此法马和弗伦奇（Fama and French，1993）将市值规模、账面市值比两种风险因子加入资本资产定价模型中，形成了著名的法马-弗伦奇三因子模型，该模型可以表示为：

$$E(R_i)-r_f=\beta_i[E(R_m)-r_f]+s_i\times \mathrm{SMB}+h_i\times \mathrm{HML} \tag{12.9}$$

其中，SMB 为小市值股票组合收益率减去大市值股票组合收益率后的差值，HML 为高账面市值比组合收益率减去低账面市值比组合收益率后的差值，β_i、s_i、h_i 分别代表第 i 只股票收益率对市场超额收益率、规模溢价、估值溢价的敏感性。法马-弗伦奇三因子模型表示，股票的超额收益率可以被市场超额收益率、规模溢价和估值溢价所解释。在应用该模型进行回归分析时，回归模型可表述为：

$$R_{i,t}-r_f=\alpha_i+\beta_i(R_{m,t}-r_f)+s_i\times \mathrm{SMB}_t+h_i\times \mathrm{HML}_t+\varepsilon_i \tag{12.10}$$

其中 α_i 为常数项，ε_i 为扰动项且和各个风险因子均不相关，ε_i 同时需要满足不自相关，即 $\mathrm{Cov}(\varepsilon_i, \varepsilon_m)=0$，$i \neq m$。在实证分析中，若 α_i 不显著异于零，则法马-弗伦奇三因子模型可以很好地解释股票收益率；若 α_i 显著异于零，则该模型无法完全解释股票收益率的变动。

法马-弗伦奇三因子模型中 SMB、HML 分别代表了规模因子、估值因子的风险溢价。在构造过程中，首先分别根据股票市值规模和账面市值比的大小对所有股票排序、分组，按照市值规模的中位数将所有股票分为小市值（S）、大市值（B）两个股票组合，将所有股票按账面市值比的 30%、70%分位数划分为三个组合，分别为低账面市值比组合（L）、中等账面市值比组合（M）、高账面市值比组合（H），将市值规模组合和账面市值比组合交叉可以获得六个市值规模-账面市值比组合。根据这些组合的收益率，可以模拟规模因子和估值因子的风险溢价。其中 SMB 等于 S－L、S－M、S－H 三个市值规模-账面市值比组合的平均收益率减去 B－L、B－M、B－H 三个市值规模-账面市值比组合的平均收益率后的差值，在计算 SMB 的过程中综合了账面市值比的不同组合，因而 SMB 的数值不受账面市值比的影响。HML 等于 S－H、B－H 两个组合的平均收益率减去 S－L、B－L 两个市值规模-账面市值比组合的平均收益率后的差值，同样，HML 的计算过程也综合了不同的市值规模，从而 HML 的数值几乎不受市值规模的影响。为降低小市值股票收益率波动性高的影响，在计算市值规模-账面市值比的各个组合收益率时，使用市值加权收益率作为组合收益率。在法马-弗伦奇三因子模型中，用 $E(R_m)-r_f$ 表示市场因子，其中 $E(R_m)$ 为所有股票收益率的市值加权平均值，r_f 为无风险利率，用 1 个月期的国库券利率代替。

法马-弗伦奇三因子模型能够较好地解释股票横截面收益。该模型的重要意义在于其突破了 CAPM 认为仅有市场组合超额收益率能够解释市场整体层面收益的框架，将估值溢价和规模溢价引入资本资产定价模型中。本小节用工商银行、宁波银行的数据来实证检验法马-弗伦奇三因子模型对股票收益率的解释力，数据来源及样本区间与前文相同，法马-弗伦奇三因子为国泰安数据库提供的日度三因子数据。从图 12－3、图 12－4 可以看出，SMB 和 HML 均对宁波银行的超额收益率具有显著影响，散点图具有较为明显的趋势性，趋势如线性拟合线所示。

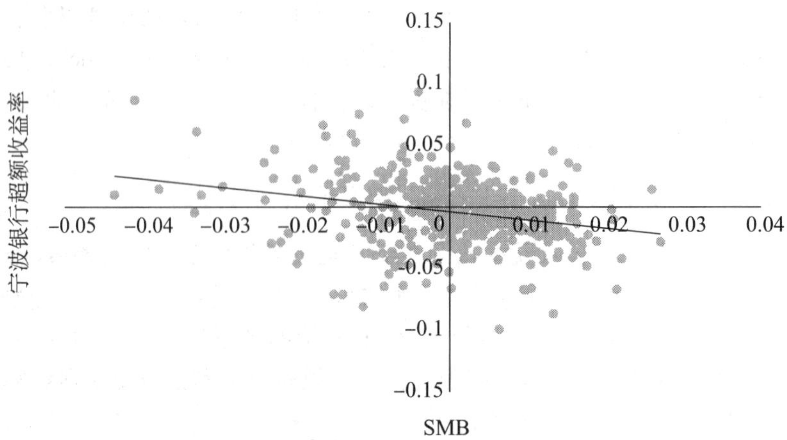

图 12－3　SMB 与宁波银行超额收益率的散点图

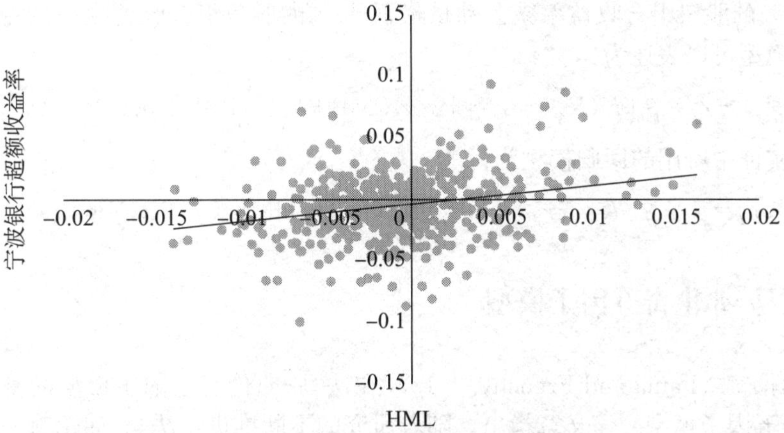

图 12-4　HML与宁波银行超额收益率的散点图

回归结果如表 12-2 所示，可以看出除市场组合超额收益率外，SMB、HML 也对这两家银行的超额收益率具有显著的解释力，其中 SMB 在两家银行数据下均具有 1%的显著性水平，而 HML 分别具有 10%和 1%的显著性水平。同时从调整后的 R^2 可以看出增加 SMB、HML 后模型对股票收益率的解释力大幅提升，如 CAPM 对工商银行超额收益率的解释力为 9.4%，而法马-弗伦奇三因子模型对工商银行超额收益率的解释力为 12.0%，因此法马-弗伦奇三因子模型比 CAPM 能更好地解释股票超额收益。

表 12-2　法马-弗伦奇三因子模型参数估计结果

	工商银行	宁波银行
α	0.000 1	−0.005***
β	−0.276***	1.079***
s	0.300***	−0.672***
h	0.291*	0.686***
R^2	0.126	0.642
调整后的 R^2	0.120	0.639

注：本表显示了法马-弗伦奇三因子模型以工商银行和宁波银行股票超额收益率为被解释变量时的参数估计结果，***、**、*分别表示 1%、5%、10%的显著性水平。

三、卡哈特四因子模型

卡哈特（Carhart，1997）在研究共同基金业绩的持续性时，提出了卡哈特四因子模型，该模型将 1 年计算期的动量效应因子纳入三因子模型中来拓展法马-弗伦奇三因子模型，动量因子被记为 PR1YR。由于杰格迪什和蒂特曼（Jegadeesh and Titman，1993）在构建动量组合时，动量计算期和股票组合持有期之间有一定时间间隔，因此卡哈特（Carhart，1997）在计算动量时，使用滞后 1 个月的数据，即假设当前月份为 t，使用 $t-12$ 月至 $t-1$ 月的数据来计算动量，并在 $t+1$ 月开始根据动量构建股票组合。PR1YR 为动量最高的为 30%的股票组合收益率减去动量最低 30%的股票组合收益率后的差值。因此卡哈特四因子模型可以表述为：

$$E(R_i)-r_f=\beta_i[E(R_m)-r_f]+s_i\times \mathrm{SMB}+h_i\times \mathrm{HML}+p_i\mathrm{PR1YR} \qquad (12.11)$$

相应地，在实证中所用的回归模型为：

$$R_i-r_f=\alpha_i+\beta_i(R_m-r_f)+s_i\times \mathrm{SMB}+h_i\times \mathrm{HML}+p_i\mathrm{PR1YR}+\varepsilon_i \qquad (12.12)$$

四、法马-弗伦奇五因子模型

法马-弗伦奇（Fama and French，2015）在法马-弗伦奇三因子模型的基础上提出了法马-弗伦奇五因子模型。该文章指出，随着研究的不断推进，法马-弗伦奇三因子模型无法解释的市场异象越来越多，需要拓展原有模型来解释市场异象，改进资本资产定价模型。但该文章仅选择使用企业盈利能力和投资因子来拓展三因子模型。该文章指出，根据股票定价模型，股票价格等于企业未来股利支付的贴现值，而股利支付取决于企业的盈利能力以及企业的投资情况，在其他情况不变的条件下，企业盈利能力越高则股票预期收益率越高，企业投资增加则会导致企业短期股利支付降低，股票预期收益率降低。因此，从最基本的股票定价模型出发，该文章选用企业盈利能力和投资指标来拓展三因子模型。该文章使用了三种方式来构造企业盈利能力风险溢价和投资指标风险溢价，本章仅介绍第一种，即使用与构造 HML 相同的方法来构造盈利能力风险溢价和投资指标风险溢价。将所有股票按照营业利润减去利息支出（记作 OP）排序并按照 30%、70%分位数将所有股票分为三个股票组合，其中高盈利组合被称为稳健组（robust）、低盈利组合被称为弱势组（weak）。同理，将所有股票按照上一会计年度的总资产增长率排序并分为三组，其中高增长组合被称为激进组（aggressive）、低增长组合被称为保守组（conservative）。将市值组合与盈利组合交叉形成六个组合，将市值组合与投资组合交叉形成六个组合，仿照 HML 的计算方法分别计算 RMW（robust minus weak）风险溢价、CMA（conservative minus aggres-sive）风险溢价。由此形成的五因子模型可以表述为：

$$E(R_{i,t})-r_f=\beta_i[E(R_{m,t})-r_f]+s_i\times \mathrm{SMB}_t+h_i\times \mathrm{HML}_t+r_i\mathrm{RMW}+c_i\mathrm{CMA} \qquad (12.13)$$

其中 r_i、c_i 分别表示股票超额收益率对盈利风险因子、投资风险因子的敏感性。上述五因子模型在回归模型中表述为：

$$r_{i,t}-r_f=\alpha_i+\beta_i(R_{m,t}-r_f)+s_i\times \mathrm{SMB}_t+h_i\times \mathrm{HML}_t+r_i\mathrm{RMW}+c_i\mathrm{CMA}+\varepsilon_i \qquad (12.14)$$

第三节　市场异象

一、有效市场假说

投资者通过搜集各类信息认识金融市场、识别投资机会，尤金·法马教授提出的有效市场假说就是研究信息与股票价格预测性、超额收益可获取性之间关系的著名学说。有效市场假说根据市场有效性的强弱程度将市场分为三种类型，即强式有效市场、半强式有效市场、弱式有效市场，如图 12－5 所示。在弱式有效市场中，所有历史交易信息均无法预测股票的收益，投资者无法通过对历史交易数据的分析来获取超额收益。弱式有效市场假设投资者可以免费获取股票市场的历史交易数据。如果利用这些数据能够获取超额收益，则所有投资者都会去进行相应的投资，最终导致股价反映全部历史交易数据以及超额收益的获取机会消失。在半强式有效市场中，所有公开信息均无法预测股票的未来收益率，股票价格已经充分反映了公开的历史交易信息以及企业的基本面信息。半强式有效市场假设投资者可以免费获取全部公开信息，因而所有投资者都会去挖掘可获利机会，从而导致超额收益消失以及股价反映所有公开信息。在强式有效市场中，所有可获取的信息均无法用来预测股票价格以获取超额收益，即便是内幕信息和私人信息也无法预测未来的股票价格，因而强式有效市场是一种理想化的市场状态。

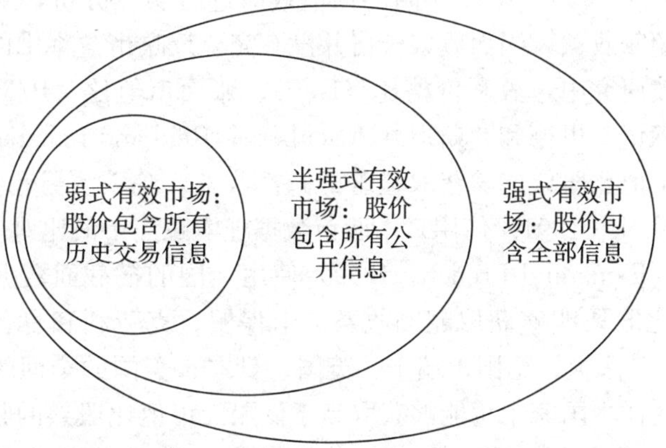

图 12－5　有效市场假说分类

在有效市场假说中，股票未来的收益是无法预测的，投资者也无法获取超额收益，但随着投资实践和相关学术研究的不断推进，有效市场假说受到越来越多的质疑和挑战，人们发现了越来越多的市场异象，即金融市场中与有效市场假说相悖的现象，在这些现象中，投资者可以通过所获取的信息获取超额收益。按照异象的特征，可以将这些市场异象分为基于基本面的市场异象、基于交易数据的市场异象以及经济日历市场异象等。

二、常见市场异象

1. 规模效应

邦兹（Banz，1981）最早在学术上对规模效应进行了实证分析，该文章将后纽约证券交易所（简称纽交易所）市的所有股票按照总市值大小排序并分为五组，结果表明总市值最小的股票组合的收益显著高于大市值股票组合，经风险调整后的股票组合收益仍然符合这一规律。该文章将这一现象称为规模效应，且证明规模效应是非线性的，小市值股票组合的收益显著高于其他组合，但中等市值股票组合的收益与大市值股票组合的收益几乎无差异。莱维斯（Levis，1989）检验了英国股市的市场异象，其研究结果表明英国股市不仅存在规模效应，还存在其他众多市场异象，且规模效应并非最主要的市场异象。比德尔斯（Beedles，1992）使用澳大利亚的股市数据实证检验了规模效应，与美国股市不同，澳大利亚股市存在大量规模非常小的企业，从而更有利于检验规模效应，其实证结果同样表明规模效应显著存在，该文章同时证明澳大利亚股市的规模效应可以部分被低流动性解释，小规模股票的流动性往往较低。纳卡穆位和寺田（Nakamura and Terada，1984）证明了日本股市存在规模效应，伯奇、麦康奈尔和克拉鲍姆（Berges，McConnell and Schlarb-aum，1984）证明了加拿大股市存在规模效应。可以看出，规模效应被证实普遍存在于国际金融市场中，并非个别金融市场的特殊现象。我国股市同样存在显著的规模效应，陈收和陈立波（2002）、汪炜和周宇（2002）以及邵晓阳、苏敬勤和于圣睿（2004）对我国股市的实证分析均表明我国股市也存在显著的规模效应。

2. 估值效应

巴苏（Basu，1977）对估值效应进行了实证研究，该文章采用市盈率（P/E）作为股票估值指标，对纽交所 1956—1971 年间的估值效应进行实证分析，结果表明低市盈率股票能够获取显著的超额收益，因而股票价格并没有完全反映市盈率中的信息，股票市场并非完全有效。在后续研究中，盈利价格比（D/P）、账面市值比（B/M）也被用于检验股票的估值效应，罗森堡、里德和兰斯坦（Rosenberg，Reid and Lanstein，1985）使用纽交所数据证明高账面市值比股票能够获取显著的超额收益，陈、滨男和拉科尼肯克（Chan，Hamao and Lakonishok，1991）使用日本股市数据证实账面市值比对预期收益具有重要影响。法马和弗伦奇（Fama and French，1992）使用美国的横截面数据所进行的实证分析表明，低账面市值比股票能够获取超额收益。卡保罗、克劳利和夏普（Capaul，Rowley and Sharpe，1993）对法国、德国、瑞士、英国、日本、美国的全面的实证分析表明高账面市值比股票在这些样本国家中均能够获取高于低账面市值比股票的收益。张强、杨淑娥和戴耀华（2007），王磊和刘亚清（2011），徐振华（2011）均表明我国股市也存在显著的估值效应。

3. 动量与反转效应

杰格迪什和蒂特曼（Jegadeesh and Titman，1993）提出了动量效应和反转效应，该文章通过实证分析表明投资者在一定条件下利用动量效应，买入历史赢家、卖出历史输家，可以获得显著的超额收益，而在一定条件下利用反转效应，买入历史输家、卖出历史赢家，也可以获取显著的超额收益，从而证明仅仅使用股票收益的历史数据就能够获取显著的超额收益，这是对有效市场假说的有力挑战。在动量效应和反转效应提出后，该市场异象仍然普遍存在，成为学术研究和量化投资实践的重点课题。法马和弗伦奇（Fama and French，1996）使用其三因子模型解释股票市场异象，结果表明三因子模型无法有效解释动量效应带来的超额收益。贺学会和陈诤（2006）以及舒建平、肖契志和王苏生（2012）等表明我国股市同样存在动量效应、反转效应，但表现形式与国外有所不同。

4. 日历效应

股市中存在一些与日历相关的市场异象，如季节效应、1 月份效应、月初效应、星期效应、假日效应等。罗泽夫和金尼（Rozeff and Kinney，1976）使用纽交所股市数据的实证分析结果表明，在 1904—1974 年间，1 月份的收益率显著高于其他月份。居尔特金和居尔特金（Gultekin and Gultekin，1983）的实证分析结果表明国际股票市场中普遍存在季节效应，且主要表现为1月份效应。阿里尔（Ariel，1987）的实证分析结果表明，平均来看，只有在前半个月股票的平均收益显著为正，而在后半个月股票的平均收益不显著异于零。张、赖和林（Zhang，Lai and Lin，2017）对25个国家的28个股票市场进行了星期效应的实证研究，研究结果表明大多数市场存在星期效应，并且不同国家的星期效应发生在1周中不同的交易日。

三、市场异象与行为金融

随着越来越多的市场异象被发现，有效市场假说受到越来越强烈的质疑，有效市场假说无法解释市场异象的存在，与此同时，行为金融学的发展为市场异象的解释提供了全新的视角。行为金融学是将金融学、心理学、社会学等学科融合而成的复合学科，从市场微观个体的行为、投资者群体的行为以及产生这些行为的心理因子角度来解释、研究和预测金融市场中的现象，试图通过投资者的行为偏差以及对理性投资者假设的偏离来解释有效市场假说无法解释的金融市场现象。传统金融理论建立在理性投资者、效用最大化、风险厌恶等强假设的基础上，而现实中的投资者无法成为完全理性的投资者，投资者在进行投资决策时会受到心理因子的重要影响，因而将投资者行为和心理因子纳入金融市场现象的研究中能够更好地解释有效市场假说以及传统金融理论所无法解释的现象。随着研究的不断深入，众多理论应运而生，行为金融学逐渐成为金融研究的热门学科，因在行为经济学、行为金融学领域做出贡献而获得诺贝尔经济学奖的学者越来越多，如2017年诺贝尔经济学奖被授予在行为经济学上有突出贡献的理查德·泰勒（Richard Thaler）教授。

四、市场异象的识别方法

对市场异象的研究包括市场异象识别、市场异象成因解释、市场异象应用等。其中市场异象识别通常采用资产组合法，根据某事项的代理变量（如账面市值比、动量等）将市场上所有股票分为不同的股票组合，然后研究不同股票组合收益率之间的差异，从而识别该代理变量是否能够导致不同股票组合的收益率具有显著差异，若不同股票组合的收益率具有显著差异，且随着代理变量的逐渐变化，股票组合收益率具有较为一致的变化规律，则该代理变量所代表的事项会导致市场异象。研究中既可以使用单个变量来构建市值股票组合，也可以使用多个变量来构建股票组合，法马和弗伦奇（Fama and French，1993）的三因子模型对价值因子和规模因子的构建过程即为使用两个变量构建股票组合的方法。

弗伦奇教授将根据不同变量形成的股票组合收益率序列公布在网站（http://mba.tuck.dartmouth.edu/pages/faculty/ken.french/data_library.html）上，供学术研究使用。以使用市值规模和账面市值比两个变量形成5×5股票组合为例，在每年6月末计算市值规模和账面市值比的数值，并据此重新形成股票组合，其中市值规模为股票在当年6月末的市值规模，账面市值比为去年年末的账面价值与市值模型的比值。每年重新构建股票组合时，根据市值规模对所有股票进行排序、分组，形成五个股票组合，根据账面市值比对所有股票进行排序、分组，形成五个股票组合，将根据市值规模和账面市值比形成的股票组合交叉形成25个股票组合，1926—2017年间市值规模、账面市值比5×5股票组合的收益均值如表12-3所示。可以看出无论使用股票等权重组合还是市值加权组合，随着账面市值比的上升，股票组合的收益率都普遍呈现逐渐上升的趋势，随着股票市值规模的升高，股票组合的收益率普遍呈现逐渐降低的趋势，这些统计结果表明市值效应和估值效应存在于美国股市中。

表12-3显示了弗伦奇（French）教授公布的使用美国股市数据根据市值规模和账面市值比构建的5×5股票组合收益率均值统计，其中Panel A为股票等权重组合收益率均值，Panel B为市值加权组合收益率均值，第2列至第6列分别为账面市值比从低（Low）到高（High）的组合，每个Panel中各行分别为市值规模从小（Small）到大（Big）的组合，样本区间为1926—2017年，HML（即High—Low）差额为高账面市值比股票组合收益率减去低账面市值比股票组合收益率的差额，SMB（即Small—Big）为小市值股票组合收益率减去大市值股票组合收益率的差额。

表12-3　法马和弗伦奇市值规模、账面市值比的5×5股票组合收益率均值统计（%）

	Low	2	3	4	High	High—Low
Panel A：等权重组合收益率						
Small	0.980	1.222	1.479	1.637	2.066	1.086
2	0.904	1.284	1.346	1.390	1.528	0.624
3	0.943	1.206	1.239	1.332	1.500	0.556
4	0.993	1.044	1.148	1.282	1.369	0.376
Big	0.880	0.998	1.043	1.055	1.295	0.415
Small—Big	0.100	0.224	0.424	0.594	0.771	0.671
Panel B：市值加权组合收益率						
Small	0.855	0.974	1.281	1.462	1.640	0.785
2	0.913	1.211	1.266	1.345	1.520	0.607
3	0.986	1.189	1.208	1.301	1.418	0.433
4	1.003	1.037	1.142	1.249	1.319	0.316
Big	0.906	0.912	0.936	0.984	1.238	0.331
Small—Big	−0.051	0.062	0.297	0.403	0.527	0.454

关键术语

因子模型　法马-弗伦奇三因子模型　卡哈特四因子模型　法马-弗伦奇五因子模型

规模效应　　估值效应　　动量效应　　反转效应

习　题

1. 试使用法马-弗伦奇单因子模型证明资产组合仅能分散个股的特质风险，无法分散系统性风险。

2. 请使用多因子模型实证分析某特定股票的风险暴露情况。

3. 简述规模效应和市场异象。

第十三章

金融危机：可以被预测吗？

【本章要点】

- 金融危机及其发展历史
- 货币危机与银行业危机
- 解释金融危机的主要理论模型
- 金融危机的早期预警系统

由于金融危机往往具有非常高的经济与社会成本，会导致大量的失业以及一定程度的社会动荡，其影响也往往有一定的持续性，因而受到个人、金融机构以及政府等社会各界的广泛关注。尽管理论界和业界都在金融危机后进行了大量分析，试图找出导致金融危机的原因以及金融危机发生的征兆，但始终存在着一定的争议。一个相当重要的问题是：金融危机究竟能否被预测？电影《大空头》展现了在 2007 年美国次贷危机爆发前，基金经理迈克尔·布瑞已经通过数学模型的结果预测出可能要发生一场危机，也展现了如大量房主无法偿还房贷而放弃住房等预示着危机的细节。尽管现实世界中的确存在着相似的情节，但次贷危机仍然在全世界范围内产生了巨大的冲击，可见在预测金融危机上理论界与业界仍存在着相当的不足。

在本章中，我们首先从金融危机的概念出发，介绍金融危机的类别并给出案例，然后进一步介绍以预测金融危机为目的的模型的发展与现状。

第一节　金融危机是什么

一、金融危机的内涵

精确地定义金融危机并不容易，因为一场金融危机可能是由多种危机共同组成的，因而呈现出不同的特征。从整体上说，金融危机是指一个国家或几个国家与地区的全部或大部分金融指标（如短期利率，货币资产、证券、房地产、土地等资产的价格，以及商业破产数和金融机构倒闭数，等等）的急剧、短暂、超周期的恶化。国际货币基金组织

（IMF）将金融危机主要分为四类，即货币危机、债务危机、银行业危机以及系统性金融危机，这一分类在各类研究中被广泛采纳。

从时间序列上看，金融危机在爆发前具有潜伏性，在爆发后具有持续性。金融危机是金融风险积累到一定程度后由量变到质变的结果，因而尽管金融危机的爆发多发生在短时间内，但却不是“无中生有”的。以 2008 年全球金融危机为例，美国在金融危机前长时期的低利率以及对次级贷款监管的缺位在造就房地产市场繁荣的同时也使金融体系积聚了大量风险，金融危机则潜伏其中，逐渐成形。此外，金融危机往往伴随着资产价格的暴跌、大量的失业、生产力的下降，进而导致社会动荡。由于金融危机的破坏力巨大，为了修复经济往往需要一国政府付出大量的努力，而在此期间整个社会要持续付出一定的代价。

从横截面上看，金融危机具有传染性。金融危机的影响并不局限于单个国家或地区，经济上的紧密联系使各国的金融风险也存在相互传递的可能性。随着经济全球化的逐渐发展，某个国家或地区爆发的金融危机可能通过贸易、金融和心理预期等渠道向其他国家或地区传递，进而造成国际范围内的金融危机。2008 年的金融危机始于美国，但随着事态的发展而逐渐演变为全球范围内的金融危机。

金融危机具有巨大的破坏力。对于金融系统而言，金融危机可能导致银行破产、股市动荡、资产价格暴跌，使金融系统防范风险以及融资的功能被削弱，进而影响实体经济的运行。企业会由于融资受到影响以及对于未来经济状况的不确定而减少生产以及投资，外汇市场的波动会对进出口产生负面影响，生产减少会导致失业率攀升，居民会因收入减少而减少消费，经济衰退可能进入自我加强的循环之中。此外，金融危机还可能带来严重的社会危机。金融危机所导致的失业率上升、通胀水平提高、居民生活水平下降都会对社会稳定构成威胁。金融危机的成本如表 13－1 所示。

表 13－1　金融危机的成本

	危机数量（次）	经济恢复所需时间（年）	平均累计产出损失（%）	伴随产出下降的危机（%）	伴随产出下降的危机导致的平均累计产出损失（%）
货币危机	158	1.6	4.3	61	7.1
工业国家	42	1.9	3.1	55	5.6
新兴市场	116	1.5	4.8	64	7.6
银行业危机	54	3.1	11.6	82	14.2
工业国家	12	4.1	10.2	67	15.0
新兴市场	42	2.8	12.1	86	14.0
货币危机＋银行危机	32	3.2	14.4	78	18.5
工业国家	6	5.8	17.6	100	17.6
新兴市场	26	2.6	13.6	73	18.8

资料来源：陈雨露，宋科，李濛. 多维视角下的金融危机：跨国实证. 国际金融研究，2010（9）：47－54.

美联储前主席伯南克在总结金融危机的教训时曾说："历史不会重复自己，但会押着同样的韵脚。"从最近几百年的历史数据来看，金融危机并不罕见。全世界范围内，金融危机几乎每隔 10 年左右就发生一次，尽管在类别、破坏力、影响范围等方面都存在差异，但均对人类社会造成了一定程度的冲击。金融危机的爆发似乎存在着某种必然性，加之其恶劣的影响，使得长久以来学术界和政策界都迫切地追求能够预测金融危机的方法。20 世纪以来主要国家与地区的金融危机见表 13－2。

表 13－2　20 世纪以来主要国家与地区的金融危机

时间	国家或地区	相关事件
1907 年	美国	华尔街恐慌、银行业危机
1920—1921 年	英国、美国	战后复苏结束
1929—1933 年	美国、欧洲	大萧条
20 世纪 50 年代和 60 年代	法国、加拿大、意大利、英国	货币危机
1974—1975 年	全球	第一次石油危机
1979—1982 年	全球	第二次石油危机
1987 年	美国	股市"黑色星期一"
1990 年	日本	房地产泡沫破裂
1997—1998 年	泰国、印度尼西亚、马来西亚、新加坡、日本、韩国、中国香港	亚洲金融危机
2007—2008 年	全球	次贷危机
2009—2010 年	欧洲	主权债务危机

资料来源：作者整理；查尔斯·P. 金德尔伯格. 疯狂、惊恐和崩溃：金融危机史（第四版）. 北京：中国金融出版社，2007.

专栏 13－1：现代宏观经济学的起点——大萧条

1929 年，美联储认为 1928 年以来股市的持续上涨是过度投机的结果，为了应对潜在的风险，美联储决定提高利率，结果导致 1929 年 10 月美国股市暴跌 20%。在股市尚未充分恢复时，美国农业部门又遭受了冲击，对农业生产造成了严重破坏并进一步影响了农业区的银行。随后银行破产现象从农业区蔓延到银行业中心，超过 1/3 的银行在这次危机中破产。

股票市场下跌、银行破产、企业经营状况的不确定性增加，这些因素使得信贷市场中的信息不对称加剧，金融市场为企业融资的能力被严重削弱，企业投资也被大幅限制。1929—1933 年间，美国商业贷款余额减少了 50%，投资支出下跌幅度则达到了惊人的 90%。与之相对的是，在此期间美国失业率达到了 25%，上千万居民的生活水平大幅下降。

大萧条的影响没有局限于美国而是席卷了资本主义世界，并对世界格局走向产生了深远的影响。德国魏玛共和国通货膨胀率和失业率飙升，在政治上转向了极端主义，1933 年 1 月希特勒领导的纳粹党取得了执政党地位，建立了独裁政府。1939 年 9 月 1 日德国进攻波兰，第二次世界大战爆发。

二、金融危机的分类

1. 债务危机

债务危机是指一国私人或者政府部门无法按时清偿全部债务所引发的危机，分为国内债务危机和外债危机。由一国政府以主权为担保的债务出现违约所引发的危机被称为主权债务危机。

从历史统计数据来看，外债危机发生的频率要高于国内债务危机。造成该现象的原因除了国内债务可以通过通货膨胀等手段减轻偿付压力外，主要在于外债负担较高的国家往往为发展中国家。一国在经济发展的早期阶段往往面临资本不足的问题，因而会选择向国际资本市场借贷，以满足其发展需求，但由于发展中国家的债务清偿能力较弱且经济较易受到冲击，因此外债负担较大往往导致其发生债务危机。表 13－3、表 13－4 展示了 1800—2008 年间世界各个国家与地区的外债违约或重组情况。

表 13－3　自独立或 1800 年至 2008 年间世界各个国家与地区的外债违约或重组情况（1）

国家或地区	自独立或 1800 年至 2008 年间处于债务违约或重组年份的比例（%）	违约或重组次数	国家或地区	自独立或 1800 年至 2008 年间处于债务违约或重组年份的比例（%）	违约或重组次数
非洲			亚洲		
阿尔及利亚	13.3	1	中国	13.0	2
安哥拉	59.4	1	中国香港	0.0	0
中非共和国	53.2	2	印度	11.7	3
科特迪瓦	48.9	2	印度尼西亚	15.5	4
埃及	3.4	2	日本	5.3	1
肯尼亚	13.6	2	韩国	0.0	0
毛里求斯	0.0	0	马来西亚	0.0	0
摩洛哥	15.7	4	缅甸	8.5	1
尼日利亚	21.3	5	菲律宾	16.4	1
南非	5.2	3	新加坡	0.0	0
突尼斯	5.3	1	斯里兰卡	6.8	2
赞比亚	27.9	1	中国台湾	0.0	0
津巴布韦	40.6	2	泰国	0.0	0
北美洲			大洋洲		
加拿大	0.0	0	澳大利亚	0.0	0
美国	0.0	0	新西兰	0.0	0

资料来源：莱因哈特，罗格夫. 这次不一样？800 年金融荒唐史. 北京：机械工业出版社，2010.

表 13-4　自独立或 1800 年至 2008 年间世界各个国家与地区的外债违约或重组情况（2）

国家或地区	自独立或 1800 年至 2008 年间处于债务违约或重组年份的比例（%）	违约或重组次数	国家或地区	自独立或 1800 年至 2008 年间处于债务违约或重组年份的比例（%）	违约或重组次数
欧洲			拉丁美洲		
奥地利	17.4	7	阿根廷	32.5	7
比利时	0.0	0	玻利维亚	22.0	5
丹麦	0.0	0	巴西	25.4	9
芬兰	0.0	0	智利	27.5	9
法国	0.0	0	哥伦比亚	36.2	7
德国	13.0	8	哥斯达黎加	38.2	9
希腊	50.6	5	多米尼加	29.0	7
匈牙利	37.1	7	厄瓜多尔	58.2	9
意大利	3.4	1	萨尔瓦多	26.3	5
荷兰	6.3	1	危地马拉	34.4	7
挪威	0.0	0	洪都拉斯	64.0	3
波兰	32.6	3	墨西哥	44.6	8
葡萄牙	10.6	6	尼加拉瓜	45.2	6
罗马尼亚	23.3	3	巴拿马	27.9	3
俄罗斯（苏联）	39.1	5	巴拉圭	23.0	6
西班牙	23.7	13	秘鲁	40.3	8
瑞典	0.0	0	乌拉圭	12.8	8
土耳其	15.5	6	委内瑞拉	38.4	10
英国	0.0	0			

资料来源：莱因哈特，罗格夫. 这次不一样？800 年金融荒唐史. 北京：机械工业出版社，2010.

2. 货币危机

货币危机一般是指由于一国汇率变动的幅度超过了一国可承受的范围而引发的危机。具体而言，货币危机是指当一国货币面临巨大的贬值压力，而货币当局无法采取有效的应对手段时，货币大幅度贬值，从而造成的金融资产价格下跌、金融机构倒闭和企业生产受到影响等结果。在经济全球化的时代，汇率是各国经济金融往来的纽带，短时间内汇率大幅度变化会对经济产生巨大的负面冲击。

一般而言，货币危机与固定汇率制度紧密联系，20 世纪 90 年代以来，货币危机主要发生在实行固定汇率制度的国家。尽管固定汇率制度可以降低汇率的波动性，但当国际资本大规模地快速流动时，如果货币当局缺乏足够的外汇储备以维持固定汇率，则可能导致货币危机的发生。此外，货币危机还常常与金融市场开放过快、外债负担重、财政赤字高、经济发展水平低以及政府公信力低等因素有关。

专栏 13－2：墨西哥货币危机

墨西哥货币当局长期实行钉住美元的固定汇率政策，1 美元可兑换 3～3.5 比索（墨西哥官方货币）。尽管二战后的五十年间墨西哥经济发展势头良好，但国内仍是矛盾重重，失业率高居不下、贫富差距不断扩大、经济发展不均衡、政治矛盾不断加深。从 1994 年 2 月开始，美联储先后四次加息导致墨西哥资本外流的压力加大，加上本国外汇储备有限，在巨大的贬值压力下墨西哥货币当局难以支撑，最终于 1994 年 12 月 19 日深夜宣布比索汇率贬值 15%。这一决定导致投资者在外汇市场上大量抛售比索，大量资金撤出墨西哥，三天之内比索汇率暴跌 42%，墨西哥外汇储备锐减近 40 亿美元，接近枯竭，外汇市场一片混乱。

尽管墨西哥政府采取了一定措施，但仍然难以挽回局面，民众和投资者的信心愈加受挫，危机进一步蔓延至证券市场。由于进入墨西哥的外资以投机性资金为主，大部分都进入了证券市场，外资撤出导致证券市场应声下跌。1995 年 3 月 3 日，墨西哥股市 IPC 指数相比于危机前的最高点下跌了 47.94%。

墨西哥的危机还进一步蔓延到了拉丁美洲的其他国家，由于投资者的预期，与墨西哥经济结构较为相似的阿根廷、智利和巴西等国家的股票纷纷遭到抛售，美国和欧洲也不同程度地受到了影响。

3. 银行业危机

银行业危机一般是指由于社会公众对商业银行的信用缺乏信心而产生系统性挤兑，导致商业银行无法充分兑现提款要求，从而造成大批商业银行倒闭的现象。存款是商业银行最为重要的资金来源，但银行在缴纳一定比例的法定存款准备金后往往只会留下一部分资金满足其可能的提现要求，因而当出现系统性挤兑时商业银行无法满足储户的要求，而这种情况将进一步加剧社会公众的恐慌，最终导致银行破产。由于这种恐慌具有传染性，少数银行的挤兑最终可能会发展成银行业的整体性危机。

相比于更多发生于发展中经济体和新兴经济体的债务危机和货币危机，银行业危机则更加“平等”地对待发达国家与发展中国家。债务危机与货币危机往往与一个国家的经济发展状况和宏观经济政策等因素联系紧密，而一国政府往往可以采取一定的手段抑制相关风险的积聚，从而减小危机爆发的可能性。相比之下，由于难以充分解决信息不对称问题，银行始终面临着逆向选择和道德风险，相关的风险难以从根本上杜绝，因而世界上尚未有哪个国家可以说完全规避了银行业危机。表 13－5、表 13－6 展示了 1945—2008 年间世界各个国家和地区的银行业危机情况。

表 13－5　自独立或 1945 年至 2008 年间世界各个国家和地区的银行业危机情况（1）

国家或地区	自独立或 1945 年至 2008 年间处于债务违约或重组年份的比例（%）	违约或重组次数	国家或地区	自独立或 1945 年至 2008 年间处于债务违约或重组年份的比例（%）	违约或重组次数
非洲			亚洲		
阿尔及利亚	6.4	1	中国	9.1	1
安哥拉	17.6	1	印度	8.6	1
中非共和国	38.8	2	印度尼西亚	13.3	3
科特迪瓦	8.2	1	日本	8.1	2
埃及	5.6	2	韩国	17.2	3
肯尼亚	19.6	2	马来西亚	17.3	2
毛里求斯	2.4	1	缅甸	13.1	1
摩洛哥	3.8	1	菲律宾	19.0	2
尼日利亚	10.2	1	新加坡	2.3	1
南非	6.3	2	斯里兰卡	8.2	1
突尼斯	9.6	1	泰国	6.7	2
赞比亚	2.2	1			
津巴布韦	27.3	1			
北美洲			大洋洲		
加拿大	8.5	1	澳大利亚	5.7	2
美国	13.0	2	新西兰	4.0	1

资料来源：莱因哈特，罗格夫．这次不一样？800 年金融荒唐史．北京：机械工业出版社，2010.

表 13－6　自独立或 1945 年至 2008 年间世界各个国家和地区的银行业危机情况（2）

国家或地区	自独立或 1945 年至 2008 年间处于债务违约或重组年份的比例（%）	违约或重组次数	国家或地区	自独立或 1945 年至 2008 年间处于债务违约或重组年份的比例（%）	违约或重组次数
欧洲			拉丁美洲		
奥地利	1.9	1	阿根廷	8.8	4
比利时	7.3	1	玻利维亚	4.3	3
丹麦	7.2	1	巴西	9.1	3
芬兰	8.7	1	智利	5.3	2
法国	11.5	1	哥伦比亚	3.7	2
德国	6.2	2	哥斯达黎加	2.7	2

续表

国家或地区	自独立或 1945 年至 2008 年间处于债务违约或重组年份的比例（%）	违约或重组次数	国家或地区	自独立或 1945 年至 2008 年间处于债务违约或重组年份的比例（%）	违约或重组次数
欧洲			拉丁美洲		
希腊	4.4	1	多米尼加	1.2	2
匈牙利	6.6	2	厄瓜多尔	5.6	2
意大利	8.7	1	萨尔瓦多	1.1	2
荷兰	1.9	1	危地马拉	1.6	2
挪威	15.7	1	洪都拉斯	1.1	1
波兰	5.6	1	墨西哥	9.7	2
葡萄牙	2.4	1	尼加拉瓜	5.4	1
罗马尼亚	7.8	1	巴拿马	1.9	1
俄罗斯（苏联）	1.0	2	巴拉圭	3.1	1
西班牙	8.1	2	秘鲁	4.3	1
瑞典	4.8	1	乌拉圭	3.1	2
土耳其	2.4	2	委内瑞拉	6.2	2
英国	9.2	4			

资料来源：莱因哈特，罗格夫. 这次不一样？800 年金融荒唐史. 北京：机械工业出版社，2010.

4. 系统性金融危机

系统性金融危机又称全面金融危机，指主要金融领域均出现严重混乱、多种类型的金融危机同时发生的现象。系统性金融危机对金融体系与经济体系具有巨大的破坏力，如 1997—1998 年亚洲金融危机等。

第二节　金融危机相关理论

一、马克思主义金融危机理论

马克思主义金融危机理论从生产关系的角度利用资本主义的内在矛盾来研究金融危机的产生与本质。马克思主义认为金融危机在资本主义制度下是必然现象，其根本原因在于生产过剩和经济周期问题，是资本主义制度存在不足的表现。

马克思主义将金融危机分为生产危机导致的金融危机和独立的金融危机两类。在资本主义制度下，生产危机随着经济的潮起潮落周期性地出现，导致金融恐慌与金融危机。马克思主义认为金融本身存在着缺陷，独立的货币金融危机来自金融系统自身的不足，资本主义制度的不稳定性主要表现为金融的不稳定性。马克思主义认为金融危机的产生与信用制度联系紧密。在信用制度下，银行可以在较小的资本金的基础上成倍地提供融资服务，而当银行由于某种原因面临挤兑无法兑现、债务链条断裂时，也会放大对金融体系造成的负面影响。

马克思主义认为，在应对金融危机时，央行可以采取调整准备金的手段。为了应对可能的兑付要求，银行应当保持最低限度的金属准备，在出现危机时，央行应当提高准备金储备，反之则降低准备金储备。此外，央行还可以通过调节利率来应对金融危机。

二、西方经济学的金融危机理论与模型

1. 第一代货币危机模型

第一货币危机模型受墨西哥货币危机启发，以克鲁格曼模型为代表，主要针对的是货币危机。克鲁格曼于 1979 年提出克鲁格曼模型，该模型认为货币危机与固定汇率制度有着紧密的联系，政府追求稳定的汇率政策与宏观政策的不协调会导致危机。在名义固定汇率制度下，扩张性货币政策和财政政策将导致本国货币的投机性供给。在政府存在较大的财政赤字时，需要央行发行货币帮助解决财政赤字问题，这将导致本币贬值，使投资者增加对外币的购买，而政府则需要消耗外汇储备以维持固定汇率。在赤字问题没有解决的情况下，无论初始外汇储备有多少，终将有枯竭的一天，固定汇率制度将难以维持，最终导致货币危机爆发。

克鲁格曼模型假设投资者具有完全预见能力，后续模型则逐渐放松了这一假设，并引入了其他类似固定汇率制度的汇率政策进行分析。第一代货币危机模型认为危机的根源在于过度积极的宏观政策、实际汇率升值以及经常项目恶化等，这能够较好地解释 20 世纪 70 年代和 80 年代的金融危机，但仅适用于货币危机，对其他类型的金融危机并未关注。

2. 第二代货币危机模型

20 世纪 90 年代初爆发的金融危机已经很难由第一代货币危机模型解释，在宏观政策与追求稳定的汇率政策并不矛盾的情况下，部分国家仍然爆发了货币危机。基于此，奥博斯特菲尔德等学者引入投资者的行为和预期，发展出了第二代货币危机模型。

第二代货币危机模型强调货币危机的自我实现特性，投机者以及公众的信念与预期可能导致政府难以维持固定汇率制度。对政府而言，保持稳定的汇率政策的好处在于促进贸易和投资，在曾经存在严重通胀的情况下，可以塑造国内信用并且在国际上释放经济合作的信号。但是当政府赤字过高，需要通过通胀来减轻负担或者需要实行扩张性宏观政策时，维持固定汇率的成本则可能会变得非常高昂。政府需要在收益与成本之间进行权衡，而这与公众及投机者对本国货币汇率变化的预期紧密相关，预期的任意性和突然性是导致货币危机的根本所在。当货币当局的政策不确定性较强时，公众和投机者可能产生悲观的预期，进而抛售本国货币并进一步引发恐慌，引致本国经济状况提前恶化，最终导致货币危机的自我实现。

第二代货币危机模型对 1992—1993 年欧洲货币危机提供了更合理的解释，但是这类

模型并没有说明影响预期的因素，而且仍然仅局限于货币危机。

3. 第三代货币危机模型

第三代货币危机模型受以1997—1998年亚洲金融危机为代表的一类危机影响，不再将眼光局限于汇率政策、货币与财政政策等宏观经济范围的分析，开始更多地引入金融中介、资产价格、信息不对称等因素，这类模型并不存在统一的框架，此处我们选取其中部分具有代表性的理论进行简要介绍。

（1）道德风险模型。

政府对本国银行债务的隐形刚性兑付会导致信贷市场的道德风险，使得不良贷款增加。国外投资者同样会因此以较低利率借款给本国银行，银行由于政府的担保会倾向于投资高风险领域以获取高额收益，导致资产泡沫的出现。银行体系的风险暴露会在资产泡沫破裂时导致银行业资产负债表恶化，最终导致危机。因为政府不得不出手救助，因而国内银行体系的不良贷款等同于政府的财政支出，最终演变成政府的赤字问题。

（2）金融恐慌模型。

金融恐慌模型将金融危机归因于银行挤兑。挤兑行为是因为银行储户的预期具有自我实现的特性。如果所有人都选择不提款，那么银行就不会面临挤兑的情况，就可以避免破产，所有人的福利就都将增加。对于先于其他人选择提款的银行储户来说，虽然其个体的福利会增加，但这同时会损害其他人的福利，最终导致“囚徒困境”的出现，引发银行挤兑与危机。

（3）危机传染模型。

此类模型强调金融危机的传染性，主要包括银行同业市场流动性危机的传染性和国际金融危机的传染性这两类。银行同业市场流动性危机的传染性是指银行间的信贷关系使得不同银行的风险相互联系。在储户意识到银行间的风险共担以及经营业绩的关联后，信息传染随即便出现了，一家银行的流动性出现问题就可能导致挤兑在银行系统中发生传染，进而导致其他银行的危机。国际金融危机的传染性是指金融危机从一国向别国的蔓延，这种蔓延更多通过国际货币市场、国际汇率市场以及国际股票市场等渠道进行。

（4）羊群效应模型。

当个体放弃私人信息，依赖公共信息选择与其他个体相似的行为时就会产生羊群效应，也就是从众行为。羊群效应的结果是不同个体的行为趋于一致，在这种情况下，一个较小的冲击可能会对整个群体产生巨大的影响。在银行挤兑中，虽然信息是不完备的，但行为是可以观测的，因而不同个体根据其他储户的行动来做判断，导致人们都放弃私人信息而依赖公共信息，跟随其他人的行为，最终导致挤兑。在其他金融市场以及资产价格中，由于信息不对称的存在，也可以出现羊群效应，导致踩踏行为，最终引发危机。

第三节　金融危机早期预警系统研究

1994年墨西哥比索危机对世界经济造成了巨大的冲击，理论界逐渐意识到预测金融危机的重要性与迫切性。但由于难以准确预测金融危机的发生，相关研究主要集中于早期预警系统模型，目的在于预测在某种经济状态下金融危机发生的概率，以期能够降低金融危机发生的可能性以及减少金融危机可能造成的损失。本节选择其中较为重要的几个模型进行介绍。

一、主观概率模型

由刘遵义于1995年提出的主观概率模型是金融危机早期预警系统的先驱。该理论认为，一国发生金融危机的最主要原因是汇率长期被高估，金融危机爆发后往往伴随着一个国家货币汇率的大幅贬值，但判断汇率是否被高估并不容易，需要从世界整体经济情况的角度来看。该理论选取了实际GDP增长率、国内外利率差、实际利率、相对通货膨胀率水平、经常项目均衡水平、国内储蓄利率水平、外商直接投资和对外直接投资的比率、国内外利率差变化率以及国际贸易均衡水平作为指标。评估者在评估一国的经济状况时，分别针对上述九个指标给出“好”或者“坏”的评价，而相应地，一国危机发生的主观概率等于差的指标数除以总指标数。刘遵义在1995年利用中国、泰国、新加坡、韩国、马来西亚、印度尼西亚、菲律宾等国家以及中国香港和中国台湾地区1985—1995年间的数据进行评估，认为泰国、韩国、马来西亚、菲律宾和印度尼西亚发生金融危机的可能性较大，这与1997年亚洲金融危机的情况很相近。

主观概率模型正如其名字所表明的那样，带有较强的主观性，不同的人在评估时可能由于主观因素不同而得出完全不同的结论。此外，这类模型用线性的思维方式来看待各个指标之间的关系，忽略了宏观经济指标之间的内在联系，而基于简单运算所得出的结果很难被认为是严谨的。但这是对于金融危机预警模型的一次有益尝试，其从世界整体经济状况出发的视角也值得借鉴，对于后续的相关研究具有重要的启发作用。

二、FR模型

FR模型由弗兰克尔和罗斯（Frankel and Rose，1996）提出。这一模型在主观概率模型的基础上引入了回归分析以预测金融危机发生的概率。FR模型考虑了GDP增长率、外国利率、国内信贷增长率、政府预算赤字/GDP、实际汇率被高估的程度、经常项目/GDP、国际储备/进口额、外债总额/GNP、经济开放程度、外债总额、短期外债额、公共部门债务和贸易条件等一系列指标，利用极大似然估计方法计算一国在某一年发生金融危机的概率。

基于FR模型，弗兰克尔等研究者研究了100个发展中国家1971—1992年间的时间序列数据，对发生金融危机的可能性进行了预测。相关研究结果表明，对于发展中国家，当GDP增长率低、国内利率相对较低、外商直接投资占总债务的比例低以及信贷规模增长较快时，金融危机发生的概率会相应地提高。外汇储备水平快速下降以及实际汇率上升也可以作为金融危机的重要预警指标。

FR模型从整体上看易于运用，其在主观概率模型的基础上进一步引入了更严谨的分析方法，但是其预测金融危机的准确率较低，这主要是由于每次的金融危机以及不同国家之间都存在一定程度的差异，很难放到同一个框架下进行解释。更重要的是FR模型所选取的指标可能存在一定的局限性，无法充分反映各国的情况。

三、KLR信号分析模型

FR模型事先选定了多个指标用于分析，但并不能够保证选定的指标适用于所有国家和不同时期的金融危机。为了克服这一缺陷，卡明斯基、利松多和莱因哈特（Kaminsky，Lizondo and Reinhart，1997）提出了KLR信号分析模型并于1999年将其完善，该模型是目前应用最为广泛的货币危机预警模型。

利用KLR信号分析模型对货币危机进行评估分为以下几步：首先，根据相关理论与文献选择所有已知的与危机相关的因素以及可以用于预测的预警指标；其次，在选定的时期内利用历史数据对预警指标进行筛选，选择与危机显著相关的指标作为备选的先行指标；再次，得到备选的先行指标后，利用噪声信号比来选择每个指标对应的阈值，并根据历史数据中是否发生危机以及相应的指标是否超过阈值来确定最优阈值；最后，根据预警指标是否超过阈值以及超过阈值的指标数量来评估未来发生危机的可能性。

基于以上思路，KLR信号分析模型首先根据相关理论和文献选择了103个指标，这些指标分为外部指标和金融类指标两大类，其中外部指标分为资本账户指标、债务类指标、经常账户指标和国际类指标，金融类指标分为金融自由化指标、市级部门指标、财政指标、制度或机构性指标、政治指标以及其他金融性指标。卡明斯基、利松多和莱因哈特（Kaminsky，Lizondo and Reinhart，1997）利用1970—1995年间15个发展中国家和5个发达国家的月度数据进行分析，从中筛选出了与危机联系紧密的15个先行指标，并于1999年进一步将指标数增加到了20个，新的指标体系除了可以用于预测货币危机还可以用于预测银行业危机。这20个指标如下：实际汇率、M2/外汇储备增长率、出口额、国际储备、国内信贷/GDP、实际存款利率、M2乘数、进口额、工业生产总值、进出口交换比率、贷款利率/存款利率、银行存款、股票价格指数、国际和国内实际存款利率差、贸易条件、世界实际利率、资本流入流出总额、外债余额、短期外债余额、已发生的金融危机。

KLR信号分析模型被广泛运用于各类研究中，相比于FR模型更为完善，在预测的准确性上更高。但KLR信号分析模型的问题在于指标阈值的选取存在一定的主观性，且仍没有很好地区分国别差异。

四、STV模型

上述模型的研究方式都是选取指标体系后，利用某个国家的时间序列数据对发生金融危机的可能性进行分析。这样做的好处在于能够对一国爆发金融危机的可能性进行综合性的考察，但缺陷在于对不同类型的危机而言，从时间序列角度使用同样的指标体系进行评估缺乏针对性。萨赫斯、托内尔和韦拉斯科（Sachs，Tornell and Velasco，1996）提出的STV模型对这一缺陷进行了改进。STV模型首先找出导致危机的最关键变量，然后找出危机成因相似的国家作为研究对象，建立多元线性回归模型进行横截面回归分析，并基于由此得到的参数估计某个国家发生金融危机的可能性。

STV 模型相比于其他模型，进一步引入了金融危机传染因素，在考虑了国别差异的基础上可以综合分析一国发生货币危机、银行业危机以及外债危机的概率。但是其指标体系的选择面相较之下过于狭窄，且用于预测危机发生可能性的核心指标——危机指数——仅考虑了国际储备，因此该模型仍有改进空间。

五、金融压力指数

国际货币基金组织根据各国市场的高频数据建立了金融压力指数（FSI），用于各国的金融风险评估与预测。FSI 的计算以相关指标的平均值为基础，主要由三部分构成：第一，各国银行业指标，如证券市场中银行业股票的 β 系数、收益率曲线、美国三个月期国库券利率与欧洲美元三个月期利率的利差（TED 利差）等；第二，资本市场相关变量，如公司债利差、股票收益率和股票收益率波动率等；第三，随时间变化的有效汇率波动率。FSI 可以用于预测未来 1～3 年发生金融危机的可能性。

根据 FSI，金融压力增大有四个主要特征：资产价格大幅变化（股票、债券收益率）、收益率波动性增加（股票、外汇波动率增大）、资产流动性突然大幅变化（TED 利差）以及银行体系健康状况变化（银行业股票的 β 值）。这些指标综合了证券市场、外汇市场和银行体系的风险，能够较为准确地确定金融压力的起始时间。但是 FSI 更多的是一个与金融危机同期的指标，在预测方面则缺乏帮助，并不能作为一个较好的先导性指标。

除国际货币基金组织外，一些市场化的金融机构的研究部门也提出了各自用于预警金融危机的指标体系，表 13－7 中给出了部分国际金融机构使用的金融危机监测指标。

表 13－7　部分国际金融机构使用的金融危机监测指标

机构	关注点	监测指标
高盛	美国金融危机	美国失业率、美国汽车销量、密歇根消费者情绪指数
	欧洲金融危机	欧洲外债/GDP、经常账户赤字/GDP、欧洲银行外币贷款比重
美林	美元及企业债走势	美国企业申请破产宗数、投资级债券息差、美元汇率指数
瑞士信贷	次贷危机第二波	CDS 指数变化、新兴市场政府财政赤字/GDP、汇率变动趋势、欧洲银行财务状况、美国国债利率
摩根士丹利	金融危机发展阶段	美国房地产价格变动、美国储蓄率变动
德意志银行	新兴市场危机形势	新兴市场国家贷款/GDP、新兴市场国家净资金流入/流出数量、主要银行以及核心资本比率
	企业债及房地产市场	企业债息差、伦敦证券交易所富时 EPRA/NAREIT 全球房地产指数
瑞士联合银行	亚太区银行体系健康状况	亚洲银行体系不良贷款比率

续表

机构	关注点	监测指标
汇丰	新兴市场风险	主权CDS指数变化、东欧国家GDP增长率与失业率、财政赤字/GDP、经常账户赤字/GDP、外汇储备/每月进口值、短期外债/外汇储备、新兴市场国家的银行贷款/存款比率
渣打	不同地区受信贷紧缩冲击的程度	国际清算银行的综合债券占GDP的比重

资料来源：中国银行国际金融研究所课题组．金融危机监测指标体系研究．国际金融研究，2010（3）：73－82．

关键术语

债务危机　　银行业危机　　货币危机　　系统性金融危机
KLR信号分析模型

习　题

1．简述金融危机对债务、货币以及银行业的影响。

2．FR模型的回归分析中主要考虑了哪些因素？FR模型使用什么方法计算金融危机发生的概率？

参考文献

[1] 博迪，凯恩，马库斯. 投资学. 北京：机械工业出版社，2012.

[2] 博迪. 投资学：第 10 版. 北京：机械工业出版社，2017.

[3] 陈收，陈立波. 中国上市公司规模效应的实证研究. 中国管理科学，2002，10 (6).

[4] 陈雨露，宋科，李濛，多维视角下的金融危机：跨国实证. 国际金融研究，2010，9：47－54.

[5] 格雷厄姆，王中华，黄一义. 聪明的投资者. 中国投资，2010，(10)：120.

[6] 格林诺德，卡恩. 主动投资组合管理创造高收益并控制风险的量化投资方法. 北京：机械工业出版社，2014.

[7] 贺学会，陈诤. 基于牛市和熊市不同周期的股票市场动量效应研究. 财经理论与实践，2006，27 (5)：40－44.

[8] 金德尔伯格. 疯狂、惊恐和崩溃：金融危机史：第 4 版. 北京：中国金融出版社，2007.

[9] 莱因哈特，罗格夫. 这次不一样？800 年金融荒唐史. 北京：机械工业出版社，2010.

[10] 郎荣燊，裘国根. 投资学. 5 版. 北京：中国人民大学出版社，2017.

[11] 李保升. 证券投资学. 北京：北京邮电大学出版社，2019.

[12] 李学峰. 投资学. 3 版. 北京：科学出版社，2019.

[13] 刘用明，战松，肖慈方. 证券投资学. 北京：科学出版社，2019.

[14] 蒙蒂尔. 行为投资学手册：投资者如何避免成为自己最大的敌人. 北京：中国青年出版社，2017.

[15] 默里，戈尔迪. 投资答案. 北京：中信出版社，2011：3.

[16] 齐杏发. 证券投资学. 北京：北京大学出版社，2019.

[17] 邱嘉平，等. 现代金融学精义. 上海：上海财经大学出版社，2018：5.

[18] 邵晓阳，苏敬勤，于圣睿. 中国 A 股市场规模效应实证研究. 管理评论，2004，16 (7)：11－15.

［19］史文森. 机构投资的创新之路：第2版. 北京：中国人民大学出版社，2010.

［20］舒建平，肖契志，王苏生. 动量效应与反转效应的演化：基于深圳A股市场的实证. 管理评论，2012，24（1）：52-57.

［21］斯马特，吉特曼，乔. 投资学基础：第12版. 北京：中国人民大学出版社，2018.

［22］汪昌云. 投资学. 3版. 北京：中国人民大学出版社，2017.

［23］汪炜，周宇. 中国股市"规模效应"和"时间效应"的实证分析——以上海股票市场为例. 经济研究，2002，10：16-21.

［24］王磊，刘亚清. 中国股市账面市值比效应成因分析：基于行为金融视角. 管理评论，2011，23（10）：43-48.

［25］吴晓求. 证券投资学. 4版. 北京：中国人民大学出版社，2014.

［26］夏普. 投资学：第5版. 北京：中国人民大学出版社，2018.

［27］徐振华. 中国股市规模效应和账面市值比效应的实证分析. 金融发展研究，2011，11：75-78.

［28］亚历山大，夏普，等. 投资学基础：第3版. 北京：中国人民大学出版社，2015.

［29］张强，杨淑娥，戴耀华. 中国股市规模效应与账面市值比效应的稳定性. 统计与决策，2007，2B：94-96.

［30］张元萍. 投资学. 3版. 北京：中国金融出版社，2018.

［31］中国银行国际金融研究所课题组. 金融危机监测指标体系研究. 国际金融研究，2010，3：73-82.

［32］朱波，范方志. 金融危机理论与模型综述. 世界经济研究，2005，6：28-35.

［33］Banz，R. W. The relationship between return and market value of common stocks. Journal of financial economics，1981，9（1）：3-18.

［34］Basu，S. Investment performance of common stocks in relation to their price-earnings ratios：a test of the efficient market hypothesis. The journal of finance，1977，32（3）：663-682.

［35］Beedles，W. L. Small firm equity cost：evidence from Australia. Journal of small business management，1992，30（3）：57.

［36］Berges，A.，McConnell，J.，Schlarbaum，G. G. The turn-of-the-year in Canada. The journal of finance，1984，39（1）：185-192.

［37］Capaul，C.，Rowley，I.，Sharpe，W. F. International value and growth stock returns. Financial analysts journal，1993，49（1）：27-36.

［38］Carhart，M. M. On persistence in mutual fund performance. The journal of finance，1997，52（1）：57-82.

［39］Chan，L. K.，Hamao，Y.，Lakonishok，J. Fundamentals and stock returns in Japan. Journal of finance，1991，1739-1764.

［40］Corsetti，G.，Pesenti，P.，Roubini，N. Fundamental determinants of the Asian crisis: the role of financial fragility and external imbalances//Regional and global capital flows: macroeconomic causes and consequences. Chicago: University of Chicago Press, 2001: 11-41.

[41] Fama, E. F., French, K. R. A five-factor asset pricing model. Journal of financial economics, 2015, 116: 1-22.

[42] Fama, E. F., French, K. R. The cross-section of expected stock returns. The Journal of finance, 1992, 47 (2): 427-465.

[43] Fama, E. F., French, K. R. Multifactor explanations of asset pricing anomalies. The journal of finance, 1996, 51 (1): 55-84.

[44] Fama, E. F., French, K. R. Size and book-to-market factors in earnings and returns. Journal of finance , 1995, 50 (1): 131-155.

[45] Frankel, J. A., Rose, A. K. Currency crashes in emerging markets: an empirical treatment. International finance discussion papers, 1996, 41 (3-4): 351-366.

[46] Gultekin, M. N., Gultekin, N. B. Stock market seasonality: international evidence. Journal of financial economics, 1983, 12 (4): 469-481.

[47] Jegadeesh, N., Titman, S. Returns to buying winners and selling losers: implications for stock market efficiency. The Journal of finance, 1993, 48 (1): 65-91.

[48] Kaminsky, G. L., Reinhart, C. M. On crises, contagion, and confusion. Journal of international economics, 2000, 51 (1): 145-168.

[49] Krugman, P. R. A model of balance of payment crisis. Journal of money credit and banking, 1979, 11 (3): 311-325.

[50] Krugman, P. What happened to asia? New York: Springer US, 1998: 315-327.

[51] Levis, M. Stock market anomalies: a reassessment based on the UK evidence. Journal of banking and finance, 1989, 13 (4-5): 675-696.

[52] Nakamura, T., Terada, N. The size effect and seasonality in Japanese stock returns. Institute for quantitative research in finance (Q Group), 1984.

[53] Obstfeld, M. Models of currency crises with self-fulfilling features. European economic review, 1996, 40 (3-5): 1037-1047.

[54] Rosenberg, B., Reid, K., Lanstein, R. Persuasive evidence of market inefficiency. The journal of portfolio management, 1985, 11 (3): 9-16.

[55] Rozeff, M. S., Kinney Jr., W. R. Capital market seasonality: the case of stock returns. Journal of financial economics, 1976, 3 (4): 379-402.

[56] Sachs, J. D., Tornell, A., Velasco, A., et al. Financial crises in emerging markets: the lessons from 1995. Brookings papers on economic activity, 1996, 1: 147-215.

[57] Ariel, R. A. A monthly effect in stock returns. Journal of financial economics, 1987, 18 (1): 161-174.

［58］Williams，S. The arithmetic of active management. The financial analysts journal，1991，47（1）：7－9.

［59］Zhang，J.，Lai，Y.，Lin，J. The day-of-the-week effects of stock markets in different countries. Finance research letters，2017，20：47－62.

图书在版编目（CIP）数据

投资学/许荣，李勇，邱嘉平主编. --北京：中国人民大学出版社，2020.6
新编21世纪金融学系列教材
ISBN 978-7-300-28177-3

Ⅰ.①投… Ⅱ.①许… ②李… ③邱… Ⅲ.①投资学-高等学校-教材 Ⅳ.①F830.59

中国版本图书馆CIP数据核字（2020）第091199号

新编21世纪金融学系列教材
投资学
许 荣 李 勇 邱嘉平 主编
Touzixue

出版发行	中国人民大学出版社		
社　　址	北京中关村大街31号	**邮政编码**	100080
电　　话	010－62511242（总编室）		010－62511770（质管部）
	010－82501766（邮购部）		010－62514148（门市部）
	010－62515195（发行公司）		010－62515275（盗版举报）
网　　址	http://www.crup.com.cn		
经　　销	新华书店		
印　　刷	北京昌联印刷有限公司		
规　　格	185 mm×260 mm　16开本	**版　　次**	2020年6月第1版
印　　张	17.25	**印　　次**	2021年7月第2次印刷
字　　数	410 000	**定　　价**	42.00元

教学支持说明

1. 教辅资源获取方式

为秉承中国人民大学出版社对教材类产品一贯的教学支持，我们将向采纳本书作为教材的教师免费提供丰富的教辅资源。您可直接到中国人民大学出版社官网的教师服务中心注册下载——http://www.crup.com.cn/Teacher。

如遇到注册、搜索等技术问题，可咨询网页右下角在线 QQ 客服，周一到周五工作时间有专人负责处理。

注册成为我社教师会员后，您可长期根据您所属的课程类别申请纸质样书、电子样书和教辅资源，自行完成免费下载。您也可登录我社官网的“教师服务中心”，我们经常举办赠送纸质样书、赠送电子样书、线上直播、资源下载、全国各专业培训及会议信息共享等网上教材进校园活动，期待您的积极参与！

2. 赠送“经管之家”论坛币

经管之家（http://www.jg.com.cn）于 2003 年成立，致力于推动经济学科的进步，传播优秀教育资源，做最好的经管教育。目前已经发展成国内最大的经济、管理、金融、统计类在线教育平台，也是国内最活跃和最具影响力的经济类网站。

为了更好地服务于教学一线的任课教师，凡使用中国人民大学出版社经济分社教材的教师，注册成为我社教师会员后，可填写以下信息调查表，发送电子邮件或者邮寄或者传真给我们，我们将会向您赠送经管之家论坛币 200 个。

教师信息表
姓名：
学校：
论坛 ID：
教授课程：
使用教材：
论坛识别码：pinggu_com_1501511_8899768

3. 高校教师可加入下述学科教师 QQ 交流群，获取更多教学服务

经济类教师交流群：809471792

财政金融教师交流群：182073309

国际贸易教师交流群：162921240

税收教师交流群：119667851

4. 购书联系方式

网上书店咨询电话：010－82501766

邮购咨询电话：010－62515351

团购咨询电话：010－62513136

中国人民大学出版社经济分社

地址：北京市海淀区中关村大街甲 59 号文化大厦 1506 室　100872

电话：010－62513572　010－62515803

传真：010－62514775

E-mail：jjfs@crup.com.cn